D1859398

मनोज सिंह

मनोज सिंह का जन्म : 1 सितम्बर को 1964, आगरा, उत्तर प्रदेश में हुआ।

उन्होंने बी.ई. (इलेक्ट्रॉनिक्स), एम.बी.ए. (मानव संसाधन विकास) की डिग्री प्राप्त की।

उनकी प्रकाशित पुस्तकें हैं—'चन्द्रिकोत्सव' (खंड-काव्य); 'बन्धन', 'कशमकश' (उपन्यास); 'मेरी पहचान' (कहानी-संग्रह); 'व्यक्तित्व का प्रभाव' (आलेख-संग्रह)

कई समाचारपत्रों व पत्रिकाओं में लेखों का नियमित प्रकाशन। पत्रिकाओं का सम्पादन भी किया। कई हिन्दी वेबसाइटों पर नियमित साप्ताहिक कॉलम का लेखन। विभिन्न विश्वविद्यालयों, इंजीनियरिंग कॉलेज, मैनेजमेंट कोर्स एवं मास-कम्युनिकेशन से सम्बन्धित शिक्षण संस्थानों में विशेषज्ञ व्याख्यान। 'चंद्रिकोत्सव' पर आधारित नृत्यनाटिका का दूरदर्शन पर प्रसारण। उपन्यासों एवं लेखों का कई भाषाओं में अनुवाद 'बन्धन' उपन्यास का प्रकाशन वेबसाइट पर, प्रतिदिन एक अध्याय सीरियल के रूप में। राष्ट्रीय स्तर पर विभिन्न पुरस्कारों से सम्मानित।

सम्प्रति : उप महानिदेशक, विजीलेंस एवं टेलीकॉम मॉनिटरिंग (पंजाब व चंडीगढ़), दूरसंचार मन्त्रालय, भारत सरकार।

पता : 425/3, सेक्टर 30-ए, चंडीगढ़।

बंधन

[मानसिक रोगी के परिवार की दर्दभरी कहानी]

मनोज सिंह

राजकमल पेपरबैक्स

पहला पुस्तकालय संस्करण
राजकमल प्रकाशन प्राइवेट लिमिटेड द्वारा
2010 में प्रकाशित

राजकमल पेपरबैक्स में
पहला संस्करण : 2010
This book is printed on **Print on Demand** Technology : 2024

© मनोज सिंह

राजकमल पेपरबैक्स : उत्कृष्ट साहित्य के जनसुलभ संस्करण

राजकमल प्रकाशन प्रा. लि.
1-बी, नेताजी सुभाष मार्ग, दरियागंज
नई दिल्ली-110 002
द्वारा प्रकाशित

शाखाएँ : अशोक राजपथ, साइंस कॉलेज के सामने, पटना-800 006
पहली मंजिल, दरबारी बिल्डिंग, महात्मा गांधी मार्ग, प्रयागराज-211 001
1, अनमोल सोराबजी संतुक लेन, धोबी तलाव, मरीन लाइंस, मुम्बई-400 002

वेबसाइट : www.rajkamalprakashan.com
ई-मेल : info@rajkamalprakashan.com

Printed at : Rajkamal Prakashan P.Ltd.

मूल्य : ₹ 399

BANDHAN
Fiction Novel by Manoj Singh

ISBN : 978-81-267-1902-0

...उन सभी मासूम बच्चों को समर्पित,
जो अपना बचपन
घुटन-भरे वातावरण में
व्यतीत करते हैं।

पूजनीय
माँ कृष्णा सिंह की
याद में...

प्राक्कथन

कल्पना का वास्तविकता से गहरा संबंध है। मानव की परिकल्पना चाहे जितनी भी ऊँची उड़ान भर ले, उसकी डोर ज़मीन से कहीं न कहीं ज़रूर जुड़ी होती है। मेरा उपन्यास एक काल्पनिक जीवन चित्रण है। उसके सभी पात्र काल्पनिक हैं। इनका किसी भी वास्तविक चरित्र से कोई लेना-देना नहीं है। परंतु यह मेरे जीवन में आसपास घटी विभिन्न घटनाओं से प्रेरित अवश्य है। इसके पात्र मेरे आसपास, मेरे साथ अपने जीवन के कुछ अनमोल पल ज़रूर गुज़ार चुके हैं। हर पात्र अलग-अलग समय पर, भिन्न-भिन्न रूप में मुझसे मिला। कुछ पात्रों ने तो दिल पर इतना गहरा असर किया हुआ है कि वर्षों बाद भी उनके चिह्न हृदयपटल पर अंकित हैं।

उपन्यास लिखते-लिखते, पात्रों का जीवन, कल्पना में जीने पर अत्यधिक पीड़ा का अनुभव हुआ। पीड़ा, दुःख यह तो जीवन की वास्तविकता है। इससे मुँह नहीं मोड़ा जा सकता। उपन्यास लिखने के पूर्व यह कभी नहीं सोचा था कि मानसिक बीमारी से ग्रसित मरीज़ों की संख्या इतनी अधिक होगी। विभिन्न अस्पतालों में लंबी कतारें देखकर, पहले तो आश्चर्य, फिर उन मरीज़ों से सहानुभूति हुई। परंतु बाद में मरीज़ों के साथ रह रहे लोगों पर ज़्यादा दया आई। मानसिक रूप से बीमार व्यक्ति शारीरिक और मानसिक पीड़ा, मेरे ख़याल से, कम ही उठाता होगा। उसकी अपनी दुनिया होती है। जब आपकी सोच ही नहीं तो पीड़ा कैसी ? पीड़ा का संबंध दिमाग़ से है और जब वही ठीक नहीं तो पीड़ा का अनुभव कैसे हो सकता है ? मगर यह भी सत्य है कि वे जीवन में आनंद और सुख के अनुभव से भी वंचित रह जाते हैं।

हाँ, इन मरीज़ों के साथ रह रहे लोगों पर दया इसलिए आई,

क्योंकि वे मरीज़ों से कहीं ज़्यादा मानसिक और सामाजिक पीड़ा से गुज़रते हैं। वे बीमार तो नहीं होते परंतु दु:ख ज़्यादा भोगते हैं। अन्य बीमारियों के मरीज़ों के साथ रहने वालों को कष्ट नहीं होता, ऐसा नहीं है। परंतु मानसिक बीमार व्यक्ति के साथ रह रहे सभी लोगों को, जो उनसे भावनात्मक रूप से जुड़े हैं, पीड़ा अधिक होती है, ऐसा मेरा मानना है। मरीज़ मर भी नहीं रहा और जी भी नहीं रहा। वहीं आप हरेक दिन पीड़ा में ही व्यतीत कर देते हैं। जीवन है भी और नहीं भी। मानसिक रोगी तो सामान्य होता ही नहीं, आप भी सामान्य जीवन नहीं बिता पाते। बड़ा भयावह जीवन होता है। परंतु यह देखकर अत्यंत प्रसन्नता होती है कि आज भी बहुत बड़ी संख्या में लोग मरीज़ों की देखभाल भी करते हैं और अपने साथ परिवार में ही रखते हैं। ऐसे साथ रहने वालों की संख्या बाहरी देशों से हमारे देश में अधिक है।

आज के भौतिक युग में, नर-नारी की प्रतिस्पर्द्धा में, पारिवारिक जीवन के अवमूल्यन और माता-पिता की ग़लत परवरिश और सोच ने, पति-पत्नी के संबंधों पर बहुत ग़लत असर डाला है। मधुरता और सुख का, समर्पण और सामंजस्य से सीधा संबंध है। पहले यह नारी करती थी फिर भी नर उस पर उत्पीड़न करता था। नारी चोट तो खाती थी मगर परिवार को बचा ले जाती थी। समाज की धुरी थी। फिर जो केंद्र में होगा, कष्ट तो उसे होगा ही। नारी के प्रतिस्पर्द्धी बनने से वह पक्ष ख़त्म सा हो गया। जहाँ बात बराबरी की हो जाए तो फिर संबंध नहीं, व्यापार हो जाता है। ईंट का जवाब पत्थर से देने से नुकसान ज़्यादा होता है। पत्थर की मार ईंट से अधिक असरदार होती है। यही हो रहा है। अब नर और नारी दोनों ही प्रहार कर रहे हैं। नुकसान अति विनाशकारी है और यह देखते ही बनता है।

आधुनिक युग के हर घर में तनावपूर्ण वातावरण से मानसिक बीमारों की संख्या बढ़ रही है। प्राकृतिक और बॉयलॉजिकल रूप से मानसिक बीमार तो पहले भी थे। सामाजिक संरचना के बदलने से, संबंधों की नाज़ुकता के टूटने से, भावनाओं के बिखरने से, देने की प्रवृत्ति के कम होने और सिर्फ़ लेने की मानसिकता बढ़ने से, मानसिक असंतुलन की संख्या में अचानक बहुत बढ़ोतरी हुई है।

दोष कम या अधिक किसका है, यह एक दीगर बात है। फिर पहले की सामाजिक व्यवस्था में, संयुक्त परिवार में, बहुत से सदस्य होने पर आप अकेले कम रह पाते थे। सुख-दुःख के लम्बे क्रियाकलापों में मन भटक ही नहीं पाता था। गिरते ही सँभालने वालों की संख्या अधिक होती थी। सही उम्र में ब्याह से कुंठाएँ, झूठी अभिलाषाएँ, अधिक चाहतें नहीं होती थीं। आजकल परिपक्व उम्र में ब्याह से नये घर को नारी स्वीकार नहीं कर पाती और नया घर उसे स्वीकार नहीं कर पाता। नारी दोनों घरों में बँटकर, तीसरा ठिकाना बना ले जाती है। फिर विभिन्न धारणाएँ, पसंद-नापसंद पहले से ही सुनिश्चित होती है। उस पर नया कुछ होने की संभावना कम होती है।

हमारी सामाजिक संरचना में नर-नारी की स्थिति स्पष्ट परिभाषित थी। उसमें अगर आप फेरबदल करते हैं तो आपको सामाजिक व्यवस्था में भी मूलभूत परिवर्तन करना होगा। अन्यथा सब कुछ अव्यवस्थित ही रहेगा। यही कारण है कि आज अव्यवस्था इतनी बढ़ गई है कि दिमाग़ उसे सँभालने की स्थिति में नहीं है और असंतुलित हो गया है। फिर ऊपर से एकल परिवार होने से नकारात्मक सोच, ग़लत विचारों को बढ़ने में सहायता मिलती है और मानव मानसिक रूप से अधिक बीमार होता चला जाता है। फिर माता-पिता में से किसी भी एक के मानसिक रूप से असंतुलित होने से पूरा घर ही बिखर जाता है। इस तरह के बीमार परिवार के बीमार वातावरण में सिसकती है मासूम ज़िंदगी। भविष्य का मानव बचपन में ही असुरक्षित हो जाता है। समय के कालचक्र में यही बालक बड़ा होकर नया मानसिक रोगी बनता है।

प्रेम का बंधन, त्याग की भावना, सामंजस्यपूर्ण संबंध और जीवन से भरा परिवार, स्वर्ग के आनंद की अनुभूति इसी में है।

प्रस्तुत उपन्यास को लिखने में मेडिकल प्रोफ़ेशन से संबंधित विभिन्न जानकारियाँ प्राप्त करने में मुझे डॉक्टर भोंडेले (सेवानिवृत्त रेलवे डॉक्टर), डॉक्टर बहरानी (जबलपुर), डॉक्टर मीरा संघी (जबलपुर), डॉक्टर वीरेन्द्र मोहन (सोलन) ने जो सहयोग किया, वह अवर्णनीय है। विभिन्न मानसिक रोगी और उनके परिवार के

सदस्य जो मेरे संपर्क में आए, उनके उज्ज्वल भविष्य की कामना करता हूँ। उपन्यास लिखते-लिखते अपने वास्तविक जीवन से कुछ दूर हो जाने पर जो कष्ट पिता, पत्नी रेखा और दोनों बेटियों अनुलिका एवं मानविका ने महसूस किया, उसके लिए मैं उनका क्षमाप्रार्थी नहीं हूँ, क्योंकि सृजन की पीड़ा से वे भी अब कहीं न कहीं जुड़ने लगे हैं।

सभी इस सुंदर जीवन का आनंद ले सकें, इन्हीं आशाओं से...

—मनोज सिंह

रातों में सिसकते अँधेरों के साये,
दिन के उजालों में निकलना मना था।

–मनोज सिंह

पहला खंड

अदिति ने अधखुली आँखों से देखा, सामने की दीवार पर टँगी गोल घड़ी में—रात के 11 बज चुके थे। आज फिर अमित का इंतज़ार करते-करते वह बिस्तर पर लेट चुकी थी। नींद का झोंका एक बार फिर अभी पलकों पर बोझ बन ही पाता कि तभी रेलवे पीबीएक्स का टेलीफ़ोन अपनी तेज़ आवाज़ में बज उठा। थका हुआ मस्तिष्क अचानक सोते से जागा था...अदिति ने सोचा, अमित का ही होगा। आज फिर देर से आने का कोई न कोई नया बहाना ढूँढ़ रहा होगा। उठने की हिम्मत न हुई तो लेटे-लेटे ही पास में टेबल पर पड़े हुए फ़ोन के रिसीवर को उठाकर उसने धीरे से कहा था, ''हैलो!''

''मैं...डॉक्टर अमित सक्सेना की बेटी बोल रही हूँ। आप कौन बोल रही हैं?'' उधर की आवाज़ में घबराहट थी।

''बेटा, मैं अदिति आंटी।''

''अदिति आंटी बोल रही हैं...''

अब तक अदिति पूरे होश में आ चुकी थी, उठकर बैठ गई।

''...आंटी, आप जल्दी घर आ जाइए। पापा बाथरूम में गिर गये हैं। सीने में उन्हें काफ़ी तेज़ दर्द हुआ था। शायद उलटी करने की कोशिश में बाथरूम की ओर जा रहे थे। मुझे उन्होंने आवाज़ भी लगाई थी। आंटी, कुछ कहना चाह रहे थे कि कहते-कहते ही मेरे सामने बाथरूम के दरवाज़े पर गिर गये...'' आकांक्षा ने एक साँस में रोते हुए सारी बातें बोल दी थीं।

''मम्मी कहाँ है बेटा?'' अदिति अचानक पूछ बैठी।

''मम्मी, हाँ वो...आंटी, पहले आप जल्दी से आ जाइए...!'' यह कहकर पूरी बात किए बिना आकांक्षा ने टेलीफ़ोन रख दिया था।

अदिति को लगा कि वह शायद बहुत बुरा सपना देखने जा रही है। हड़बड़ाकर, उठकर खड़ी हो गई थी। हाथ अपने आप ही बिस्तर के सिरहाने पर

लटके कॉल बेल तक पहुँच गया था। घंटी बजाने के बाद उसने तुरंत अपना बैग उठाया और ज़रूरी इंजेक्शन, दवाइयाँ और ब्लड प्रेशर मशीन (स्टिग्मोमेंनोमीटर) साथ रखने लगी थी। कमरे से बाहर निकलने से ठीक पहले स्टेथेस्कोप गले में लटकाया और किसी वार्ड ब्वॉय या सिस्टर के आने का इंतज़ार किए बिना तुरंत दरवाज़े की ओर लपकी थी। मस्तिष्क पूरी तरह क्रियाशील हो चुका था। वह समझ नहीं पा रही थी कि अचानक यह सब कैसे हुआ होगा। ज़रूर कोई न कोई परेशानी है। कॉर्डियक पेन है। एमआई भी हो सकता है। जैसे ही बाहर निकली, सामने से सिस्टर ऑन ड्यूटी, घंटी सुनकर सिस्टर रूम से निकल रही थी।

"जी मैडम!"

"सिस्टर, जल्दी से ड्राइवर को बुलाओ। मैं अपनी कार से डॉक्टर अमित सक्सेना के घर जा रही हूँ। आप एम्बुलेंस में वार्ड ब्वॉय के साथ तुरंत उनके घर पहुँचिए। डॉक्टर साहब को सीने में दर्द, कॉर्डियक पेन हुआ है। वो भी बहुत तेज़। हो सकता है, एमआई हो। बेहोश हो गये हैं। साथ में ज़रूरी फ़र्स्ट एड और ईसीजी मशीन रख लेना। एम्बुलेंस में ऑक्सीजन चेक कर लेना..." यह बोलते-बोलते अदिति अपनी कार की ओर तेज़ी से बढ़ रही थी।

बाहर बरामदा एकदम सुनसान था। पार्किंग में पहुँची तो उसने देखा, कार की बग़ल में एम्बुलेंस खड़ी तो थी परंतु आसपास ड्राइवर नहीं था। ज़रूर कहीं पास में ही सो रहा होगा, यह सोचते हुए उसने कार का दरवाज़ा फुर्ती से खोला और बिना कोई वक़्त गँवाए हुए गाड़ी स्टार्ट करके तेज़ी से हॉस्पिटल के गेट की ओर बढ़ गई थी। लोहे का विशाल फाटक खुला हुआ था। अस्पताल परिसर से बाहर निकली तो देर रात और हलकी-सी ठंड होने के कारण सामने का सारा मार्केट बंद हो चुका था। रास्ता बिलकुल सुनसान था और वह इंदिरा मार्केट से गुज़रते हुए रेलवे ब्रिज क्रॉस करके अमित के घर की ओर चल पड़ी थी। जिस तेज़ी से कार की रफ्तार बढ़ रही थी, उसी तेज़ी से उसके दिमाग़ में बहुत सारे सवाल उठ रहे थे और फिर उनके जवाब भी वह स्वयं ही निकालने की कोशिश करने लग पड़ी थी। कुछ दिनों से उसने देखा था, अमित बहुत ज़्यादा चुप और उदास रहने लगा था। ऐसा लगता था कि अब उसे जीने की कोई ख़ास इच्छा या तमन्ना नहीं रह गई है। जीवन जैसे उसके लिए एक बोझ हो चुका है। उसने पाया था कि कभी-कभी दिन में भी शराब की दुर्गंध उसके मुँह से आती थी। कई बार उसने अपना हक़ जताते हुए उसे रोकने की कोशिश की थी। उसने सदैव उसका पालन करने के लिए विश्वास भी दिलाया था।...क्या हो गया है? क्या यह सब निकिता...? वह कुछ समझ नहीं पाई थी। दिमाग़ में सवाल पर सवाल उठ रहे थे और वह कब अमित के घर पहुँच गई, पता

भी नहीं चला। वैसे भी रेलवे के बँगले अस्पताल के पास ही थे। घर के बाहर रोड पर गाड़ी रोक कर खिड़की से झांका तो देखती है कि बग़ीचे के बाहर अनिरुद्ध गेट खोलकर उसका इंतज़ार ही कर रहा था। कार वह बँगले के अंदर तक ले गई तो अनिरुद्ध पीछे-पीछे दौड़ता हुआ आया था, ''आंटी, जल्दी चलो।''

अदिति ने उतरकर अभी कार का दरवाज़ा बंद किया ही था कि आकांक्षा भी अंदर से बाहर दौड़ती हुई आ गई थी। बैग लेकर वह उसके साथ अंदर की ओर लपकी और अमित के बेडरूम की ओर बढ़ती, इससे पहले आकांक्षा इशारे से उसे दूसरी ओर ले गई थी। अदिति दूसरे छोर पर स्थित बेडरूम में पहुँची तो देखा... अमित बेडरूम के अंदर के दरवाज़े पर, जो कि बाथरूम की ओर खुलता है, ज़मीन पर गिरा हुआ है। बैग को बिस्तर पर रखकर अदिति ने तुरंत ज़मीन पर बैठते हुए अमित का सिर अपनी गोदी में रखा और सबसे पहले उसके हाथ की नब्ज़ देखी, वह धीमी मगर चल रही थी। आँखें अधखुली और दर्द से भरी हुईं थीं। बेहोशी की हालत में मुँह से हलका-सा झाग निकल रहा था। छाती को सहलाने के बाद अमित का मुँह साफ़ करके उसने तुरंत अपने मुँह से अमित को ऑक्सीजन देने की कोशिश की थी। इसके पहले कि सिस्टर और वार्ड ब्वॉय पहुँचते, आकांक्षा की गोद में अमित का सिर रखकर उसने उठकर इंजेक्शन निकाला और एनजाइम का आईवी देने के लिए अमित के हाथों की नब्ज़ को ढूँढ़ने लगी थी। अमित, उसने पाया, काफ़ी कमज़ोर हो चुका था। शरीर सूखकर लकड़ी हो चुका था। ऐसा लग रहा था, मानो किसी पेड़ को महीनों से पानी न मिला हो। नब्ज़ को ढूँढ़ने में उसे काफ़ी तकलीफ़ हुई थी। ब्लड प्रेशर चैक किया तो पाया, वह बहुत ज़्यादा गिर चुका था।

अदिति ने एक लंबी साँस ली और फिर धीरे से अनिरुद्ध से कहने लगी थी, ''बेटा, पापा को बिस्तर पर लेटाते हैं।''

अनिरुद्ध, 14 या 15 साल की उम्र होगी, ठीक-ठीक सेहत, परेशान और फटी आँखों से सब कुछ देख रहा था। तुरंत उसने अदिति आंटी और आकांक्षा के साथ मिलकर पापा को बिस्तर पर लिटाया था। अमित के मुँह में, जीभ पर एसप्रिन की टेबलेट रखने के बाद, अदिति ने चारों ओर नज़र घुमाई, और अगले ही पल समझ गई थी कि यह बच्चों का कमरा है। दो टेबलें, दोनों पर किताबें बिखरी पड़ी थीं, देखकर लग रहा था कि बच्चे अपना काफ़ी समय पढ़ाई में बिताते हैं। नहीं-नहीं, शायद उनकी ज़िंदगी, ख़ुशियाँ और ग़म, इसी कमरे में सिमट के रह गये हैं। तभी तो चारों दीवारें भरी पड़ी हैं। जहाँ एक ओर पसंदीदा हीरो और हीरोइन की फ़ोटो लगी हुई थी, वहीं बड़े-बड़े दार्शनिक और नेताओं की फ़ोटो भी चिपकाई गई थी।

अच्छी-अच्छी कहावतें दिल को छू लेने के लिए काफ़ी थीं। पलँग पर कपड़े, ज़मीन पर जूते-चप्पल बिखरे पड़े थे। सब कुछ तो यहीं था।...चारों ओर नज़रें घुमाते हुए अदिति लगातार अमित की छाती को सहला रही थी और बीच-बीच में मुँह से ऑक्सीजन दे देती। हर एक मिनट में कलाई की घड़ी की ओर देखती, एम्बुलेंस का उसे बेसब्री से इंतज़ार था।

बाहर एम्बुलेंस की आवाज़ सुनकर अभी अदिति ने आकांक्षा से कहा ही था कि जल्दी से वार्ड ब्वॉय को स्ट्रेचर के साथ अंदर बुला लो, तभी देखती है कि अनिरुद्ध वार्ड ब्वॉय के साथ स्ट्रेचर लेकर अंदर प्रवेश कर रहा था। अदिति ने बिना एक पल गँवाये हुए अमित को स्ट्रेचर पर लिटाया और साथ ही एम्बुलेंस की ओर लपकी थी। और फिर अपनी कार वहीं छोड़कर वह एम्बुलेंस में ही अमित के पास बैठ गई थी। आकांक्षा, अनिरुद्ध को माँ को उठाने के लिए घर पर छोड़कर, ख़ुद अदिति आंटी के साथ हो ली थी। एम्बुलेंस बँगले के बाहर निकलने लगी तो अनिरुद्ध वहीं खड़ा रह गया था।

आकांक्षा ने एक नज़र पीछे छूटते घर की ओर डाली और फिर पिता की ओर देखने लगी थी। भावनाओं पर अनिश्चितता का डर बढ़ने लगा तो उसने रोते हुए अदिति से धीरे से पूछा था, ''आंटी, क्या हुआ है पापा को ? सब ठीक तो है न ?''

''सब ठीक है, परेशान होने वाली कोई बात नहीं।'' अदिति ने आकांक्षा के हाथों को अपने हाथ में लेकर, ढाढ़स बँधाने की कोशिश की थी।

कुछ ही पल में अमित आई.सी.यू. के स्पेशल रूम में था। तुरंत ऑक्सीजन लगाने के बाद, अदिति ने सिस्टर को सबसे पहले ई.सी.जी. मशीन लगाने के लिए कहा था और ख़ुद एक बार फिर ब्लड प्रेशर चेक करने लगी थी, स्थिति गंभीर थी। और फिर ई.सी.जी. से उसे इतना तो ज्ञान हो ही चुका था कि अमित बहुत ही तीव्र मायोकॉडियल इनफरैक्शन, एक तीव्र हार्ट अटैक से गुज़र चुका है। और इसीलिए उसने ग्लुकोज़ का ड्रिप चढ़ाते हुए, उसमें नाइट्रोग्लिसिरिन और मॉरफिन भी मिला दिया था। वह जानती थी कि आगे के चार-छह घंटे बड़े नाजुक हैं। कुछ भी हो सकता है। इन सबको करते हुए आधा घंटा कहाँ बीत गया, पता ही नहीं चला। परंतु इस आधे घंटे में, उसका दिमाग़, चारों ओर की विभिन्न बातों से घिर चुका था। वह एक मिनट के लिए भी अमित से दूर नहीं हुई थी। उसने अमित के सिर पर बालों को सहलाते हुए प्यार से अपना स्पर्श दिया था, जिसमें अपनापन था। परंतु उस स्पर्श और अपनेपन से बेखबर अमित अभी तक बेहोश था। आकांक्षा की आँखों में नींद की जगह सिर्फ़ आँसू थे। वह अपने पापा के पास ही लगातार खड़ी रही थी। उसे समझ में नहीं आ रहा था कि वह अब क्या करे। डॉक्टर खुराना, वरिष्ठ हार्ट

स्पेशलिस्ट, को टेलीफ़ोन पर बताने से पूर्व अदिति ने अमित की पलकों को उठाकर आँखों में झाँका, पुतलियाँ स्थिर मगर दर्द में डूबकर मानो कुछ कहने के लिए बेताब हो रही थीं।

2

अनिरुद्ध एम्बुलेंस के जाते ही माँ को उठाने के लिए दरवाज़ा खटखटाने लगा था। आज शाम भी माँ पिताजी से ख़ूब लड़ी थीं। पिताजी के कोई भी जवाब न देने से वह अक्सर ही अपने आप से नाराज़ हो जाया करता था। उसे अपनी माँ से प्यार तो था, मगर उनका व्यवहार जहाँ उसे अनुचित लगता वहीं पिता का चुप रहना उसे बहुत अधिक खलता था। वह कुछ भी नहीं समझ पाता। वह चाहता था कि पापा माँ से थोड़ा डाँट के बात करें। परंतु आज पिता की चुप्पी उसे बहुत खली थी। माँ के द्वारा बहस और चिल्लाने पर भी पापा अक्सर कुछ नहीं कहते। माँ का ग़ुस्सा कुछ देर बढ़कर अपने आप कम हो जाता। मगर आज पिता की एक लाइन, 'अच्छा, तुम थक रही हो, अब सो जाओ' ने तो माँ के ग़ुस्से को सातवें आसमान पर चढ़ा दिया था। और वह लगभग चीख रही थीं, "...तुम तो यही चाहते हो कि मैं पूरी तरह से सो जाऊँ।"

और फिर, शायद कुछ ज़्यादा ही नींद की गोलियाँ माँ ने खा ली थीं। पापा रोज़मर्रा की तरह परेशान होते हुए धीरे से उन्हें मना कर रहे थे कि अनिरुद्ध ने अपने कमरे से झाँककर देखा—माँ ने पापा को कमरे से बाहर धक्का देकर निकाला और दरवाज़ा अंदर से बंद कर लिया था। पापा ने दो-चार बार बंद दरवाज़े को धीरे से धक्के से खोलने की कोशिश की, फिर खटखटाते हुए कह रहे थे, "निकिता, आई एम सॉरी, दरवाज़ा खोलो।"

एक बार फिर पिता की बातें अनिरुद्ध के कानों में सीसा घोल रही थीं। चिड़चिड़ाहट क्रोध में परिवर्तित हो रही थी। पिता का व्यवहार वह आज तक समझ नहीं पाया था, जबकि अब वह कुछ-कुछ बड़ा हो गया था, और उसकी अपनी सोच विकसित हो रही थी। वह यह सवाल अपने आप से हमेशा पूछता कि उसके पापा माँ के सामने इतना झुकते क्यों हैं ? जवाब न मिलने पर वह अपने आक्रोश को ख़ुद ही पी जाता। पापा रोज़ की तरह उनके कमरे में धीरे से आए थे और यों प्रदर्शित कर रहे थे कि जैसे कुछ हुआ ही नहीं। आकांक्षा और अनिरुद्ध को इन सब बातों को देखने की आदत-सी पड़ गई थी। जब से होश सँभाला, माँ को या तो गुमसुम देखा या चीखते-चिल्लाते। वे अक्सर डरकर दुबक जाया करते थे और कई बार

भाई–बहन मिलकर रो भी लेते थे। पर कभी भी उन्होंने इस बात का ज़िक्र किसी और से नहीं किया था और न ही घर की बातें बाहर बताकर किसी से सहारा लेने की कोशिश की थी। आज भी अनिरुद्ध थोड़े से ग़ुस्से में और आकांक्षा बड़े भावुक ढंग से पिता की ओर देखकर, अपनी–अपनी टेबल पर पढ़ने के लिए बैठ गये थे। आकांक्षा की आँखों में अक्सर आँसू आ जाते, जिसे देखकर अनिरुद्ध को अपनी बहन पर प्यार आता था।

पापा शायद मुँह धोने के लिए बाथरूम की ओर बढ़े ही थे कि उन्होंने आवाज़ लगाई थी, ''आकांक्षा, बेटा, वॉमीटिंग और सीने में बहुत...''

और इसके बाद वह आगे कुछ नहीं बोल पाये थे और दोनों ने पापा को ज़मीन पर गिरते हुए देखा था। दोनों जब तक लपककर उन तक पहुँच पाते, वह बेहोश हो चुके थे, साँसें चल रही थीं तो चेहरे पर पसीना झलक रहा था।

...सोचते–सोचते अनिरुद्ध की आँखों में आँसू आ चुके थे। अब उसे अपने पिता पर प्यार आ रहा था।...पता नहीं अस्पताल में किस हाल में होंगे? वह फिर से दरवाज़े को ज़ोर से खटखटाने लगा था। भीतर से कोई भी जवाब न मिलता देख, उसने बाहर बग़ीचे के रास्ते से, खिड़की से कमरे में झाँकने की कोशिश की थी। अंदर अँधेरा था, कुछ दिखाई नहीं दे रहा था। लाइट बंद थी। ध्यान से देखने पर लग रहा था कि कोई बिस्तर पर है, परछाईं से वह समझ गया था कि माँ लेटी हुई हैं। तेज़ साँसें चलने की आवाज़ से उसे यकीन हो गया था कि वह गहरी नींद में सो रही हैं। फिर भी उसने धीरे से आवाज़ लगाई थी, ''माँ, उठो, दरवाज़ा खोलो, पापा की तबीयत ख़राब है। उन्हें अस्पताल ले जाया गया है।...माँ!''

कोई जवाब नहीं मिलने पर वह अंदर आकर, रेलवे अस्पताल फ़ोन करके पापा के बारे में जानने की कोशिश करने लगा था। आज उसे पहली बार पापा पर प्यार के साथ–साथ दया भी आ रही थी।

अस्पताल से सिस्टर ने बताया था, ''आपके पापा पहुँच चुके हैं...आई.सी.यू. में हैं...डॉक्टर चेकअप कर रहे हैं...और चिंता की कोई बात नहीं...''

सुनकर अनिरुद्ध हारा हुआ–सा माँ के कमरे के बाहर ही बरामदे में कुर्सी लगाकर बैठ गया था। क्या करता! नींद भी नहीं आ रही थी। ऐसे हालात में आज सो भी कैसे सकता था? बचपन में, जब से होश सँभाला है, माँ को यूँ ही लड़ते हुए देखा। छोटी–मोटी बात पर तो कई बार अपने कमरे की लाइट बंद करके सो जाता। कई बार चुपचाप लेटे–लेटे सारा कुछ सुनते रहता, तो कई बार हालात ज़्यादा बिगड़ जाने पर, छोटी उम्र में वह रोने भी लगता था। मगर आजकल न तो वह रोता, न ही किसी बात को ज़्यादा दिल से जोड़ता, पर पढ़ाई में व्यवधान तो पड़ता ही था।

लेकिन आज तो हालात भिन्न थे। पापा अस्पताल में, जाने किस हाल में और माँ बेखबर कमरे में सोई पड़ी हैं। वह जल्द से जल्द यह ख़बर उनको देना चाहता था। कुछ ऊँच-नीच न हो जाए, भगवान को विनती करने लग पड़ा था। उसका क्रोध झल्लाहट और आत्मग्लानि में परिवर्तित हो रहा था।...क्या जीवन है!...उसके सारे दोस्त कितने ख़ुश और मस्त रहते हैं! उन्हें तो वह अपना दुःख नहीं बताता, उलटा अपनी झूठी ख़ुशियों की बात ज़रूर सुनाता रहता। पर कई बार घर पर हालात इतने बिगड़ जाते कि कई-कई दिन बिना खाये-पिये गुज़ारने पड़ते।...उसके साथ ही ऐसा क्यों?...उसका क्या कसूर है? सोचते-सोचते वह बहुत दिनों बाद आज अचानक एक बार फिर रो पड़ा था। सारा दुःख आँसू बनकर आँखों से बहने लगा था।

3

अमित एकदम शांत अस्पताल के बिस्तर पर लेटा हुआ था। उसे अब तक होश नहीं आया था। लेकिन एन्जाइम का इंजेक्शन व ऑक्सीजन के मिलते ही उसके दिल ने बेहतर कार्य करना शुरू कर दिया था और वह धीरे-धीरे संतुलित हो चला था। अमित को स्थिर देखकर अदिति ने आकांक्षा को पास के कमरे में आराम करने के लिए कहा था पर वह अपने पापा के पास ही खड़ी रही थी। अदिति अमित के हाथों को अपने हाथों में लेकर, पास ही स्टूल लगाकर, बैठे-बैठे डॉक्टर खुराना का इंतज़ार करने लगी थी। उसे आज अमित पर बहुत ज़्यादा प्यार आ रहा था। बचपन का साथ है। उसकी आँखें लगातार ई.सी.जी. ग्राफ़ के ऊपर चली जाती थीं। बचपन के साथी की ऐसी हालत देख वह विचलित थी। उसका मन कर रहा था कि वह आज अमित के चेहरे को अपने सीने से लगाकर भींच ले। कई बार उसका हाथ अनायस ही अमित के सिर पर पहुँचकर उसके बालों को सँवारने लगता। वह उसके हाथों को अपने हाथों में लेकर लगातार सहला रही थी। उसे आज अपने आप पर ग़ुस्सा भी आ रहा था। अमित ने कई बार उससे सहारे की, अपने दर्द को बाँटने की कोशिश की थी; परंतु सदैव अदिति ने उस सहारे को प्यार, आकर्षण और ग़लत दृष्टिकोण से ही देखा था। आदमी को जीने के लिए जिस तरह से ऑक्सीजन की ज़रूरत है, उसी तरह प्यार की भी आवश्यकता होती है। और वह आज अमित के दुःख को समझ रही थी। निकिता को वह काफ़ी दिनों से जानती थी। उसका व्यवहार अब उसके लिए कोई नया नहीं रह गया था। पर हालात इतने ख़राब होंगे, उम्मीद नहीं की थी। वह बार-बार घड़ी की ओर

देखती और फिर अमित की ओर उसकी नज़र चली जाती। अब वह चाहती थी कि उसका बचपन का साथी एक बार उठकर खड़ा हो जाए, फिर वह उसको कभी इस हालत में नहीं पहुँचने देगी। वह सोचती रही कि यह रात किसी भी तरह से बीत जाए, और दुआ करने लगी कि अमित को जल्द से जल्द होश आ जाए। आज पहली बार भगवान से कुछ माँगने लगी थी। वैसे तो ईश्वर से उसका रिश्ता कभी भी बहुत ज़्यादा मज़बूत नहीं था, उसे उन पर बहुत ज़्यादा विश्वास भी नहीं था, परंतु आज उसका मन पहली बार कुछ माँगने के लिए आगे बढ़ा था। वह भी अपने लिए नहीं, किसी और के लिए। आज अगर अमित उससे कुछ भी कहता, वह सब कुछ सुनने को तैयार थी। किसी के लिए दर्द हद से अधिक बढ़ जाए तो प्यार के स्रोत फूट पड़ते हैं। पता नहीं, कैसे-कैसे विचार उसे आने लगे थे! वह यहाँ तक सोच बैठी कि वह अब अमित को, माँगे बिना, अच्छे दोस्त का प्यार और अपनापन देगी। उस पर उसकी अपनेपन की भावना इतनी बढ़ गई कि उसने उठकर अमित के बालों को सहलाते हुए, माथे पर धीरे से चुम्बन लिया था और मन ही मन कहने लगी, 'अमित...तुम्हें कुछ भी नहीं होगा, सब ठीक हो जाएगा।'

यह सोचते हुए उसकी आँखों में कब आँसू आ गये, वह यह जान भी नहीं पाई थी। पीछे दूर खड़ी आकांक्षा सब कुछ देख रही थी। उसने सुना था कि अदिति आंटी पापा के बचपन की दोस्त हैं। पर इतना अपनापन होगा, यह आज ही देखा और समझा था। तभी पीछे से सिस्टर की आवाज़ ने अदिति को अपनी सोच से बाहर किया था।

"मैडम, इमरजेंसी है।"

"क्या हुआ?"

"पेशेंट सीरियस है। लूज मोशन हो रहे हैं, साथ ही खून आ रहा है। लिक्विड काफ़ी बह चुका है। बेहोशी की हालत में है।"

"क्या उम्र है?"

"मैडम, 35 या 40 का होगा।"

"और कोई साथ में?"

"उसकी औरत है, बहुत रो रही है। लगता है, कुछ ज़्यादा ही पीता है। डॉक्टर अमित का पेशेंट है।"

"बेड खाली है?"

"जी।"

"एडमिट करके ग्लुकोज़ की ड्रिप चढ़ाओ।"

"ठीक है।"

"मैं अभी पहुँचती हूँ।"

आँसू आँखों से निकलकर जगज़ाहिर हों, इसके पहले ही उसे रूमाल से पोंछकर, चेहरा और बालों को हाथों से ठीक किया गया था और फिर दूसरी सिस्टर को आकांक्षा के साथ अमित के पास छोड़कर वह उस मरीज़ की ओर बढ़ गई थी। पहुँचते ही उसने मरीज़ की औरत को बिना कुछ पूछे काफ़ी डाँट लगा दी थी। उसके रोने में कमी न होने पर, उसे बाद में महसूस हुआ कि वह आज बेवजह निकिता का ग़ुस्सा उस औरत पर उतार रही है। औरत बार-बार अपने आदमी को बचाने के लिए, अदिति का ग़ुस्सा सहते हुए, हाथ जोड़कर खड़ी थी। उस वक़्त अदिति उसके लिए भगवान स्वरूप थी। अदिति को इन सब चीज़ों को देखने की आदत-सी हो चुकी थी। परंतु एक ख़याल ने उसे अंदर तक झकझोर दिया था। एक तरफ़ अमित था और दूसरी एक तरफ़ यह आदमी। कहाँ वह एकदम अकेला, कहाँ इसके साथ खड़ी हुई उसकी धर्मपत्नी।

"कार्ड और केस पेपर कहाँ हैं सिस्टर?"

केस पेपर देखने पर अदिति को पता चला कि वह अल्सरेटिव कोलॉइटिस का पुराना मरीज़ है। कोलोनोस्कोपी हो रखी थी। बड़ी आँत के आधे भाग में अल्सर मिले थे। सल्फर ड्रग मीसाकोल का ट्रीटमेंट दिया गया था।

"दवाई नहीं खा रहा था क्या?" अदिति ने उस औरत से पूछा था।

"लेते तो थे। बीच-बीच में अस्पताल में दवाई नहीं मिल पाती थी..." कहते-कहते औरत ने निगाहें नीची की थीं और फिर सिर के पल्ले को आँखों से आगे लाकर दबी ज़ुबान से आगे कह गई थी, "...कभी-कभी मार्केट से ख़रीदने के लिए पैसे नहीं होते थे, डॉक्टर साहिब।"

औरत ने हाथ अब अदिति के आगे समर्पण में जोड़ लिये थे।

"पूरी ज़िंदगी दवाई देनी होगी, बंद नहीं करना है।"

वह यह जानती थी कि वह जो कह रही है, उसका कितना मतलब है और यह कितना संभव होगा मरीज़ के परिवार वालों के लिए, इस पर भी उसे संदेह था। ऊपर से, एक तो सरकारी अस्पताल में दवाई मिलती नहीं और जो मिलती हैं, उनकी गुणवत्ता पर शक बना ही रहता था। फिर जिस घर में खाना ठीक से दोनों वक़्त नहीं बन पाता, उस घर पर इतनी महँगी दवाई बाहर से ख़रीदना क्या संभव है? फिर उसके पैसे लेने के लिए चक्कर लगाओ।

"बड़ी आँत का नली डालकर टेस्ट हुआ था। उसकी रिपोर्ट कहाँ है?"

अदिति ने औरत से पूछा तो उसने 'हाँ' कहते हुए सिर हिला दिया था।

"कल सुबह ले आना। तला, मसाला मत दिया कर, पीना बंद।"

''आजकल कभी-कभी ही पीता है।'' औरत ने सफ़ाई दी थी।

''बिना पिये मरेगा नहीं, पियेगा तो जल्दी मरेगा, समझी?''

औरत के हाथ अदिति के पैर तक चले गये तो वह बोल उठी, ''ठीक है, ठीक है, अच्छा, चिंता मत कर, ठीक हो जाएगा।'' फिर सिस्टर से कहने लगी, ''स्टिरॉयड ज़रूरी है। शुरू कर दो। कल कोलोनोस्कॉपी की रिपोर्ट ले आए तो दिखा देना।''

इसी बीच बी.पी. चेक किया तो वह काफ़ी कम था। स्टेथेस्कोप कान से हटाया और मरीज़ की घरवाली से बोलने लगी, ''खिचड़ी, वह भी सादी देना, छिलके वाली नहीं। दूध, चाय सब बंद। दही खिला सकती हो।...मीट-मच्छी तो नहीं खाता?...सब बंद, समझी?''

मरीज़ और उसके घर वाले क्या दे सकते हैं और क्या नहीं, यह डॉक्टर अगर ज़्यादा सोचने लगे तो काम करना ही संभव नहीं। उसे तो अपनी तरफ़ से सब कुछ बताना है। मरीज़ की औरत हाथ जोड़े, आँखों में आँसुओं के साथ, डॉक्टर की हर बात बड़े ग़ौर से सुनकर सिर हिला रही थी। कितना उसे समझ आ रहा था, कितना वह कर पाएगी, यह तो शायद वह ख़ुद भी नहीं जानती थी। हाँ, अदिति सारी बातें बेड हैड टिकट में दर्ज करके तुरंत वापस आई.सी.यू. में आ गई थी।

कमरे में लाइट जल रही थी। सिस्टर और आकांक्षा पास ही खड़ी हुई थीं। पीछे से डॉक्टर खुराना पहुँच चुके थे और अमित को स्टेथेस्कोप से चेक कर रहे थे। अदिति को देखकर पूछने लगे, ''अदिति, क्या हुआ था?''

''एक्यूट एम.आई. लगता है सर। वामिटिंग सेन्स हुआ था। मुँह में झाग और पसीना भी था। साँस में रुकावट थी। कुछ हद तक बेहोशी है। ब्लड प्रेशर बहुत लो है।''

''क्या-क्या दे दिया?''

''नाइट्रोग्लिसिरीन, मारफिन और एन्जाइम दे दिया है और एसप्रिन ओरल दे दी थी।''

''ई.सी.जी. दिखाना।''

पुरानी ई.सी.जी. रिपोर्ट देखते हुए डॉक्टर खुराना ने ई.सी.जी. मॉनिटर की ओर देखा। फिर कुछ सोचते हुए आकांक्षा से पूछ बैठे, ''कैसे हो बेटा?''

आकांक्षा रुआँसी हो रही थी। कुछ बोल नहीं पाई तो सब कुछ समझते हुए उसके सिर पर हाथ फेरते हुए वह कहने लगे, ''चिंता की कोई बात नहीं। समय पर ट्रीटमेंट मिलने से सब ठीक है। बेटा, हिम्मत से काम लो, और मम्मी ठीक हैं... ?''

"जी।"

अदिति की ओर मुड़कर डॉक्टर खुराना थोड़ी देर बात करते रहे और अंत में ब्लड टेस्ट करने के लिए कहा था फिर ब्लड प्रेशर चेक करने के लिए सिस्टर से कहने लगे। ब्लड प्रेशर देखकर, अदिति को ब्लड रिपोर्ट लेकर सुबह बात करने को कहा और सभी ऑब्ज़र्वेशन एडमिट कार्ड में लिखकर वापस चले गये थे।

तभी सिस्टर ने धीरे से अदिति के कान में कहा था, "मैडम, घर से कई बार फ़ोन आ चुका है।"

"कह दो, मैं ठीक हूँ, और अब सुबह ही आऊँगी।" सिस्टर से बोलकर अदिति ने आकांक्षा की ओर देखा फिर धीरे से कंधे पर हाथ रखकर कहने लगी, "बेटा, तुम सो जाओ। पापा अब ठीक हैं।"

"नहीं, आंटी, मैं पापा के पास ही रहूँगी।"

सुनकर अदिति ने प्यार से आकांक्षा के गालों को सहलाया था।

तभी प्रसूति गृह की सिस्टर ने बीच में आकर धीरे से कहा था, "मैडम, डिलीवरी है।"

"कौन है ?"

"मिसेज श्रीवास्तव हैं, सिग्नल इंस्पेक्टर की वाइफ।"

"कहाँ हैं ?"

"लेबर रूम में।"

"पूरा पेन है ?"

"नहीं।"

"ड्रिप चढ़ाओ, मैं आती हूँ।"

"श्रीवास्तव जी आपके लिए बार-बार पूछ रहे थे।"

"कह तो दिया, आ रही हूँ।"

"जी मैडम। डॉक्टर साहब कैसे हैं ?"

"अभी अंडर ऑब्ज़र्वेशन हैं।"

अदिति ने सिस्टर को बाहर भेज दिया था। आकांक्षा का हाथ पकड़कर सोफे पर बैठाया और पास ही बैठ गई थी, "तेरे पापा को कुछ नहीं होगा, बहुत हिम्मती हैं। मैं उन्हें बचपन से जानती हूँ।"

"पर पापा के साथ ही इतना सब कुछ क्यों होता है ?"

यह सुनकर अदिति आश्चर्यचकित हुई थी। सही तो कह रही है आकांक्षा, और वह अगले कुछ पल के लिए अमित के बचपन को याद करने लगी थी। कुछ देर बाद लंबी साँस छोड़ते हुए उसने एक बार फिर कोशिश की थी, "तुम यहीं पर पैर

ऊपर करके लेट जाओ बेटा। थक रही हो, थोड़ा आराम कर लो। हॉस्पिटल में हम सब हैं तो देखने के लिए।''

''और आंटी, आप?''

''मुझे बेटा, डिलीवरी कराने जाना होगा। थोड़ी देर में आ जाऊँगी। चिंता मत करना, सिस्टर यहीं है।''

''आप नहीं थकतीं आंटी?''

''थकती तो हूँ पर आदत हो गई है। डॉक्टर की लाइफ़ अपने लिए कहाँ रह जाती है! पैदा होने वाले और बीमारी का कोई वक़्त तो होता नहीं। फिर हर कोई चाहता है, डॉक्टर उसे पर्सनली पूरा देखे। कहाँ संभव है बेटा, और फिर ज़रूरी भी नहीं होता। पर जहाँ तक संभव होता है, हम लोग अपना समय देते हैं।...तुम्हारे पापा तो एक-एक मरीज़ के लिए ख़ूब परेशान रहते हैं। बहुत पॉपुलर हैं। सारे लोग उन्हीं से इलाज कराना चाहते हैं। उनका हाथ अच्छा माना जाता है। शायद तुम्हें अपने पापा के बारे में पता नहीं।''

अदिति ने लेबर रूम के लिए जाते-जाते, बड़ाई करते हुए आकांक्षा का मन जीतने की कोशिश की थी। प्रशंसा से परस्पर विश्वास पैदा हो जाता है और फिर यह झूठ भी तो नहीं था। अमित का जीवन अदिति की आँखों के सामने टुकड़ों में आ-जा रहा था, यही कुछ सोचते-सोचते लेबर रूम पहुँची तो मिसेज़ श्रीवास्तव इंतज़ार ही कर रही थीं, चेक किया तो अभी वक़्त था। अदिति को झुँझलाहट हुई थी।

''कहा था न आपसे, काम कीजिए। मगर आप लोग काम करती नहीं हैं इसलिए ऐसे समय में दर्द होने पर तकलीफ़ होती है। अभी पेन और लेना होगा।''

''किया था डॉक्टर।''

''क्या किया? कुछ नहीं। पोंछा लगाना था पूरे घर में? और झाड़ू... ? यह सब ज़रूरी है। इसमें शर्म वाली कोई बात नहीं होती। लगता है, मिस्टर श्रीवास्तव ने कुछ ज़्यादा काम करने नहीं दिया। घर पर खलासियों की फ़ौज लगा रखी होगी, क्यों मिसेज़ श्रीवास्तव?''

लेटे-लेटे मिसेज़ श्रीवास्तव हँसने की कोशिश कर रही थीं। उनसे ज़्यादा दर्द मिस्टर श्रीवास्तव के चेहरे पर पढ़ा जा सकता था। डॉक्टर को आता देखकर वह भी वहाँ पीछे-पीछे पहुँच गये थे। उनका बस चलता तो अंदर तक चले आते लेकिन डॉक्टर अदिति के स्वभाव को जानते थे और बाहर ही खड़े रहे थे।

''मैडम, कोई चिंता की बात तो नहीं है?'' अदिति जैसे ही लेबर रूम से बाहर निकली, परेशान होते हुए इंस्पेक्टर ने पूछा था।

"हर चीज़ में चिंता क्यों लाते हैं आप लोग? थोड़ा इंतज़ार कीजिए। प्राकृतिक रूप से हर चीज़ होने के फ़ायदे हैं। लंबे समय तक साथ देते हैं। चीरा-फाड़ी करना तो बहुत आसान है। प्राइवेट हॉस्पिटल होता तो फट से पेट काट देते। पैसे भी अच्छे लेते। अस्पताल में कई दिन भर्ती रखते तो आप लोग ख़ुश रहते हो और यहाँ पर परेशान होने लगते हो। इंतज़ार कीजिए, सब ठीक हो जाएगा, मैं अस्पताल में ही हूँ।"

मिस्टर श्रीवास्तव ने भी हाथ जोड़ लिये थे।

अदिति सिस्टर को समझाकर एक बार फिर वापस आई.सी.यू. में आ गई थी। समय अपनी रफ्तार से बीत रहा था। आकांक्षा को झपकी आ रही थी। मगर उसने लेटने से मना कर दिया था। वह एक मिनट के लिए भी पापा को नज़रों से दूर नहीं होने देना चाहती थी।

हाँ, अदिति अमित का बचपन याद कर रही थी। बीच-बीच में आकांक्षा को कोई मज़ेदार किस्सा होता तो ज़रूर सुना देती।

4

अमित हलके-हलके होश में आ चुका था। अपने हाथों में उसने गर्माहट महसूस की थी। स्वयं को अस्पताल में देखकर एक पल के लिए कुछ अजीब-सा महसूस हुआ। लाइट बंद थी और सबसे पहले अँधेरे से सामना हुआ था। हाँ, स्पर्श से पता चल चुका था कि मुँह पर ऑक्सीजन की नली लगी होनी चाहिए। बाहर के बरामदे से आती किरणों ने अँधेरों को चीर रखा था। आँखों के किनारे से उसने चारों तरफ़ नज़र घुमाई तो देखा—अदिति सामने सोफे पर सिर पीछे करके बैठी हुई थी। उसकी गोद में आकांक्षा अपना सिर रखकर सोफे पर ही सिमटकर लेटी हुई थी। उसके सिर पर अदिति का हाथ था। उसने अगले ही पल देखा कि अदिति आकांक्षा के सिर पर थोड़ी-थोड़ी देर बाद हाथ फेर देती है, जिसमें प्यार की भावना साफ़ झलक रही थी। उसने राहत की साँस ली थी। समय का ज्ञान नहीं हो पा रहा था। कुछ खोजते हुए नज़र दौड़ाई तो देखा, सामने की दीवार की घड़ी पर सुबह के चार बज रहे थे। डॉक्टर होने के नाते वह इतना तो समझ ही गया था कि इस बार तो वह बच गया है, पर अगली बार... ?

सोचते ही बेचैनी बढ़ी थी। भूलने या बचने की कोशिश में उसे रात की बात और अधिक याद आने लगी थी...उसे रात को छाती में तेज़ दर्द हुआ था। अस्पताल रात की ड्यूटी पर जाना था। वह मुँह-हाथ धोने, फिर बच्चों को खाना देने के लिए

जा ही रहा था कि उसे अचानक सीने में बहुत तीखा दर्द हुआ था, जो धीरे-धीरे उसके दोनों हाथों की ओर बढ़ने लगा था। वही दर्द उसके गले और पीठ तक पहुँचकर उसे परेशान कर रहा था। उलटी के एहसास आते ही उसके अनुभव ने उसे यह बता दिया था कि उसे तीव्र हार्ट अटैक आ चुका है। बायीं ओर की उसकी आरट्रीज ब्लॉक हो रही थी। ब्लॉकिंग होने से उसकी छाती में भारीपन बढ़ रहा था। साँस लेने में कठिनाई के बढ़ने पर और तेज़ पसीने से वह जान चुका था कि तीव्रता बहुत अधिक है। अपने दोनों बच्चों को देखकर कुछ बोल पाता, उसके पहले ही उसकी आँखें कब बेहोशी में बंद हुईं, उसे पता ही नहीं।...अचानक उसे निकिता का ख़याल आया...वह उस रात बहुत नाराज़ थी। उसने उसे जबरदस्ती ही कमरे से धक्का देकर बाहर किया था और दरवाज़ा बंद कर लिया था। उसने नींद की कितनी गोलियाँ खाई होंगी, इस बात को सोचकर उसके मन में हलकी-सी चिंता उभरी थी। आँखों ने चारों ओर नज़र दौड़ाई, पता नहीं किसकी तलाश थी, मगर उसे और कोई भी नहीं दिखाई दिया था। वह दो मिनट के लिए चिंतित ज़रूर हुआ, परंतु अस्पताल से कुछ भी करने की स्थिति में नहीं था। निकिता पहले भी ऐसा करती रही है। इसी बात ने राहत पहुँचाई थी। वह इतना मानसिक और शारीरिक रूप से टूट चुका था कि उसे अब कुछ और सूझ ही नहीं रहा था। उसका शरीर, उसकी सोच के दबाव में कार्य करने से मना कर चुका था। वह वैसे भी अब जीना नहीं चाहता था। परंतु दोनों बच्चों के प्यार, एहसास और भविष्य को लेकर मजबूर था। पिछले कुछ दिनों से आकांक्षा को लेकर बेहद परेशान और चिंतित था। मासूम बेटी से अत्यधिक प्यार था। मगर उसे अँधेरों में जाने से कैसे रोके, इसका उसके पास कोई रास्ता फ़िलहाल नहीं दिखता था। उसके मन में वैसे कहीं न कहीं निकिता के प्रति जवाबदारी भी थी और प्यार भी।...अगर उसे कुछ हो गया तो निकिता का क्या होगा?

ई.सी.जी. मॉनिटरिंग पर अपने ही हृदय के स्पंदन को देखकर बहुत अजीब-सा लगा। इसी अस्पताल में पिछले कई सालों में उसने कई मरीज़ों को मरने से बचाया था, तो कई को वह मौत के मुँह में जाने से नहीं रोक पाया था। जीवन और मौत उसके लिए रोज़मर्रा की कहानी हो चुकी थी। मगर स्वयं उस दौर से गुज़रने का एहसास आज भिन्न था। अब उसे किसी की मौत से न तो दु:ख होता था और न ही किसी को जीवन देने में कोई ख़ुशी। हाँ, हर बार, हर केस में अपनी ओर से कोशिश ज़रूर करता कि किसी भी तरीक़े से मरीज़ को बचा ले। वह एक संपूर्ण समर्पित ज़िम्मेदारी से भरा हुआ डॉक्टर था। नीरस जीवन में ज़िम्मेवारियों को निभाते-निभाते उसकी भावनाएँ और आत्मा पूरी तरह मर चुकी थीं। फिर कोई ख़ुशी

भी तो नहीं थी। उस मरी हुई आत्मा में उसने अपने जीवन जीने की इच्छा को भी मार दिया था। उसे जीने की अब कोई चाहत नहीं थी और मरने से कोई घबराहट नहीं। वह एक विचित्र अवस्था में पहुँच चुका था, जहाँ जीना और मरना कोई मायने नहीं रखता। इन भावनाओं के निकलते और गुज़रते, उसकी निगाह फिर से अदिति पर पड़ी थी। उसे अदिति की परेशानियों और दु:ख का भी एहसास था। परंतु अदिति ने कभी भी अपने अकेलेपन का, ग़मों का, दु:खों का उससे ज़िक्र नहीं किया था, तो फिर वह दु:खों से इतना परेशान क्यों?

पिछले कुछ दिनों से उसने अदिति से दूरी बना ली थी। पहले उस पर वह अपना थोड़ा-बहुत हक़ दिखा लिया करता था। एक बार उस हक़ की परिधि बढ़ जाने पर अदिति ने उसे टोक दिया था। उस दिन अमित को काफ़ी तकलीफ़ हुई थी। वह आज तक नहीं समझ पाया कि उस रात उसने ऐसा किस भावनाओं के तहत किया था। मगर अदिति ने ठीक ही किया था। शर्म के मारे वह उससे दूर-दूर रहने लगा था। अदिति भी उस दिन से कम ही बात किया करती थी। पहले भी उसने कई बार अपने दु:ख अदिति से बाँटने चाहे थे। परंतु अदिति की तरफ़ से बहुत अधिक सहयोग न मिलने पर वह आगे नहीं बढ़ पाया था। अदिति ने कभी भी उसकी बातों को गंभीरता से नहीं लिया था, न ही उसे कोई तवज्जो दी थी। उलटा हर बार अदिति के रूखे व्यवहार ने उसे चोट ही पहुँचाई थी। वह किसी और से बात करने के लिए तो उत्सुक नहीं रहता, परंतु अदिति को देखकर उसके मन में आज भी कहीं न कहीं कुछ कहने की इच्छा उठती थी।

कमरे का दरवाज़ा खुलने की आवाज़ सुनकर उसने उस ओर अपनी आँखों की पुतलियाँ घुमाई थीं। सिस्टर धीरे से उसके बेड की ओर बढ़ रही थी। यह देख उसने तुरंत आँखें बंद कर ली थीं। मगर मस्तिष्क क्रियाशील व कान चौकन्ने थे। सिस्टर ने ई.सी.जी. मॉनिटरिंग रिकॉर्ड करने के बाद ब्लड प्रेशर चेक किया। और फिर बेड हैड टिकट पर सब कुछ लिखने के बाद, अदिति को रिपोर्ट करके पुन: बाहर की ओर जा चुकी थी। अमित ने पलकों के बीच से धीरे से झाँका तो पाया, आकांक्षा शायद उसी की ओर देख रही थी और उसने एक बार फिर आँखें बंद कर ली थीं। अदिति और आकांक्षा फिर से धीरे-धीरे उसके बारे में बातें करने लगीं थीं। शब्द उस तक पहुँच रहे थे जो उसके दर्द में मरहम का काम कर रहे थे। आज पहली बार निकिता ने उसे विचारों में आकर कष्ट नहीं दिया था। ऐसा नहीं कि निकिता से वह भावनात्मक रूप से नहीं जुड़ा था, पर उसके द्वारा कहे गये कुछ शब्दों ने उसे हर बार जीवन से दूर किया था। वहीं अदिति की बातों ने हर बार उसे जीवन की वास्तविकता से परिचय कराया था। और आज भी तो वह

उसकी बेटी को ढाढ़स बँधा रही थी—जीवन की हक़ीक़त बताकर—कुछ छिपाते हुए, कुछ समझाते हुए...।

अदिति का चेहरा, पुतलियाँ बहुत नीचे करने के बाद भी वह कुछ-कुछ ही देख पा रहा था। एक शांत, साँवला, गोल चेहरा, जिस पर बड़ी-बड़ी आँखें अच्छी लगती थीं। बीच में एक छोटी-सी काली बिंदी उसके सौंदर्य को सौ गुना बढ़ा देती थी। उसी अलौकिक सौंदर्य को, रात के अँधेरे में, अपनी धुँधली आँखों से वह देखने की कोशिश कर रहा था। क्या यह वही अदिति है, जिसे उसने बहुत छोटी उम्र से देखा हुआ है? आज कितनी बड़ी और समझदार, और एक वह स्वयं, कितना कमज़ोर! यह सोचते-सोचते, धीरे-धीरे भूतकाल में वहाँ तक चला गया, जहाँ से उसके जीवन की शुरुआत हुई थी। उसने होश सँभाला था। पीछे जाने पर उसे यों लगा कि जैसे उसका जीवन व्यर्थ में किसी ने लिखा था। मरने की अवस्था में, इनसान को पीछे मुड़कर देखने में जो कुछ दिखाई देता है, उसे बयान नहीं किया जा सकता। सिर्फ़ महसूस किया जा सकता है। मगर जो भी महसूस होता, वह विरक्तिपूर्ण और सत्य होता है। उसने अपनी पूरी ज़िंदगी में कहीं भी ऐसा नहीं पाया कि उसका जीवन शांत, सुन्दर और ख़ुशियों से भरा हुआ हो। अगर कोई छोटी-मोटी ख़ुशियाँ मिली भी तो कुछ थोड़े से पल के लिए, परंतु साथ ही साथ बड़ी मुसीबतों का पहाड़ उसको एक पुरस्कार के रूप में सदैव मिला, जिससे वह धीरे-धीरे टूटता चला गया। उसे आज यक़ीन ही नहीं हो पा रहा था कि वह इतने दु:खों और परेशानियों को झेलता आ रहा है। वह कैसे इतनी लम्बी उम्र तय कर गया, उसे पता ही नहीं चला। मगर अभी तो उसने 40 का आँकड़ा भी पार नहीं किया था, तो फिर उम्र के इस पड़ाव पर ही ऐसा क्यों लगने लगा जैसे कि वह बहुत लम्बा जीवन जी चुका है? कहाँ से, क्या, कब, कैसे शुरू हुआ, पता नहीं। उसके हाथ में तो कुछ भी नहीं था। वह तो बस बढ़ता चला गया।

जैसे-जैसे वह पीछे जा रहा था, उसने महसूस किया कि उसके दिल का दु:ख धीरे-धीरे पुन: बढ़ता जा रहा था। पर वह आज कष्ट कम दे रहा था। दिल का गुबार बढ़े और उसे रास्ता न मिले, तो वह आँखों के सहारे आँसू बनकर निकल पड़ता है। आज उसकी आँखों में भी पानी भर आया था। पलक बंद करते ही आँसू पलकों के किनारे से लुढ़ककर बिस्तर पर फैल चुके थे। उन आँसुओं के बहाव के साथ-साथ बह रहे अपने जीवन के पुराने टुकड़ों को वह समेटता हुआ अपने आप को ढूँढ़ने लगा, और वहीं पहुँच गया जहाँ से उसके जीवन की शुरुआत हुई थी। वहाँ तो दु:खों का अम्बार था। देखकर एक अजीब-सी कसमसाहट हुई थी। पर उसे कभी भी बचपन में दु:ख का एहसास क्यों नहीं हुआ? उलटे बचपन की बड़ी-बड़ी

परेशानियों में भी वह उन्हें पार करता हुआ आगे बढ़ता चला गया था। कैसे?... शायद उसके साथ उसको आगे बढ़ाने के लिए, प्रोत्साहित करने के लिए, प्यार-भरे कई हाथ उसके सिर पर सदैव हुआ करते थे। वहीं आज ऐसा कुछ नहीं था। कहाँ बचपन में कुछ न होते हुए भी सब कुछ था। वहीं आज सब कुछ होते हुए भी शायद कुछ नहीं। जाने-अनजाने ही आज के एहसास में उसे अपने बचपन की परेशानियों पर फ़ख्र होने लगा था। इन सब टूटी हुई यादों से वह कब बचपन की ओर बढ़ गया, उसे याद ही नहीं रहा। आँखें बंद करके उसे अपने बचपन का वह मोहल्ला याद आया, जिसे इसी शहर में रहते हुए अब उसने वर्षों से नहीं देखा था—दर्जनी मोहल्ला, घमापुर।...और सारी धुँधली पड़ी यादें ताज़ा होने लगीं—माँ, बाबूजी, सुप्रिया...।

दूसरा खंड

5

अमित शायद नौ वर्ष का हो चुका था। थोड़ा-थोड़ा समझदार। अपनी बहन की परेशानियों से परिचित था। सुप्रिया की शारीरिक सीमाओं की अमित को बहुत छोटी उम्र से ही आदत-सी थी। वह कभी-कभी दीदी की छोटी-मोटी परेशानियों में साथ भी दे देता था। मानव का स्वभाव बचपन से ही भिन्न-भिन्न होता है। वह विभिन्न अवस्थाओं से गुज़रता हुआ धीरे-धीरे अपने व्यवहार को बना लेता है। कुछ-कुछ उसका स्वभाव अपनी परिस्थितियों के अनुरूप स्वयं भी ढल जाता है। जहाँ एक ओर अमित प्राकृतिक रूप में बचपन से ही शांत और समझौतावादी था, वहीं सुप्रिया अपनी कमज़ोरियों के चलते चिड़चिड़े स्वभाव की थी। फिर इसका एक कारण और भी था—वह हर बात के लिए किसी न किसी पर निर्भर जो थी। परंतु उसका चिड़चिड़ापन हानिरहित, किसी के लिए भी परेशानी का कारण नहीं होता था। वह इस परिवार का अंग थी। फिर जिसे आप दिल से स्वीकार करें, उससे आपको कभी तकलीफ़ नहीं होती।

मास्टर सक्सेना प्राइमरी स्कूल के अध्यापक ज़रूर थे, परंतु अपनी छोटी-सी दुनिया में संतुष्ट और ख़ुश थे। मालती सक्सेना ने सुप्रिया व अमित के अलावा, बाहर की छोड़ो, शायद अपने पति मास्टर सक्सेना जी से भी खुलकर कभी बात नहीं की थी। उसका जीवन अपने पति और बच्चों के लिए खाना बनाने से ज़्यादा कुछ नहीं था। सुप्रिया की देखभाल करना मालती की दिनचर्या में आ चुका था और सुप्रिया दर्जनी मोहल्ले की लाड़ली थी।

मध्यप्रदेश का पुराना और बड़ा शहर जबलपुर। शहर में भीड़-भाड़ वाला इलाक़ा घमापुर। उसमें था एक मोहल्ला—दर्जनी मोहल्ला। पूरे 12 मकान। ऐसा लगता है, इसी कारण से इसका नाम दर्जनी मोहल्ला पड़ा होगा। एक निम्न मध्यवर्गीय मोहल्ला। जबलपुर कटनी राष्ट्रीय राजमार्ग के बार-बार बनने से हाईवे

की ऊँचाई तो बढ़ती चली गई, परंतु हाईवे पर दाहिनी ओर एक पतली गली से जुड़े हुए पचास मीटर की दूरी पर बसे इस मोहल्ले में कोई परिवर्तन नहीं आया था। उलटे, बरसात में पानी ज़्यादा भरने लगा था। हाइवे के दोनों ओर दुकानें बन जाने के बाद, अन्दर जाने वाला रास्ता काफ़ी सँकरा हो चुका था। बारह के बारह मकान, सबकी छतें खपरैल और साथ-साथ आपस में जुड़ी हुई थीं। अग़ल-बग़ल के हर दो मकानों के बीच की दीवार एक ही थी। मकान आपस में इतने जुड़े थे कि एक घर में धीरे से कही गई बात पूरे मोहल्ले में दूसरे दिन आम हो जाती थी। मोहल्ले की हालत आम दूसरे मोहल्ले से भिन्न नहीं थी। इस मोहल्ले में हिन्दुस्तान के तक़रीबन हर क्षेत्र व प्रांत से आए हुए लोग रहते थे। काफ़ी साल, साथ-साथ रहने के बावज़ूद उनका रहन-सहन अब भी थोड़ा-थोड़ा अलग था। व्यवहार, आचरण, खानपान यहाँ तक कि बोलचाल में भी थोड़ा-बहुत फ़र्क महसूस होता था। सबके बीच जो एक सामान्य बात थी, वह थी—सभी का निम्न मध्यवर्गीय होना। अधिकतर रेलवे या ऑर्डिनेंस फैक्टरी में कार्य करने वाले चतुर्थ श्रेणी के कर्मचारी थे। वर्तमान में नहीं तो कम से कम इनके पूर्वज इन दोनों विभाग से कहीं न कहीं जुड़े हुए थे। सभी वर्षों से इसी जगह पर रहते आ रहे थे।

सबसे पहला और किनारे का मकान सुनीता का था। उसका पति एक सेठ की गाड़ी चलाता था। उसकी सड़क-दुर्घटना में मृत्यु से घर का सारा बोझ सुनीता पर आ चुका था। सुनीता बड़ी आकर्षक और सुंदर थी। कहते हैं, पति के सेठ की निगाह उस पर पड़ी, मालिक घर से परेशान और दुखी था। उसे यहाँ पर एक नया सहारा, कुछ इस रूप में मिला कि वह यहाँ लगातार आने लगा। सुनीता बदनाम तो बहुत हुई, परंतु उसे अब कोई फ़र्क नहीं पड़ता। वह सरेआम इस बात को क़बूल करती है कि वह कम से कम सिर्फ़ एक से ही जुड़ी हुई है। धाकड़ थी। दलील देती थी कि क्या हर औरत किसी न किसी मर्द से नहीं जुड़ी होती ? बस, शादी के नाम पर उसे समाज ने पति का नाम ही तो दिया होता है। यह बात अलग है कि सेठ की ब्याही पत्नी ने कई बार मोहल्ले में आकर काफ़ी बदतमीज़ी करने की कोशिश की थी; परंतु सुनीता को कोई फ़र्क नहीं पड़ा। हाँ, सुनीता ने कभी भी उसकी बातों का कोई जवाब नहीं दिया था। चुपचाप सदैव मुस्कुराकर सुनती रही। पर सेठ के लिए उसके दरवाजे सदैव खुले रहते थे। परंतु कोई और उसकी ओर आँखें उठाता तो लगता था, आँखें फोड़ देगी। जब औरत खुल जाए तो अच्छे-अच्छे मुँह नहीं लगते।

सुनीता के बग़ल में कमला गुप्ता लगभग 45 वर्ष की काफ़ी तेज़-तर्रार, हो भी क्यों न, गुप्ता जी जो बहुत सीधे थे। प्रकृति भी अजीब है। अनोखा जोड़ा बनाती है।

इस उम्र में भी सजना, तैयार होना। बड़े बेटे दोनों शादी लायक, बेटी की शादी हो गई थी। अपने घर जा चुकी थी। परंतु कमला की उम्र बढ़ने का और शौक़ कम होने का नाम ही नहीं लेते थे। मालती के एक तरफ़ कमला गुप्ता थी तो दूसरी ओर गीता, बिलकुल सीधी-सादी। परंतु पतिदेव शुक्ला साहब थोड़े मनचले। चार बच्चे होने के बाद भी कोई परिपक्वता नहीं थी। गीता मालती की बहुत पक्की और अच्छी सहेली बन गई थी। दोनों के आचार और विचार काफ़ी मिलते थे। काफ़ी समानता थी दोनों में। गीता के दूसरी ओर अलका अपनी बूढ़ी माँ के साथ रहती थी। तीन भाई-बहनों को पाल-पोसकर बड़ा किया था, पढ़ाया-लिखाया था। अपने पैरों पर खड़ा करवाया, सभी की शादी की, परंतु तब तक ख़ुद की शादी की उम्र ही निकल गई। फिर बूढ़ी माँ को कौन देखता! शादी के बाद हर एक का अपना परिवार होता है, अपनी परेशानियाँ और अपनी दुनिया। यों तो तीनों भाई-बहन बहुत इज़्ज़त करते, समय-समय पर आते रहते, परंतु अब तो अलका को सारी ज़िंदगी अकेले ही काटनी है। हाँ, जब तक माँ ज़िंदा है तो यह जीने का कारण बना हुआ है। उसके बाद क्या होगा, उसे पता नहीं।

आगे के दो घरों में दक्षिण भारतीय परिवार रहते थे। एक मद्रासी और एक मलयाली, परंतु कहलाते दोनों ही मद्रासी थे और उसके बाद खटीक परिवार। फिर था सैनी परिवार। सैनी परिवार की बहू उषा जो कि सैनी की बहू के नाम से ही मोहल्ले में जानी जाती थी। वह भी मालती की अच्छी सहेली थी। मालती, गीता और उषा जब भी मिलतीं, दिल खोलकर बातें करतीं। कमला उम्र में बड़ी होने के बावजूद इन लोगों के बीच आकर बैठ जाती और अपनी धाक चला लिया करती थी। उसकी धाक तीनों सुन भी लिया करती थीं। कभी-कभी तो मालती कमला की बातों को स्वीकार भी कर लेती थी। सैनी के परिवार के बाद सोनकर, पटेल और फिर बंगाली परिवार। बंगाली परिवार ने दुर्गा पूजा शुरू की या नहीं, यह तो किसी को पता नहीं, परंतु जबलपुर के हर दुर्गा पूजा के समय में इस मोहल्ले की दुर्गा भी अपनी रौनक बिखेरती थी और उसमें बंगाली परिवार बढ़-चढ़कर हिस्सा लेता था।

सभी बारह मकान एक से थे। शुरू में छोटा-सा बरामदा फिर एक बड़ा कमरा, उसके पीछे थोड़ा छोटा कमरा जिसमें सभी ने रसोई भी बनाई हुई थी और उसके पीछे छोटा-सा आँगन और आँगन के आख़िरी हिस्से में शौचालय। अब तो सभी ने अपनी-अपनी लैट्रिन बना रखी थी। सुना था, पहले तो सभी पीछे, नाला पार जाते थे, औरतें अँधेरे में और आदमी सुबह के उजाले में। सभी घरों में मेल-मिलाप तो था पर समय-समय पर टकराव और मोहल्ले की लड़ाइयाँ बीच सड़क पर भी आ जाती थीं। परंतु बाहरी हस्तक्षेप होने पर, किसी भी विपत्ति पर, बारह के बारह

परिवार एक साथ खड़े हो जाते थे। एक साथ मुसीबत का सामना भी करते थे। सब का अपना मिज़ाज, सब के अपने विचार, सबके अपने तौर-तरीक़े, पर एक अनोखा बंधन। उनकी लड़ाई भी उनके आपस के संबंधों को बताती थी। वे लड़कर भी एक थे। सुख हो या दुःख, सभी में वे सब एक थे। अमित के कॉलेज जाने तक मोहल्ले में, एक छोर पर, एक ही नगर निगम का नल था, जिसमें सुबह एक घंटे और शाम को एक घंटे पानी आया करता, पर सभी लोगों को पानी आपसी तालमेल से भरपूर प्राप्त हो जाता था।

6

जबलपुर मध्य भारत के प्राचीनतम नगरों में से एक। नर्मदा नदी के किनारे बसा हुआ यह शहर कई कारणों से विख्यात रहा। नर्मदा नदी पर संगमरमर की चट्टानों के लिए, जबलपुर के नज़दीक भेड़ाघाट, पर्यटन की दृष्टि से आकर्षण का केन्द्र बना रहा। अंग्रेजों के ज़माने से यहाँ पर सिग्नल्स के विभिन्न प्रमुख आर्मी यूनिट के केन्द्र स्थित हैं। दूरसंचार विभाग का राष्ट्रीय स्तर का प्रशिक्षण संस्थान, टेलीकॉम कारख़ाना, गुणवत्ता विभाग, तो साथ ही व्हीकल फैक्टरी, जो कि शाक्तिमान नाम से सेना के लिए ट्रक बनाती है, का विशाल कारखाना भी यहीं स्थित है। जबलपुर के पास की पहाड़ियों में कहा जाता है कि सेना के गोला-बारूद का विशाल भंडार है और साथ ही गन कैरिज फैक्टरी और ऑर्डिनेंस फैक्टरी। सीधा-सा मतलब, जनसंख्या के हिसाब से महानगर।

जबलपुर शहर संस्कारधानी के नाम से भी मशहूर है। राष्ट्रीय स्तर के इतने सारे सरकारी कारखाने, संस्थान व सेना के होने से, देश के हर भाग और कोने के विभिन्न धर्म, जाति और बोली के लोग यहाँ आकर रहते हैं और अधिकतर बस भी जाते हैं। चूँकि यहाँ पर हर त्योहार बड़े धूमधाम और उत्साह से मनाया जाता है, प्राचीन संस्कारों का अधिक बोलबाला है, इसलिए इसका नामकरण संस्कारधानी पड़ा। दीवाली, दशहरा, मोहर्रम, होली, रक्षाबंधन, क्रिसमस—सभी त्योहार विस्तारपूर्वक बड़े चाव से मनाये जाते हैं। शहरों में रौनक देखते ही बनती है।

दुर्गा पूजा जबलपुर की विशेषता है। शायद पूरे भारत वर्ष में इसका दूसरा या तीसरा स्थान होगा। वह भी कोलकता जैसे महानगर के बाद। सैकड़ों दुर्गा प्रतिमाएँ और नौ दिनों तक चलने वाला जबलपुर का एक महाकुंभ। पूरा का पूरा शहर, क्या ग़रीब, क्या अमीर, मानो एक साथ त्योहार मनाने के लिए सड़क पर उतर आया हो! पूरा शहर दुर्गा पूजा में नौ दिनों तक मदमस्त रहता। रात-रात भर हज़ारों की भीड़

सड़कों पर पैदल घूमते हुए बिताती। स्कूटर–कार तो छोड़िए, साइकिल चलाना भी संभव नहीं होता। हर गली में, हर मोहल्ले और शहर के प्रमुख चौराहों पर बड़ी–बड़ी दुर्गा जी की प्रतिमाएँ बड़े ही भव्य व आकर्षक सुन्दर मंडपों में सजी होतीं। एक मंडप की आकर्षक लाइटों का सिलसिला खत्म नहीं हो पाता कि पास के दूसरे दुर्गा जी के मंडप की सजवाट का क्रम शुरू हो जाता। इस तरह से तक़रीबन सारा शहर और उसकी तमाम सड़कें तरह–तरह की लाइटों से, उनकी शृंखलाओं से, उनकी लड़ियों से सजी रहतीं। हर दुर्गा पूजा की प्रतिमा की व्यवस्थाओं के लिए हर मोहल्ले में विभिन्न नामों से मंडल और समितियाँ बनी होतीं, जो अपने आगे वर्षों की संख्या लिखकर अपने अधिक से अधिक प्राचीन होने का सबूत देतीं। हर मंडप में दुर्गा जी की मूर्तियों और हिन्दू संस्कृति की विभिन्न झाँकियों के माध्यम से वर्तमान से जुड़ी हुई विभिन्न सामाजिक बुराइयाँ, प्रचलित घटनाक्रम या बड़ी–बड़ी विचारधाराएँ दिखाई जातीं। कई जगह रामलीला तो कई जगह सांस्कृतिक कार्यक्रम। रोड पर लगता, जैसे कभी रात हुई ही नहीं हो! कई झांकियाँ, कई मंडल व दुर्गा समितियाँ तो दशकों पुरानी हैं। कई जगहों पर तो दुर्गा की इन समितियों के द्वारा पक्के चबूतरे तक बना दिये गये, जो कि वर्षों से हर साल बार–बार प्रयोग में आते रहते हैं। ऐसा नहीं कि अब इनमें कोई कमी आ रही हो, उलटे हर वर्ष इनकी संख्या, इसकी व्यवस्था, इसकी रौनक, इसकी चकाचौंध बढ़ती ही चली जा रही है। कानून व्यवस्था की कोई परेशानी नहीं, छिटफुट घटनाएँ तो स्वाभाविक हैं, अन्यथा सारा शहर स्वयं व्यवस्थित हो भरपूर आनंद लेता है।

दर्जनी मोहल्ला कैसे पीछे रहता! यहाँ भी वर्षों से दुर्गा पूजा बाकायदा मनाई जाती। सोनकर और सैनी जहाँ इसकी बाहरी व्यवस्थाओं से जुड़ते, तो बंगाली परिवार दुर्गा जी की पूजा–अर्चना में रहता। ये तीनों परिवार पूर्ण रूप से नौ दिनों तक दुर्गा जी के मंडप में ही रहता। इस कार्यक्रम में, इस समिति की पूजा में, पूरे मोहल्ले में जितना सामंजस्य या समन्वय होता, वह देखने लायक़ होता। कोई भी हो, हर परिवार अपनी शक्ति एवं अपनी–अपनी समझ से जो भी काम कर रहा, वर्षों से करता चला आ रहा है, और हर साल और अधिक बढ़–चढ़ कर हिस्सा लेता। हाईवे की रोड से नीचे मोहल्ले तक की गली में लड़ियों का काम मोहल्ले का हर बच्चा ख़ुद करता। आने वाला हर नया, किसी भी घर का मेहमान एक ही वर्ष में इस आयोजन का हिस्सा बन जाता और यहाँ से जाने वाला कोई भी सदस्य, किसी भी परिवार का, दुनिया में कहीं भी गया हो, इन नौ दिनों के कार्यक्रम में आने की सदैव कोशिश करता। इस उत्सव में पूरा मोहल्ला एक परिवार की भाँति इस कार्यक्रम को अंजाम देता। दूसरे त्योहारों में फिर होली हो या दीवाली, सब मिलकर मनाते। एक

घर की मिठाई सब घरों में जाती। विशेषकर होली अपने-अपने घर न मनाकर नल के नीचे ही मना ली जाती। ऐसा नहीं कि सिर्फ़ सुख में ही सब एक साथ होते, दु:ख में भी सभी परिवार एक साथ इकट्ठा हो जाते थे।

7

मास्टर जी के देहांत के समय में मालती अकेली नहीं थी। वैसे भी मास्टर जी पूरे मोहल्ले के मास्टर थे। मोहल्ले के सारे बच्चे, फिर चाहे किसी भी कक्षा के हों, किसी भी परेशानी के लिए उन्हीं के पास आते। मास्टर जी उनकी स्कूल की पढ़ाई में मदद करने के लिए सदैव तत्पर रहते थे। उनकी असामयिक मृत्यु में सारा मोहल्ला इकट्ठा हो गया था। मालती को न तो कुछ करना पड़ा और न ही ज़रूरत थी। तेरह दिनों तक पूरे बारह परिवार एक होकर ऐसे कर रहे थे कि मानो सभी के अपने घरों में ही कोई मौत हो गई हो। यों तो मास्टर जी के भाई भी बाहर से आए हुए थे, परंतु पूरे मोहल्ले के प्रेम में, उनकी कोई खास उपयोगिता नहीं बची थी। मालती को उन तेरह दिनों में किसी भी तरह की कोई परेशानी नहीं हुई थी। न तो उसे किसी चीज़ की चिंता थी और न ही कोई काम। हाँ, ख़ालीपन ज़रूर आ गया था। असल में वह समझ नहीं पा रही थी कि क्या हुआ, कैसे हुआ, और क्या होगा। इस बारे में मन और मस्तिष्क दोनों ही काम नहीं कर पा रहे थे।

वैसे तो मास्टरजी पूर्णरूप से स्वस्थ थे। कभी कहीं कोई किसी भी तरह की बीमारी हो, ऐसा दूर से लगता नहीं था। हाँ, बेटी की तकलीफ़ और लाचारी उन्हें सदैव अंदर ही अंदर खाती रहती थी। किसी से अपने दिल का दर्द नहीं बाँटते थे। यहाँ तक कि अपनी पत्नी से भी नहीं। उसे अपने मौन के भीतर कहीं छुपाकर रखते थे। सुप्रिया बेटी के भविष्य को लेकर मालती से कभी ज़िक्र किया हो, ऐसा भी नहीं। पुराने ज़माने में वैसे भी पति-पत्नी आपस में बैठकर कम ही बातें करते थे। अमित भी छोटा था। एक रात अचानक उनके सीने में दर्द हुआ। वह बाहर के बरामदे में ज़्यादातर अमित के साथ ही सोया करते थे और मालती सुप्रिया के साथ अंदर। सीने में दर्द को बहुत देर तक वह साधारण-सी बात और गैस की परेशानी समझते रहे। जब बेचैनी बढ़ी और दर्द असहनीय हुआ, पसीना आने लगा तो देर रात बारह बजे उन्होंने मालती को उठाया था। मालती भी कुछ बात न समझते हुए बस पानी का एक गिलास ले आई और सिर दबाने लगी थी। थोड़ी देर तक वह उसे देखते रहे। देखते-देखते कब उनकी आँखें बंद हुई थीं, यह मालती को भी नहीं पता। जब थोड़ी देर तक उसने आँखों की पलकों को झपकते हुए नहीं देखा, तो

पहले तो सोचा कि सो गये हैं। शरीर पर चद्दर डालने के लिए, हाथों के नीचे से चद्दर उठाने के लिए, ज्योंही हाथों को हटाया, उसमें जान नहीं थी। पहले तो वह समझ नहीं पाई। शरीर को हिलाया तो उतना ही हिला जितना हिलाया गया था। उसमें कोई शक्ति नहीं थी। और फिर पूरे शरीर को हिलाते हुए ज़ोर से एकदम चिल्ला उठी, ''सुनिए।''

जब कोई भी प्रतिक्रिया नहीं हुई तो मालती ज़्यादा ज़ोर से चिल्ला पड़ी थी। अमित अभी छोटा था, माँ की आवाज़ से उठ बैठा था। माँ को चिल्लाता देख वह अचानक ही बिना कुछ सोचे-समझे रोने लगा। मालती ने बेटे को सीने से एक मिनट के लिए लगाया और फिर अगले ही पल चीख पड़ी थी, ''सुप्रिया! देखना, तेरे बाबूजी को क्या हुआ?''

सुप्रिया जो कि रातों को कम ही सोया करती थी, लेटे ही लेटे ऊँची-ऊँची आवाज़ करने लगी थी। मालती को कुछ समझ न आया तो बाहर दौड़ी और सीधे गीता को आवाज़ लगाने लगी थी। गीता के आने के बाद शुक्ला और गुप्ता उठे। इसके पहले कि वे कुछ समझ पाते, पूरा मोहल्ला इकट्ठा हो चुका था। शुक्ला जी तुरंत दौड़कर पास के डॉक्टर को बुलाने चले गए थे। मोहल्ले के अधिकांश लोग उसी डॉक्टर से इलाज करवाते थे। जल्द ही डॉक्टर भी आ गया था। उसने नब्ज़ देखी और जाँच-पड़ताल करके मास्टर जी को मृत घोषित कर दिया था। उसके बाद न तो मालती चिल्लाई, न रोई, उसकी आँखों में बस शून्यता आ गई थी। पड़ोस की औरतों ने रोना-धोना शुरू कर दिया था। आवाज़ें तेज़ होने लगी थीं। सुप्रिया समझ नहीं पा रही थी, वह भी तो छोटी ही थी। अमित माँ का पल्ला पकड़कर नज़दीक ही बैठा था। औरतों ने कहना शुरू कर दिया था कि इसे रुलाओ, नहीं तो यह पागल हो जाएगी।

कोई कहती, 'अब इसका क्या होगा री, कैसे हो गया?'

कोई ज़ोर-ज़ोर से चिल्लाती, 'हाये, कहाँ चले गये मास्टर जी?'

कोई दहाड़े मारते हुए कहती, 'अरे, इन बच्चों को क्यों छोड़ गये?'

जो भी औरत आती, आने के साथ ही मालती को छूकर बिना कुछ कहे सबसे पहले रोती, अपना दुःख प्रकट करती। कुछ दुःख प्रकट करते हुए मालती के सामने बैठकर रोती। कोई बहू बाहर से ही, घूंघट के अंदर ही रोती हुई आती, तो कोई बाहर दरवाज़े से ही दहाड़े मार-मारकर रोना शुरू कर देती। बाहर आदमियों ने डेरा डालकर आगे की कार्यवाही के लिए विचार-विमर्श करना शुरू कर दिया था। शुक्ला और गुप्ता दोनों ही निकट के पड़ोसी होने के नाते आगे बढ़कर काम कर रहे थे। सबसे बुज़ुर्ग सैनी, बंगाली और मद्रासी ने मिलकर निर्देश जारी कर दिया

कि 'घरवालों के मन में बात न रहे, मास्टर जी के कम से कम छोटे वाले भाई को बुला लिया जाए।' अब भैया का पूरा पता कहाँ से पूछे ? शुक्ला के समझदार बच्चों ने मालती के पास आकर पूछताछ की। आज तक जो मालती घर के खाने के अलावा किसी भी चीज़ को नहीं जानती थी और न ही उससे पूछा जाता था, वह आज पति के जाने का ग़म मनाये, पड़ोसियों के रोने का साथ दे या अपने छोटे देवर का पता दे ! फिर उसे तो यह मालूम भी नहीं था। वह ज़्यादा कुछ नहीं जानती थी। छोटा भाई आता रहता था इसलिए मोहल्ले वाले उसके बारे में कुछ-कुछ जानते थे। अपने-अपने तरीक़े से लोगों ने पता करके और फिर पास ही के टेलीग्राफ़ ऑफ़िस, हाईकोर्ट के पीछे से टेलीग्राम करने के लिए सैनी के बेटे को भेज दिया गया था।

अमित रोते-रोते जब थक गया तो शांति से बैठ गया था। चिड़ियों की चहचहाहट ने आज मालती का ध्यान आकर्षित नहीं किया था, मगर सुप्रिया की आवाज़ ने उसको चौंकाया तो वह सब कुछ भूलकर उसको शौचालय ले गई थी। पड़ोस की औरतों ने घर की रसोई सँभाली, आदमियों ने बाहर का काम। सुबह होने पर तुरन्त बड़े बुज़ुर्गों ने अपने अनुभव से दाह-संस्कार के सामान की व्यवस्था शुरू कर दी थी, और फिर सब तैयारी करके छोटे भाई का इंतज़ार करने लगे थे। मगर फिर कोई भी समाचार न मिलने पर दोपहर बाद अमित के हाथों से अग्नि-संस्कार कराने के लिए पास के ही श्मशानघाट पर चल दिए थे। सब कुछ जलाकर वापस जब तक लौटते, शाम होने लगी थी और सभी तुरंत घर में घुसकर नहाने-धोने लगे थे। इस बीच पड़ोस की सभी औरतें दिनभर अपने-अपने घर में बारी-बारी से आती-जाती रही थीं।

अमित अपनी बाल्य अवस्था में ही था। उसे कुछ न तो ज्ञान था, न ही समझ पा रहा था। जैसा उसे बताया जाता, वह वैसा ही करता। बस, उसे इतना पता ज़रूर चल गया था कि उसके बाबूजी का देहांत हो गया है। और यह सोचकर कि अब वह वापस नहीं आएँगे, उसे अचानक ही बार-बार रोना आ जाया करता था। सारे पड़ोस के चाचा, अंकल उसे प्यार से सँभाल रहे थे। जो-जो उसे बताया गया, वह वैसा ही करता चला गया। कब आग की लपटों में उसके बाबूजी विलीन हो गये, उसे पता ही नहीं चला। सब कुछ आग को भेंट कर, घर आते ही फिर माँ से लिपटकर, पल्ला पकड़े-पकड़े बहुत देर तक रोता रहा था। सुप्रिया के लेटे-लेटे ही रोने पर वह उससे भी लिपटकर रोया था।

कुछ चंद घंटों में ही मालती की सारी ज़िंदगी बदल चुकी थी, पर वह अब तक वास्तविकता नहीं समझ पा रही थी। क्या हुआ, कैसे हुआ, क्या होगा, यह विचार उसके मन में अब तक नहीं आया था। देर रात छोटे देवर के आने के बाद सब कुछ

घर के अन्दर भी व्यवस्थित होता चला गया। तेरह दिन तक मालती सभी के साथ कार्य करते–करते यह भी नहीं सोच पाई थी कि आगे क्या करना है। उसे आने वाली विपत्ति का एहसास नहीं था। हिन्दू संस्कृति में यह बहुत अच्छा है कि तेरह दिन की चहल–पहल में आदमी धीरे–धीरे कुछ–कुछ भूल जाता है। इन सबके बावजूद मालती सुप्रिया का बराबर ध्यान रखती थी। सुप्रिया वैसे भी रोने के अलावा और क्या कर सकती थी! लेटे–लेटे ही लोगों का आना–जाना देखती रहती और पंडितों के प्रवचन को सुनती रहती। इन प्रवचनों ने उसे ज़्यादा कुछ तो नहीं समझाया, स्वर्ग–नरक व पाप–पुण्य का ज्ञान तो नहीं करवाया, पर यह ज़रूर एहसास करवा दिया कि बाबूजी अब उसे कभी भी प्यार से आकर सिर पर हाथ नही फेरेंगे। हाँ, अमित उसके पास ज़रूर लगातार बैठा रहता और बीच–बीच में माँ का पल्ला पकड़कर लोगों की बातें सुनता रहता। इस तरह से तेरह दिन कहाँ बीत गए, पता ही नहीं चला। इसके बाद शुरू हुआ जीवन का नया सिलसिला और उसमें छुपा था, 'अब क्या होगा?'

8

समय नहीं रुकता। किसी के मरने पर ज़िंदा लोगों की ज़िंदगी में मोड़ तो आता है, पर जीवन चलता रहता है। छोटा देवर दिलासा देकर जा चुका था और यहाँ से शुरू हुई मालती की अपनी एक नई ज़िंदगी। काल का चक्र तेज़ी से घूम रहा था। निम्न मध्यवर्गीय परिवार, सीधा–सा मतलब ग़रीबी रेखा से थोड़ा–सा ऊपर। यह ऐसा वर्ग है जहाँ कुछ समय में ही, थोड़ी परेशानियों से लोग सीधे ग़रीबी रेखा पर या उससे नीचे पहुँच जाते हैं। इस वर्ग में बस खाने लायक़ प्रबंध रहता है। दो वक़्त रोटी ज़रूर मिल जाएगी, रहने के लिए एक छोटा–सा मकान हो सकता है। न तो कोई बहुत बड़ा बैंक–बैलेंस, न ही घर में कोई शानो–शौकत का सामान। बस, आप दोनों समय अपना पेट भरते रहें। आपने ज़रा–सी भी ज़्यादा की इच्छा की तो आप परेशानी में पड़ सकते हैं। मास्टर जी और मालती दोनों एक ही तरह की सोच और परिवेश से आए हुए थे। इसीलिए दोनों में बिना कुछ कहे हुए भी बहुत सामंजस्य था। दोनों ही बहुत ज़्यादा न ख्वाब देखते थे, न ही उनकी बहुत ज़्यादा कोई चाहत थी। चकाचौंध का तो कोई सवाल ही नहीं। बस, इज़्ज़त से दो वक़्त की रोटी मिलती रहे, जिसके लिए भगवान की तरफ़ से कोई कमी नहीं थी। मास्टरजी इतना तो ज़रूर कमा लेते थे।

आज के युग में अगर इनसान सिर्फ़ दो वक़्त की रोटी ही खाये और सादा

जीवन व्यतीत करे तो उसके लिए महँगाई बिलकुल भी नहीं है। मास्टरजी और मालती इसी सिद्धांत पर यक़ीन करते थे। भोजन वह बढ़िया खाया करते थे, फिर चाहे तन ढकने के लिए साधारण-से वस्त्र ही क्यों न हो। मालती को बहुत फ़ैशन या आधुनिकता में विश्वास तो क्या, उसकी कोई सोच ही नहीं थी। हाँ, भगवान ने स्वयं ही उसको रूप और रंग ठीक-ठीक दिया हुआ था। साधारण-सी धोती, कमर से होकर सिर के ऊपर पल्ला लेते हुए, फिर दूसरी तरफ़ से साड़ी का पल्लू पूरे शरीर को ढकता हुआ वापस कमर से बँधा रहता था। यह उसकी रोज़ की वेशभूषा थी। सुबह जो नौ बजे दाल-रोटी बनाई तो रात को दाल और रोटी के साथ एक सब्ज़ी भी। रात आठ बजे खाकर मास्टरजी जल्दी सोने चले जाते थे। न कोई रेडियो सुनने का साधन, न ही चाहत। दोपहर एक अख़बार स्कूल से रोज़ ले आया करते थे। स्कूल के पुस्तकालय से कभी-कभी पत्रिका भी ले आते। बस, पढ़ते रहना। फिर स्कूल की तमाम राजनीति से दूर, दोस्ती-यारी से दूर। हाँ, अगर कभी कोई विशेष बात हुई तो दूसरे अध्यापक उनसे मिलने आ जाते थे। वह भी दूसरों के घर किसी विशेष कार्यक्रम में ही जाते थे। माँ-बाप का देहांत बहुत पहले ही हो चुका था। भाई, अपनी-अपनी जगहों पर छोटी-मोटी नौकरियाँ कर रहे थे। दर्जनी मोहल्ला का यह मकान पिछले तक़रीबन चार-पाँच दशकों से मास्टरजी के पूर्वजों के पास था और स्कूल से उन्हें इतनी तनख़्वाह मिल जाती थी कि घर का बाक़ी ख़र्चा वह कर सकें।

कुछ समय पहले मास्टरजी को स्कूल में एलआईसी (जीवन बीमा) का एजेंट मिला था। इस बारे में उन्होंने कभी कुछ सोचा नहीं था। वह इतना तो ज़रूर समझ गये थे कि इसमें एजेंट का भी कुछ कमीशन है इसलिए इतना ज़ोर लगा रहा है। परंतु फिर भी दोस्तों के समझाने पर, एजेंट के मनाने पर उन्होंने बीमा की हाँ कर दी थी। अपनी परिस्थिति को देखते हुए सिर्फ़ कुल पाँच हज़ार रुपए का बीमा कर दिया था। बनने वाली मासिक किस्त दी जा सकती थी।

तेरहवीं के कुछ दिन बाद, एक दिन अचानक घर पर एलआईसी का एजेंट आया था। दरवाज़ा मालती ने ही खोला था। उसे देखते ही सफ़ेद साड़ी में सिर पर पल्ला रखकर हाथ जोड़े खड़ी हो गई। आँखों में शून्यता और चेहरे पर उदासी थी। कुछ महीने पहले ही वह बीमा करते समय घर आ चुका था। मालती के लिए मेहमान के रूप में उसे स्वीकार करने में काफ़ी हिचकिचाहट हो रही थी। वहीं एजेंट के लिए शायद यह उसका रोज़मर्रा का काम था। एजेंट ने ब्रीफ़केस से कागज़ निकालकर उस पर मालती के हस्ताक्षर करवाने चाहे। मालती नाम लिख लिया करती थी। बिना किसी को दिखाए, बिना ज़्यादा अक्ल लगाए, उदासीनतापूर्वक

उसने हस्ताक्षर कर दिये थे। उसने यह भी नहीं पूछा था कि 'किसलिए?'

एजेंट जाते-जाते बोल गया था, ''बहुत दु:ख हुआ सुनकर। मैं जल्दी से जल्दी पैसे दिलवाने की कोशिश करूँगा। मास्टरजी का बीमा अभी हाल ही में हुआ था। शायद थोड़ी मुश्किलें आये, ख़ैर...''

सुनकर उसे अटपटा लगा था। दरवाज़ा बंद कर एक बार फिर रोई थी। अमित तो स्कूल में था। हाँ, सुप्रिया ने रोने में साथ दिया था।

समय तो अपनी रफ़्तार में था मगर मालती के लिए थोड़ा तेज़। एजेंट को गए हुए हफ़्ते बीत गए थे। कोई ख़बर न आने पर मालती थोड़ा सोच में पड़ गई थी। पैसों की तंगी हो रही थी और उस बीमे का फ़ायदा भी मालती को नहीं हो पा रहा था। अगर बीमा कराने के बाद जल्दी ही आदमी का देहांत हो जाए, तो जीवन बीमा निगम में उसे अर्ली क्लेम कहते हैं। और इस तरह के केस की पूछताछ की जाती है। सुनिश्चित किया जाता है कि कहीं झूठा या बीमार आदमी का बीमा तो नहीं करा दिया गया था। अन्यथा जीवन बीमा के पैसे जल्दी मिल जाया करते हैं। मालती इस बात से बेखबर थी। आज उसने सोचा—गीता से तो वह कई बार चर्चा कर चुकी, परंतु शुक्लाजी तो सिर्फ़ बात ही किया करते, कुछ मदद नहीं कर पा रहे...और उसे अचानक सैनीजी की याद आई तो आज वह सैनी की बहू उषा के पास सुबह-सुबह ही पहुँच गई थी।

''अरे मालती, कैसे? क्यों, क्या हुआ?'' उषा ने बड़ी सहजता से पूछा था।

''नहीं, कुछ ख़ास तो नहीं, बस, वह जीवन बीमा के पैसे नहीं मिल पा रहे।'' धीरे से उसने कहा था।

उषा मालती की पक्की सहेली थी। वह समझ गई कि मालती को पैसे की सख़्त ज़रूरत है, अन्यथा वह इस तरह से नहीं पूछती। यह भी अजीब पीड़ा है। आप मरने वाले का दु:ख कब तक मनाओगे? अपने और बच्चों के पेट की ज्वाला को शांत करना ही पड़ता है। उसके लिए पैसा चाहिए। पैसे पेड़ में तो लगते नहीं। उन पैसों को एकत्र करने के लिए आपको सारी भावनाएँ एक तरफ़ रखनी पड़ती हैं। आप मरने वाले का दु:ख मनाने की जगह, उस मौत से मिलने वाले पैसे के लिए ख़ुद को तैयार कर लेते हैं। यह विधि का विधान नहीं, समाज की पीड़ा है। बीमा जीवन का नहीं, मौत का होता है। यह जीवन का सौदा है।

''तू चिंता न कर, मैं अभी बात करती हूँ।'' उषा ने समझदारी दिखाते हुए अपने पति सैनी को सब कुछ बताया था। उषा के ससुर बड़े सैनी भी सुन रहे थे।

''आज ही चला जा बेवकूफ़ एलआईसी के दफ्तर, सारी बात करके आना।

आज ही जा और सारे कागज़ लेकर जाना।''

बड़े सैनी का फरमान जारी हो गया था। छोटा सैनी यूँ भी समझदार और तेज़-तर्रार था। अपनी बातों को मज़बूती से बोलने के साथ-साथ ताकतवर और समय पड़ने पर बदमाशी करने को भी तैयार रहता। जीवन बीमा ऑफिस पहुँचने के बाद ही उसे पता चला कि यह अर्ली क्लेम का केस है और निरीक्षक मोहल्ले में दो बार घूम गया है। मगर कोई यह बताने को तैयार नहीं था कि मास्टरजी पहले से कहीं बीमार तो नहीं थे। सैनी का माथा ठनका, मोहल्ले में मास्टरजी का कोई भी दुश्मन नहीं। परंतु अज्ञानता अपने आप में एक बहुत बड़ी दुश्मन है। किसी को भी यह नहीं पता था कि किसलिए पूछताछ हो रही है, इसलिए सभी ने डर की वजह से या शायद बिना सोचे-समझे अनभिज्ञता दिखाकर परेशानी को बढ़ा दिया था।

सैनी को कुछ-कुछ बात समझ में आई और वह तुरंत बड़े मैनेजर के पास पहुँच गया था, ''आप मुझसे सर्टिफिकेट ले लीजिए। मास्टरजी पूरी तरह से स्वस्थ थे। फिर भी यह सब कैसे हो गया, पता नहीं...भगवान की मर्ज़ी है...शायद उनका इतना ही समय था।''

''आप कैसे कह सकते हैं?''

''हम कैसे नहीं कह सकते, इसके पहले वह बीमार हुए ही नहीं। मैं उनके पड़ोस में रहता हूँ।''

''क्या आप स्टैम्प पेपर पर किसी डॉक्टर का एफिडेविट दिलवा सकते हैं?''

सैनी एक मिनट के लिए रुका था और फिर तुरंत कहने लग पड़ा, ''क्यों नहीं। मैंने उन्हें कभी भी बीमार होते हुए नहीं देखा।...मगर जब बीमार ही नहीं हुए तो फिर कौन डॉक्टर उनको जानेगा, फिर क्यों और कैसे लिख कर देगा?...हाँ, आप उनके स्कूल में भी पूछताछ कर सकते हैं। क्या उन्होंने कभी भी छुट्टी ली थी?''

मैनेजर को बात ठीक लगी थी और उसने अपने निरीक्षक को स्कूल के प्रिंसिपल से ही सर्टिफिकेट लेने के लिए कहा था। वापस लौटकर सैनी ने सब कुछ मालती को बता दिया था।

इन सब मुसीबतों को देखकर मालती कुछ-कुछ समझने लगी थी। स्कूल से सर्टिफिकेट जारी हो चुका था और कुछ दिनों में ही जीवन बीमा के पैसे मिलने वाले थे। मालती के लिए इस वक़्त इसकी बेहद आवश्यकता थी। उसकी अवस्था खाने खाने के लिए मोहताज़ वाली हो चुकी थी। कर्ज़ा बढ़ता जा रहा था। तक़रीबन वह रोज़ सीधे सैनी के घर जाने लगी। उषा के बार-बार ज़ोर देने पर सैनी भी रोज़ एलआईसी ऑफिस चला जाया करता था। और एक दिन उसे बीमा के पैसे भी मिल

गए थे। दो मिनट के लिए मालती को ऐसा लगा, जैसे कि उसकी साँसों में साँस आई है। आदमी के मरने की क़ीमत उसके जीने का सहारा बन गई थी। परंतु वह इन भावनाओं व बातों से बेख़बर थी। हाँ, इतने समय में उसने ललन का दूध तक़रीबन आधा कर दिया था। अब वह एक बार ही लिया करती थी, जिससे दोनों वक़्त कम से कम दो कप चाय बन सके।

9

उच्च, मध्यम एवं निम्न—ये तीन वर्ग हैं समाज में। समाज को इन तीन भागों में बाँटा भी जा सकता है। उच्च वर्ग, जिनके पास हर चीज़ आवश्यकता से अधिक है—सामाजिक रुतबा, रुपया, पैसा और ज़मीन-जायदाद। भावनाओं का यहाँ पर थोड़ा कम महत्व है। निम्न वर्ग जहाँ आवश्यकता और ज़रूरत से कम, दूसरे शब्दों में ग़रीब। अब जो निम्न है, वह पूरी तरह से निम्न है। उन्हें और परिभाषित नहीं किया जा सकता। ग़रीब, ज़्यादा ग़रीब, भिखारी, ग़रीबी रेखा से नीचे पलने वाले लोग जिन्हें दो वक़्त का खाना भी नसीब नहीं होता...इस तरीक़े से इस वर्ग को और आगे विभाजित करना शायद ठीक नहीं होगा, न ही इसकी आवश्यकता है। उसी तरह उच्च वर्ग में भी अधिक, बहुत ज़्यादा, थोड़ा-अधिक, अति-उच्च, थोड़ा-उच्च—इसे भी विभाजित करने की ज़रूरत नहीं है।

मध्यम, बीच वाला। ये बीच का वर्ग कई मायने में विशिष्ट भी होता है और कई तरह से कष्टदायक भी। इसके तीन भाग किए जा सकते हैं। उच्च मध्यम जो उच्च वर्ग में जाने के लायक़ नहीं है; परंतु जो सदैव इस कोशिश में लगा रहता है कि किसी तरह ऊपर के वर्ग में पहुँच जाए। मध्यम वर्ग में कहलाना उसे पसंद नहीं। इस वर्ग का बोले जाने पर उसे शर्म महसूस होती है। यह वर्ग थोड़ी कोशिशों से उच्च वर्ग में पहुँच सकता है। पहुँचते भी हैं लोग। मध्यम मध्यम वर्ग, ठीक-ठीक, बीच का; परंतु निम्न मध्यम मतलब कि थोड़ी-सी भी कमी या चूक से आदमी ग़रीबी रेखा के नज़दीक पहुँच सकता है। रोज़ कमाया, रोज़ खाया। जितनी आवश्यकता है दो वक़्त की रोटी की, उतनी ही मिल रही है। उससे अधिक चाहत करने पर कठिनाइयाँ हो सकती हैं, तकलीफ़ हो सकती है। इसमें ज़्यादातर लोग रोज़ कमाने वाले या छोटी-मोटी नौकरी करने वाले होते हैं। मालती और मास्टरजी इसी वर्ग के थे।

मास्टरजी जबलपुर की प्राइवेट संस्था के प्राइमरी स्कूल में अध्यापक थे। कहने को तो एक अध्यापक, समाज का प्रतिनिधित्व करता है, उसको बनाता है, उसका

भविष्य सँवारता है, आने वाली पीढ़ी का मार्गदर्शन करता है। परंतु भारत के राज्य मध्यप्रदेश में और मध्यप्रदेश के महाकौशल क्षेत्र में इस तरह के प्राइमरी स्कूलों के अध्यापकों की परिस्थितियों को बयान नहीं किया जा सकता। उनकी स्थिति एक रोज़ कमाने वाले मज़दूर से ज़्यादा कुछ नहीं होती। उन्हें उतना भी मुश्किल से मिल पाता है जिसमें वे अपना और अपने बच्चों को दाल-रोटी खिला सकें। स्कूलों की संस्थाएँ किस हद तक इसके लिए ज़िम्मेदार हैं, नहीं कहा जा सकता। यहाँ, इस क्षेत्र की आर्थिक परिस्थिति, सामाजिक संरचना इस प्रकार की है कि स्कूल तो जनसंख्या के कारण बहुत सारे पैदा कर दिये गए हैं परंतु अधिकांश में कोई व्यवस्था नहीं है। मैनेजमेंट की तो शायद कमाई हो जाती हो, पर न तो छात्रों को कुछ मिल पाता है, न ही शिक्षकों को।

मालती और मास्टरजी को ज़िंदगी से कुछ चाहत नहीं थी, सोचा ही नहीं था। परेशानी उस समय होती है जब आदमी चाहत करता है, ख़्वाब देखता है और उसे वह पूरा नहीं कर पाता। अपनी सीमाओं से ज़्यादा इच्छा करने से परेशानी ही मिलती है और आदमी कई बार ग़लत रास्ते पर भी जा सकता है। ग़लत कार्य भी कर सकता है। दोनों एक ही तरह के वर्ग से आए हुए थे। दोनों की सोच काफ़ी कुछ मिलती-जुलती थी। हर हाल में ख़ुश रहना यह उनकी प्रवृत्ति भी थी। बहुत ज़्यादा ज़िंदगी में आवश्यकताएँ नहीं थीं, इच्छा तो फिर दूसरे नम्बर पर आती है। आवश्यकता और इच्छा दोनों ही न हो तो सुकून अपने आप आ जाता है और संतोष और सुकून हो तो घर में ख़ुशहाली व ख़ुशियाँ होती ही हैं। ख़ुशियाँ एक अवस्था है, एक परिस्थिति है। यह किसी वस्तु से नहीं होती। मास्टरजी का परिवार कई तरह की परेशानियाँ होते हुए भी ख़ुश था, संतुष्ट था।

अमित को याद है, किस तरह साइकिल पर थैला लटकाकर वह इतवार को अपने बाबूजी के साथ गुड़ंदीं बाज़ार सब्ज़ी लेने जाता था। मोल-भाव करके ख़ूब सारी खेत की ताज़ा और सस्ती सब्ज़ियाँ ख़रीदी जातीं। कभी-कभी मौसम के सस्ते फल भी ख़रीदे जाते। एक आम मिल जाने से पूरा मौसम ख़ुशबूओं से बीत जाता...। और कहाँ अब रोज़ एक आम मिलने पर भी वह ख़ुशी नहीं होती है। अमित अपने पिता के साथ गेहूँ पिसाने, कोयला-लकड़ी लाने अक्सर जाया करता। मिट्टी का तेल (केरोसिन) थोड़ा महँगा पड़ता तो कम ही लाते। स्टोव सिर्फ़ चाय बनाने के लिए ही इस्तेमाल होता। सुबह और शाम को कोयले की सिगड़ी जलती। एक बार में ही जो खाना बनता, वही खाया जाता।...मगर सिगड़ी पर बने खाने का स्वाद आज के गैस के चूल्हे पर कहाँ। जीवन में उस वक़्त छोटी-छोटी चीज़ों में बहुत बड़ी ख़ुशी और संतुष्टि छुपी होती थी। वहीं आज बड़ी-बड़ी चीज़ों की ख़ुशियाँ भी बड़ी

क्षणभंगुर हैं। इतवार की दोपहर, सब के साथ ज़मीन पर बैठकर खाने में जो स्वाद और संतृप्ति थी, वह फिर कभी नहीं मिली। सुप्रिया भी नीचे ज़मीन पर साथ ही लेटे-लेटे खाती रहती।

सारा मोहल्ला ही निम्न मध्यवर्गीय था। सभी की परिस्थितियाँ तक़रीबन एक जैसी थीं। फ़र्क़ सिर्फ़ इतना था, जो सरकारी नौकरी में चतुर्थ श्रेणी में काम करते थे, उनके हालात आर्थिक रूप से बेहतर थे। जिस परिवार में एक से अधिक कमाने वाले थे, जैसे पिता के साथ-साथ बेटा भी कमा रहा है, उन घरों की परिस्थितियाँ तो और बेहतर थीं। यहाँ तक कि किसी-किसी ने मोपेड भी ले ली थी। एक-दो घरों में रिकॉर्ड प्लेयर भी आ गया था। सैनी के घर के म्यूजिक सेट पर मालती भी कभी-कभी गाना सुन आती थी। बहुत अधिक तो उसे समझ नहीं थी, परंतु हाँ, पुराने गाने सुनने में ज़रूर अच्छा लगता। गीता के घर में भी हर तरह की सुख-सुविधाएँ धीरे-धीरे जुट रही थीं। अच्छी रसोई भी थी। दूध भी ख़ूब आता था। मालती के यहाँ तो दूध भी सिर्फ़ दोनों वक़्त आधा किलो ही लिया जाता। उसी में दो वक़्त की चाय दोनों पति-पत्नी के लिए बन जाती। उनके लिए यह कोई शर्म की बात नहीं थी। उनकी आवश्यकता ही इतनी थी। माँ के दूध के बाद फिर दूसरे दूध की आवश्यकता कहाँ हो सकती है, अमित प्रकृति के इस नियम, इस सिद्धांत पर चल रहा था। शरीर को चलाने के लिए, विकसित करने के लिए रोटी-सब्ज़ी से उसे तमाम ऊर्जा मिल जाती थी। शरीर को वैसे भी तो प्रोटीन, कार्बोहाइड्रेट, वसा और विटामिन वगैरह ही तो चाहिए। वह किसी भी खाने के सामान में मिल सकता है। उसके लिए महँगा होना ज़रूरी नहीं। वैसे भी वह दाल और रोटी में भरपूर होती है, जो उन्हें भर पेट मिला करता। ज़िंदगी ठीक कट रही थी। परंतु परिस्थिति, ईश्वर, भाग्य कुछ न कुछ तो मायने रखते ही हैं और मास्टर जी का देहांत अचानक हो गया था। मालती निम्न मध्यम वर्ग से निम्न वर्ग की और जाने के लिए मुँह बाय खड़ी हुई थी। परिस्थितियाँ बहुत ख़राब हो चुकी थीं। मास्टरजी को ईश्वर के पास गये महीनों बीत चुके थे। घर में आय का कोई साधन नहीं रह गया था। उनके पास कहाँ कोई बैंक बैलेंस था। एलआईसी के पैसे से ख़र्च कब तक चलता!

और एक दिन ललन से दूध लेने के लिए उसने मना कर दिया। ललन समझदार था, कहने लगा, ''पाइया ले लिया कर, कोई आए-गए के लिए चाय तो बन जाएगी, पैसा फिर दे देना।''

साहू किराने वाला अब नाक-मुँह बनाने लगा था। जो इस दौर से गुज़र चुका हो, वही इसकी तीव्रता को समझ सकता है। सुनीता इस दौर से गुज़र चुकी थी। वह

थोड़ा-थोड़ा मालती के चेहरे को आते-जाते पढ़ लेती। एक दिन अचानक घर पर आकर उसको पैसे देने लगी। मालती को इस तरह से पैसे लेना अच्छा नहीं लगा था, और उसके मना करने पर सुनीता कहने लगी, ''तू क्या सोचती है, मैं तेरे ऊपर एहसान कर रही हूँ; या तुझे लगता है कि मेरे पैसे भी ख़राब हैं? क्या मैं बदचलन हूँ? देख, इनके मरने के बाद मैंने दूसरी शादी तो नहीं की, लेकिन एक ही आदमी के पल्ले से बँधी हूँ। दुनिया चाहे मुझे कितनी भी बदचलन कहे, परंतु तू क्या सोचती है कि मैं रोज़ नये आदमी बदलती हूँ?...लड़की मुझे भी पालनी है। ड्राइवर की औरत ड्राइवरी तो कर नहीं सकती, बर्तन मैं माँज नहीं सकती, भीख मैं माँग नहीं सकती। दूसरी शादी किसी ने की नहीं। अब जिस आदमी ने मेरे सिर पर हाथ रखा है, मैं उसे अपना पति मानती हूँ। मेरी बेटी को वह पाल रहा है, यह क्या कम है? मैं तेरी हालत को समझ सकती हूँ। मैं इस दौर से गुज़र चुकी हूँ। इसलिए तेरी मदद करने आई हूँ। तुझे लेना है, ले, मैं दिनभर मनाने नहीं आऊँगी।''

मालती को यह बात बुरी तरह से चुभ गई थी। सीधी-सादी तो थी, थोड़ा-थोड़ा समझती भी थी, पर परिस्थितियों ने उसे ज़्यादा समझदार बना दिया था। आज वह सुनीता को ज़्यादा बेहतर समझ सकती थी। उसे अब यह समझ में नहीं आ रहा था कि वह आगे क्या करे। जीवन बीमा के पैसे से तेरहवीं में होने वाला खर्चे का कर्ज़ा और इन चार-पाँच महीनों का खर्च ही हो पाया था। लोगों की बातों से यह तो उसे पता चल चुका था कि उसका कम पढ़ा-लिखा होना उसके लिए एक अभिशाप हो रहा है। उम्र के इस मोड़ पर और कोई भी संबंधी या संबंध न होने के कारण नौकरी मिलना भी इतना आसान नहीं था। अमित बहुत छोटा था, कुछ भी नहीं कर सकता था।

उधर सुप्रिया बोल तो नहीं पाती थी, परंतु अब कुछ-कुछ समझने लगी थी।

10

एक दिन सुबह-सुबह उठकर उस भोली-भाली औरत ने सर्वप्रथम घर से बाहर पैर रखे थे। वह गुरुजी से कभी मिली तो नहीं थी सिर्फ़ दूर से देखा था। एक-दो बार किसी त्योहार पर अभिवादन ज़रूर किया था। मास्टरजी से उनके बारे में सुना था—काफ़ी सज्जन पुरुष हैं, ब्राह्मण हैं, धर्म से भी और कर्म से भी...साथ ही बड़े दयालु भी हैं। सबकी मदद करते हैं। मास्टरजी के स्कूल में वह प्राध्यापक थे। उन्हें सारे प्यार से गुरुजी कहा करते थे। मालती के लिए तो वह बहुत बड़े इनसान थे। मालती सक्सेना को इससे बड़ा और कोई आसरा फ़िलहाल दिखाई नहीं दे रहा

था। वह कितनी पढ़ी-लिखी थी, उसे इसका ज्ञान नहीं था। हाँ, अमित की हर साल की स्कूल की किताबों में से वह चित्र ज़रूर देख लिया करती थी। अपना नाम भी लिख लेती थी और टूटा-फूटा थोड़ा पढ़ लेती थी। आज तक उसने अकेले, मोहल्ले के बाहर कदम नहीं रखा था। वैसे भी सुप्रिया के पास उसे सदैव रहना पड़ता था। सुप्रिया उसके जीवन की एक धुरी और परिधि दोनों ही थी,...तो फिर उसकी देखभाल के लिए किसी को तो छोड़ना ही होगा; और फिर अमित को साथ लेकर जाते-जाते उसने गीता से कहा था, ''तू आज सुप्रिया के पास थोड़ी देर रहना, मैं गुरुजी से स्कूल में मिलकर आती हूँ। स्कूल में शायद कोई काम मिल जाए।''

सुप्रिया बोल तो नहीं पाती थी, परंतु जो वह कहना चाहती, वह माँ और अमित को उसके चेहरे और आँखों के हाव-भाव से पूरी तरह समझ आ जाता था। मालती ने घर के बाहर क़दम रखने से पूर्व बेटी के चेहरे पर एक निगाह डाली तो लगा कि मानो उसने कहा हो कि 'आप जाओ, चिंता की कोई बात नहीं।'

उधर अमित को इस छोटी-सी उम्र में भी अपनी ज़िम्मेदारी का एहसास था। वह उसी स्कूल में पढ़ता था। मालती को स्कूल का रास्ता भी पता न था और वह बेटे के पीछे-पीछे हो ली थी। स्कूल पहुँचकर प्राध्यापक के कमरे के बाहर बहुत देर तक दोनों खड़े रहे थे। मालती ने कई बार सिर पर पल्ला ठीक किया था। घबराहट से मुँह सूख रहा था। हिचकिचाहट में पैर आगे नहीं बढ़ पा रहे थे। अंत में स्कूल के चपरासी ने उन्हें अंदर भेजने में मदद की थी।

गुरुजी दोनों को देखते ही कुर्सी से उठ खड़े हुए थे। चेहरे पर आश्चर्य था, ''बेटी! तुम यहाँ कैसे? मुझे बुला लिया होता, मैं घर आ जाता...'' फिर कुछ देर ठहरकर बोलने लगे, ''...अच्छा, पहले यहाँ बैठो और बताओ, सब ठीक तो है?''

और फिर अमित के सिर पर हाथ फेरकर उन्होंने प्यार किया था।

आँचल से सिर को ढककर, पूरे शरीर पर लिपटी हुई साड़ी ने मालती की शारीरिक अवस्था को छुपा तो लिया था, परंतु उसकी आँखों के नीचे छुपी हुई उदासी ने काफ़ी कुछ कहने की कोशिश की थी।

''गुरुजी...'' कुछ देर रुकने के बाद हाथ जोड़कर खड़े होते हुए बस इतना ही कह पाई थी, ''...आप ही हमें बताएँ कि अब हम क्या करें?''

इसके लिए गुरुजी पूर्ण रूप से तैयार नहीं थे। आदमी दूसरे की परेशानियों को जानता तो है, कई बार समझता भी है, परंतु जब तक ख़ुद पर न बीते तब तक उसकी तीव्रता नहीं महसूस कर पाता। फिर उसके बारे में बहुत अधिक विचार करने की तो ज़रूरत भी नहीं समझता। और अगर विचार किया भी तो सिर्फ़ विचार-विमर्श

के लिए, किसी ठोस समाधान के लिए कभी नहीं सोचता। जिस सहजता और सरलता से मालती सक्सेना ने गुरुजी के सामने कहा था, उसमें कोई भी किसी तरीक़े का आडम्बर नहीं था—न कोई नाटक, न ही दु:खों का जबरन प्रदर्शन। एक हक़ीक़त थी, जिसे उसने स्वीकार किया था और वह उसी में रहना भी चाहती थी। वैसे जीने की उसकी कोई उमंग नहीं थी, परंतु मरना उसके बस में नहीं था। यूँ तो शायद मर भी जाती, परंतु दो बंधन उसके साथ इस तरह से बँधे हुए थे कि वह उसे किसी भी क़ीमत पर तोड़ना नहीं चाहती थी। उसके बच्चों के बंधन उसके लिए बोझ नहीं थे, ये तो सहज ही उसके जीने का एक मक़सद बन गए थे। जो जी रहा है, उसे कोई न कोई बंधन चाहिए, कोई न कोई मंज़िल चाहिए। मालती को अब बच्चों के प्यार के साथ-साथ उनकी ज़िम्मेदारी भी थी। उसे इस बात का एहसास था। इन कुछ महीनों में ही वह अचानक कई साल बड़ी हो चुकी थी। उसके चेहरे पर मासूमियत की जगह परिपक्वता ने ले ली थी।

गुरुजी उसके चेहरे के अंदर हो रहे परिवर्तन को महसूस कर सकते थे। वह दार्शनिक, सुलझे हुए, कर्मशील व्यक्ति थे। परंतु इस समस्या और उसके हल के लिए बिलकुल तैयार नहीं थे। वह ऐसे भी नहीं थे कि इस मुसीबत से छुटकारा कर लें। चाहते तो कह सकते थे कि इसमें हम क्या करें; परंतु दो मिनट के मौन के बाद कहने लगे, ''...बताओ बेटा, तुम क्या चाहती हो?''

इस सवाल के लिए मालती सक्सेना तैयार नहीं थी और न ही इसका जवाब देना चाहती थी। अभी तक जो कुछ हुआ, उसकी उसे कोई चाहत नहीं थी। उसने यह तो नहीं चाहा था, फिर आगे वह क्या चाह सकती है? अब उसके चाहने की कोई बात कहाँ रह जाती है। उसका मौन गुरुजी को काफ़ी हद तक समझ में आ गया था।

''अच्छा, बेटी, तुम घर चलो। हम आपके लिए कुछ न कुछ...''

गुरुजी इसके आगे कुछ भी कहने में असमर्थ थे। वह यह भी नहीं जानते थे कि वह किस कोशिश में हैं और वह क्या कर पाएँगे।

मालती ने हाथ जोड़ा, आँखें नीची कीं और अपने सिर के पल्लू को ठीक करके कमरे से बाहर आ गई थी। पथराई आँखों में अब आँसुओं की कोई जगह नहीं थी। चेहरे पर मुस्कुराहट नहीं तो कोई बेचैनी भी नहीं थी। उसके पास खोने के लिए अब और कुछ नहीं था।

रास्ते में किराने की दुकान से उसने दो दिन का राशन लिया तो साहू ने कहा था, ''आप चिंता न करो बहन, जब सब कुछ ठीक हो जाएगा, तब दे देना।''

अब बनिया भी क्या करे, धर्मशाला तो खोली नहीं। दुकान तो चलानी है।

सामान देने के साथ ही रुक न पाया तो बोल ही दिया। मालती के पास इसका कोई जवाब नहीं था। अगर मना भी कर देता तो कोई जबरदस्ती नहीं करती। उसने सामान दे दिया तो उसे चुपचाप लेकर घर पहुँची थी।

गीता सुप्रिया के साथ बातें कर रही थी। माँ और भाई को वापस देख सुप्रिया के चेहरे पर रौनक लौट आई थी। मालती बिना किसी उत्साह के उसके पास जाकर बैठ गई थी। चेहरे की उदासी को मुस्कुराहट ने जबरन हटाने की कोशिश की मगर वह असफल हुई थी।

माँ को हताश देख अमित ने कहा था, ''माँ, तू चिंता न कर, एक बार मुझे बड़ा होने दे, मैं डॉक्टर बनकर सब ठीक कर दूँगा...पहले दीदी का इलाज करूँगा...फिर तुझे कोई परेशानी नहीं होने दूँगा...''

''हाँ! हाँ!'' सुप्रिया ने सुनकर अपनी ख़ुशी का इज़हार किया था। मालती के चेहरे पर आश्चर्य फिर चमक उभरी थी और फिर उसने अमित को खींचकर अपनी छाती से लगा लिया था। साथ ही सुप्रिया के सिर पर हाथ फेरना नहीं भूली थी। गीता को घर पर काम था बिना ज़्यादा कुछ बात किए वापस तो चली गयी मगर फिर बहुत देर तक मालती की दयनीय अवस्था उसे सोचने के लिए मजबूर करती रही थी।

कुछ देर यूँ ही शून्य में बैठे रहने के बाद मालती ने उठते हुए धीरे से कहा था, ''अमित, चल बेटा मुँह-हाथ धो ले, तुम लोगों के लिए कुछ बना देती हूँ।''

जीने के लिए तो खाना ज़रूरी है। पेट को नहीं पता चलता कि उसको खिलाने वाला मर चुका है। उसे तो भूख लगती है। अब वह कैसे खत्म होगी, उसे सोचने की ज़रूरत नहीं होती। माँ ने चावल-दाल बनाये थे। अमित को बहुत तेज़ भूख लग रही थी।

''बेटा ज़रा तू ही दीदी को भी खिला दे।''

अमित एक ही थाली से सुप्रिया को भी खिलाता जा रहा था और ख़ुद भी खा रहा था कि अचानक बीच में बोल पड़ा,

''माँ, तू भी खा ले।''

''हाँ, मैं भी लेती हूँ।''

''माँ, ले ले न।'' अमित प्यार से कह रहा था।

मालती की भूख ख़त्म तो नहीं हुई थी पर मन नहीं था। स्कूल से आने के बाद आज पहली बार माँ ने अमित की कही बात को बड़े ग़ौर से सुना था और इस लाइन ने उसको पहली बार एक जीने का विश्वास दिया था। एक आशा की किरण। उसे पहली बार यह एहसास हुआ कि उसके पास भी एक शक्ति है। अगर उसकी एक

परेशानी है तो दूसरा उसको सँभालने के लिए, उसको चलाने के लिए, उस परेशानी से बचाने के लिए एक सहारा भी है। उसके पास एक भविष्य है। पहली बार उसे लगा था कि वह भी कुछ कर सकती है। उसके भविष्य के गर्भ में भी कुछ न कुछ छुपा हुआ है, और उसके मन में भी कुछ करने की इच्छा जाग्रत हुई थी। अपने लिए नहीं, सिर्फ़ अमित के लिए। वह यह भी जानती थी, उसने बचपन से देखा था कि अमित सुप्रिया को न केवल प्यार करता था बल्कि उसकी बहुत देखभाल भी करता था। सुप्रिया उस पर हुक्म चलाती रहती। उस पर अपना हक़ समझती थी। उस पर अपना अधिकार जताती थी। यहाँ तक कि अपनी चिड़चिड़ाहट भी अमित पर ही निकालती थी। अमित छोटा होते हुए भी उसकी सारी परेशानियों, सारी चिड़चिड़ाहट को बड़ी शालीनता से स्वीकार करता था। वही शालीनता उसका मौलिक स्वभाव बनता जा रहा था। उसमें सुप्रिया के प्रति कोई करुणा नहीं थी, कोई दया नहीं थी, यह उसका प्रेम था। बहन के लिए प्रेम, एक बंधन, जिसमें उसे आनंद आता था। उसकी देखभाल करना वह अपनी नैतिक ज़िम्मेदारी ही नहीं, अपना धर्म भी समझता और यह उसकी दिनचर्या में शामिल था।

"...माँ, तू चिंता न कर, मुझे एक बार बड़ा होने दे, देख, मैं डॉक्टर बनूँगा। दीदी को भी ठीक करूँगा और तुझे फिर कोई परेशानी नहीं होने दूँगा।"

ये शब्द कानों में लगातार बज रहे थे जो हर बार मस्तिष्क को झकझोर देते। उसे लगा कि उसकी सूखी हुई आँखों में, उसके पथराये हुए भविष्य पर मानो किसी ने पानी के छींटे डाले हों और उसमें कोमल-सी घास अंकुरित होना शुरू हो गई हो। उसने पहली बार किसी भविष्य की परिकल्पना की थी। उसे पहली बार कोई मंज़िल प्राप्त हुई थी। उसे पहली बार ऐसा लगा कि हाँ, मुझे बच्चों के लिए जीना है। उसे पहली बार ऐसा लगा कि उसे यह कार्य करना है। उसे पहली बार ऐसा लगा कि घर में खाना बनाने के अलावा भी कोई कार्य है।...और अचानक मन भावनाओं में बहने लगा और उसकी आँखों से बह रहे आँसुओं ने उसके अंदर के आत्मविश्वास को संचारित किया था। एक बार फिर अमित को उसने खींचकर अपनी बाँहों में ले लिया। सुप्रिया शारीरिक रूप से अपाहिज थी, परंतु मानसिक रूप से नहीं। वह माँ और अमित के इस मिलन को देखकर टूट पड़ी और उसकी आँखों के आँसुओं ने सारी सीमाएँ तोड़ दी थीं। वह अपनी कमज़ोरी, अपनी मुसीबतें कभी भी ज़ाहिर नहीं होने देती। आज उसके हाथ अपने आँसू पोंछने की कोशिश कर रहे थे परंतु सदैव की भाँति आज भी वह पुनः नाक़ामयाब थी। अंत में हार कर उसने अपने कंधों से अपने आँसुओं को पोंछने की कोशिश की थी। उसके शरीर के अंदर की प्रत्येक रक्त कोशिकाओं ने आवेग में चलने की कोशिश की थी। मस्तिष्क ने उन्हें चलायमान करने का प्रयत्न

किया, परंतु शारीरिक अवस्था ने उसे ध्वस्त कर दिया था। और अचानक आँसू उग्र रूप से बहने लगे थे। मालती उसे देखकर समझ गई, माँ जो थी। अमित को एक बाँह में लेकर उसने सुप्रिया को भी अपनी दूसरी बाँहों में समेट लिया था। आज सुप्रिया पहली बार 'हा, हा' करके कुछ कह नहीं रही थी, सिर्फ़ रो रही थी। मालती ने तभी उसके सिर पर हाथ रखा था, मानो कह रही हो—'बेटी, मैं अभी ज़िंदा हूँ।'

अमित, जिसकी ऊँचाई अभी माँ के सीने तक नहीं पहुँच पाई थी, उसके आँचल में छुप रहा था। मगर उसे आज अपने छोटे होने पर तकलीफ़ हुई थी। उसे पहली बार लगा कि उसे जल्दी से जल्दी बड़ा हो जाना चाहिए। उसे ख़्वाबों में जीने का शौक़ नहीं था। और होता भी कैसे? सपनों को भी कोई धरातल चाहिए; और वह तो छोटी उम्र में ही अचानक अपने अस्तित्व के लिए संघर्षरत था। यह उसकी, अंदर की एक इच्छाशक्ति थी, प्रकृति के विरुद्ध लड़ने की चेतावनी थी, अपनी क़िस्मत के विरुद्ध जाने के लिए उतावलापन था। एक द्वंद्व था, जो यह बताना चाहता था, अपनी उपस्थिति दर्ज कराना चाहता था। वह अपनी परेशानियों से परेशान नहीं था। हाँ, उसे दूर करना चाहता था। उसकी छोटी-सी बुद्धि ने उसे यह ज़रूर समझाया था कि उसके साथ बँधे हुए दो इनसानों के साथ, बंधन बाँधने वाले ने ज़रूर नाइंसाफ़ी की है। उसे इस चीज़ का एहसास होने लगा था कि वह बहुत सारी मुश्किलों से घिरा हुआ एक ग़रीब बच्चा है, परंतु साथ ही फिर एक विश्वास उभरता कि वह इस परिस्थिति को ज़रूर परिवर्तित करेगा। उसे यह नहीं पता था कि यह परिवर्तन कैसा होगा, उस मंज़िल तक पहुँचने के लिए उसे किन-किन रास्तों में कितनी मुसीबतों का सामना करना पड़ेगा। सिर्फ़ विश्वास था। बाक़ी भविष्य के गर्भ में क्या है, वह तो अच्छों-अच्छों को नहीं पता।

11

''दूध ले ले बेटी।''

ललन की आवाज़ थी। सुनते ही रोज़ की तरह अमित ने माँ से कहा था, ''माँ, मैं ला देता हूँ।''

और फिर स्टील के छोटे से कटोरे में वह दूध लेने लगा तो बीच में ललन ने पूछा था, ''माँ कहाँ है बेटा?''

''माँ दीदी के पास है।''

अमित के चेहरे पर मासूमियत थी। बहुत छोटी उम्र से ही वह ललन को घर पर दूध देता हुआ देख रहा था, और इसीलिए उसके साथ सहजता से मिलता। वैसे

भी गाय के दूध को बेचते–बेचते काफ़ी हद तक ललन का आचरण और व्यवहार गाय जैसा बन चुका था। कहने लगा, ''मैं खड़ा हूँ, माँ को बोलना, ज़रा बात कर लें।''

अमित कटोरा अंदर लेकर गया तो देखा, माँ सुप्रिया के पास बिस्तर पर बैठी थी।

''ललन पूछ रहे हैं आपको।''

मालती सिर पर पल्ला रखते हुए बाहर निकली थी। साड़ी के किनारों को हाथों की उँगलियों में लपेटते हुए हलके से नमस्कार किया था।

आज ललन हिचकिचाया था और कुछ देर बाद ही बोल पाया, ''बहन, मैं समझता तो हूँ, मगर क्या करूँ, मेरी गाय नहीं समझती, उसे तो दूध देने के लिए कुछ न कुछ खिलाना पड़ता है...और खिलाने के लिए बेटा, उसका चारा भी तो खरीदना पड़ता है।...वैसे मुझे कोई जल्दी नहीं है, फिर भी अगर थोड़े–बहुत पैसे मुझे भी दे देती तो मेरा काम चलता रहता।''

मालती के लिए यह अप्रत्याशित नहीं मगर अकस्मात् अवश्य था। कुछ न सूझा तो उसने आँखों को नीचे करते हुए कहा था, ''मैं कुछ न कुछ करती हूँ।''

''मुझे कोई जल्दी नहीं है। बहन, तू मुझे ग़लत न समझना। ये गाय जो है मेरी, उसका मुँह बहुत चलता है, ये नहीं समझती। फिर भी तू चिंता न करना।'' साइकिल पर ललन जाते हुए कह गया था।

मालती कुछ समझ नहीं पा रही थी कि वह अब क्या करे...मना किया तो था दूध देने से।

''क्या हुआ री, क्यों परेशान हो रही है?''

सुबह–सुबह की सजी–धजी सुनीता घर के बाहर निकलते हुए पूछ रही थी।

''कुछ नहीं, बस यूँ ही।''

''मैंने तुझे कहा था न, किसी चीज़ की ज़रूरत हो तो मुझे बताना। आगे तेरी मर्ज़ी।''

सुनीता की बातों में एक स्वाभाविकता थी तो शब्दों में उलाहना, परंतु अंदर प्यार था, जिसे देखना इतना आसान नहीं। मोहल्ले की सभी औरतें उससे बात तो ज़रूर करतीं मगर उसके जाने के बाद उसके बदचलन होने पर अपनी मोहर तुरंत लगातीं। और साथ ही अपने आपको सावित्री का रूप साबित करने की सफल कोशिश करतीं। एक स्वनिर्मित आत्मप्रशंसा, एक अभिमान, इस तरह सुनीता से अपने आपको अलग बताने की चेष्टा ज़रूर की जाती। पर मालती कभी भी उसके लिए अपशब्द नहीं कहती, और यह बात सुनीता भी जानती थी।

गीता और मालती अच्छी दोस्त थीं। जहाँ गीता बहुत कम बोलती, एक

सीधी-सादी और कुछ-कुछ मालती जैसी समझौता-परस्त औरत थी, तो उसका पति बहुत ही उच्छृंखल और तेज़ स्वभाव का था। अकेली औरत देख हरकत करने से बाज नहीं आता। उसे सुनीता ने कई बार धमकाया था। एक बार हद कर दी तो सुनीता ने उसकी गर्दन पकड़ ली थी और फिर गीता के हाथ जोड़ने पर ही उसने उसे छोड़ा था। उसी शुक्लाजी ने मालती के साथ भी कुछ ज़्यादा ही रुचि दिखाते हुऐ अपना संपर्क बढ़ाने की कोशिश की थी। मालती सब जानती और समझती थी, साथ ही गीता ने भी सचेत किया था। अपने पति को वह ख़ूब पहचानती थी। तभी मालती शुक्लाजी से थोड़ा दूर ही रहती थी। घर के दूसरी तरफ़ रहने वाली कमला तेज़-तर्रार, ज़ुबान की बहुत कड़वी, वहीं पति गुप्ता जी बहुत ही नेक दिल इनसान थे।

गीता ने मालती से कई बार कहा था, "तुम गुप्ता जी से सहयोग ले लिया करो, मेरे पति को तो तुम समझती ही हो।"

मालती ने पिछले तीन-चार महीनों में इतना सब कुछ देख व समझ लिया था, जितना वह पूरे जीवन में समझ नहीं पाई थी। पहले गीता, कमला और मालती तक़रीबन रोज़ सुबह, घर के मर्दों के जाने के बाद, कुछ न कुछ गप्पें मार लिया करती थीं। कमला जहाँ सिर्फ़ बोलती, गीता और मालती उसकी बातों को चुपचाप सुन लिया करती थीं। मोहल्ले के एक कोने में रहने वाली सुनीता आते-जाते इन तीनों से दो मिनट ज़रूर बतिया लिया करती थी। मोहल्ले के और लोग भी आते जाते दुआ-सलाम तो करते थे, परंतु इन तीनों परिवारों में निकट संबंध बन चुके थे। उसी पारिवारिक संबंधों की खातिर मालती ने एक बार गीता के कहने पर कमला के पति गुप्ता जी से एक-दो छोटे-मोटे काम करवा लिये थे। तभी कमला ने अपने पति गुप्ता जी की घर में वह खिंचाई की थी कि दीवार से आती हुई आवाज़ों ने मालती को अंदर तक झकझोर दिया था।

"...क्यों, बहुत चक्कर लगाते हो आजकल! ख़बरदार जो उसके घर में आज के बाद गये। हाथ-पैर तोड़ दूँगी।"

गुप्ता जी की कोई आवाज़ नहीं आई थी। मालती सब कुछ सुनकर हैरान थी। एक आदमी के जाने से क्या इतना सब कुछ बदल जाता है? इतने सालों के संबंध में क्या इतनी समझ भी नहीं थी। क्या एक औरत दूसरी औरत को इतने ज़्यादा ग़लत तरीक़े से सोच सकती है? उसके बाद से मालती ने गुप्ता जी से बात करना एकदम बंद कर दिया था। गुरुजी कभी-कभार आ जाया करते थे, हालचाल पूछ जाते। उनके आने-जाने में भी कमला की तीखी बातों ने मालती को अंदर तक ठेस पहुँचाई थी। गीता के समझाने पर उसे राहत मिलती थी। जहाँ सुनीता बदनाम थी परंतु

उसकी बातों में एक प्यार था, वहीं कमला उसकी सहेली थी, इसके बावजूद उसमें एक तिरस्कार था।

''गीता, मैं क्या करूँ? जितने पैसे थे, वह सब खत्म हो गए हैं। कर्ज़ा बढ़ता जा रहा है।'' उस दिन मालती ने पहली बार मायूस होकर कहा था।

वह वैसे भी बहुत बुद्धि वाली नहीं थी, और फिर अधिक बुद्धि होने पर शायद अधिक परेशान भी होती। कम बुद्धि रखने से उसकी परेशानी भी कम थी। उधर, साहू ने भी, धीरे-धीरे सामान देने से इनकार तो नहीं किया था, परंतु नज़रों में परिवर्तन था। उसकी बातें मालती में एक हद तक हीन भावना पैदा कर देतीं। फिर भी बच्चों को पालना था। मरने वाले तो मर चुके थे, मगर जीते जी न तो मरा जा सकता है और न ही इन बंधनों को तोड़ा जा सकता है। शायद यही फ़र्क है मानव में और जानवरों में। पक्षियों, पशुओं, कीड़े-मकोड़ों में जैसे ही उनके बच्चे चलने-फिरने लायक, खाने-पीने लायक़ हो जाते, माँ और बच्चा, दोनों स्वतंत्र हो जाते हैं। परंतु मानव का शिशु और माँ कभी भी पूर्ण रूप से स्वतंत्र नहीं होते।

कमला भी घर के बाहर सब सुन रही थी, झट से बोल पड़ी, ''मैंने तो तुझसे पहले ही कहा है, दूसरी शादी कर ले। कैसे पालेगी? सुप्रिया भी तो है, फिर अभी तो अमित बहुत छोटा है। नहीं तो फिर देख ले, सुनीता का क्या हुआ था।''

कमला की बातें मालती के कानों में सीसा घोल रही थीं। परंतु प्रतिक्रिया करना मालती का न तो स्वभाव था, न ही वह कर सकती थी। और न ही वह इस अवस्था में थी।

आँखों में रोज़-रोज़ आँसू नहीं आते। परंतु दिल, दिन-पर-दिन कमज़ोर होता जा रहा था। कई महीने बीत चुके थे। आय का कोई साधन नहीं, पेट के लिए ख़र्चा रोज़ चाहिए, तो फिर क्या होगा? ससुराल के नाम पर कुछ नहीं था। सास-ससुर का देहांत पहले ही हो चुका था, अन्यथा उन्हीं के पास चली जाती। कोई खेतीबाड़ी नहीं, देवर अपना घर ही किसी तरह चला पा रहे थे। फिर इन तीनों का बोझ कहाँ ढो पाते? माँ-बाप चल बसे थे। भाई, भाभी के हाथों में मजबूर, वैसे भी वह कभी भी मालती के पास नहीं आया था। मालती का कम पढ़ा-लिखा होना भी अभिशाप बना हुआ था। किसी भी जगह काम करने के लिए वह उपयुक्त नहीं थी। गुरुजी चाहते हुए भी मदद नहीं कर पा रहे थे और वह समझ नहीं पा रही थी कि क्या करे। गीता कई बार अपने घर से, पति से छुपाकर, कुछ न कुछ खाने का अनाज और सामान प्यार में दे जाया करती थी। वह जानती थी कि उसके पति को जैसे ही इसका पता चलेगा, वह इस अवस्था का पूर्ण रूप से फ़ायदा उठाने की कोशिश करेगा। सहेली होते हुए भी वह मालती से इस बारे में खुलकर

ज़िक्र नहीं करना चाहती थी। मगर फिर उसकी भी अपनी कुछ सीमाएँ थीं। फिर भी वर्षों के संबंधों को वह ज़िम्मेदारी से निभाने की कोशिश करती। उधर, कमला उसी संबंध को अपनी तीखी और तेज़ ज़ुबान के साथ निभाना चाहती थी। लेकिन आज की बातों ने तो मालती के साथ-साथ गीता को भी ठेस पहुँचाई थी और वह पूरा दिन परेशान हुई थी।

"तुम एक बार अलका से क्यों नहीं बात करतीं? स्कूल में हेडमास्टरनी लगी है। ख़ुद भी तो अपने भाइयों को पढ़ा-लिखाकर बड़ा किया। माँ को पाल रही है। वह सुलझी हुई है, औरत है, समझेगी।" भरी दोपहरी में गीता को समझ आया तो मालती के पास तुरंत पहुँचकर राय दी थी।

यह बात मालती को जँची थी और उसने गीता को दिल से धन्यवाद दिया था।

12

एक घर छोड़कर अलका अपनी बूढ़ी माँ के साथ अकेले रहा करती थी। वह कुछ अनाथ बच्चों को पढ़ाया भी करती थी। मालती ने सोचा कि वह आज ही शाम को, अलका के स्कूल से आने के तुरंत बाद, उससे ज़रूर मिलेगी। एक तरफ़ घर के हालात और साहू की बातों से वह परेशान होने लगी थी तो दूसरी तरफ़ कमला के ताने उसे तंग करते।

मालती अब कुछ-कुछ पैसों के बारे में समझने लगी थी। आय के स्रोत न हो तो जमा पूँजी बहुत जल्दी ख़त्म होने लगती है। राजा-महाराजाओं के रजवाड़े क्यों न हों, अगर व्यवस्थित व नियमित आय नहीं है तो उनकी संपत्ति भी ख़त्म हो जाती है। फिर ग़रीब की जमापूँजी क्या होती है। जो थोड़ा-बहुत एक स्कूल टीचर होते हुए मास्टरजी जमा कर गए थे, वह और बीमा के पैसों में से आधे से अधिक तो समाज के रीति-रिवाज़ों, क्रियाकलापों में ही ख़र्च हो गए थे। कितना ज़रूरी है यह क्रिया-कर्म, मालती नहीं जानती थी। परंतु उस वक़्त न तो वह इतनी समझदार थी, न ही इस क्रिया-कर्म को रोकने की उसमें कोई क्षमता थी। उसके बाद के कुछ महीने तो कट गए पर ज़िंदगी बहुत लम्बी है। और वह सोचने पर मजबूर हुई थी—अमित तो अभी सिर्फ़ कक्षा चार में ही है और फिर सुप्रिया को भी पूरी ज़िंदगी पालना है।

शाम का इंतज़ार करते-करते पथरीली आँखों ने आकाश की ओर देखा तो वह बहुत दूर दिखाई दिया था। उसे लगा कि आज शाम तक वह अगर पैसों का इंतज़ाम नहीं कर पाई तो कल ललन को क्या जवाब देगी? घर में रखा खाने का

ज़रूरी सामान तक़रीबन ख़त्म-सा हो रहा था। मालती को यूँ लगने लगा था कि घर पर आजकल सामान भी जल्दी-जल्दी ख़त्म होता है। सुप्रिया को कम खिलाए या अमित को, या फिर ख़ुद न भी खाये, परंतु घर का अनाज पता नहीं कैसे जल्दी ख़त्म हो जाता है। शायद ऐसा ही होता है कि जब ज़रूरत हो तो सामान कम होता चला जाता है। गीता की बात को सुनकर वह अलका का इंतज़ार तो करने लगी, परंतु अंदर ही अंदर वह ललन के डर से सुबह न होने का ख़्वाब भी देखने लगी थी। दिन बहुत बेचैनी से कट रहा था। हर पल के बाद उसकी आँखें घड़ी की ओर चली जाती थीं। उसने पता लगा लिया था कि अलका शाम चार बजे आया करती है...अमित स्कूल से तब तक आ जाएगा...सुप्रिया के पास उसे छोड़कर, अलका से मिलने जाएगी।...इसी उधेड़बुन में थी कि अलका से क्या बात करेगी, उधर घड़ी है कि चलने का नाम नहीं ले रही थी। शाम चार बजते ही उसे लगा मानो उसकी सभी परेशानियों का हल मिलने वाला है। वह तुरंत तैयार होकर, अमित को सुप्रिया के पास बिठाकर, घर से एक मकान छोड़कर अलका के घर पहुँच गई थी।

अभी दरवाज़ा खटखटाया ही था कि अंदर से आवाज़ आई थी, ''कौन है ?''

मालती ने थोड़ा रुककर धीरे से कहा था, ''मैं, मालती...''

अगले ही पल किसी ने तुरंत दरवाज़ा खोला तो वह अलका थी।

''मालती ! आओ-आओ, कैसी हो ?'' बड़ी सहजता से अलका ने पूछा था। उसकी ड्रेस से लग रहा था कि स्कूल से आने के बाद शायद उसने अपने कपड़े भी नहीं बदले हैं।

''माँ, देखो, कौन आया है ?'' अंदर ले जाकर उसने मालती को अपनी माँ के पलँग के नज़दीक बिठा दिया था। बुजुर्ग महिला को देखकर मालती को लगा, जैसे उसने अपनी माँ को देख लिया है। दुःख में माँ-बाप, प्यार करने वाले बहुत याद आते हैं। उधर, अलका की माँ की आँखों में आँसू थे, जिसे देखते ही मालती को लगा कि वह उसकी पीड़ा समझ रही है।

''चाय लोगी ?'' अलका ने सहजता से पूछा था।

''नहीं, आप कष्ट मत कीजिए।''

''कष्ट कैसा, अपने लिए बना रही थी, आप के लिए भी बना दूँगी।''

''ठीक है।''

मालती ने घर के चारों तरफ़ नज़र दौड़ाई। साफ़-सुथरा, सिर्फ़ ज़रूरत का सामान। दीवारों से टकराकर नज़रें जब भी सामने वृद्ध महिला तक पहुँचतीं तो पाती कि किसी की निगाहें उसे प्यार से निहार रही हैं, जिसमें दर्द है, प्रेम है और बहुत

कुछ करने की इच्छा है मगर मजबूर है। और फिर वह अपनी नज़रों को शर्म से चुरा लेती। चारों तरफ अब तक शांति थी मगर बूढ़ी आँखों ने बिना शब्द के बहुत कुछ कह दिया था। तभी अलका तीन कप चाय का प्याला बिस्कुट के साथ, ट्रे में डालकर लाई थी।

''और बताएँ, कैसी हो?'' अलका ने मालती के हाथों में चाय पकड़ाते हुए पूछा था।

मालती की आँखें झुक गई थीं। उनमें आँसू तो नहीं थे, मगर ख़ालीपन को देख कर अलका बहुत कुछ समझ चुकी थी। आज मालती के आँसू तो अलका की माँ की आँखों से बह रहे थे।

मालती ने हिम्मत कर अपने सिर का पल्ला ठीक किया और फिर एक साँस में बोल गई थी, ''क्या आपके स्कूल में मुझे कोई काम मिल सकता है?'' सोचकर तो बहुत कुछ आई थी पर इतना ही कह पाई।

मालती की अलका के साथ इसके पहले कभी भी नमस्कार से ज़्यादा कोई बात नहीं हुई थी। अलका मोहल्ले की सबसे ज़्यादा पढ़ी-लिखी औरत थी, उसके पास वक़्त भी कम ही होता था। मोहल्ले के सभी लोग उसकी बड़ी इज़्ज़त करते थे। अलका और मालती के बीच में मानसिक अवस्था का इतना अंतर था कि उनके बीच में अब तक कोई संपर्क सूत्र नहीं बन पाया था। आज उन्हीं मानसिक अवस्था में फ़र्क़ की वजह से मालती अपनी परेशानियों को सही ढंग से नहीं कह पाई थी। वह वैसे भी बहुत कम बात करती थी।

''आप कितनी पढ़ी-लिखी हैं?'' अलका ने कुछ-कुछ समझते हुए पूछा था

''मैं बस थोड़ी-बहुत...कभी इस तरह से किसी ने सोचा ही नहीं था।'' मालती ने सहजता से कहा और अलका की माँ की और देखकर नज़रें झुका ली।

''नहीं, नहीं बेटी, आजकल तो बच्चों को, चाहे वह लड़का हो या लड़की, ज़रूर पढ़ाना चाहिए। समय का कोई पता नहीं। ज़िंदगी बहुत कठिन है। पेट और समाज, दोनों की आग औरत को ज़्यादा तंग करती है।'' अनुभवी आवाज़ ने बहुत कुछ कह डाला था।

''आपके पास मैं...'' एक बार फिर मालती पूरा वाक्य नहीं कह पाई थी।

''अच्छा, एक बिस्कुट तो लीजिए। देखिए, अगर आप मुझे सब कुछ खुल कर नहीं बताएँगी, तो मैं आपकी कैसे मदद करूँगी?'' अलका ने बड़ी सरलता से कहा था।

''दीदी, मैं समझ नहीं पा रही हूँ कि अब मैं क्या करूँ।''

मालती पहली बार अलका के स्वामित्व को स्वीकार करते हुए अपनी

कमज़ोरी का इज़हार कर बैठी थी।

"...अमित अभी छोटा है। गुरुजी, जो मास्टरजी के स्कूल के प्राचार्य हैं, उनसे भी बड़ी उम्मीद थी। परंतु मेरी कम पढ़ाई-लिखाई या पता नहीं किस कारणवश वह भी मेरी मदद नहीं कर पा रहे हैं। मैं क्या कर सकती हूँ, मुझे भी नहीं पता।"

मालती ने पहली बार इतना बड़ा वाक्य एक झटके में कह दिया था। उसकी आँखों में अब भी मासूमियत थी, मायूसी नहीं। एक विरक्ति तो थी, पर साथ में मंज़िल की तलाश भी थी। साँसों में तेज़ी थी जिसमें जीवन का एहसास था।

बौद्धिक रूप से परिपक्व होने के कारण अलका सब कुछ समझ चुकी थी। अब उसके सामने सारी बातें स्पष्ट थीं।

"देखिए मालती बहन, मैं आपको कोई झूठा दिलासा तो देना नहीं चाहती। परंतु हाँ, मैं ज़रूर कुछ न कुछ करूँगी।"

ये शब्द मालती के सारे सपनों पर हथौड़े के समान थे। वह तो अब एक पल का भी इंतज़ार नहीं कर सकती थी। ललन कल सुबह फिर आएगा और साहू का चेहरा उसकी आँखों के सामने से गुज़र गया था। वे उसे अब तक कष्ट तो नहीं दे पाए थे, परंतु वह ख़ुद उनका सामना नहीं कर पाने की स्थिति में पहुँच चुकी थी। वह बिखर के बोल पड़ी, "दीदी, हम तो अब..." और उसकी आँखों से आँसू अचानक निकल पड़े थे। आज उनकी तीव्रता मास्टरजी के देहांत वाले दिन से कहीं ज़्यादा थी। उस दिन मास्टरजी के छूटने का ग़म मात्र था, परंतु आज जीने की व्यवस्था उससे कहीं अधिक विकराल थी। अलका ने उठकर मालती के चेहरे को अपनी बाँहों में लिया तो मालती फूट-फूट कर रो पड़ी। उसने अपना मौन अलका की बाँहों में समर्पित कर दिया था। उसके लिए यह आख़िरी आशा थी।

"देखिए, मैं आपकी सभी परेशानियाँ समझती हूँ। लेकिन उसका हल अतिशीघ्र तो नहीं निकल सकता, फिर भी मैं कुछ जल्दी करने की कोशिश करूँगी।"

अलका ने मालती की आँखों से निकल रहे आँसुओं को अपने हाथों से पोंछा तो एक पल में ही वह मालती की माँ के स्वरूप बन चुकी थी। मालती ने अपने आप को सँभाला और दौड़कर घर से बाहर निकल पड़ी थी। रास्ते में सुनीता कहीं से आ रही थी, जिसे देखकर वह नज़रें चुराते हुए, तुरंत अपने घर के अंदर घुस गई थी।

सुनीता कैसे आँखें बंद करती, पीछे-पीछे वह भी मालती के घर में घुस गई थी। अंदर पहुँचने पर अमित और सुप्रिया को देखकर उसने कहा था, "क्यों, बच्चो, क्या चल रहा है?"

सुनीता घर के सामने से जब भी निकला करती, अपनी चंचलता से बच्चों को हमेशा छेड़ा करती थी। बच्चे भी उसे सुनीता चाची कह कर प्यार पाया करते थे। बच्चों को यह नहीं पता था कि सुनीता कौन है ? वह क्या काम करती है ? औरतों में वह चर्चा का विषय हो सकती थी। बदचलन कहने में औरतें मज़ा ले सकती थीं, परंतु बच्चों में सुनीता चाची सदैव प्यारी और अच्छी मानी जाती थी।

सुनीता ने सुप्रिया के सिर पर हाथ फेरा और अमित को गाल पर छेड़ते हुए कहा था, ''जल्दी बड़ा क्यों नहीं होता ? जल्दी बड़ा हो जा,'' कहते हुए सुनीता मालती को हाथ पकड़कर अंदर के कमरे में ले गई थी। और रसोई घर में पहुँचकर अपने पर्स से सौ–सौ के दो नोट निकालकर मालती के हाथ में रखकर कहने लगी, ''ये पैसे हैं, इससे पेट भरता है। कुछ और न समझना। कमाये कैसे भी गए हों, पर तेरे काम आएँगे। अगर तुझे ख़राब लगे तो बाद में लौटा देना।...पर तू अभी इसे चुपचाप रख ले।''

जिस अधिकारपूर्वक सुनीता ने मालती के हाथों में नोट रखे थे, वह कुछ नहीं कह पाई थी। पैसे देने के तुरंत बाद सुनीता तो घर से निकल गई परंतु मालती वहीं के वहीं खड़ी रह गई थी। जो उसकी हालत थी, जैसे हालात थे, जो उसकी अवस्था थी, उन सभी के मद्देनज़र वह मना करने की स्थिति में भी नहीं थी। परंतु पहली बार सुनीता पर अन्य औरतों द्वारा लगाये जाने वाले बदचलन की कालिख उसके आँसुओं से धुल रही थी। आँखों से निकलने वाली अश्रुधारा और तेज़ होने लगी तो उसने अपने आप को सँभालते हुए चेहरे पर पानी के छींटे डाले थे और बाहर आकर बच्चों के सामने सामान्य बनने की कोशिश करने लगी।

''अमित, स्कूल में कैसा रहा ?'' आज पहली बार माँ ने उससे पूछा था।

''हाँ, माँ, अच्छा था।''

''ख़ूब पढ़ाई करना बेटा। तुझे जल्दी से जल्दी अच्छी से अच्छी पढ़ाई करनी है।''

''माँ, मैंने कहा न, मैं डॉक्टर बनूँगा।''

अमित के जवाब ने मालती के ज़ख़्मों को सहारा दिया था। पेट की मरोड़ों ने बच्चों की भूख याद दिलाई तो वह तुरंत साहू किराने वाले के यहाँ जाने के लिए निकल पड़ी। जाते–जाते कह गई थी, ''बेटा, मैं कुछ सामान लेकर आती हूँ।''

घर से बाहर क़दम रखे तो आज पैरों में जान थी। मुट्ठी में भींचे हुए पैसे अतिरिक्त ऊर्जा प्रदान कर रहे थे। किराने वाला साहू उसे देखकर नज़रें चुराने लगा था। इससे पहले वह कुछ कहता, मालती ने धीरे से एक नोट उसकी ओर बढ़ा दिया था। ''साहूजी, अभी ये रख लीजिए, बाक़ी बचे हुए मैं धीरे–धीरे लौटा

दूँगी।...थोड़ा-सा अगर ज़रूरी सामान मिल जाता तो...''

''हाँ-हाँ, मैंने मना कब किया है!''

साहू की सफ़ेद दाढ़ी से निकली हुई मुस्कुराहट की लकीर मालती को काफ़ी कुछ समझ में आने लगी थी। ज़िंदगी की हक़ीक़त से वह रोज़ दो-दो हाथ हो रही थी। जीवन की वास्तविकता सब कुछ सिखा देती है। परंतु फिर भी उसने अपनी गरिमा अब तक बनाये रखने की पूरी कोशिश की थी। ज़रूरी सामान लेकर घर पहुँची और फटाफट सिगड़ी जलाई थी। पिछले कुछ दिनों से सब्ज़ी और दाल में से एक चीज़, दिन में एक बार बनाकर ही पूरे दिन का काम चलाया करती थी। पेट भरना ज़्यादा ज़रूरी है। फिर दो बार चूल्हा जलाने पर ख़र्चा भी तो होता है। मगर आज से किफ़ायत बढ़ा दी गई थी। सिर्फ़ रोटी वह भी गिनकर...साथ में अचार...नहीं, नमक और प्याज़ ज़्यादा सस्ता पड़ेगा। और उसने रोटी बनाकर, साथ में प्याज़ को मसलकर उस पर नमक छिड़क दिया था। अमित ने थाली में देखा तो एक मिनट तो समझ नहीं पाया फिर जब खाया तो जीभ ने कुछ भी समझने से इनकार कर दिया था। पेट की ज्वाला मुँह तक पहुँच चुकी थी। एक रोटी को हाथ में रखकर उसे दूसरे हाथ से तोड़कर सुप्रिया के मुँह में डाला तो सूखे निवाले ने खाँसी पैदा कर दी थी। तुरंत पानी का गिलास मुँह से मालती ने लगा दिया था। और फिर सुप्रिया ने अगले निवाले तक अपने आप को तैयार कर लिया था। मालती सुप्रिया को खिलाते-खिलाते सोचने लगी थी—अगर अलका, जो उसको आख़िरी सहारा दिखाई दे रही थी, उसने भी मना कर दिया तो वह क्या करेगी? उसे अब धीरे-धीरे सुनीता पर अधिक विश्वास हो चला था। परंतु वह सुनीता से भी इस तरह का सहयोग कब तक ले सकती है और कितने दिन?...एक मिनट के लिए उसके शरीर में डर के मारे कंपन आ गया था। कब उसने सुप्रिया को अपने हिस्से की रोटी भी खिला दी, उसे पता ही नहीं चला और बैठे-बैठे वह रात पर बढ़ रही काली स्याही में अपनी चिंताओं को समेटने लगी थी। अमित पास बैठा पढ़ रहा था। वह बीच-बीच में उसे किताब से ज़ोर-ज़ोर से पढ़कर सुनाने की कोशिश भी करता। उसे आज पहली बार महसूस हुआ कि जीना कितना कठिन है और मरना कितना आसान। पूरी रात उसने छत पर शून्य को ढूँढ़ते हुए बिताई थी। सुबह की चिड़ियों की पहली आवाज़ से ही उठ बैठी। सबसे पहले स्नान किया और दुर्गा माँ की फोटो के सामने हाथ जोड़कर उसने प्रार्थना की और फिर इस बात का इंतज़ार करने लगी कि कब अलका स्कूल जाने के लिए घर से निकले। वह एक बार फिर से उससे मिलेगी। वह जानती थी कि समय उसका ख़राब है पर अभी उसमें लड़ने की शक्ति बची थी। अमित को भी उसने आज जल्दी उठाकर तैयार कर दिया था। जैसे ही

रिक्शावाला आया और अलका घर से बाहर जाने के लिए निकली, वह उसकी तरफ़ दौड़ पड़ी थी।

''दीदी, आप ज़रूर कुछ कीजिएगा।''

वह यह बिलकुल भी नहीं जानती थी कि कोई भी व्यवस्था इतनी जल्दी नहीं हो सकती।

अलका उसकी परेशानियाँ पहले ही जान चुकी थी परंतु इस वक़्त उसकी मासूमियत को बहुत अच्छी तरह पढ़ रही थी। दु:ख से ख़ुद गुज़र चुकी थी, सो कोई झूठा दिलासा नहीं देना चाहती थी। जीवन की वास्तविकता को समझती थी इसीलिए अँधेरे में भी नहीं रखना चाहती थी। परंतु उसका इस तरह सुबह-सुबह भागकर आना उसे बहुत कुछ कह गया था।

''देखो मालती, परेशान मत हो, मैंने कहा तो, मैं पूरी कोशिश करूँगी।''

''आप जो भी कहें, मैं करूँगी, लेकिन आप मुझे मना मत कीजिएगा।''

''मालती, मैं तो...''

''नहीं, मैंने अब कुछ भी नहीं सुनना।''

मालती अब एक ज़िद्दी बच्चे के समान उसका हाथ पकड़कर खड़ी हो गई थी। जिस औरत से उसने पिछले दस-बारह साल में कोई ख़ास बात नहीं की थी, उसी से अचानक आज वह पूरे हक़ से बात कर रही थी। अलका जिसने अपने भाइयों और बहनों को पढ़ा-लिखा कर बड़ा किया था, अपनी पूरी ज़िंदगी अपना परिवार चलाने में लगा दी थी, इस नई ज़िम्मेदारी से ज़रा भी विचलित नहीं हुई। उसे पता था कि ज़िंदगी कितनी मुश्किल है और जीना कितना कठिन। उसने उसके कंधे पर हाथ रखा और कहा था, ''तुम चिंता मत करो...''

सुनते ही मालती को तो जैसे अमृत मिल गया हो।

''...मैं तुम्हें कुछ न कुछ बताऊँगी। वैसे क्या तुम कोई भी काम कर सकती हो?''

मालती को 'हाँ' कहने में ज़रा भी वक़्त नहीं लगा था। उस 'हाँ' में उसकी न तो कोई सोच थी और न ही वह सोचने की स्थिति में थी। यह उसका एकमात्र आख़िरी रास्ता था। जिन संबंधों के साथ वह कई सालों से जी रही थी, वे आज उसके किसी भी काम के लायक़ नहीं थे। वहीं जहाँ कोई भी बंधन नहीं था, वह संबंध आज सबसे ज़्यादा उम्मीद प्रदान कर रहे थे।

अलका ने उसे पुनः एक बार कहा था, ''आप धीरज रखो।''

मालती के दोनों हाथ प्रणाम की मुद्रा में जुड़ गए थे। अलका ने हाथ हिलाते हुए उससे विदा ली थी। मालती सिर का पल्ला ठीक करते हुए अपने घर की ओर

मुड़ गई थी। उसने अमित को स्कूल रवाना किया और सुप्रिया को सुबह का प्राकृतिक कार्य कराने के बाद वह फिर से अलका का बेसब्री से इंतज़ार करने लगी। बीच में ललन के आने पर सुनीता के दिये पैसे में से कुछ उसने उसे भी दे दिये थे।

"आ, आ।"

सुप्रिया की आवाज़ ने उसे चौंकाया था। वह यह भी भूल गई कि आज उसने सुबह से बेटी को खाना तो दूर, पानी भी नहीं पिलाया है। सुप्रिया अपनी माँ की परेशानियों को पिछले कुछ दिनों से दूर से देख रही थी। कह तो वह वैसे भी नहीं सकती थी, परंतु समझ वह सब जाती थी। उसकी आँखों में उन सभी का एहसास था जिसे पढ़कर मालती ने उसके सिर पर हाथ रखा था। सुप्रिया अपने हाथों से उसको पकड़ तो नहीं सकती थी, माँ को सहारा भी नहीं दे सकती थी। उसे तो सदैव ख़ुद किसी न किसी सहारे की ज़रूरत होती थी। उसने अपना सिर माँ के कंधे पर रख दिया था। मगर आज का यह स्पर्श सहारे के लिए नहीं था, वह यह दर्शाने के लिए था कि...माँ, तेरे दुःख में मैं पूर्णरूप से शामिल हूँ। ईश्वर मुझे शक्ति दे कि मैं तेरे इस दुःख को कम कर सकूँ।...भावनाएँ आँखों से भी प्रदर्शित की जा सकती हैं और आज उसकी आँखें क़ामयाब थीं।

13

मालती के साड़ी से पूरे शरीर को ढकने में कुछ भी फ़र्क़ नहीं आया था, न ही सिर का पल्ला अभी उतरा था। बस, फ़र्क़ सिर्फ़ इतना था कि अब वह कुछ तेज़ चाल से सड़क पार करने लगी थी। उधर, घर में अंतर ज़रूर आया था....फ़ाँके की नौबत आ चुकी थी। एक वक़्त का खाना भी अब कभी-कभी बनता। कई बार पानी से काम चलता। अब बच्चे भूख को खाने लगे थे। मालती माँ थी, हर दूसरे दिन कम से कम एक रोटी गीता के यहाँ से ज़रूर ले आती। दोनों बच्चों का आधी रोटी से कुछ देर काम चलता। हाँ, मालती की भूख पूरी तरह ख़त्म हो चुकी थी। अँतड़ियाँ सूख रही थीं। सिर्फ़ पानी ने गले और आँतों को गीला कर रखा था। आँखों के नीचे की स्याही ने चेहरे पर पैर पसार लिये थे। ललन को दूध के लिए मना कर दिया था। साथ ही कह दिया था—जो पैसे उधार हैं अगर ज़िंदा रही तो लौटा दूँगी।...सुनकर ललन की आँखों में भी आँसू थे। पर क्या करता? उधर, सुनीता भी कितना करती, थोड़ा-बहुत जो भी होता, उसी के दिये से अब तक हो रहा था। भीख और मौत, दो के अलावा तीसरा विकल्प नहीं था। कमला अपनी बातों से उसकी

बची हुई साँसों को बंद कर दिया करती थी। आजकल गीता की दिन में एक कप चाय मालती के लिए अब दिनभर के खाने के बराबर होती थी। दूसरे मोहल्ले वाले अपनी-अपनी परेशानियों में घिरे हुए थे। सभी कोई धन्ना सेठ तो थे नहीं। हाँ, उषा भी एक-दो बार खाने का थोड़ा सामान देकर मदद कर गई थी।

उस दिन शाम को अलका ने आकर उसके आख़िरी आसरे को भी छीन लिया था। क्या करती? स्कूल में दो-दो बाइयाँ पहले से ही लगी हुई थीं। स्कूल का मैनेजमेंट तीसरी के लिए तैयार नहीं था। कह रही थी, आसपास के दूसरे स्कूलों में बात करेगी। थोड़ी उसकी जान-पहचान है। पर कितना वक़्त लगेगा, पता नहीं।

उधर, अमित ने स्कूल से आकर, फ़ीस के बारे में कहा था। कक्षा के अध्यापक कह रहे थे, कल आख़िरी दिन है। फ़ीस अब लानी ही पड़ेगी। घर पर बिजली भी कट गई थी। अँधेरों ने घर में पैर पसार लिये थे।

मालती एकदम टूट चुकी थी, लेकिन साँसें और हिम्मत अभी बची थीं। सोचने लगी—एक बार गुरुजी से बात कर लेती हूँ, कम से कम अमित की पढ़ाई तो बंद न हो। इन्हीं सपनों पर उसकी साँसें चल रही हैं। अगर वह भी नहीं रहा तो फिर सब कुछ ख़त्म। बिना खाये-पिये तो वह जी सकती है और जी भी रही है, परंतु सपनों के बिना शायद एक पल भी नहीं जी पाएगी। और वह घर से निकल पड़ी थी। वह पहले किसी के पीछे-पीछे सड़कों को पार किया करती थी। अब उसने सड़क अकेले पार करना शुरू कर दिया था। बोल अभी भी वह कम पाती थी, परंतु अब अपनी बातों का इज़हार कुछ लाइनों में ही कर देती थी। एक बार पुनः वह गुरुजी के पास पहुँच चुकी थी। हर बार चक्कर लगाने पर वह यही कहा करते थे। और आज भी यही कह रहे थे, ''बेटा, मैंने संस्था के अध्यक्ष एवं सेक्रेटरी से बात की है। आश्वासन तो उन्होंने पूरा दिया है कि कुछ न कुछ करेंगे, परंतु अभी कुछ कहा नहीं जा सकता।''

मालती हर बार आँखें नीचे करके सुन लेती थी। परंतु आज तो मामला ही कुछ और था।

''गुरुजी, अमित के फ़ीस के पैसे नहीं जमा हो पाये हैं। स्कूल में तीन बार टीचर कह चुके हैं।''

''ओहो! इन स्कूल के अध्यापकों को इतनी भी अक़्ल नहीं है, सब कुछ जानते और समझते हुए भी नियम के हिसाब से ही चलेंगे। मुझे तो याद ही नहीं रहा। यह कोई बड़ी चीज़ नहीं है। बेटा, इतना तो मैं कर ही सकता हूँ। मैं आज ही अमित का केस बनाता हूँ। स्कूल की फ़ीस तो माफ़ करा ही दूँगा। तू इसकी चिंता छोड़।

और हाँ, इसकी पढ़ाई-लिखाई के अलावा, किताब अगले वर्ष से संस्था ही देगी। कक्षा में सदैव अव्वल भी तो रहता है। बहुत होशियार है। स्कूल की फ़ीस माफ़ करने में ज़्यादा परेशानी नहीं होगी। मैं इतना तो देख ही लूँगा।''

यह सुनकर मालती के चेहरे पर थोड़ी रौनक लौट आई थी। हाथ जोड़कर प्रणाम करने लगी।

''अरे, इसकी आवश्यकता नहीं है। यह तो मेरा फ़र्ज़ है बेटा। यह भाग्य का विधान है, किसी के साथ भी हो सकता है। बाक़ी मैं कोशिश करता रहूँगा, तुझे कहीं न कहीं काम दिलवाने के लिए। असल में बेटा, आजकल नौकरियों की वैसे भी बहुत मारा-मारी है। फिर प्राइवेट स्कूलों में स्थितियाँ वैसे भी ठीक नहीं हैं। मैं तुझे कैसे समझाऊँ!''

मालती अब थोड़ा-थोड़ा समझने लगी थी।

''परंतु एक बात का ध्यान रखना बेटा, अमित को पढ़ाना ज़रूर है। बहुत होनहार लड़का है। वैसे मैं इस स्कूल में ही उसकी पढ़ाई की पूरी व्यवस्था कर दूँगा।''

'जब तक ज़िंदा हूँ, उसे पढ़ाने की ज़रूर कोशिश करूँगी।'

यह सोचती हुई मालती निकलने लगी तो गुरुजी कह बैठे, ''जाते-जाते बेटा, अमित की कक्षा के अध्यापक को कह देना कि उसकी फ़ीस की बात मुझसे हो गई है। उसकी फ़ीस की वह चिंता न करें।''

मालती पहली बार स्कूल में ढूँढ़ते-ढूँढ़ते, पूछते हुए, अमित की कक्षा में जा पहुँची थी। देखते ही अमित के एक दोस्त ने उससे कहा था, ''तेरी माँ आई है।''

अमित की निगाह दरवाज़े पर पहुँची तो वह ख़ुशी से उठ खड़ा हुआ था और फिर अपने अध्यापक से कहने लगा, ''सर, मेरी माँ आई है।''

मिलने पर अमित के अध्यापक से मालती ने वही सब कुछ कहा जो गुरुजी ने बताया था।

''बहनजी, आप चिंता न करें...''

मास्टरजी को स्कूल में यों तो सभी जानते थे, परंतु बहुत ज़्यादा न किसी से दोस्ती थी, न ही ज़्यादा आना-जाना। फिर कम ही लोग मालती को जानते थे।

''...आपका लड़का बहुत होनहार है।''

यह सुनकर मालती का चेहरा अक्सर खिल जाता था, अध्यापक अमित की बड़ाई कर रहा था। और आज तो मानो रेगिस्तान में हरियाली छा गई थी। अध्यापक के कहने पर वह अमित को लेकर वापस घर को रवाना हो गई थी। आज थोड़ा ख़ुश थी। पहली राहत मिली थी।

चलते-चलते अमित से रास्ते में एक बार फिर कहने लगी थी, ''बेटा, तुझे बहुत पढ़ाई करनी है, बड़ा आदमी बनना है।'' शब्द क़दमों के साथ धीरे-धीरे मगर मज़बूती से निकल रहे थे। मानो कुछ ही देर में मंज़िल तक पहुँच जाएँगे।

अमित बस इतना ही जवाब दे पाया था, ''हाँ-हाँ, मैं ख़ूब पढ़ाई करूँगा,...पर...यह बड़ा आदमी! यह बड़ा आदमी क्या होता है?''

मालती के पास इसका जवाब नहीं था। हाँ, उसने एक मिनट के लिए रुककर बड़े प्यार से अमित के सिर पर हाथ ज़रूर फेरा था, और फिर वह उसे लेकर रास्ते में माँ दुर्गा के मंदिर चली गई थी। धन्यवाद जो देना था। पैर थे कि धीरे-धीरे जवाब देने लगे थे। शरीर और साँसों ने साथ छोड़ने की कोशिश की थी। मंदिर पहुँचकर हाथों को ऊपर उठाया तो आज वे काँप रहे थे और थोड़ा झुककर उसने माँ दुर्गा को धन्यवाद दिया था। नीचे ज़मीन पर निगाह पहुँची तो पैर उखड़ने से लगे थे और उसने तुरंत सिर उठाकर माँ की प्रतिमा की ओर देखा भर था—माँगती क्या? उसे तो भगवान से भी कुछ माँगने की चालाकी का पता नहीं था। पैर लड़खड़ाने लगे तो जल्द बाहर निकलकर सीढ़ी के किनारे बैठ गई थी। अमित पास ही खड़ा था। बाहर धूप तेज़ थी और आज सूरज की किरणें मालती को तकलीफ़ देने लगी थीं। उसे लगा कि आज उसकी जान निकल जाएगी। सिर तेज़ी से घूमने लगा तो उसने दोनों हाथों से उसे पकड़ा था। आँखें बंद कीं तो चक्कर-सा महसूस हुआ था। तुरंत आँखें खोलीं तो आगे अँधेरा था। बेटे की ओर देखा तो उसका चेहरा भी धुँधला दिखाई दिया था। अंदर माँ की मूर्ति को देखना चाहा तो उसने भी उसे दूर से दिखना बंद कर दिया था। अमित के हाथों को एक हाथ से पकड़कर उठने की कोशिश की तो ज़मीन पर वह गिरने की स्थिति में पहुँच चुकी थी। दूसरे हाथ की मुट्ठी में बंद मंदिर का प्रसाद ज़मीन पर न गिर जाए, झट से मुँह में डाल लिया था। बहुत दिनों से मुँह में कुछ गया नहीं था। जीभ खाने का स्वाद भूल चुकी थी और गले में कुछ पहुँचते ही एकदम से खाँसी का दौर उठा था। अमित माँ की ऐसी हालत देख तुरंत मंदिर के अंदर से एक गिलास में पानी ले आया था। और फिर घबराकर कभी माँ के चेहरे को, कभी उसकी पीठ को पीछे से सहलाने लगा था। प्रसाद के ऊपर थोड़े से पानी ने मालती को एक मिनट के लिए ऊर्जा दी थी, फिर भी उसकी उठने की हिम्मत नहीं हो रही थी। आँखों को हाथों से रगड़ा तो धुँधलापन कम हुआ था, तभी उसे दिखाई दिया कि एक सज्जन मंदिर से निकलकर बाहर सभी को खाने का पैकेट बाँट रहे हैं। पास पहुँचकर उसने एक पैकेट मालती को भी दिया तो उसे पता नहीं, कहाँ से एकदम सुप्रिया की याद आई थी, ''साहब, एक और दे दीजिए, बेटी घर पर है।''

दूसरे हाथ में दूसरा पैकेट पहुँचते ही उसके अंदर एक अतिरिक्त ऊर्जा का संचार हुआ था और फिर वह बदहवास हालत में अपने बेटे से कहने लगी, ''ले ले बेटा, तू भी ले ले, प्रसाद है।''

...और आज अमित ने दोनों हाथ आगे बढ़ा दिये थे।

14

कम उम्र होते हुए भी अमित अब थोड़ा-थोड़ा समझने लगा था। मंदिर से आने के तुरंत बाद माँ बिस्तर पर गिरकर मूर्च्छित हो गई थी। एक मिनट के लिए तो वह घबराया था, फिर कुछ देर बाद धीरे से उसने उसे उठाया और मंदिर से मिला प्रसाद और खाने के पैकेट में से धीरे-धीरे अपने हाथों से खिलाने की कोशिश की थी। मालती की आँखों में आँसू थे कि रुकने का नाम ही नहीं लेते और उसने अपने बेटे को अपने सीने से लगा लिया था। सिर पर हाथ फेरते हुए उसने अमित को भी खाने के लिए कहा था। अमित की बढ़ती उम्र थी, भूख थी कि आजकल मिटती ही नहीं, सो वह अपने हिस्से का पैकेट जल्दी ही खा गया था। बीच-बीच में अपने हाथों से सुप्रिया को भी खिलाते जाता, जिसका चेहरा भूख से सूख कर काँटा हो रहा था। मालती को, थोड़ा-सा ही कुछ खाने के बाद, पानी पीने से नींद आ गई थी, और फिर बहुत देर तक वह चाहते हुए भी उठ नहीं पाई थी। अधिक कमज़ोरी में अब उसे उठने में तकलीफ़ होने लगी थी।

मंदिर...उसमें मिलने वाला प्रसाद...शुद्ध खाने का सामान ही तो है...और जाने-अनजाने अमित को एक रास्ता मिल चुका था...मानो माता दुर्गा ने ख़ुद उसे दिखाया हो। अब वह रोज़ स्कूल से लौटते हुए मंदिर में कुछ देर इंतज़ार करता। जितना भी प्रसाद मिलता, स्कूल के बस्ते में रखता जाता और फिर घर आकर सुप्रिया और माँ को खिलाता। शाम के वक़्त जब सभी मोहल्ले के बच्चे खेल रहे होते, वह पास स्थित हाईकोर्ट में, हनुमान मंदिर जाकर प्रसाद इकट्ठा करता। माँ के पूछने पर उसने सीधे-सीधे जवाब दिया था, फिर छिपाना भी कैसा, ''माँ, रोज़ मंदिर जाता हूँ, पूजा करने, प्रसाद मिलता है तो ले आता हूँ।''

मालती में मना करने की शक्ति नहीं थी। और इसमें ग़लत भी क्या है, फिर भगवान नाराज़ भी तो हो सकते हैं। माँ की हालत अमित को दिखने लगी थी, और एक शाम उसने सारी बात सुप्रिया को धीरे से बताई थी। वह वैसे भी अपनी दिल की बात बहन से कर लिया करता था। सुप्रिया यों तो ख़ुद भी बहुत बड़ी नहीं थी, फिर शारीरिक रूप से मजबूर, परंतु माँ की परिस्थितियों और घर के हालात ने उसे

मौत से पहले ही जला दिया था। वह चुपचाप सुनती रही थी। और उस शाम के बाद से उसने 'आ, आ' बोलना भी बंद कर दिया था। एक मौन, सम्पूर्ण मौन। वैसे भी अब उसे घर पर, कई बार घंटों अकेले रहना पड़ता था। माँ को काम की तलाश में जाना पड़ता। पहले तो बाथरूम जाना हो या पानी पीना, आवाज़ लगाई, माँ आ जाती थी, परंतु अब उसे कई बार इंतज़ार करना पड़ता था। इंतज़ार करते-करते कई बार उसे काफ़ी दिक़्क़त होती और फिर रोक न पाती तो बिस्तर भी गंदा कर दिया करती। मालती ने बिस्तर की सफ़ाई करते हुए, कभी भी किसी तरह का क्रोध या परेशानी ज़ाहिर नहीं की थी, माँ जो ठहरी। मगर फिर भी सुप्रिया को बहुत आत्मग्लानि होती, और वह अपने आपको अंदर ही अंदर ख़ूब प्रताड़ित करती।

परेशानियाँ अपनी ज़िंदगी जी रही थीं। मौत घर पर दस्तक देती, उसके पहले एक दिन अचानक गुरुजी दोपहर में घर आ पहुँचे। उनके चेहरे पर बहुत ख़ुशी थी। मालती के घर से बाहर निकलते ही कह बैठे, "आज तो बेटा, चाय पिऊँगा।"

मालती दौड़ते हुए गीता के यहाँ गई और एक कप चाय बना लाई थी। चाय पीते-पीते धीरे से गुरुजी ने कहा था, "...बेटा, अगर बुरा न मानो तो एक काम मिल गया है। नौकरी तो बहुत छोटी है। मैनेजमेंट ने मास्टरजी के पुराने कामकाज को ध्यान रखते हुए...तुझे...स्कूल में...आया का काम देने के लिए हामी भर दी है।...तुझे बेटा, कोई परेशानी नहीं होगी। स्कूल में ज़्यादा कुछ नहीं, थोड़ी साफ़-सफ़ाई करनी होती है। बच्चों की देखभाल करनी होती है। ठीक-ठीक पैसे मिल जाएँगे। तुझे कोई आपत्ति न हो तो, मैं हाँ कर दूँ?"

इससे पहले पैसे के बारे में गुरुजी कुछ कह पाते, मालती ने झट हाँ कह दी थी। अन्धा क्या माँगे, उसे तो जैसे सारे जहान की ख़ुशियाँ मिल गई थीं। नसों में ख़ून ख़ुशी से दौड़ पड़ा था, चेहरे पर जीवन की उमंग एक बार फिर उभर आई थी। वैसे भी अब उसका एक ही लक्ष्य था ज़िंदा रहने के लिए घर में दो वक़्त की रोटी, बस। वह भी बच्चों के लिए पहले। और वह पूरी होती दिखाई दी तो मालती की ख़ुशी का ठिकाना नहीं था। शर्म तो उसमें होती है जिसके पास कुछ छुपाने के लिए होता है। काम कोई भी हो, काम ही होता है। फिर उसकी तो कोई सोच ही नहीं थी। गुरुजी काम का विवरण देने से पहले हिचकिचा रहे थे कि जिस स्कूल में मास्टरजी ने एक अध्यापक की नौकरी की हो, वहीं पर उनकी औरत आया का काम करे। यह बात पढ़े-लिखों के लिए तकलीफ़दायक हो सकती है, परंतु मालती के लिए ऐसा कुछ भी नहीं था। इस हालात में वह दो बच्चों को पालने के लिए कुछ भी काम करने के लिए तैयार थी। हाँ, सही और ग़लत के लिए उसका एक बहुत ही छोटा पैमाना था। समाज की निगाहों में और ख़ुद की सोच में, बस,

सुनीता वाला कार्य नहीं कर सकती थी। वैसे उसे अब सुनीता में भी कोई खोट नहीं दिखता था।

मालती के लिए गुरुजी की मदद वरदान थी। वह ख़ुशी-ख़ुशी घर से बाहर वापस जाने के लिए मुड़े ही थे कि उसने झट हाथ जोड़कर झुकते हुए अपने दिल की भावना प्रकट कर दी थी और फिर बिना मौक़ा गँवाए कहने लगी, "मैं कल से ही आ जाऊँगी, अमित के साथ।"

गुरुजी समझ सकते थे और उनके चेहरे पर उभरी मुस्कुराहट ने सब कुछ बयान कर दिया था। और फिर तुरंत आशीर्वाद के लिए हाथ भी तो ऊपर उठ गए थे।

सुप्रिया लेटे-लेटे सब सुन रही थी। उसकी ख़ुशी का भी ठिकाना न था। गुरुजी के जाते ही माँ-बेटी मिलकर बात करने लगे थे और अमित का इंतज़ार हो चला था।

अमित स्कूल से आकर सुनने पर बहुत ख़ुश हुआ था। इस छोटी उम्र में, माँ उसके साथ स्कूल भी जाएगी। यही उसके लिए काफ़ी था। वैसे भी वह माँ की हालत से बहुत परेशान था।

मालती जाने के लिए मानसिक रूप से तैयार हो रही थी कि एकदम उसे याद आया कि घर पर सुप्रिया अकेले कैसे रहेगी। बस, यह सोचते ही एक मिनट के लिए परेशान और ख़ामोश हुई थी। सुप्रिया शायद समझ चुकी थी तभी तो उसने हिम्मत दिलाते हुए बहुत दिनों बाद आवाज़ निकाली थी, "आ-आ..."

मानो कह रही हो—तू चिंता न कर माँ, मैं यहाँ ठीक हूँ। मैं अपने आपको सँभाल लूँगी।

15

एक नया जीवन, एक नई राहें, मालती अमित के साथ स्कूल जाने लगी थी। शुरू-शुरू में कुछ अजीब ज़रूर लगा, कष्ट भी हुआ था। कुछ स्कूल के अध्यापकों ने उसे स्वीकार किया तो किसी ने चुहलबाज़ी की थी। शुरुआत में कुछ अनचाहे अनुभव भी हुए। फिर धीरे-धीरे चीज़ें व्यवस्थित होने लगी थीं। वह न तो किसी बात का शोर मचाती, न ही किसी से बहुत अपेक्षा करती। उस स्कूल को अपने घर के जैसे मानते हुए उसकी साफ़-सफ़ाई करती। जिसने जो भी कार्य दिया, वह ख़ुशी-ख़ुशी करना और धीरे-धीरे स्कूल में उसकी उपस्थिति दर्ज होने लगी थी। शुरू-शुरू में अमित को बहुत अच्छा लगा था। परंतु कई बार स्कूल के दूसरे छात्र

जो उसकी पढ़ाई से जलन किया करते थे, उसे अक्सर कुछ ऐसा कह देते थे कि उसके दिल में बात चुभ जाती। और वह मन ही मन कराह उठता। उसके दिल में एक ज्वाला-सी उठती जो फिर ख़ुद के शरीर को अंदर ही अंदर जला कर राख कर देती। इसी में दबी कोई चिंगारी उसे और अधिक पढ़ने के लिए प्रेरित कर देती, और वह और अधिक नंबरों से हर कक्षा में अव्वल आता। इस तरह वह धीरे-धीरे बड़ा हुआ था। पढ़ाई का खर्च और किताबें जहाँ स्कूल से मिलती थीं, वहीं घर पर अब दो वक़्त की रोटी भी मिलने लगी थी। मालती की भी इससे अधिक न तो चाहत थी और न ही इच्छा। अब उसकी एक ही अभिलाषा थी बेटे को पढ़ाना, ख़ूब पढ़ाना और बड़ा आदमी बनाना। अमित इन्हीं सब बातों के बीच बड़ा हो रहा था। स्कूल में वाद-विवाद हो, सांस्कृतिक कार्यक्रम या खेलकूद, सभी में वह बढ़-चढ़कर हिस्सा लेता। माँ भी अमित के स्कूल में इस तरह के विकास को नज़दीक से देखती और फिर ख़ुशी से फूली नहीं समाती। जो सकारात्मक सोच के व्यक्ति थे, वे मालती को अमित के नाम से बधाइयाँ देते, जो नकारात्मक थे उन्हें भी मजबूरीवश मुस्कुराना पड़ता। उनके पास जलने के अलावा कुछ नहीं था।...और ज़िंदगी इस तरह से धीरे-धीरे समय के साथ कदम मिलाते हुए आगे बढ़ती चली गई थी।

उधर, सुनीता ने जीवन में अपनी परिभाषाएँ सीमित कर ली थीं। उसके पास अपने संबंधों के कारण पैसों की कोई कमी नहीं थी।

अदिति छोटी-सी थी। शायद तीन या चार वर्ष की रही होगी...गुड़िया कहते थे सभी...कि अचानक उसके पिता का देहांत हो गया था। सड़क दुर्घटना थी। सुनीता कई दिनों तक पागल-सी रही थी। मगर कोई भी साथ नहीं मरता। फिर बेटी भी तो थी। कोई रिश्तेदार नहीं कोई सगा-संबंधी नहीं। सिर्फ़ मोहल्ले वालों ने कुछ दिनों तक देखभाल की थी। धीरे-धीरे सेठजी आने लगे। गुड़िया को प्यार करते। कुछ पैसे दे जाते। जहाँ वह घर और घरवाली से बेहद परेशान थे, वहीं सुनीता सुंदर, आकर्षक, ज़रूरतमंद थी। कब नये संबंध बन गए, पता ही नहीं चला। गुड़िया जब थोड़ी बड़ी हुई तो माँ को उसकी ज़िम्मेदारी का एहसास शुरू हुआ था। मगर तब तक वह सेठ जी के लिए समर्पित हो चुकी थी। बिना नाम के बंधन में बँध चुकी थी। बेटी को ताड़ की तरह बढ़ता देखती तो डर जाती...बड़ी हो जाएगी तो पता नहीं क्या सोचेगी। सेठ जी संबंधों को नाम दे नहीं सकते थे और वह सेठ जी को छोड़ नहीं सकती थी। उसे अपनी बेटी से भी बहुत प्यार था। वही तो उसके जीवन की एकमात्र आशा थी। सेठ जी से एक दिन सलाह-मशविरा किया और दिल पर पत्थर रखकर, दूर बड़े शहर में बोर्डिंग में डालने का निश्चय कर लिया। पैसों की कमी नहीं थी। वहीं स्कूल वालों ने नया नाम दे दिया 'अदिति'। इस तरह से लाड़ली बेटी

गुड़िया, अदिति बन गई थी।

सेठ जी ने सभी सुविधाएँ घर पर दे रखी थीं। धीरे-धीरे गैस का चूल्हा, फ्रिज सभी कुछ आ गया था। सेठ ने तो नये घर के लिए भी कहा था, मगर सुनीता ने ही मना किया था...कहती रही थी...यहाँ दो-चार लोग जान-पहचान के तो हैं...फिर शुरू से ही एक-दूसरे को जानते हैं...नई जगह नई परेशानी होगी।...सो दिनभर तैयार होना, गाने सुनना और इधर-उधर घूमना। बस, यही था। दिनभर सेठ जी का इंतज़ार, कभी आए कभी नहीं। कोई शिकायत नहीं थी, मगर समय कैसे काटे। बदनामी के डर से बिटिया को घर से बाहर तो भेज दिया मगर हमेशा मन ही मन उसको याद कर लेती। गर्मी की छुट्टियाँ हों या दीवाली, बेटी घर आती रहती थी, फिर चली जाती।...और अदिति सब जानते और समझते हुए धीरे-धीरे बड़ी होने लगी थी। सेठ जी को अंकल पुकारती थी। और फिर जब सब कुछ जान ही गई तो फिर बेटी दूर रहे, माँ को पसंद नहीं आया। बेटी भी माँ के साथ अपना अकेलापन बाँटना चाहती थी। छोटी-सी उम्र से ही हॉस्टल में रहकर रूखापन आ रहा था। उसे भी अपनी माँ से बेहद प्यार था। हाँ, हॉस्टल में रहने से, ज़रूरत से ज़्यादा समझदार और मज़बूत ज़रूर बन गई थी। मोहल्ले से प्यार तो था मगर बहुत ज़्यादा नहीं। फिर एक दिन ज़िद करके माँ की खातिर जबलपुर वापस आ ही गई। शहर के कॉन्वेंट स्कूल में सेठ जी ने एडमिशन भी करा दिया था। पढ़ने में होशियार थी। माँ की भी इच्छा थी कि अदिति ख़ूब पढ़े और कम से कम उसकी जैसी न बने। वह उसे इतना ज़्यादा पढ़ाना चाहती, इतनी ऊँचाई पर देखना चाहती कि उसे समाज में इज़्ज़त मिले। पैसे की वैसे ही उसके पास कमी नहीं थी। और वह अदिति की पढ़ाई में किसी भी तरह के ख़र्चे से पीछे नहीं हटती।

अदिति अमित के बराबर की कक्षा में थी। मगर स्कूल भिन्न था। वह देसी स्कूल में था और यह कॉन्वेंट में।...कॉन्वेंट स्कूल, जहाँ शहर के तमाम बड़े लोगों के बच्चे पढ़ा करते थे। जहाँ पैसा ही सब कुछ बोलता था। वैसे तो पैसे अदिति को भी जितने चाहिए, उतने मिल जाते, परंतु बड़ा बनने की चाहत सुनीता ने अदिति में इस तरह से डाल दी थी कि वह भी अपनी कक्षा में सदैव अव्वल ही रहती। मगर उसे भी कुछ मुश्किलों का सामना करना पड़ता, जिसमें प्रमुख था उसकी पारिवारिक अवस्था, जो सभी छात्रों से भिन्न थी, इसलिए उसे कई बार निम्न घोषित कर दिया जाता। कुछ हद तक यह भी उसकी पढ़ाई-लिखाई और होशियारी के कारण ढक जाता। लेकिन फिर यही उसके समकालीन दोस्तों में जलन का कारण भी बन जाता था। परिणामस्वरूप अक्सर साथ पढ़ने वाली दूसरी छात्राएँ उससे अच्छा व्यवहार नहीं करतीं। कोई सहेली भी नहीं बन पाई थी। और इसीलिए

ज़्यादातर वक़्त वह अकेले ही रहती, दूसरों की कही बातें चुपचाप सुन भी लेती, पर कई बार बहस कर बैठती थी। बहस में उसे कुछ फ़ायदा तो नहीं होता, परंतु हाँ, उसकी ज़िद उसे और ज़्यादा पढ़ने के लिए मजबूर ज़रूर कर देती थी।

अदिति अपनी माँ से भावनात्मक रूप से पूर्ण रूप से जुड़ी हुई थी। अपनी माँ को उसने कभी ग़लत नहीं समझा था। उसकी उपस्थिति में भी आने वाला वह शख्स, जिसे वह अंकल कहा करती थी, माँ के कहने पर और समझाने पर उसके लिए बहुत ही आदरणीय हो चुके थे। अंकल के द्वारा दिया जाने वाला प्यार, अपनापन और उसकी हर ज़रूरतों को पूरा करने से, वह उसके लिए पिता के समान होते चले गए थे। अब तो वह भी उनके लिए कोई भी शब्द ग़लत सुनने के लिए तैयार नहीं थी। उधर, अदिति और अमित के बीच में रिश्ता साधारण और सहज था। किसी तरह की प्रतिस्पर्द्धा नहीं थी। दोनों के बीच समानताएँ कम, असमानताएँ अधिक थीं। हाँ, सिर्फ़ मंज़िल एक थी, आस्थाएँ एक थीं, जीवन के मूल्य एक थे। अन्यथा अमित के पास कुछ भी नहीं था। वहीं अदिति के पास सारे सांसारिक सुख थे। पढ़ाई में अमित सदैव अदिति से बीस ही पड़ता था। वह इस बात को स्वीकार भी करती थी, पर उससे होड़ लगाना उसे अच्छा नहीं लगता था। दोनों विभिन्न अवस्था में पल रहे थे, पर सामंजस्य अच्छा था, हालात एक से थे। दोनों के स्कूल, उनके रहन–सहन, यहाँ तक कि बोली भी अलग थी। जहाँ अदिति अंग्रेजी माध्यम में पढ़ रही थी तो अमित हिन्दी में। अदिति मोहल्ले में लोगों से कम मिलती–जुलती, पर उसे प्यार सभी से था और लोग भी उसे भरपूर स्नेह देते। मालती को अदिति का घर आना–जाना कभी बुरा नहीं लगता और वह अक्सर अमित से पढ़ाई के सिलसिले में मिल लिया करती थी।...और इस तरह धीरे–धीरे दोनों परिवार, मोहल्ले वाले समय के साथ–साथ आगे बढ़ते चले गए थे।

...खट्टे–मीठे अनुभव के साथ, अदिति जहाँ कॉन्वेंट में धीरे–धीरे स्मार्ट होती चली गयी, वहीं अमित के व्यक्तित्व में ग़रीबी की रेखाएँ साफ़ झलकतीं। सुप्रिया को घर में अकेले रहते–रहते एक आदत–सी हो चुकी थी। अक्सर मोहल्ले के लोगों का सहयोग मिल जाता था। सैनी की बहू उषा या गीता घर का काम करते–करते कभी–कभी बीच में उसे देख जाती थी। परंतु सुनीता सदैव सुप्रिया के लिए तैयार–सी रहती थी। वह मालती की अनुपस्थिति में उसका बेहद ध्यान रखती। सुप्रिया भी सुनीता के इस सहयोग पर हक़ जमाने लगी थी और धीरे–धीरे उसे माँ के समकक्ष मानने लगी थी। समय कभी रुकता कहाँ है और ज़िंदगी अपनी रफ्तार से आगे बढ़ रही थी। परिवर्तन प्रकृति का नियम है और अदिति इस सत्य की सबसे बड़ी उदाहरण बन रही थी। लड़कियाँ जल्दी बड़ी व परिपक्व हो जाती हैं

और उसमें शारीरिक परिवर्तन तेज़ी से हो रहा था। वहीं अमित के दसवीं कक्षा में पहुँचने तक, उसकी भी हलकी-हलकी दाढ़ी उगने लगी थी। शरीर भी उम्र के हिसाब से बढ़ रहा था। अब वह छोटी-छोटी बातों पर भी माँ पर अपना हक़ जताने लगा था। उसके पुरुषत्व में विकास को देखकर मालती और सुप्रिया फूली नहीं समाती थीं। सुनीता आंटी से भी उसे बेहद प्यार था। वैसे तो वह उनके घर कम जाता था। परंतु सुनीता आंटी के द्वारा उसके लिए बनाये गए नये-नये खाने का आनन्द, उसे घर बैठे ही मिल जाता था। कभी सुनीता तो कभी अदिति या फिर दोनों अक्सर उसके लिए कुछ न कुछ बनाकर ले जाते और फिर दोनों परिवार घंटों गप्पें लगाता।

16

दसवीं की मध्यप्रदेश बोर्ड की परीक्षा थी। रात-रात भर जागकर अमित ने बड़ी मेहनत से पढ़ाई की थी। बड़ा आदमी जो बनना था। वैसे बड़े की परिभाषा वह आज तक नहीं जान पाया था। हाँ, डॉक्टर बनना है ज़रूर सोचा था। सुप्रिया सारी-सारी रात उसके साथ जागा करती थी। परीक्षा खत्म होने के बाद, अपने घर में वह सुप्रिया के साथ बैठा हुआ था। गर्मी का मौसम था। एसी की तो कल्पना भी क्या करना, कूलर भी नहीं था। पंखा भी समय के हिसाब से चलाना पड़ता था। बिजली का बिल जो बढ़ जाता था। वैसे तो खपरैल के मकान फिर मोटी-मोटी पुरानी दीवारें, गर्मी कम करती हैं। फिर भी ज़्यादातर पुरुष सिर्फ़ लुंगी-बनियान में ही घर पर बैठे रहते। औरतों का कष्ट असहनीय होता है। फिर चूल्हे में आप न तो पंखा लगा सकते और न ही कोई और उपाय था। माँ सुबह ही खाना बनाकर नहा-धोकर स्कूल चली जाती और अमित बाद में ख़ुद भी खाता, सुप्रिया को भी खिलाता। आज गर्मी बढ़ने लगी तो उसने लुंगी तो पहने रखी मगर ऊपर की बनियान उतार दी थी। सुप्रिया से बात करते-करते भी थक गया था। लाइब्रेरी से लाई हुई किताबें पलट रहा था। मालती छुट्टियों में भी साफ़-सफ़ाई के लिए स्कूल जाया करती थी। उम्र के पड़ाव और हालात से बाल थोड़े जल्दी सफेद होने लगे थे। भरी दोपहरी में अमित दरवाज़े के खटखटाने पर चौंका था।

राजू, पड़ोसी सोनकर जी का बेटा, आवाज़ लगा रहा था, ''अमित भाई, तेरे से कोई मिलने आया है।''

अमित ने बाहर आकर देखा, दो सज्जन स्कूटर पर खड़े हुए थे।

''आप, अमित हैं?''

अमित ने बड़ी सहजता से सिर हिलाया था।

''हमें आपसे कुछ बात करनी है।''

सुनकर वह थोड़ा घबराया था। फिर भी पूछ बैठा, ''बताइए! किस संदर्भ में?''

''दसवीं की परीक्षा में, मध्यप्रदेश बोर्ड में, आपने प्रथम स्थान प्राप्त किया है। हम प्रेस से हैं। आपका इंटरव्यू लेने आए हैं।''

एक मिनट के लिए तो अमित समझ ही नहीं पाया। सबसे पहले दौड़कर अंदर से बनियान ऊपर से कमीज़ डालने लग पड़ा था। बटन लगाते हुए वापस बाहर पहुँचा तो अगला सवाल सुनकर शरमाया था, ''क्या आपके पास आपकी कोई फ़ोटो है?''

''जी नहीं, मेरे पास तो फ़ोटो नहीं है।'' आँखों में मासूमियत उभर रही थी और अगले ही पल उसने नज़रें झुका ली थीं।

तभी साथ का दूसरा सज्जन कह बैठा, ''कोई बात नहीं, आप अच्छे कपड़े पहन आइए। मैं आपकी फ़ोटो यहीं ले लेता हूँ।''

अमित एकदम से झेंप गया था। और कुछ न समझ आया तो तुरंत लुंगी उठाकर वापस अंदर दौड़ा था। पैंट के नाम पर स्कूल की ड्रेस के अलावा बस एक-दो साल पुरानी पैंट थी, वही पहन ली। शर्ट बदलने की आवश्यकता कहाँ थी और फिर थी भी तो एक ही। हाँ, बालों को कंघी से समेटा ज़रूर था और फिर कुछ देर तक अपने चेहरे को आईने में देखता रहा। अबकी बार बाहर जाने लगा तो पहले सुप्रिया को उसके माथे पर चूमा था। सुप्रिया जो उसे पिछले कुछ पल से जल्दबाज़ी में कपड़े बदलते हुए देख हैरान थी, अब भी कुछ समझ न पाई थी।

''दीदी...!'' यह शब्द सुनकर तो वह और अधिक हैरान हुई थी। जिसे वह ज़्यादातर वक़्त सुप्रिया कहा करता था, आज 'दीदी' कह रहा था।

''...मैंने दसवीं परीक्षा में, पूरे राज्य में प्रथम स्थान प्राप्त किया है।''

सुप्रिया वैसे तो ज़्यादा कुछ नहीं समझती थी, पर थोड़ा-बहुत अमित की दिनभर की बातें सुनते-सुनते कुछ-कुछ जानने लगी थी। यह ख़बर सुनते ही ख़ुशी में 'आ-आ' चिल्लाने लगी थी। बाहरी दो व्यक्तियों के आने से मोहल्ले के लोग भी इकट्ठा होने लगे थे। और अधिक शोरगुल होने लगा तो अदिति और सुनीता भी घर से बाहर निकले थे।

अमित के घर बाहर लगी भीड़ देख अदिति ने कौतूहलतावश पूछा था, ''क्या हुआ?''

बाहर से आए हुए दोनों प्रेस रिपोर्टर ने तुरंत जवाब दिया था, ''अमित जी ने

हाई स्कूल की परीक्षा में, पूरे मध्यप्रदेश राज्य में प्रथम स्थान प्राप्त किया है। हम उनका इंटरव्यू लेने आए हैं।''

सुनते ही अदिति ख़ुशी से उछल पड़ी थी और ताली बजाते हुए अमित के घर के अंदर घुसने लगी तो अमित बाहर निकल रहा था। इसी बीच उसने ख़ुशी-ख़ुशी में ज़ोर से अमित को एक मुक्का मारा था। अदिति की निश्छल हँसी उसके दिल की ख़ुशी को ज़ाहिर कर रही थी, और उसने बिना किसी हिचकिचाहट के आगे कहा था, ''कांग्रेचुलेशन...मैं तो आज ही आंटी से बहुत सारी मिठाई खाऊँगी।''

अमित अब तक ख़ुशी महसूस —ही नहीं कर पाया था तो व्यक्त कैसे करता? हाँ, अदिति की बात सुनते ही मानो उसे कुछ अचानक याद आया हो, ''मैं माँ से मिलकर आता हूँ।''

और वह भीड़ को चीरता हुआ स्कूल की ओर चप्पल पहनकर ही दौड़ पड़ा था। स्कूल प्रांगण में छुट्टियाँ होने के कारण चहल-पहल नहीं थी। माँ स्कूल की बिल्डिंग के किनारे के बग़ीचे में सफ़ाई कर रही थी। उसने दौड़कर माँ को पीछे से पकड़ लिया था। मालती कुछ समझ ही नहीं पाई थी।

''क्या हुआ? सब ठीक तो है?''

अब तक अमित के चेहरे पर ख़ुशी उमड़ने लगी थी और कुछ छुपाने की कोशिश में वह धीरे से कह उठा, ''माँ, दसवीं परीक्षा का रिज़ल्ट आ गया है।''

मालती कुछ समझ न पाई तो साधारण रूप में पूछने लगी थी, ''अच्छे नंबरों से पास हो गया होगा?''

स्कूल में इतने साल से कार्य करने से वह कुछ-कुछ समझने लगी थी। अमित माँ की बात सुन अचानक ज़ोर से उछलने लगा और फिर कहता चला गया, ''माँ, केवल पास ही नहीं हुआ हूँ...स्कूल में ही नहीं, पूरे राज्य में प्रथम भी आया हूँ। घर में पेपर वाले आए हुए हैं। मेरे से बातचीत कर रहे हैं। कल मेरा नाम और फ़ोटो पेपर में छपेगा।'' अमित ज़ोर-ज़ोर से चिल्ला रहा था।

यह सुनते ही मालती के हाथों से झाड़ू छूट गई थी। पल्ला माथे से ठीक करते हुए उसने अमित को अपने सीने से लगा लिया था। आज आँखों के आँसू अचानक फिर उमड़े तो थे पर कहानी कुछ और कह रहे थे। अमित को इतना ख़ुश उसने पहली बार देखा था। और वह पल्ले से अपने आँसुओं को पोंछने लगी थी।

''चल, सबसे पहले गुरुजी से उनका आशीर्वाद ले ले,'' यह कहते हुए वह उसे पकड़कर गुरुजी के कार्यालय की ओर ले गई थी। आज क़दमों में एक उत्साह था, ज़मीन भी तो साथ दे रही थी तो फिर आवाज़ क्यों न निकले और उसके क़दम तेज़ी से आगे बढ़े थे। आज वह कमरे से बाहर एक पल के लिए तो रुके और फिर

बिना कुछ समझे अंदर हो लिये थे।

मालती कुछ कह पाती, इसके पहले ही अमित ने कहना शुरू कर दिया था, ''सर, बोर्ड का परिणाम आ चुका है और मैंने दसवीं परीक्षा में राज्य में टॉप किया है।'' और वह उनके चरण स्पर्श करने झुका था।

गुरुजी के हाथ उसके सिर पर पहुँचे तो हटने का नाम ही नहीं ले रहे थे। और फिर शब्द थे जो भीगी आवाज़ में कुछ यूँ निकल पड़े, ''शाबाश।...बेटा, इसी तरीक़े से अपनी माँ का नाम आगे भी रौशन करना। यह सब इसी की मेहनत का फल है।''

सुनकर मालती ने पलकें झुका ली थीं। अमित कुछ समझ पाता, इसके पहले गुरुजी ने आवाज़ लगाई तो क्लर्क दौड़ा हुआ आया था।

''स्कूल में जो भी स्टाफ आया हुआ है, सबको बुलाओ भाई, और मिठाई लेकर आओ।'' उनकी आवाज़ में जोश था और जेब से सौ रुपए का नोट निकालकर क्लर्क की ओर बढ़ाने लगे।

''क्या हुआ, सर?''

क्लर्क स्वाभाविक रूप से पूछ रहा था, तो गुरुजी ने उसका विस्तार से उत्तर दिया और बाद में अमित को देखकर कहने लगे, ''...भगवान की विशेष कृपा है इस पर, इसने तो कमाल कर दिया, स्कूल का नाम रौशन कर दिया, ये हुई न बात...देखना, यह एक दिन बहुत बड़ा आदमी बनेगा...''

सुनते ही अमित इस बड़े आदमी की परिभाषा से उलझ रहा था और उधर उतने में क्लर्क अति उत्साहित हो चुका था। सौ का नोट लेकर वह तुरंत मार्केट की ओर भागा था। सभी स्कूल के अध्यापक इकट्ठा हो रहे थे और मिनटों में ही अमित सभी का चहेता बन गया था। सबके साथ कुछ देर रुकने के पश्चात् अमित घर जाने की ज़िद करने लगा था। उसे सुप्रिया और माँ के साथ अकेले दो पल बिताने की इच्छा हो रही थी। वैसे भी घर पर पेपर वाले इंतज़ार कर रहे थे और वह सबकी इजाज़त लेकर माँ को कंधे से पकड़कर प्रिंसिपल के कमरे से बाहर ले जाने लगा तो सभी की निगाहें उसी ओर निरंतर देख रही थीं।

घर पहुँचने पर अमित ने पाया कि सुनीता आंटी प्रेस वालों के लिए चाय बनाकर ला रही थीं। घर और मोहल्ले में उत्सव का माहौल था। सारे पड़ोसी इकट्ठे हो चुके थे। क्या छोटा, क्या बड़ा, क्या बूढ़े—सभी घर के बाहर जमा थे। सुनीता आगे बढ़कर ख़ुशियों का चिल्ला-चिल्लाकर इज़हार कर रही थी। वह यह भी भूल गई थी कि उसकी अपनी बेटी का भी रिज़ल्ट आना है। अदिति भी दो पल के लिए सब भूल चुकी थी। निम्न मध्यवर्गीय समाज में ईर्ष्या-द्वेष कम होता है। प्रतिस्पर्धा

नहीं होती। सुख और दुःख बराबरी से बाँटे जाते हैं। फिर आदमी जब भावनात्मक रूप से जुड़ा हो, बचपन से एक साथ बड़ा हुआ हो, तो दूसरे की ख़ुशियों में अपनी ख़ुशी भी ढूँढ़ने लगता है। दूसरे की ऊँचाइयों में अपनी ऊँचाइयाँ महसूस करने लगता है। मोहल्ले का हर आदमी अपनी-अपनी बातें कह रहा था :

'मुझे तो पहले ही पता था कि अमित एक दिन नाम रौशन करेगा...।'

किसी ने कहा, 'अब तो भाई, मालती के बुरे दिन ख़त्म...।'

तो कोई कहने लगा, 'भाई अमित, हमें न भूल जाना...।'

हर तरह की बातें, हर तरह की सोच, अपनी-अपनी समझ और बुद्धि के हिसाब से प्रदर्शित हो रही थीं।

पेपर वाले ने जब अमित से पूछा, "आप अपनी पढ़ाई का श्रेय किसको देते हैं?"

तो उसने बड़े सहज ढंग से कहा था, "सारा श्रेय माँ को जाता है।"

"आपकी भविष्य की क्या योजनाएँ हैं?"

प्रेस रिपोर्टर ने दूसरा सवाल दागा तो अमित बस इतना ही कह पाया था, "मुझे तो ख़ूब पढ़ना है।"

पेपर वाला प्रोफेशनल तरीक़े से पूछ रहा था, "क्या बनना चाहते हैं आप?"

"एक बड़ा आदमी।"

"बड़े से मतलब, बहुत पैसा कमाना चाहते हैं आप?"

अमित भोलेपन से इस बात का जवाब नहीं दे पाया था। बस, इतना ही कह पाया, "नहीं-नहीं, ऐसा तो कुछ नहीं। मैं तो डॉक्टर बनना चाहता हूँ।"

कुछ देर पश्चात्, प्रेस वाला अमित की फ़ोटो खींचकर, सबको नमस्कार करके जा चुका था। अमित की ज़िंदगी का यह पहला स्वर्णिम दिन था, एक बहुत बड़ा सकारात्मक परिवर्तन, एक ऐसा मोड़ जहाँ से नई मंज़िल दिखाई देती। अदिति का स्कूल, सीबीएससी से संबंधित होने की वजह से उसका रिज़ल्ट आने में अभी वक़्त था। इसके बावजूद उसे क्यों ख़ुशी हो रही थी, इसका कारण उसे ख़ुद भी नहीं पता था। घर के अंदर सभी महिलाएँ इकट्ठा हो चुकी थीं। गीता, कमला...मगर सर्वाधिक ख़ुशी सुनीता के चेहरे से साफ़-साफ़ झलक रही थी, उत्साह से उठते उसके क़दम को ज़मीन पर मानो ठिकाने की ज़रूरत नहीं थी। वैसे तो सैनी की बहू उषा भी आ गई थी। बंगाली के यहाँ से, सोनकर के यहाँ से सारी बहुएँ और सारे छोटे बच्चे जमा थे परंतु किसी को इसकी असल महत्त्वता का पता न था सिवाय इसके कि सारे ज़िद करने लगे कि अब तो मालती भाभी को मिठाई खिलानी ही पड़ेगी। मालती भी बहुत देर तक समझ न सकी तो चुप रही, वर्षों से दुःखों की आदत जो पड़ चुकी थी।

ख़ुशियों को स्वीकार करने में वक़्त लग रहा था। कुछ देर बाद ही धीरे से बोल पाई थी, "क्यों नहीं, मैं अभी मँगवाती हूँ।"

किसी को वह इसके लिए कह पाती कि बीच में सुनीता ने आगे बढ़कर कहा था, "मैं कहती हूँ, किसी को लाने के लिए।"

गीता भी बहुत ख़ुश थी। परंतु कमला को यह कैसे बर्दाश्त होता कि ख़ुशी में सारे आगे रहें और वह पीछे? सुनीता की तेज़ी उसे वैसे भी बर्दाश्त नहीं होती थी। वह हर चीज़ में सुनीता की बराबरी करने में लगी रहती थी। आगे बढ़कर कहने लगी, "कौन जाएगा? मैं मँगवाये देती हूँ।...अरे सुनते हो, जा के ज़रा शक्ति भंडार से बूँदी के लड्डू ले आओ।"

गुप्ता जी ठहरे सीधे सरल इनसान। उम्र के इस पड़ाव पर पहुँच चुके थे कि अब तो उनको अपनी धर्मपत्नी का कहना वैसे भी मानना पड़ता था। साइकिल उठाई, ख़ुशी-ख़ुशी आगे बढ़कर पूछने लगे, "कितना लाना है?"

"अरे, सब के लिए ले आइए और जल्दी जाइए।"

सुनीता ने चुटकी ली थी, "चलो भई! आज तो कमला खिला रही है।"

"क्यों नहीं, मेरे बेटा जैसा है!"

बात-बात पर लोगों को ताने मारने वाली, जिसने कभी भी किसी को अपनी तरफ़ से एक प्याला चाय का भी न पिलाया हो, आज जोश में कह रही थी। यह देख सारे इसका मज़ा ले रहे थे।

एक ही पल में अमित की ज़िंदगी बदल चुकी थी। बातों का दौर चल ही रहा था कि एक सभ्य पुरुष ने मोहल्ले में अमित के बारे में पूछते हुए प्रवेश किया था। मोहल्ले में जो भी आ रहा था, उसे अब भीड़ का सामना करना पड़ रहा था। अब तक सोनकर के घर में स्पीकर लगा दिया गया था और कैसेट पर गाना तेज़ी से बजने लगा था।...यह जबलपुर का रिवाज़ है...इस शहर का एक बड़ा ही मनोरंजक पहलू। जब भी कोई ख़ुशी का इज़हार करने का अवसर हो, उसका प्रदर्शन घर में तेज़-तेज़ आवाज़ में गाने लगाकर किया जाता है। और सोनकर भाई ने घर के दोनों बड़े-बड़े स्पीकरों को बाहर मोहल्ले के बीच में लगा दिया था। बातों का शोर, ऊपर से तेज़ आवाज़ में गाने। यह मनोरंजन करने का अपना अचूक और अनूठा साधन है। किसी को किसी भी तरह की कोई परेशानी नहीं। सिवाय इसके कि बाहर से आए उस मेहमान को तेज़ हल्ले-गुल्ले के बीच बच्चों से पूछने में परेशानी हो रही थी, "ये...अमित जी यहीं रहते हैं?...उनसे मुलाक़ात हो सकती है?"

थोड़ा-सा आश्चर्य हुआ था बच्चों को—ये अमित जी कौन हैं? कुछ देर बाद ही पास खड़ा सोनकर का बेटा समझ पाया था, "बड़े भाई, अपना अमित।"

''अरे, वह अमित जी कैसे बन गया?'' पहला लड़का मुस्कुरा के मज़े ले रहा था।

''सामने घर में जहाँ भीड़ लगी है, वहीं रहता है अपना अमित भाई।''

दूसरे ने आगे बढ़कर कहा तो पहला बीच में बोल पड़ा था, ''बड्डे, जा, तू मिलवा ला।''

अमित कुछ-कुछ आनन्द में डूबा हुआ था। तेज़-तेज़ गानों की आवाज़ में आज उसे भी मस्ती आ रही थी। वह इसी तरह के वातावरण में बचपन से पला और बड़ा हुआ था। नवागंतुक को अमित से मिलवाया गया और उसने कहने की कोशिश की तो बहुत देर तक अमित कुछ सुन न सका। कुछ सुनने व समझने का समय भी तो न था। मेहमान अपने हाथ में मिठाई का डिब्बा और फूलों की माला लिये हुए था।

अमित को माला पहनाने के बाद, मिठाई का डिब्बा देने लगा तो मालती ने ज़रूर टोका था, ''मिठाई तो हमें खिलानी चाहिए।''

मालती घर से बाहर क्या निकली, कुछ-कुछ बोलना और लोगों से बातें करना सीख चुकी थी। फिर भी किसी ने यह जानने की अब तक कोशिश नहीं की थी कि यह नवआगंतुक कौन है। कुछ देर बाद उस मेहमान ने अमित की ओर देखते हुए धीरे से ख़ुद ही कहा था, ''जी, मैं एक कोचिंग इंस्टिच्यूट का मैनेजर हूँ। सबसे पहले मैं आपको इतनी बड़ी सफलता के लिए बधाई देता हूँ।''

अमित अभी भी बाल्य अवस्था में ही था। अचानक मिली इतनी सारी ख़ुशियाँ, उससे समेटी नहीं जा रही थीं।

''ठीक है, ठीक है। धन्यवाद!''

कुछ देर ठहरकर मैनेजर ने उसके कान में जब कहा कि 'आपसे हमें एक काम है', तो बिना किसी समझ के अमित ने ज़ोर से कहा था, ''किस तरह का?''

''क्या आप हमें यह लिखकर दे सकते हैं कि आप हमारे कोचिंग इंस्टिच्यूट से पढ़ते थे।''१

अमित को बात कुछ पल्ले नहीं पड़ी थी। बिना कुछ समझे ही कह बैठा, ''परंतु मैं तो आपके कोचिंग इंस्टिच्यूट को जानता भी नहीं। फिर मैंने तो वहाँ से पढ़ाई भी नहीं की, फिर मैं क्यों लिखकर दूँगा?''

''नहीं, नहीं, आपकी बात तो ठीक है, पर हम आपको इसके बदले में कुछ पैसे देंगे।''

मैनेजर अब शरमाने लगा था। मालती अब तक नज़दीक पहुँच चुकी थी। कौतूहलता नये आदमी को लेकर उसे भी थी। अंतिम शब्द सुनते ही वह बीच में

ही बोल उठी। उसे बात कुछ ठीक-सी नहीं लगी थी।

''भाई साहब! पैसे किस बात के, जब हमने आपके इंस्टिच्यूट से कुछ किया ही नहीं।''

मैनेजर इस बात का जवाब ठीक से सबके सामने नहीं देना चाहता था। सो अमित के पूछने पर भी बस इतना ही कहता रहा, ''जी, अभी आप ख़ुशियाँ मनाएँ, मैं फिर आऊँगा,'' यह कहकर मैनेजर तो चला गया मगर मालती को इस वक़्त ज़्यादा दिमाग़ पर ज़ोर डालना ठीक नहीं लगा था और फिर वह सहेलियों से बात करने लग पड़ी थी।

शुक्लाजी का दिमाग़ तेज़ था। छोटी-छोटी बातों पर कान लगाये भी खड़े रहते थे, आदत थी। सुनते ही सब समझ गए थे। तुरंत कहने लगे, ''सुनिए, भाभीजी, यह जो इंस्टिच्यूट वाला है न, अब अमित का नाम उपयोग करेगा। लोगों को बताएगा कि हमारे इंस्टिच्यूट में पढ़ने से ही यह लड़का पूरे राज्य में अव्वल आया है, जिससे लोग उसकी कोचिंग में ज़्यादा से ज़्यादा पढ़ाई करने आएँ। बस, इतनी-सी बात है।''

मालती को बात समझ आई थी मगर चुप ही रही। कुछ देर ठहरकर सोचते हुए सुनीता ने ज़रूर कहा था, ''यह तो बहुत ग़लत बात है।''

कमला कैसे पीछे रहती, ''इसमें ग़लत क्या है, पैसे मिल रहे हैं, ले लो।''

मालती मुस्कुरा रही थी। अमित समझ नहीं पा रहा था। पैसे किसे बुरे लगते हैं! लेकिन ज़रूरत न हो तो आदमी उसके पीछे नहीं भागता। वैसे भी पैसे के पीछे भागना और चाहत दोनों ही मालती के स्वभाव में नहीं था। अमित तो फिर अभी छोटा ही था, परंतु फिर भी एक मिनट सोचने के लिए वह मजबूर हुआ था। मन ही मन सोचने लगा कि गुरुजी से इस बारे में सलाह करूँगा।

सभी लोग गुप्ताजी का इंतज़ार कर रहे थे। बीच में ही मालती उषा से कहने लगी, ''अरे, जो मैनेजर साहब मिठाई दे गए हैं, एक काम करो, उषा तुम इसे ही बाँट दो।''

उषा ने सबसे पहले मिठाई अमित को देनी चाही, लेकिन अमित ने सबसे पहले माँ को मिठाई खिलाई थी।

मालती ने धीरे से कहा था, ''बेटा, दीदी को भी...''

अमित ने जब अपने हाथों से सुप्रिया को खिलाया तो सभी ने ताली बजाकर ख़ुशी का इज़हार किया था। मालती और सुप्रिया की आँखों में आँसू थे। अदिति चुपचाप सारा नज़ारा देखकर मन-ही-मन प्रसन्न थी।

दूसरे ही दिन अमित, माँ के साथ स्कूल गया और मैनेजर एवं इंस्टिच्यूट के बारे

में गुरुजी से चर्चा की थी। गुरुजी के अनुभवी दिमाग़ ने भविष्य की सोची थी...आगे की पढ़ाई करनी है तो पैसे भी लगेंगे...फिर एकदम कहाँ से पैसे आएँगे ?...ऊपर से मेडिकल में पढ़ाई बहुत महँगी होती है।...सोचने लगे, क्यों न अमित ट्यूशन पढ़ाने लगे ? पैसे मिलेंगे। अब तो सभी माँ-बाप अपने बच्चे को अमित से पढ़वाना चाहेंगे। कोचिंग वाले को भी क्या नुक़सान होगा! अमित का नाम देखकर वैसे ही लोग अपने बच्चे को वहीं भेजेंगे। सारी बातों पर सोच-विचार करके गुरुजी ने सलाह दी थी, ''कोचिंग वाले से बात कर लो, अगर शाम को अमित एक या दो घंटे उनकी कोचिंग में पढ़ाने में सहायता करे तो बदले में वह जो भी पैसा दें, उसे आगे के लिए जमा करो। मेडिकल में बहुत खर्चा होता है।''

गुरुजी के मार्गदर्शन पर ही अमित ने इंस्टिच्यूट के मैनेजर से बात की थी। मैनेजर को क्या चाहिए! फट से 'हाँ' कह दी। और अमित ने अगले हफ्ते से ही इंस्टिच्यूट जाना शुरू कर दिया था।

उधर, कुछ दिनों बाद ही सीबीएससी का रिज़ल्ट भी आ गया था। अदिति ने भी बहुत अच्छे नंबरों में परीक्षा उत्तीर्ण की थी। अपने स्कूल में प्रथम थी, सारे विषयों में विशिष्ट योग्यता।...सुनीता फूली नहीं समा रही थी और सारे मोहल्ले में बिना माँगे ही मिठाई खिला आई थी। और फिर अपनी ख़ुशियों का इज़हार वह क्यों न करे, उसके जीवन की भी वह पहली सफलता थी।

17

अमित अब कुछ दिनों के लिए शहर में चर्चा का विषय था। मोहल्ले और आसपास के हर माँ-बाप अपने बच्चे को अमित से पढ़वाने के लिए लालायित थे। स्कूल की संस्था ने भी अमित को बहुत कुछ देने की कोशिश की थी—पारितोषिक, सर्टिफिकेट, स्कॉलरशिप और कुछ पैसे भी। स्कूल में एक समारोह किया गया था। अपने ही स्कूल को, अपने बेटे के लिए, शाम को सजता हुआ देखकर, मना करने पर भी मालती ने सफ़ाई कुछ ज़ोर-शोर से की थी। उधर, ज़्यादातर अध्यापकों और दूसरे कर्मचारियों ने कहना शुरू कर दिया था।

''मालती, अब तुम छोड़ दो यह सब काम।''

कोई कहता, ''अब यह अच्छा नहीं लगता।''

मालती चुपचाप मुस्कुराकर रह जाती। उसमें कहीं भी घमंड का लेशमात्र अंश नहीं था। उसके कम बोलने को सभी जानते थे। परंतु बात-बात पर, सिर और आँखें नीचे करने पर, भोलेपन और सादगी के सभी अब क़ायल होने लगे थे। कमर से

लेकर सिर तक पहुँचने वाली साड़ी के पल्लू को हाथों से बार-बार व्यवस्थित करना उसके व्यक्तित्व का एक हिस्सा बन चुका था। जीतने वाले की शराफ़त अच्छी लगती है, हारने वाले की यह कमज़ोरी कहलाती है।...दुनिया के देखने की नज़र में आज फ़र्क़ था मगर मालती इससे अनजान थी।

शाम को, जब अपने बेटे के बारे में स्कूल की संस्था के चेयरमैन और मैनेजर ने मंच पर अमित की तारीफ़ के पुल बाँधे, तो पीछे खड़ी भीड़ में मालती की आँखों में आँसू थे। उसे भी मंच पर बुलवाया गया था। चेयरमैन साहब से मिलवाने का उद्देश्य था। चेयरमैन ने बहुत तारीफ़ और प्रशंसा की थी। परंतु, हर प्रशंसा में कहीं न कहीं स्कूल, मैनेजमेंट की भी भूमिका बताने से वह नहीं चूक रहे थे, जिसको कहने की आवश्यकता बिलकुल भी नहीं थी। हाँ, गुरुजी ने निश्छल मन से अमित और मालती सिर्फ़ दोनों की बड़ाई की थी और ईश्वर का धन्यवाद भी किया था। घर पहुँचकर अमित ने सारी बात सुप्रिया को बताई थी। अमित बहुत सारी फूलमालाएँ, सर्टिफिकेट, शील्ड और पैसे सुप्रिया को दिखा रहा था। तीनों आज बहुत ख़ुश थे। उनके जीवन में अचानक ख़ुशियों की बहार आ गई थी। चूंकि इस परिवार की न तो बहुत ज़्यादा चाहत थी और न ही कोई बहुत बड़ी इच्छा तो फिर बिना चाहत और इच्छा के अगर कुछ मिल जाए तो ख़ुशी का होना स्वाभाविक था।

अमित 11वीं में और ज़ोर-शोर से तैयारी करने लगा था। उसे बताया गया था कि पीएमटी की परीक्षा और 12वीं का बोर्ड बहुत कठिन होता है। शाम को कोचिंग इंस्टिच्यूट जाना, रात को पढ़ाई करना, सुप्रिया से लंबी बातें, इस तरीक़े से दो साल कब बीत गए उसे पता ही नहीं चला। अदिति से उसकी मुलाक़ात तो रोज़ होती पर हर बात के केंद्र में पढ़ाई होती। दोनों का स्कूल, माध्यम और किताबें सब अलग थीं। हाँ, दोनों एक-दूसरे की किताबों को कौतूहलवश ज़रूर देख लेते। अदिति भी अपने स्कूल में आगे बढ़ती जा रही थी। 12वीं बोर्ड के साथ-साथ प्रदेश पीएमटी की परीक्षा दोनों दे चुके थे। अब बस रिज़ल्ट आने का इंतज़ार था।

अमित अपनी पढ़ाई से संबंधित सभी बात अदिति से बाँटता था। अदिति हमउम्र होते हुए भी उससे अधिक परिपक्व थी। वह अपनी अधिक जानकारियाँ, अधिक किताबें, बेहतर वातावरण और विभिन्न स्रोत कि वजह से उसका मार्गदर्शन करती रहती थी। दोनों के मध्य न तो कोई वैर था, न ही प्यार। एक बेहतर सामंजस्य, जिसे अच्छे दोस्त की संज्ञा दी जा सकती है। अच्छे तालमेल से दोनों ने मिलकर पीएमटी दी थी। अमित पूर्णरूप से जवानी में क़दम रख चुका

था। दाढ़ी और मूँछ आ तो गई थीं मगर उन्हें काटने की न तो उसने सोची, न ही इसका ज्ञान था उसे। वह बेहद शर्मीला, भावुक, दुनियादारी से दूर, आत्मविश्वास में थोड़ा कमज़ोर, मगर मेहनती और होशियार था। वहीं अदिति भी जवान तो हो चुकी थी मगर उसका ध्यान सजने-सँवरने में बिलकुल नहीं था। काली बिंदी, दो चोटी, ऊपर से शनिवार और रविवार में सिर पर ख़ूब सारा तेल। ब्यूटी पार्लर का चलन तो उस वक़्त बहुत कम था मगर कॉन्वेंट की छात्राओं में थोड़ा-थोड़ा आ चुका था। स्कूल और क्लास में वह पिछड़ी और झल्ली मानी जाती थी। मगर आत्मविश्वास से भरी हुई, अच्छे विचारों की चमक चेहरे पर पढ़ी जा सकती थी। दुनिया की सारी बातें समझते और जानते हुए भी उनमें उसकी दिलचस्पी ही नहीं थी। उसे तो जीवन में कुछ बनना है, बस। बहुत अधिक होशियार थी, ऊपर से मेहनत और लगन में कोई कमी नहीं थी। माँ ने सारी सुख-सुविधाएँ ज़रूर दे रखी थीं, लेकिन उसकी उसमें कभी दिलचस्पी नहीं होती। सीधा स्कूल के बाद घर और फिर पढ़ाई। मोहल्ले में सभी से समय-समय पर ज़रूरत के हिसाब से बात करती थी। मगर मालती आंटी और सुप्रिया उसकी पहली पसंद थीं। बचपन से साथ-साथ पलते-बढ़ते अमित पर उसका दोस्ती का अधिकार धीरे-धीरे कब जम गया, समय को भी पता न चला।

एक रात काफ़ी बड़ी तादाद में लोग इकट्ठा होकर अमित के घर पहुँचे थे। पूछने पर पता चला कि शाम के न्यूज़ पेपर में पीएमटी का रिज़ल्ट आ चुका है और अमित ने पीएमटी में भी सर्वोच्च स्थान प्राप्त किया है। घर में उत्सव का माहौल हो गया था। पूर्व की भाँति सोनकर भाई बड़े-बड़े स्पीकर लगा चुके थे और आज स्पीकर के सामने नाच भी हो रहा था। इसका भी जबलपुर में ख़ास प्रचलन है। शहर के तमाम न्यूज़ पेपर वाले आज ज़्यादा बड़ी तादाद में अमित के घर थे। मालती को एक बार अनुभव हो चुका था। भीड़ देखकर उसने अंदाज कर लिया था। आज कोई कसर नहीं छोड़ी गई थी। पैसे की अब उतनी कमी भी नहीं थी उलटे ज़रूरत से अब थोड़ा ज़्यादा ही था, जबकि ज़रूरतें बिलकुल नहीं बढ़ी थीं। अमित की कोचिंग के पैसे उसके पास सदैव भविष्य में मेडिकल कॉलेज की पढ़ाई के लिए सुरक्षित रहते। उसने फटाफट सोनकर के लड़के राजू को भेजकर दो-तीन किलो लड्डू मँगवा लिये थे। अब ललन भी थोड़ा-बहुत दूध दे जाया करता था। रात को कई बार अमित को चाय की आवश्यकता हो जाती थी। मगर इतने से क्या होता, सड़क पार होटल से चाय भी मँगवा ली गई थी। आधुनिक युग है, चाय के बिना आदर-सत्कार की कल्पना करना संभव नहीं। सब कुछ खिलाया, चाय नहीं पिलाई तो सब गड़बड़। दुनिया के लिए दुनिया के हिसाब से थोड़ा-बहुत तो करना

ही पड़ता है।

अमित पुनः न्यूज़पेपर वालों के सामने था। अब तक वह भी पहले से अधिक परिपक्व और समझदार हो चुका था। अमित के ज़्यादा दोस्त नहीं थे। स्कूल के कुछ साथी कभी-कभी थोड़ा-बहुत पढ़ाई करने और उससे पूछने आते-जाते रहते थे। आसपास से वे भी इकट्ठा होने लगे थे। एक-दो तो न्यूज़पेपर भी ले आए थे। आज सुनीता को अदिति की चिंता थी। अदिति भी थोड़ी परेशान थी। न्यूज़पेपर के मोहल्ले में पहुँचते ही अदिति अपना रोल नंबर उसमें ढूँढ़ने लगी थी। नीचे से ढूँढ़ना शुरू किया तो जैसे-जैसे वह ऊपर बढ़ रही थी, ढूँढ़ते-ढूँढ़ते नंबर न मिलने पर उसकी घबराहट बढ़ती चली गई थी। पर अंत में देखती है कि ऊपर से तीसरी चौथी लाइन में ही उसका भी रोल नंबर है। बस, देखते ही वह ज़मीन से ऊपर उछल पड़ी थी।

माँ को चिल्लाते हुए उसने कहा था, ''माँ, मैं भी आ गई...''

''अच्छा!...तेरा भी नाम आ गया बेटा?''

''हाँ, माँ!''

सुनीत आज पहली बार भावुक हुई थी। उसका वर्षों का सपना पूरा हुआ था। अदिति दौड़ते हुए माँ की बाँहों में लिपट गई थी। अमित भी एक मिनट के लिए अपनी ख़ुशियाँ भूलकर अदिति की ओर गया था और सुनीता और अदिति के पास पहुँचकर धीरे से कहने लगा, ''आंटी, मुबारक हो! अदिति, बधाई हो!''

अदिति अमित के कंधे को पकड़कर ज़ोर से कूद पड़ी थी और फिर उसने अमित के हाथों पर ताली मारकर अपनी ख़ुशी का इज़हार किया था। मालती ने पीछे से अदिति के कंधों पर हाथ भर रखा था। सुप्रिया अंदर से आवाज़ लगा रही थी।

इस दृश्य को कैमरामैन ने कैमरे में तुरंत कैद किया था और दूसरे दिन के अखबार में अदिति और अमित प्रमुखता से छपे थे।

किसी न्यूज़पेपर की हेडलाइन थी: 'कीचड़ में कमल' तो कहीं 'ग़रीब मोहल्ले से दो डॉक्टर।'

वहीं किसी ने यह तक लिख दिया था: 'पढ़ाई किसी की मोहताज नहीं।'

अमित से ढेरों सवाल पूछे गए थे। सबका एक ही जवाब था।

''मुझे ख़ूब पढ़ना है।''

''आप कहाँ जाएँगे? आगे की पढ़ाई करने।''

''मैं तो अपनी माँ और बहन के साथ यहीं रहूँगा।''

कोई कह बैठा, ''टॉपर है, जहाँ चाहेगा वहाँ एडमिशन ले सकता है।''

अगले दिन का सूरज दोनों परिवार के लिए विशेष रूप से उगा था। सुनीता ने

आज खुलकर मिठाइयाँ बाँटी थीं।

दोपहर में अदिति ने अपनी माँ से जब धीरे से कान में कहा, ''अंकल जी को भी बता देना।''

तो सुनकर सुनीता ने पहली बार अपनी बेटी से आँखें चुराई थीं। शरमाकर कहने लगी, ''तू ही बता दे, वह पूछते भी रहते हैं।''

18

शाम होते-होते सेठ जी पेपर में ख़बर पढ़कर ख़ुद ही आ गए थे। थोड़ा अधेड़ हो गए थे। कुछ-कुछ शारीरिक तकलीफ़ें रहने लगी थीं। चलने में भी तकलीफ़ होती थी। उधर, मोहल्ले वाले अमित और अदिति को उसी दिन से डॉक्टर और डॉक्टरनी कहकर पुकारने लगे। वैसे तो ज़्यादातर बच्चे अमित को बड़े भाई ही कहा करते थे। जबलपुर में अपनों को संबोधन करने का 'बड्डे' के अलावा यह एक और प्यारा तरीक़ा है। अब अमित अपने मोहल्ले, घमापुर बस्ती ही नहीं, पूरे शहर और संपूर्ण राज्य में एक चर्चा का विषय बन चुका था। कई जगह से उसे बधाइयों का ताँता लग गया। क्षेत्र के विधायक ने, आसपास के डॉक्टरों ने, बड़ी-बड़ी संस्थाओं ने उसे मुबारक़बाद दिया। बधाइयाँ, बड़े लोगों का आना-जाना, दर्जनी मोहल्ला कुछ दिनों के लिए शहर में प्रसिद्ध हो चुका था। अमित को कोचिंग इंस्टिच्यूट ने भी काफ़ी कुछ देने की पेशकश कर डाली थी और क्यों नहीं देते? उनके तो दोनों हाथों में लड्डू थे। उनका इंस्टिच्यूट रातों-रात अमित के साथ प्रसिद्ध हो गया था। कोचिंग के मालिक ने इस बात को ख़ूब उछाला था। अमित की फ़ोटो के साथ इंस्टिच्यूट का नाम कई बड़े पेपरों में कई बार छपवाया गया और फिर कई महीनों तक छपता रहा। व्यावसायिकता थी। कोचिंग का उनका धंधा अचानक रातों-रात कई गुणा बढ़ गया। कोचिंग के मालिक, मैनेजर, दूसरे शिक्षकों का अमित के घर कई बार चक्कर लगा। अब वह उनका हीरो था, जिसका नाम वह अधिक से अधिक बेचना चाहते थे। बदले में जितना भी अमित को देते, कम ही था। इन सबके बावजूद एक मुख्य बात जो बार-बार उभरती, वह थी अमित के पाँव अब भी ज़मीन पर ही थे, घमंड तो लेशमात्र भी नहीं आया था।

गुरुजी की ख़ुशी का तो जैसे ठिकाना नहीं था। बूढ़े होते जा रहे थे। रिटायरमेंट नज़दीक थी। अपने बच्चों से अमित के बारे में कहते रहते थे। उनके बच्चे पढ़ाई में साधारण ही थे। उनके मन में भी कभी-कभी यह विचार ज़रूर आता कि भगवान बेटा दे, तो ऐसा। परंतु ईश्वर को कुछ और ही मंज़ूर होता है। सबका भाग्य अलग-

अलग होता है। इस परम सत्य को गुरुजी जानते भी थे और समझते भी थे, इसीलिए तो अमित को देखकर भी उन्हें कभी कोई ईर्ष्या नहीं हुई थी। उलटा मन ही मन उसके लिए सदा दुआ करते। उन्हें उस पर गर्व था। बड़ी शान से लोगों को उसके बारे में बताते थे। अपने बच्चों के साथ अमित के घर बधाई देने के लिए भी आए थे। मालती ने दिल खोलकर उनका आदर-सत्कार किया था। इस परिवार पर, उनका बहुत बड़ा एहसान था।

स्कूल की संस्था के मालिक और मैनेजर भी बारी-बारी से अमित के घर आए थे। आना ही था, अमित सफल जो हो चुका था। अब सभी कुछ न कुछ देने के लिए तत्पर थे। मगर आज हर देने वाले हाथों में कहीं न कहीं स्वार्थ छुपा था। क्या करें, यही समाज की रीत है।

अमित के जीवन में अब परिवर्तन आ चुका था। लोगों के बताने पर वह कॉलेज की तैयारी करने लगा। उसके दिमाग़ में और कुछ था ही नहीं। फार्म में भी उसने अपनी पहली प्राथमिकता जबलपुर मेडिकल कॉलेज ही भर रखी थी। कुछ दिन पूर्व ही, वह एक बार अपने दोस्तों के साथ मेडिकल कॉलज भी घूम आया था। पास के घमापुर चौराहे से ही टैंपो, मिनी बस सीधे मेडिकल के लिए मिल जाया करती थी। शहर के दूसरे छोर पर मेडिकल कॉलेज था। कॉलेज की भव्य इमारत को देखकर अमित काफ़ी उत्साहित हुआ था। चारों तरफ़ भीड़-भाड़, सफेद ऐप्रन पहने स्टेथेस्कोप लगाये हुए डॉक्टरों की चहल-पहल, वार्डों में नर्स, वार्ड ब्वॉय, विभिन्न बीमारियों से ग्रसित रोगी और उनके रिश्तेदार और कुछ ठीक होकर वापस जाते हुए लोग, वह देखकर उनमें खो गया था। मेडिकल कॉलेज के आसपास काफ़ी भीड़ थी। एक पल के लिए उसे लगा था कि वह शायद इस भीड़ में गुम हो जाएगा। घर से मेडिकल कॉलेज काफ़ी दूर पड़ता था। लेकिन वहाँ पहुँचते ही उसके मन में कॉलेज पहुँचने की इच्छा बढ़ गई थी।

डाक के द्वारा मेडिकल कॉलेज के एडमिशन लेटर का इंतज़ार था। डाकिया अब दर्जनी मोहल्ले को ज़्यादा अच्छी तरह से पहचानने लगा था। पेपर में पढ़-पढ़कर और अमित के लिए आने वाले बधाई लेटरों को देते वक़्त वह भी कम ख़ुश नहीं होता था। लेटर देने में उसे भी ख़ुशी होती थी। एक बार तो वह मालती से बख़्शीश लेने भी आ गया था। देने को मालती क्या दे सकती थी, परंतु अपनी ख़ुशी में उसे भी मिठाई खिला दी थी।

ललन कैसे पीछे रहता! एक दिन शाम को तैयार होकर वह भी साइकिल पर आया था। अबकी बार दूध देने नहीं, मिठाई खाने। अमित को बचपन से देख रहा है, सो बहुत प्यार किया और आशीर्वाद भी दे गया था। मालती ने भी कोई कमी

नहीं रखी थी। मिठाई के साथ-साथ नमकीन और चाय भी साथ रखी गई थी। इतना अपनापन देख उसकी आँखों में भी पानी था।

घर पर सुप्रिया की ख़ुशी का तो बयान ही नहीं किया जा सकता था। चेहरे पर चमक देखते ही बनती थी। शरीर में उत्तेजना को उसने महसूस भी किया था। मगर इन सबसे अधिक और प्रभावशाली थी—उसकी आँखों में आशा की किरण। भाई डॉक्टर बनेगा और सबसे पहले उसका इलाज करेगा। फिर वह भी ठीक होकर सबके जैसे जी सकेगी। बचपन से माँ और अमित ने उसके साथ मिलकर सपना देखा था। वह सपना उसका साकार होने जा रहा है। सपनों की दुनिया ही निराली है। इसकी कोई सीमा नहीं होती। किसी का इस पर ज़ोर नहीं।

जिस दिन पीएमटी का रिज़ल्ट आया था, अमित उसी दिन हाईकोर्ट के हनुमानजी के मंदिर और दुर्गा मंदिर गया था। मगर आज प्रसाद लेने नहीं, पहली बार प्रसाद चढ़ाने। हाथ जोड़कर ईश्वर की ओर नज़र की तो लगा मानो वे मुस्कुरा रहे हैं। मालती ने पूरे मनोयोग से भगवान का शुक्रिया अदा किया था।

मंदिर का पुजारी अमित को जानने लगा था। वह मंदिर में कभी-कभी झाड़ू भी लगा दिया करता था। पंडितजी प्रसाद भी अपनी तरफ़ से ज़्यादा दे देते थे। कभी नहीं खाया था उसने प्रसाद मंदिर में। सदैव घर ले जाता था। आज मालती ने पुजारी के पैर छूकर आशीर्वाद लिये तो पंडित के चेहरे पर भी प्रसन्नता थी। मालती ने पूरे एक किलो लड्डू चढ़ाये थे और अमित को प्रसाद बाँटने में उस दिन बहुत आनंद आया था। सदा लेने वाले हाथ, देने के लिए थोड़े ऊपर क्या उठे, काँपने लगे थे, जिसे देख मालती अपने आँसू रोक नहीं पाई थी लेकिन उसे आज छिपाने की कोई वजह दिखाई नहीं दे रही थी।

...दुर्गा और हनुमान जी के मंदिर याद आते ही, अमित वर्तमान में लौट आया था। उसकी आँखों में आँसू थे।...कितने वर्ष हो गए उसे मंदिर गए हुए? सोचते ही उसका दिल बेचैन हो उठा। माँ हर बार जाने को कहती थी। कॉलेज तक तो अक्सर चला जाया करता था। मगर इधर कुछ वर्षों से...शायद माँ के देहांत के बाद तो बिलकुल नहीं गया था। उसे लगा कि उसने ग़लती की है। अस्पताल से निकलकर ज़रूर जाएगा। मगर क्यों? अब क्या है ज़िंदगी में...कुछ भी तो नहीं। फिर ज़िंदगी से मिला भी क्या? क्या दिया भगवान ने—सिवाय दुःख के... ? उसे याद भी नहीं आता कि उसने कभी कोई ग़लत काम किया हो। फिर उसे किस बात की सज़ा मिली?...जहाँ तक रही निकिता की बात, तो उसने सदैव उसका साथ ही दिया। मगर बदले में भगवान ने उसे क्या दिया?...उसे याद नहीं आता कि उसने कभी जी भर के ख़ुशी देखी हो, सदैव संघर्ष ही रहा। हाँ, शुरू-शुरू में कॉलेज में ज़रूर मज़ा

आया था।...उसने आँखें खोलीं, सामने अदिति सोफ़े पर, अब भी आँखें बंद किए हुए बैठी थी। आकांक्षा उसकी गोदी पर सिर रखकर लेटी हुई थी। कमरे में शांति थी। घड़ी की आवाज़ बहुत ध्यान से सुनने पर ही सुनाई देती। काल का क्या, वह तो बिना आवाज़ के भी चलता रहता है। वर्तमान में अमित का मन नहीं लग रहा था, भूतकाल ने मस्तिष्क को हिला रखा था। आँखें बंद कीं तो पुरानी बातें फिर ताज़ा होने लगी थीं। अमित पुनः अतीत में प्रवेश कर रहा था। उसे याद आ रहा था, कॉलेज का पहला दिन। वह अदिति के साथ ही तो गया था और वहीं सबसे पहले उसने निकिता को देखा था।

तीसरा खंड

19

अमित को मेडिकल कॉलेज जबलपुर से कॉल लेटर आ गया था। उसी दिन अदिति को भी मिला था। दोनों को एक निश्चित तारीख़ पर जबलपुर मेडिकल कॉलेज जाना था। उसमें एडमिशन की फ़ीस और दूसरी तमाम विस्तृत जानकारियाँ थीं। फ़ीस के पैसे देखकर अमित परेशान हुआ था। 2 साल में कोचिंग इंस्टिच्यूट में पढ़ाने के पैसे, माँ की समझदारी से बैंक में जमा होते रहे थे। परंतु फिर भी पैसे कम ही पड़ रहे थे। गुरुजी से चर्चा की थी। गुरुजी ने स्कूल की संस्था से उसे एडमिशन फ़ीस का कुछ हिस्सा एक पारितोषिक के रूप में, दिलवाने का वादा करवाया था। गुरुजी आज तक हर परेशानी में उसके साथ खड़े थे। बाक़ी बचा, कोचिंग के मालिक ने देने का वादा कर दिया था। आगे के पाँच साल पढ़ाने का कांट्रेक्ट भी कर लिया था। अदिति को इन सब चीज़ों की कोई परवाह नहीं थी। सुनीता ने सेठ से बात कर ली थी। वह तो वैसे भी इस ख़ुशी में ज़रूरत से ज़्यादा आनंदित थे। उनके ख़ुद के बच्चे पढ़ने-लिखने में तो होशियार नहीं थे, परंतु घर का व्यापार सँभालने में दिलचस्पी लेने लगे थे। उनका सुनीता के घर, उम्र के कारण आना-जाना कम तो हो गया था परंतु दोनों परिवार पर वह एक-सा अधिकार और प्यार रखते थे।

मालती स्कूल में अब चर्चा का विषय बन चुकी थी। लोग उसे अब मज़ाक में कहने लगे थे, ''अब तो छोड़ दो यह सब, अब तो घर में आराम से बैठो।''

लेकिन मालती इस बात को हँस के टाल देती थी। बहुत ज़रूरी हुआ तो बस इतना कहती—अब ज़्यादा ज़रूरत है।...कॉलेज में अधिक खर्चा आता है। मोहल्ले में सहेली गीता और उषा उसकी ख़ुशियों को समझ सकती थीं। अलका से भी अमित को सदैव प्यार और मार्गदर्शन मिलता रहता। मगर कमला ज़रूर बातों-बातों में ताने मार दिया करती थी। ईर्ष्या प्रमुख कारण था। उसके बच्चे कुछ ज़्यादा पढ़

नहीं पाये थे। इसलिए अब अमित और अदिति खीज का कारण बनते जा रहे थे। इस खीज को वह अब, अमित और अदिति के संबंधों पर मज़ाक उड़ाकर, शांत कर लिया करती थी। यह उसका स्वभाव था। मोहल्ले के लोग उस पर ज़्यादा ध्यान नहीं देते थे। दोस्तों और अदिति के समझाने और बताने पर, अमित के लिए दो पैंट और शर्ट के कपड़े बाज़ार से खरीदे गए थे। जूते उसके पास स्कूल के ही थे। वे ही कॉलेज में भी चल जाएँगे...ऐसी भावना थी। वैसे भी जूते काफ़ी महँगे आते हैं। पहले से कुछ बेहतर पैंट-शर्ट सिलवाई गई थीं। दर्ज़ी से विशेष रूप से कहा गया था। बस्ती के दर्जी ने भी ज़्यादा कारीगरी दिखाते हुए अच्छे से अच्छे सिलने की कोशिश की थी। अमित अब एक नये जीवन में प्रवेश करने जा रहा था तो मन का उत्साह से भरा होना स्वाभाविक था।

कॉलेज के पहले दिन सुबह-सुबह माँ अमित के साथ, दुर्गा और हनुमान मंदिर हो आई थी। सुनीता और अदिति उनका इंतज़ार कर रहे थे। सेठ ने गाड़ी भेज दी थी। अमित ने कहा तो था, "अदिति, तुम चली जाना, मैं टैंपो से आ जाऊँगा। रोज़ तो फिर टैंपो से जाना ही है।"

लेकिन अदिति के ज़िद करने पर और सुनीता आंटी के कहने पर वह मान गया था। मालती ने ख़ुशी-ख़ुशी विदा किया था। सुनीता ने साथ चलने के लिए तो मालती से भी कहा था मगर वह तैयार नहीं हुई थी। सुप्रिया से गले मिलकर, उसके माथे को चूमकर, अमित आज पहली बार कार में बैठा था।

कार में बैठने में उसे संकोच था। अब तक कभी बैठा नहीं था। बैठते ही उसे लगा कि मानो वह उड़ रहा है। वह गेट के हैंडल को पकड़कर काफ़ी देर तक सीधे बैठा रहा, घबराहट में पीछे सीट से टिका भी न था। पीठ एकदम सीधे, गर्दन सख़्त, आँखें सामने स्थिर मगर डरी हुईं। कुछ देर बाद ड्राइवर ने बड़े प्यार से दरवाज़े का हैंडल छोड़ने के लिए कहा तो सकपका गया था। 'गलती से भी हैंडल घूम गया तो खुल जाएगा,' सुनकर एक मिनट के लिए हड़बड़ा गया था। चेहरे की हवाइयाँ उड़ने लगी थीं। उसे यह भी नहीं पता कि हैंडल के घूम जाने पर गेट खुल सकता है।...इतनी-सी बात ने हीनभावना को पैदा किया था। मानो दसियों बाल्टी पानी सिर पर डाल दिया गया हो। अच्छे मौसम में भी पसीना चू रहा था। और फिर वह नज़रें चुराने लगा था। ग़रीबी तो नहीं मगर कम जानकारी को अब छुपाने की कोशिश करने लगा था। थोड़ा बड़ा जो हो गया था। स्कूल में तो साथ के लोग उसे काफ़ी हद तक जानने लगे थे। उनसे उसे परेशानी नहीं होती थी। बचपन से साथ-साथ बड़े हुए थे। परंतु नये ज़माने के नये लोगों के बीच, जहाँ हर तरह के, हर समाज के, हर वर्ग के लोग आएँगे, इतनी बड़ी विशाल और नई दुनिया के बारे में सोच-

सोचकर उसके मन में कहीं न कहीं डर भरा था। छोटे होने का एहसास था। आत्मविश्वास में कमी थी, वह इस भावना को दुनिया से छुपाना चाहता था। उधर, अदिति आत्मविश्वास से भरी हुई थी। उसे हर तरह के लोगों के बीच में रहने की आदत थी। वह जानती थी कि नये लोगों का मुक़ाबला कैसे किया जाता है।

अमित ने यह भी सुन रखा था कि कॉलेज के प्रथम वर्ष में और खासकर मेडिकल कॉलेज में बहुत रैगिंग होती है, जिसमें आपको आपके ही कॉलेज के सीनियर, तरह-तरह से परेशान करते हैं। उसके मन में इस बात का भी बेहद डर था। कार की सामने की सीट पर बैठकर उसने रोड के ट्रैफिक को पहली बार महसूस किया था। तेज़ी से दौड़ती गाड़ी लगता मानो बगल की साइकिल से भिड़ जाएगी। सामने से आती गाड़ियाँ लगता उस पर चढ़ जाएँगी। हर बार वह अपनी आँखें बंद करता और जब खोलता तो देखता, कार अपना रास्ता बनाते हुए तेज़ रफ़्तार से भागी चली जा रही है। मंज़िल पर बहुत जल्दी पहुँच गया था। कॉलेज की विशाल इमारत के सामने उतरा तो पाँव काँप रहे थे। शरीर जड़ हो रहा था मस्तिष्क में डर हावी होने लगा था। आज उसे इस बिल्डिंग के अंदर प्रवेश करना था। चारों तरफ़ नज़र घुमाई भीड़ ही भीड़। देखकर उसे ऐसा लगा कि वह इसमें कहीं गुम हो जाएगा। उसके स्कूल का एक भी दोस्त मेडिकल की परीक्षा में उत्तीर्ण नहीं हो पाया था। उसको पहचानने के नाम पर सिर्फ़ सुनीता आंटी और अदिति साथ थे। लोगों की नज़रें बचाता हुआ, ज़मीन की ओर देखता हुआ, शरमाता, डरता वह एडमिन ब्लॉक में पहुँच गया था।

छात्र-छात्राओं की लंबी-चौड़ी भीड़ थी। सभी के साथ कोई न कोई था। अदिति पूछताछ कर आगे बढ़ रही थी। अमित पीछे-पीछे चल रहा था कि किसी के लड़ने की आवाज़ ने उसका ध्यान आकर्षित किया था। नज़र उधर पहुँची तो देखता है कि एक सज्जन पुरुष ज़ोर-ज़ोर से चिल्ला रहे हैं। कॉलेज के ऑफ़िस में, किसी बात पर लड़ाई कर रहे थे। बाबू ने हारकर झल्लाते हुए रजिस्ट्रार के पास जाने के लिए कहा तो तभी ऊँची-ऊँची आवाज़ सुनकर कोई भद्र पुरुष भीड़ को चीरते हुए वहाँ पहुँचा था, जिसे देखते ही बाबू उठ खड़ा हुआ और फिर बोल पड़ा, ''देखिए न सर, ये बेवजह मुझसे बहस कर रहे हैं।''

रजिस्ट्रार ने सारा मामला समझकर समझाने की कोशिश की, फिर भी वह सज्जन ऊँचा-ऊँचा बोल रहे थे। तभी साथ ही खड़ी सुंदर और आकर्षक लड़की ने बीच में अचानक टोका-टाकी की थी, ''छोड़िए न डैडी।''

''नहीं, इन लोगों को समझना चाहिए, मैं अपनी लड़की को कहाँ छोड़कर जाऊँगा?''

''हमने आपको लेटर में पहले ही बता दिया था कि हमारे पास लड़कियों के हॉस्टल में कमरों की कमी है, आपको अपना इंतज़ाम भी करना पड़ सकता है।'' रजिस्ट्रार समझाने की कोशिश कर रहा था।

''मैं अभी दिल्ली से फ़ोन करवाता हूँ, सरकारी कॉलेज है, आपकी मनमानी नहीं चलेगी। क्या समझ रखा है? हमें क्या बेवकूफ समझते हैं? मैं भी सरकारी अधिकारी हूँ।'' सज्जन लड़ने के मूड में दिख रहा था।

''जी, देखिए, यह कोई मेरा कॉलेज तो है नहीं। और आप बेवजह नाराज़ हो रहे हैं। सरकारी है, नियम से ही हॉस्टल का कमरा अलॉट होगा। उसमें एक-दो दिन भी लग सकते हैं। आपको तो ख़ुद वापस जाने की जल्दी है, अब अगर आप नहीं रुक सकते तो हम क्या करें?...पहले सभी लोग जिनको हमने कॉल लेटर भेजा है, सब का सुनिश्चित तारीख़ तक इंतज़ार करना होगा। अगर मैरिट में ऊपर की छात्रा में से कोई नहीं आती है या किसी ने हॉस्टल नहीं लिया तो आपकी लड़की को मिल जाएगा, अन्यथा आपको स्वयं कुछ इंतज़ाम करना होगा।''

रजिस्ट्रार ने अंतिम कोशिश में विस्तार से समझाकर वहाँ से निकल लेने में ही अपनी भलाई समझी थी। मगर उस सुंदर और स्मार्ट छात्रा के पिताजी नहीं माने थे। बड़बड़ाते रहे। लड़की के बहुत समझाने पर ही वहाँ से हटे थे। तब कहीं जाकर लाइन में पीछे खड़े दूसरे छात्र-छात्राओं को मौक़ा मिल पाया था। अमित ने उड़ती निगाहों से चारों ओर नज़र घुमाई थी। उसने पाया कि लड़कियों की संख्या अपेक्षाकृत काफ़ी अधिक थी। कॉलेज में आने से पहले उसने अब तक कम ही लड़कियों से बात की थी। उसका स्कूल भी सिर्फ़ लड़कों का ही था। उसके मन में लड़कियों के लिए झेंप और शर्म थी। आज अचानक इतनी बड़ी तादाद में लड़कियाँ देखकर उसके मन में भी प्राकृतिक कौतूहलता तो जागी थी पर वह उसे अपने दिल के अंदर छुपा गया था।

अगले दिन उन्हें प्रथम वर्ष की प्रथम कक्षा में बैठना था। सुबह मालती ने अमित को ख़ूब अच्छा नाश्ता कराया था। साथ में पहली बार टिफन में रोटी और सब्जी भी रख दी थी। नया-नया टिफन लेकर आई थी।

उधर, अदिति ने अपनी माँ को समझाने की कोशिश की थी, परंतु सुनीता कहाँ माननेवाली! वह आज फिर बेटी के साथ हो ली थी। कहने लगी...'बस, आज। वहीं कहीं बैठी रहूँगी और फिर तेरे साथ ही आ जाऊँगी। मुझे भी देखना है, डॉक्टर लोग कैसे पढ़ते हैं।' अदिति को अंत में मानना पड़ा था। अमित उसके साथ कॉलेज पहुँचा तो अदिति ने ही लोगों से पूछताछ की थी और फिर दोनों प्रथम वर्ष की कक्षा में जा पहुँचे थे। अमित के कॉलेज पहुँचते ही आज उसे

दुनिया कुछ बदली-बदली सी लग रही थी। प्रथम आने का उसका सारा उत्साह, आत्मविश्वास, इस भीड़ में ख़त्म हो रहा था। काफ़ी घबराया हुआ था। जितने भी लोगों से बात करता, अपने आपको उनके सामने छोटा महसूस करता। कुछ तो प्राकृतिक रूप से शर्मीला था और कुछ हालात के कारण भी आत्मविश्वास की कमी थी। छोटे स्कूल का, ग़रीब घर का, इतनी परेशानी तो होगी ही। क्लास रूम में घुसा तो अंदर से वह बहुत बड़ा लेक्चर हॉल था, जिसे देखकर वह दो मिनट के लिए चकराया था। वैसे तो अदिति उसके साथ थी फिर भी घबराहट में पसीना सिर पर उभरने लगा था। चारों ओर धीरे से नज़र घुमाई, वहाँ छात्र-छात्राओं की भीड़ इकट्ठा थी। उनके रंग-बिरंगे तरह-तरह के फैशनेबल कपड़ों को देखकर, वह एक बार फिर हीन भावना से ग्रसित होता चला गया था। एक पल के लिए उसे लगा कि वह इस भीड़ से दूर कहीं भाग जाए। अपने कपड़ों पर निगाह गई तो फ़र्क़ साफ़ महसूस हो रहा था। यह उसकी सोच थी। वैसे तो उसे कोई भी नहीं देख रहा था, परंतु उसे ऐसा लग रहा था कि सब उसे घूर रहे हैं। और वह सबसे नज़रें चुराने लगा था। उन सभी में वह अपने आपको सबसे छोटा महसूस कर रहा था। छोटा होना और बड़ा होना यह आपकी अपनी मानसिक सोच होती है...यह उसकी बुद्धि में अब तक नहीं आया था। वहीं अदिति आत्मविश्वास से भरी हुई थी।

उसने अंदर जाते ही अमित से कहा था, ''तुम उधर बैठो, मैं इधर लड़कियों के साथ बैठती हूँ।''

अदिति सामने की लाइन में जहाँ बहुत सारी लड़कियाँ बैठी थीं, उनके साथ ही बैठ गई। पड़ोस की लड़कियों से वह थोड़ा-बहुत बात भी करने लगी थी। अमित ने जब सुना कि वे सब आपस में अंग्रेज़ी में बात कर रही हैं तो उसके हाथ-पैर फूलने लगे थे। पैरों ने आगे बढ़ने से मना कर दिया था। लगता था, ज़मीन में धँस जाएँगे। उसे तो अंग्रेजी में बात करना ही नहीं आता। आम बातचीत में न बोल पाने के कारण, उसमें एक डर और भय था। रोज़मर्रा की अंग्रेज़ी तो उसे बिलकुल भी नहीं आती थी। वह चाहते हुए भी नहीं बोल सकता था। फिर आज तक इसकी आवश्यकता भी नहीं पड़ी थी। समझ तो थोड़ा जाता था।

अदिति ने फिर से जैसे ही उसे मुड़कर देखा, वह शर्म और डर से बगल की सीढ़ियों से चढ़ते हुए हॉल में सबसे पीछे की पंक्ति में जाकर बैठ गया था। वहाँ बैठकर सामने नज़र दौड़ाने की कोशिश की तो देखा, लड़के चारों तरफ़ ख़ूब एक-दूसरे से बातें कर रहे हैं। यह देखकर उसे थोड़ा चैन आया था कि उसकी तरफ़ पीछे कोई नहीं देख रहा था। शोरगुल बढ़ रहा था। लड़कियाँ अधिक बातें कर रही थीं।

लड़के लड़कियों को देखकर उत्साहित थे। कुछ लड़के लड़कियों से कुछ न कुछ बात करने की कोशिश में भी थे। उठ-उठकर लड़कियों की पंक्तियों में जाकर मिलते। वह बहुत देर तक इस नज़ारे को देखता रहा था। जब उसे यक़ीन हो चला कि उसकी ओर किसी का ध्यान नहीं तब जाकर पाँच मिनट बाद उसने राहत की साँस ली थी। तभी उसके कंधों पर एक हाथ अचानक आकर पड़ा था।

''हाय...मुझे नेमा कहते हैं। श्याम नेमा और आप?''

उसके लिए यह सब बहुत अप्रत्याशित था। हद से ज़्यादा घबराते हुआ खड़ा होकर बोल बैठा, ''जी, सऽऽऽर, मैं अमित।''

''अरे यार, मैं भी इसी क्लास में हूँ, सीनियर नहीं हूँ, बैठ, बैठ...कहाँ से हो?'' नेमा बगल में बैठता हुआ पूछ रहा था।

''जबलपुर से।'' धीरे-धीरे बैठते हुए अमित ने कहा था।

''अच्छा, तो बड्डे जबलपुर के हो?''

बड्डे सुनकर अमित का चेहरा खिल गया था। उसने भी अंदाज लगाया...पक्का, यह जबलपुर या उसके आसपास के क्षेत्र का छात्र है।

''...मैं पास ही नरसिंगपुर का रहने वाला हूँ। वैसे 12वीं मैंने जबलपुर से ही की है।''

यह कहते हुए नेमा उसके और नज़दीक आ गया था। इतना नज़दीक कि पान से भरे हुए उसके मुँह में से तंबाकू की दुर्गंध सूँघी जा सकती थी। वह बड़ी बेफ़िक्री से बीच-बीच में सुपारियों को भी चबाने लगता। उसका देसी स्वरूप, सरल स्वभाव और हिन्दी को देखकर अमित को जैसे कि सहारा मिला था।

''...हमारी वहाँ पर ज़मीन है। पिता जी खेती करते हैं, साथ में दुकान भी है। तुम लोग क्या करते हो?''

नेमा पान को चबाकर उसके रस को पी रहा था। थूक तो सकते नहीं और वह आदत से मजबूर था। मुँह खोलता तो सफेद दाँत लाल होते दिखाई पड़ते, चेहरे पर कोई शिकन नहीं थी और हो भी कैसे? अभी मेडिकल कॉलेज की रैगिंग होनी बाक़ी थी।

पूछे गए सवाल पर अमित ने आँखें नीची की थीं और फिर धीरे से ही बोल पाया था, ''पिता बचपन में ही गुज़र गए थे।''

''ओह, आई एम सॉरी, यार।''

नेमा के चेहरे पर दुःख अचानक उभरा था और फिर आगे एक पल के लिए उन दोनों के बीच मौन ने स्थान ले लिया था। अभी एक-दो बार पान चबाया ही था कि अचानक कुछ याद आने पर कहने लगा, मानो जर्दा के असर ने दिमाग़ के

दरवाज़े खोले हों, ''बड़े भाई, कहीं तुम वही अमित सक्सेना तो नहीं, एमपी टॉपर?''

''जी।''

''अरे यार, तुमने पहले नहीं बताया।...बड्डे बधाई, पढ़ने-लिखने वाले बंदे हो...ख़ूब पढ़ाई की होगी?''

अमित ने शरमाते हुए 'जी' भर कहा था।

''बड़े भाई, मज़ा आ गया, तेरे से मिलकर।''

नेमा की आँखों में ख़ुशी थी। उसने एक हाथ से अमित को अपनी ओर खींचकर आत्मीयता और प्रसन्नता प्रकट की थी।

अमित नेमा की ओर खिंचता चला गया था, जाने-अनजाने उसकी बातों में, अपने आप को सुरक्षित महसूस करने लगा था। और उसके साथ बातचीत में धीरे-धीरे भाग लेने लगा, बीच-बीच में ही वह अदिति को भी देख लेता। अबकी बार निगाह सामने गई तो अदिति अपनी सीट से ग़ायब थी, कुछ सोच ही पाता कि देखता है कि वह उसी की ओर बढ़ी चली आ रही है।

''तुम ठीक तो हो?''

अमित हड़बड़ा के खड़ा हो गया था, ''हाँ, हाँ।''

''ठीक है, मैं वहाँ बैठी हूँ। कोई बात हो तो मुझे बता देना।'' बड़े हक़ से बोलते हुए अदिति वापस चली गई थी।

श्याम नेमा की आँखों में शरारत उभरी थी, पूछ बैठा, ''बड़े भाई, इनकी तारीफ़?''

''मेरे मोहल्ले की है। पड़ोस में रहती है।''

नेमा ने आँखों को घुमाते हुए कहा था, ''क्या बात है...ठीक है भाई...''

यह बात अमित को कुछ अटपटी लगी थी। फिर भी वह चुपचाप ही रहा। चारों तरफ़ नेमा ने नज़र दौड़ाई, एक से एक ख़ूबसूरत और स्मार्ट लड़कियाँ, तरह-तरह की सुंदर वेशभूषा में वहाँ बैठी हुई थीं। और वह चुहलबाज़ी के मूड में आ चुका था, अमित से पूछ बैठा, ''सबसे सुंदर तुझे कौन-सी लग रही है—तेरे मोहल्ले वाली को छोड़कर?''

अमित ने शर्म के मारे अपनी आँखें नीचे कर ली थीं।

''ओ यार, देख, वह तीन लड़कियाँ देख, क्या बात है, क्या चीज़ हैं!''

नेमा के कोहनी मारने पर उसने लगभग चोर नज़र से धीरे से उस ओर देखा था।...ठीक कह रहा है नेमा, सोचने लगा था...ये तो कुछ ज़्यादा ही स्मार्ट और सुंदर हैं। अलग से बैठी हुई तीन लड़कियाँ आपस में बातें कर रही थीं। बात करने

के ढंग और वेशभूषा से लग रहा था कि वे इस शहर की नहीं, बाहर की हैं। उनमें से एक वही थी जिसके पिता ने डीन ऑफिस में चिल्ला-चिल्लाकर सारा ऑफिस सिर पर उठा लिया था। उस छात्रा की सुंदरता देखते ही बनती थी—गोरा रंग, काले लंबे बाल, गोल चेहरा, चंचल आँखें और सुराहीदार गर्दन। शरीर और श्रृंगार खजुराहो की याद दिलाते, मानो मूर्तियाँ आधुनिक वस्त्र धारण कर इतरा रही हों...एक बार देख लो तो बार-बार देखने का मन करता, और इस आकर्षण से अमित भी नहीं बच पाया था। कई बार तिरछी निगाह जाने-अनजाने उधर चली ही जाती।

"हैलो, ब्वॉयज!" एक स्मार्ट से लड़के ने तेज़ी से चहलकदमी करते हुए पास आकर, नेमा के कंधे पर हाथ रखते हुए कहा था।

नेमा ने फट से अपना हाथ बढ़ाया था, "हैलो!"

"मुझे विक्रम कहते हैं—विक्की, दिल्ली से।"

"मैं श्याम नेमा, नरसिंगपुर से।"

"यह नरसिंगपुर कहाँ है यार?"

"यहीं जबलपुर के पास।"

"अच्छा, और आप डॉक्टर साहब?" विक्रम ने अमित की ओर इशारा करके पूछा था।

"जी, मैं अमित सक्सेना, जबलपुर से।"

"और भाई, क्या चल रहा है आपके शहर में..." विक्रम पास बैठते ही लगभग कुर्सी पर पसरने लगा था।

अगले पल कुछ और बात न निकली तो श्याम ने ही बात आगे बढ़ाई थी, "यह अमित है। एमपी पीएमटी का टॉपर।"

विक्रम ने उस बात को ज़्यादा तवज़्जह नहीं दिया था। अब तक उसकी नज़र लड़कियों की पंक्तियों में उलझकर वहीं रुक गई थी। एकटक देखता हुआ कहने लगा, "अरे यार, इस क्लास में तो बहुत ज़्यादा लोग हैं, यहाँ तुम लोग पीछे बैठकर क्या कर रहे हो? आगे चलो।"

"भई, हम तो यहीं ठीक हैं।" नेमा ने एक बार फिर बड़ी बेतकल्लुफ़ी से पान को दाँतों से रगड़ा और उसकी बातों को कोई ध्यान नहीं दिया था।

अमित ने अपने आपको फिर छुपाने की कोशिश की थी। विक्रम के आने के बाद वह पुनः परेशानी-सी महसूस करने लगा था। विक्रम का आकर्षक व्यक्तित्व, महँगे कपड़े, लंबा डील-डौल उसके दिल में कहीं न कहीं हीन भावनाओं को पुनः जाग्रत् करने के लिए काफ़ी था।

कक्षा में शोरगुल धीरे-धीरे बढ़ने लगा था। इतना बड़ा हॉल उसमें इतने सारे छात्र-छात्राएँ, आवाज़ तो होनी ही थी।...और फिर डीन व अन्य प्रोफ़ेसर के आते ही शांति ने तुरंत कमरे पर कब्ज़ा कर लिया था।

20

...पुराने कॉलेज के दिन याद आते ही, अमित को एक बार फिर बेचैनी हुई थी। सुबह का उजाला छन-छन कर, अस्पताल के कमरे तक आ रहा था। रोशनी कमरे में दस्तक दे चुकी थी, मगर रात का अँधेरा उसके दिल से हटने का नाम नहीं ले रहा था। ध्यान बँटाने के लिए उसने चारों ओर नज़र घुमाई लेकिन अदिति वहाँ नहीं थी। आकांक्षा उठकर बैठी तो थी, मगर सिर को पीछे दीवार से टिकाया हुआ था। आँखें बंद और चेहरा शांत, सिर्फ़ साँसों से शरीर में होने वाले हलचल से उसके ज़िंदा होने का एहसास होता। आसपास से वार्ड ब्वॉय और आया की आवाज़ें धीरे-धीरे आ रही थीं। वार्ड में सफ़ाई शुरू हो चुकी थी। रेलवे का सरकारी अस्पताल होते हुए भी यहाँ दूसरे अस्पतालों से साफ़-सफ़ाई काफ़ी बेहतर थी। लेटे-लेटे अमित और क्या करता...एक बार फिर अपने में लौटने लगा था। जीवन में इतनी शांति से वह पहली बार लेटा था। लेकिन वह भी एक मरीज़ के रूप में। अपनी सेहत की उसे कोई चिंता नहीं थी। हाँ, रह-रहकर निकिता की याद आते ही चिंता होने लगती। शरीर जब बीमार हो तो मन अधिक डरपोक और मस्तिष्क ज़्यादा चलायमान हो जाता है। अक्सर बिस्तर पर लेटे-लेटे पुरानी यादों के साये आँखों से गुज़रने लगते हैं। फिर दिल और दिमाग़ उनका अपने-अपने ढंग से विश्लेषण करता है। अच्छी चीज़ याद आने पर प्रसन्नता और बुरी बात पर दुःख मनाया जाता है। कई बार जीवन से प्यार तो कई बार पश्चाताप। आदमी एक दर्शक की भांति सिर्फ़ देखता ही रह जाता है, कुछ कर नहीं पाता। वैसे भी क्या किसी के करने से सचमुच में कुछ होता है? पता नहीं। कोई नहीं जानता। कोई भी विश्वास से नहीं कह सकता। और दिल और दिमाग़ के इसी द्वंद्व में पुनः पड़कर अमित एक बार फिर अपने जीवन को झाँकने लगा था...।

निकिता का कॉलेज का सुंदर व मासूम चेहरा आँखों के सामने से तेज़ी से घूम गया था।...विक्रम, अमित और श्याम, दोस्त तो नहीं, पर हाँ, इन तीनों का एक ग्रुप बन गया था। अदिति अमित की वजह से बाक़ी दोनों लड़कों से बात कर लेती तो दिल्ली का होने की वजह से निकिता और राधिका से विक्रम ने जान-पहचान कर ली थी। इस तरह से अदिति, निकिता और राधिका का भी जाने-

अनजाने एक ग्रुप बन गया था। ऐसा नहीं कि इनमें भी कोई दोस्ती थी। राधिका को तो हॉस्टल में कमरा पहले दिन ही मिल गया था। नर्सिंग हॉस्टल के कुछ कमरे अस्थायी रूप से अंडरग्रैजुएट फ़ीमेल डॉक्टर के लिए कर देने से, निकिता को भी कमरा शायद दूसरे दिन ही मिल गया था। राधिका ने भी साथ की वजह से अपना कमरा बदलवा लिया था। और वह निकिता के साथ ही हो गई थी। शुरू-शुरू में ही समझ आने लगा था कि राधिका काफ़ी भोली और सीधी-सादी है जबकि निकिता स्मार्ट और आकर्षक के साथ-साथ ख़ूब बोलनेवाली। अपने पिता की तरह उसे भी हमेशा तेज़ी और जल्दी रहती। पहली मुलाक़ात में ही कोई भी उसके पिता के प्रति यह भावना आसानी से बना सकता था कि वह काफ़ी तेज़ इनसान हैं। हर बात पर अपनी बात को रखना और स्वयं को सबसे अधिक चतुर समझना। दिल्ली, एक ही शहर के होने के कारण शुरू से ही निकिता, राधिका और विक्रम में अच्छी समझ हो गई थी। निकिता के पिता के वापस जाने से पहले ही विक्रम ने निकिता से अच्छी दोस्ती कर ली थी। वह भी तो काफ़ी तेज़ था।

''...अंकल, आप चिंता न करें, फिर यहाँ इतनी दूर हम एक ही शहर से, एक-दूसरे का ख़याल नहीं रखेंगे तो कौन रखेगा? आप बिलकुल निश्चिंत होकर जाएँ। फिर हम लोग दिल्ली भी इकट्ठे ही आ जाया करेंगे। और जहाँ तक हॉस्टल की बात है तो निकिता को कमरा मिल चुका है और राधिका तो साथ है ही। हम सब मैनेज कर लेंगे।''

और फिर विक्रम ने अगले कुछ मिनटों में ही अपना सारा परिचय देकर निकिता के पिता का दिल जीत लिया था। दिल्ली की बिज़नेस फ़ैमिली का लड़का था। साउथ दिल्ली में कोठी थी। मि. सूद, निकिता के पिता आकर्षित क्यों नहीं होते! विक्रम ने सूद अंकल से पास ही खड़े दोनों श्याम और अमित को भी मिलवाया था। अपनी जान-पहचान और ग्रुप भी दिखाना था। अमित के कारण अदिति भी पास ही खड़ी थी।...अमित को अच्छी तरह याद है...कॉलेज के शुरू-शुरू के दिनों में बना वह ग्रुप, काफ़ी हद तक आख़िरी समय तक चला था। विक्रम ने बड़ी आसानी से, शुरू में ही निकिता को अपनी ओर आकर्षित कर लिया था। मि. सूद तो प्रभावित थे ही। अमित ने महसूस किया था कि मि. सूद विक्रम के सामने बड़ी आत्मीयता से पेश आ रहे थे, जबकि अब तक वह किसी और को इनसान ही नहीं समझ रहे थे। दिल्ली का स्मार्ट, बड़े बिज़नेसमैन का बेटा, पैसेवाला, शायद उनकी प्रवृत्ति में आकर्षित होने के लिए यह सब उसके पास आवश्यकता से अधिक था।

विक्रम ने शुरू से ही बाहर कमरा लिया था, कॉलेज के पास, शास्त्री नगर में। श्याम हॉस्टल में था। सरकारी कॉलेज, वह भी तक़रीबन तीस–चालीस वर्ष पुराना। हॉस्टल की हालत अच्छी नहीं थी। कमरे शायद विक्रम के जीवनशैली के लिए छोटे थे। पर ज़्यादातर लड़के फिर भी हॉस्टल ही पसंद करते। अलग से बाहर रहने पर ख़र्चा अधिक आता है, सब नहीं कर सकते, फिर झंझट भी है। वैसे हॉस्टल में रहकर पढ़ने में फ़ायदा होता है, पढ़ाई के साथ–साथ दोस्तों में समय कट जाता है। मैस का खाना शुरू–शुरू में बुरा नहीं लगता, फिर बाद में जब तक घर की यादें आती हैं, तब तक कॉलेज की पढ़ाई और रैगिंग से सबकी आदत–सी पड़ जाती है।

अमित और अदिति रोज़ ही तक़रीबन एक साथ टैंपो से कॉलेज आते–जाते थे। एक बार काफ़ी बेइज़्ज़त होकर मार खाई थी अमित ने। अमित को सीनियर पकड़कर हॉस्टल ले गए थे। टॉपर का नाम सुनते ही काफ़ी पिटाई हुई थी। अमित समझ ही नहीं पाया था, उस दिन उसे टॉपर होना गुनाह लगा था। मासूमियत और भोलेपन की क़ीमत चुकानी पड़ी थी। कम बोलने को चालाकी समझकर, चेहरे पर थप्पड़ अधिक पड़ गए थे। फैंटम बनने के लिए शरीर के सारे कपड़े उतारने पर तो उसे लगा कि उसका हार्ट फेल हो जाएगा...किसी पराये के सामने नंगा होना फिर पैंट और शर्ट को उलटा कर पहनना उसके लिए मरने के बराबर था और फिर अधोवस्त्र को इनके ऊपर पहनते–पहनते तो फिर वह फूट–फूटकर रोने भी लगा था। उसकी ग़रीबी उसकी फटी हुई अंडरवियर और तार–तार बनियान में से झाँक रही थी जिसे अब तक ऊपर के कपड़ों ने ढक रखा था। मज़बूत और तगड़े दो थप्पड़ खाने पर ही सीधे खड़ा हो पाया था। वैसे भी यह उसके जीवन का पहला तमाचा था। बहुत शर्म आई थी उस दिन, जब लड़कियों का, ख़ासकर अदिति का पूरा शारीरिक ब्यौरा व नाप उसे देना पड़ा था। झूठ–सच बोलने पर ही देर रात छूट पाया था। घर पहुँचने पर सूजा हुआ चेहरा देखकर माँ भी घबराई थी। हाँ, अदिति के समझाने पर ही इसे कुछ दिन का कष्ट समझकर वह चुप हो पाया था। अदिति के नाम से सीनियर उसका अक्सर मज़ाक उड़ाते थे। और यही कारण था जो वह पहले डर, फिर शर्म के मारे अदिति से कटने लगा। उसके मन में चोर घर कर गया था। कोई मज़ाक न उड़ा पाये, वह अदिति से थोड़ा दूर रहने की कोशिश करता। टैंपो या बस से उतरते ही झट अलग हो जाता परंतु अदिति फिर भी उसके साथ ही रहने की कोशिश करती।

उधर, राधिका और निकिता एक साथ कमरे में रहने से अच्छी सहेली बन गई थीं। विक्रम निकिता का पहले दिन से ही, कुछ ज़्यादा ही ख़याल रखता था। हाँ,

श्याम अमित को पसंद करने लगा था और विक्रम को श्याम और अमित के साथ कोई परेशानी नहीं थी। परिणामस्वरूप इन छह का ग्रुप, क्लास की ज़्यादातर प्रैक्टिकल में, कैंटीन में, कॉफ़ी हाउस में, लाइब्रेरी में एक साथ ही रहता था।

कैंटीन, कॉफ़ी हाउस या फिर जैन होटल की कड़क चाय या ठाकुर होटल के भजिये, श्याम अमित के भी पैसे दिया करता था। हॉस्टल की चाय में मज़ा ही नहीं आता था। यहाँ की चाय या खाने का स्वाद ठेकेदार की इच्छा पर निर्भर करता, उसे कहाँ मतलब होता, वह तो पैसे कमाने आया है। श्याम अक्सर कॉलेज के ठीक सामने, सड़क पार के होटलों में चला जाता। और क्या करता? रैगिंग के बाद, पान खाने की तलब मिटाने यहाँ आना ही पड़ता था। अमित साथ जाने से अक्सर मना करता मगर श्याम ज़बरदस्ती करता था। हाँ, लड़कियाँ साथ कम जाया करती थीं।

निकिता को शुरू से ही बहुत सारी चीज़ों से परेशानी रहती थी। जबलपुर शहर उसकी सोच में बहुत छोटा, घटिया और पिछड़ा शहर था। बात-बात पर वह जबलपुर की खिल्ली उड़ा देती। विक्रम उसकी हर हाँ में हाँ मिलाता था। उसके हर नख़रे को सिर पर चढ़ाना उसकी आदत हो गई थी। छह के ग्रुप में तीन दिल्ली और तीन जबलपुर क्षेत्र के। फिर भी निकिता की बात ही मानी जाती। दिल्ली से जबलपुर वैसे भी छोटा शहर है। यह बात सभी जानते और मानते थे, फिर इसमें बहस कैसी! मगर निकिता को दूसरों को छोटा साबित करने में आनंद मिलता था। वह अपनी हर बात को सही ठहराने की कोशिश शुरू से ही करती। अमित, श्याम और राधिका को इससे कोई फ़र्क़ नहीं पड़ता। मगर निकिता के बार-बार इस तरह से, हर चीज़ में नुक़्स निकालने पर अदिति ज़रूर टोक देती थी। उसके स्वाभिमान को ठेस लगती थी। मगर एक बार निकिता ने बोलना शुरू किया तो रुकती नहीं, और फिर विक्रम को पूरा साथ देता देख अदिति भी एक-दो बार अपनी बात रखकर फिर चुप हो जाती थी।

अमित जवान तो हो चुका था मगर कुछ बातों से अब भी अनजान था। इस बात का तो उसे बिलकुल भी पता नहीं था कि मेडिकल कॉलेज में ज़्यादातर लड़के अपने लिए जीवनसाथी, कॉलेज में ही, पहले दिन से ढूँढ़ना शुरू कर देते हैं। कुछ जोड़े बन भी जाते हैं और फिर बाद में शादी भी कर लेते हैं। लड़कियों का सहयोग मिलेगा या नहीं, बहुत-सी बातों पर निर्भर करता है। अदिति सादगी से रहती थी पर प्राकृतिक रूप से तो सुंदर ही थी। कॉलेज के सीनियर शुरू-शुरू में उसका काफ़ी हाल बुरा कर देते थे। परंतु अदिति को कोई फ़र्क़ नहीं पड़ता था। उसका उद्देश्य पढ़ना और सिर्फ़ पढ़ना था। धीरे-धीरे सेकंड प्रोफ़ में आने तक

लोगों ने उसकी ओर ध्यान देना बंद कर दिया था। लड़के, लड़कियों को एक सीमा तक ही तंग कर पाते हैं। अगर लड़की अपना काम करती रहे और उस ओर ध्यान ही न दे तो फिर लड़के भी हारकर नये शिकार की तलाश में निकल पड़ते हैं।

उधर, राधिका इतनी सुंदर नहीं थी कि उसे कोई परेशान करे। साधारण तो थी ही और कुछ इस तरह से रहती भी नहीं थी कि वह और अधिक आकर्षक लगे।

निकिता पूरी तरह से विक्रम के ढाँचे में ढलने लगी थी। वह क्लास की सबसे सुंदर और आकर्षक छात्रा थी। सभी तरह के ड्रेस उस पर फबते। वैसे तो अक्सर जींस व टॉप ही पहनती मगर कभी-कभी अधिक कसे हुए छोटे-छोटे टॉप में से जवानी निकलने को बेताब दिखती, जिसे देख लड़के पागल हो जाते। फ़र्स्ट प्रौफ़ में ही वह सारे कॉलेज में चर्चा का विषय बन चुकी थी। सभी दिलचस्पी रखनेवाले छात्रों ने एक-एक बार प्रयास किए थे; परंतु उसकी तुनक-मिज़ाजी और बेहद आक्रमक रुख से अच्छे-अच्छे महारथी सहम जाते थे। शायद उसकी रैगिंग भी कम ही हो पाई थी। हर किसी ने हर तरह के हथकंडे अपनाये, मगर कोई भी सफ़ल नहीं हो पाया था। हाँ, विक्रम साये की तरह उसके साथ रहता था। विक्रम के बाहर रहने से, साथ ही दबंग व्यक्तित्व और फिर जल्दी दोस्त बनाने की क्षमता से, उसकी भी रैगिंग कम ही हो पाई थी। वह तो यहाँ तक कहा करता था कि उसे एक बार भी रैगिंग में फैंटम नहीं बनना पड़ा था। एक बार भी नंगा नहीं हुआ था। निकिता के साथ-साथ वह भी कॉलेज में शुरू से ही चर्चा का विषय हुआ करता था। विक्रम ज़्यादातर वक़्त निकिता को मोटरसाइकिल पर घुमाता रहता था। दोनों की अनुपस्थिति में श्याम अक्सर सुनाता रहता था, राधिका भी बताती कि वे अक्सर शाम को देर तक मोटरसाइकिल पर शहर में घूमते रहते थे। पिक्चर देखना, रात को बाहर खाना खाना, सेकंड प्रौफ़ आते-आते रोज़ का ही काम हो गया था। गर्मियों की छुट्टी में विक्रम निकिता और राधिका को अपने साथ ही दिल्ली ले गया था। रास्तेभर उसने शायद राधिका से पानी तक के लिए भी नहीं पूछा था। उधर, निकिता के लिए सारे रास्ते हर काम के लिए तत्पर था। दोनों घंटों अकेले में रहकर बात करना पसंद करते और राधिका खिड़की से बाहर झाँकती रहती। मगर राधिका को इससे कोई परेशानी नहीं हुई थी। हाँ, उसने श्याम से यह ज़रूर बताया था कि विक्रम दिल्ली में निकिता के घर भी कई बार हो आया है।

श्याम नेमा ज़मींदार घर से था। रैगिंग ख़त्म होते ही वह भी स्कूटर ले आया था और राधिका को लेकर निकिता और विक्रम के साथ भेड़ाघाट भी घूम आया

था। भेड़ाघाट शहर से 15–20 किलोमीटर दूरी पर, नर्मदा नदी के किनारे–किनारे संगमरमर की चट्टानों का आकर्षक दर्शनीय स्थल है। मेडिकल कॉलेज की दिशा में ही होने से वहाँ से नज़दीक पड़ता है। ऊँचे–ऊँचे पहाड़ों के बीच सँकरी नर्मदा नदी में नाव की सवारी का अपना ही आनंद है। अमित और अदिति को भी चलने के लिए कहा गया था; परंतु अमित ने ही जाने से मना कर दिया था। उसके पास एक तो जाने के लिए साधन नहीं था और दूसरे उसे रविवार को ही अपने कोचिंग इंस्टिच्यूट में जाने का मौक़ा मिलता था। कुछ पैसे मिल जाते थे। कॉलेज में ख़र्चे वैसे भी बढ़ गए थे। श्याम ने वापस आकर बताया था, 'विक्रम और निकिता काफ़ी ज़्यादा नज़दीक आ चुके हैं।' निकिता बेहद आकर्षक तो थी, पर उसका स्वभाव बड़ा विचित्र था। बात–बात पर ग़ुस्सा हो जाना, किसी को कभी भी कुछ भी कह सकती थी। अगर एक बात भी उसके दिल की न हो तो ग़ुस्सा सातवें आसमान पर पहुँच जाता था। खाने में ज़रा–सी ख़राबी हुई नहीं कि चिल्ला–चिल्लाकर सारा हॉस्टल सिर पर उठा लेती थी। राधिका ने एक दिन बताया था, कमरे में ज़रा–सी गंदगी के लिए उसने उससे एक दिन भरपेट लड़ाई की थी। बेवजह। पहले तो राधिका उसे समझाती रही, जब वह नहीं मानी तो कमरे में सफ़ाई करने लगी थी। पर निकिता ने पूरे हॉस्टल में हंगामा मचा दिया था। राधिका ने उसे शांत करने की बहुत कोशिश की थी, परंतु वह उस पर चिल्लाती रही। उस दिन राधिका काफ़ी परेशान हुई थी। दिनभर क्लास में भी मन नहीं लगा था मगर निकिता के चेहरे पर कोई शिकन नहीं थी।

''तुम क्यों उसकी बातें सुनती हो ? फिर अगर उसे ज़्यादा ही शौक़ है तो तुमसे अलग दूसरे कमरे में रह ले। फिर उसका भी तो फ़र्ज़ है, कमरे में सफ़ाई करने का।''

अदिति ने बिलकुल साफ़–साफ़ सीधी–सीधी बात कह दी थी, परंतु राधिका ने कोई भी जवाब नहीं दिया था। उधर, निकिता को तो जैसे कोई फ़र्क़ ही नहीं पड़ा था। मस्ती से विक्रम के साथ कॉफ़ी हाउस में नाश्ते के लिए चली गई थी। दोपहर में जब श्याम को पता चला कि राधिका ने सुबह से कुछ नहीं खाया है तो वही उसे जबरदस्ती कैंटीन ले गया था। श्याम और राधिका भी कब से धीरे–धीरे नज़दीक आते चले गए, अंत तक अदिति और अमित को भी पता नहीं चला था। यहाँ तक कि अंतिम प्रॉफ़ में सगाई के कार्यक्रम की घोषणा होने तक उन्हें भनक भी नहीं हो पाई थी। दोनों ने जहाँ अंत तक रिश्तों की गरिमा बनाई रखी, वहीं विक्रम और निकिता पूरे कॉलेज में एक आकर्षक जोड़े के रूप में, बिना किसी नाम या बंधन के, अपनी पहचान बना चुके थे।

निकिता विक्रम के फ्लैट पर आने-जाने लगी थी। शुरू-शुरू में कॉलेज में बहुत चर्चा हुई, फिर धीरे-धीरे दोनों को लोगों ने स्वीकार कर लिया था। एक से एक आकर्षक कपड़े, निकिता पर हर ड्रेस बहुत अधिक जँचती थी। वह विक्रम के साथ अक्सर घूमने-फिरने में ही सारा समय बिताती थी। वहीं पढ़ाई के लिए अमित का सहयोग लेती, उस पर पूरा अधिकार समझती। ज़रा-सी कोई भी बात होती तो अमित पर अपना पूरा रौब दिखाने लगती थी। अमित को क्लीनिकल में उसके हिस्से का प्रैक्टिकल भी करना पड़ता तो कई बार नॉन-क्लीनिकल के लिए नोट्स भी लिखना पड़ता। और अगर वह नहीं करता तो हाथ पकड़ लेती फिर घंटों उससे बहुत बहस करती। विक्रम को इस बात से ज़रा भी तकलीफ़ नहीं थी। निकिता अगर श्याम और अमित से बातें करे या घूमने जाए तो उसे कोई फ़र्क़ नहीं पड़ता, उन पर पूरा विश्वास था। मगर कोई और निकिता के नज़दीक आये, उसे पसंद नहीं था। वहीं विक्रम किसी और लड़की से बात भी नहीं कर सकता था। निकिता यह बिलकुल बर्दाश्त नहीं कर पाती।

विक्रम मस्त स्वभाव का था। स्वयं, कभी भी, किसी भी बंधन में बँधना नहीं चाहता था। परंतु निकिता के झगड़ालू स्वभाव की वजह से वह उसके सामने किसी और लड़की से बात भी नहीं करता। शायद निकिता को खोना नहीं चाहता था या हो सकता है, डरता हो! परंतु सीनियर होने पर सुंदर और आकर्षक जूनियर लड़कियों को छेड़ता रहता और छुप-छुपकर बातें भी कर लेता और उनसे मिलता भी था। अकेले में, श्याम और अमित के सामने अक्सर अन्य लड़कियों का ज़िक्र किया करता था।

कई बार तो श्याम और अमित बड़ी मुसीबत में पड़ जाते। निकिता के लड़ने पर विक्रम श्याम और अमित से गवाही के लिए कहता। जब तक अमित यह नहीं कह देता कि विक्रम किसी से भी नहीं मिलता, बात भी नहीं करता, तब तक वह नहीं मानती थी। अमित कई बार बताने की सोचता कि वह झूठ कह रहा है, परंतु निकिता के सामने उसे कहने की हिम्मत ही नहीं हो पाती थी।

अमित को शुरू से ही बहुत अधिक मेहनत करनी पड़ी थी। स्कूल में तो सब कुछ हिन्दी में था। यहाँ अंग्रेज़ी अपने आप में उसके लिए एक परेशानी थी। धीरे-धीरे मेहनत से अंग्रेज़ी में वह पढ़ने तो लगा था, होशियार तो था ही। परंतु अंग्रेज़ी में बातचीत करने में हिचकिचाहट से, निकिता उसका मज़ाक उड़ा दिया करती थी, जिसके कारण उसमें हीन भावना बढ़ जाती। वैसे लगन, परिश्रम और तेज़ दिमाग़ से पढ़ाई में सदैव आगे रहता। सभी प्रोफ़ेसर और वरिष्ठ डॉक्टरों की निगाह में आ चुका था। उसकी पढ़ाई की पकड़ के आगे सब कुछ फीका-फीका सा हो जाता

था। उसने अपनी भाषा की कमज़ोरी को कभी भी आड़े नहीं आने दिया था। वह सभी का चहेता था। सीधा-सादा और सबके लिए आसानी से उपलब्ध। कई बार निकिता को विक्रम के साथ ग़ायब हो जाने पर, प्रोफ़ेसर की निगाह से बचने के लिए, लैब की प्रॉक्सी मारने में अमित का सहयोग लेना पड़ता। लैब इंचार्ज अमित की बातों को अक्सर मान जाया करते थे। वह क्यों ऐसा करता, उसे भी नहीं पता था। शायद ग्रुप में होने की वजह से दोस्त होने का फ़र्ज़ अदा करता था या फिर साथ-साथ रहने से भावनात्मक रूप में जुड़ गया था। वैसे भी वह बचपन से बहुत भावुक था।

प्रथम प्रौफ़ के अंतिम दिनों में एक बार एनाटॉमी हॉल में लैब अटेंडेंट ने पकड़ लिया था। निकिता के व्यवहार से उसे पहले भी कई बार चोट पहुँची थी। एक बार तो वह कई दिनों तक लोगों में बड़बड़ाता रहा था, 'पता नहीं, अपने आप को क्या समझती है? यहाँ तो अच्छे-अच्छे डॉक्टर इस तरह से बात नहीं करते।...मुझे सफ़ाई करना सिखाएगी।...फ़ार्मलीन की गंध आती है तो डॉक्टर क्यों बनने चली आई?...मेरी कम्पलेंट करके देख, फिर बनकर देख ले डॉक्टर।'

बात दूसरे लैब अटेंडेंट तक न फैल जाए, उससे पहले ही श्याम और विक्रम ने बात सँभाल ली थी। उस बार तो मान गया था मगर अब मानने को तैयार नहीं था। एनाटॉमी के प्रोफ़ेसर बहुत सख़्त मिज़ाज के थे। लैब अटेंडेंट ने प्रोफ़ेसर से शिकायत की तो वह बहुत नाराज़ हुए थे। दूसरे दिन निकिता और विक्रम की पेशी थी। साथ में अमित को भी बुलाया गया था, प्रॉक्सी के लिए वह ही ज़िम्मेदार था। अमित बुरी तरह डर गया था। मगर विक्रम और निकिता के चेहरे पर कोई चिंता या शिकन नहीं थी। यह देखकर अमित चकराया था। किसी और ने ग़लती की, मस्ती भी की और सज़ा वह भुगते। प्रोफ़ेसर के सामने, श्याम के समझाने पर, अमित ने निकिता के लिए मुर्दे से डर का बहाना बनाया था। अमित की पढ़ाई और टॉपर होने के कारण प्रोफ़ेसर ने निकिता को तो छोड़ दिया था। लेकिन विक्रम कई दिनों तक एनाटॉमी हॉल में मुर्दों के साथ सिर पीटता रहा और बहुत मुश्किल से पास हो पाया था।

दूसरे प्रौफ़ में भी यह सिलसिला पैथोलॉजी और गायनी क्लीनिकल लैब में चलता रहा। अमित से हाथ-पैर जोड़कर विक्रम और निकिता अपना काम निकलवा लेते थे; परंतु सर्जरी के क्लीनिकल में अमित ने मना कर दिया था। प्रोफ़ेसर, नर्स, लैब अटेंडेंट सभी सख़्त मिज़ाज के थे। अदिति जहाँ इन सब बातों को बहुत ज़्यादा तवज़्जह नहीं देती, सदैव अपनी पढ़ाई से मतलब रखती, वहीं राधिका और श्याम हँसमुख स्वभाव के थे, सकारात्मक सोच में सदैव मुस्कुराते

रहते और समय-समय पर दोस्तों का साथ देते रहते। उधर, विक्रम और निकिता के बीच में आपस की नोकझोंक भी चलती रहती, जिसे देख अदिति को कभी-कभी ग़ुस्सा आता, मगर श्याम और राधिका अक्सर चुपचाप सब कुछ देखते रहते। जहाँ ज़रूरी होता, साथ में मस्ती कर लेते अन्यथा पढ़ते रहते।

21

द्वितीय प्रौफ़ के प्रिवेंटिव मेडीसिन में श्याम उलझा हुआ था। हॉस्टल से बाहर कमरा लेने से काम बढ़ गया था। ऊपर से इम्तिहान सिर पर थे। कुछ समझने के लिए अमित के साथ लाइब्रेरी में था कि तभी निकिता ग़ुस्से में विक्रम को ढूँढ़ते हुए वहाँ आ धमकी थी। श्याम ने मुस्कुराते हुए जान-बूझकर मज़ाक में कहा था, ''हमें क्या पता, तुम्हारे साथ ही होना चाहिए।''

''श्याम, मज़ाक नहीं करते, किसी लड़की के साथ तो नहीं देखा?''

''अरे भाई, हम क्यों देखने लगे?''

सुनकर निकिता का ग़ुस्सा बढ़ने लगा था। आँखें गर्मी फेंकने लगीं तो श्याम ने शांत करते हुए पूछा था, ''क्या हुआ?''

''पता नहीं, सुबह से ग़ायब है।''

इतने में ही दूर से विक्रम को आता देखकर श्याम के साँस में साँस आई थी, ''वह लो, आ तो गया।''

''कहाँ थे? किसके साथ मस्ती कर रहे थे, तुम?''

निकिता बैठे-बैठे अचानक पीछे मुड़ी और विक्रम को देखते ही ज़ोर से चिल्लाते हुए पूछा था।

लाइब्रेरी की शांति में ज्वारभाटा आ गया था, सभी उस ओर देखने लगे थे। विक्रम ने उसे कंधे से पकड़कर धीरे से मुस्कुराते हुए कहा था, ''धीरे बोलो, सब लोग देख रहे हैं!''

''क्यों, तुम्हें शर्म आती है क्या? कहाँ हो सुबह से?'' आवाज़ की तेज़ी में कोई कमी नहीं थी।

विक्रम ने चारों ओर देखा—सभी बड़ी तीखी नज़रों से उसे घूर रहे थे। श्याम ने दोनों को बाहर चले जाने के लिए धीरे से कहा तो निकिता झल्लाते हुए बोली थी, ''तुम बीच में मत बोलो श्याम, मैं विक्की से बात कर रही हूँ।''

''अच्छा, चलो, बाहर बात करते हैं।''

विक्रम उसे हाथ से पकड़ता हुआ बाहर ले गया था। और फिर कॉरिडोर में

काफ़ी देर तक दोनों में झगड़ा होता रहा। बाद में किसी तरह विक्रम ने उसे मनाया था और अंत में साथ कहीं बाहर ले जाने में सफल रहा था मगर शाम को कॉफ़ी हाउस में आया तो कुछ परेशान-सा लगा था। वह एक अलग बात है कि कुछ देर बाद ख़ुद ही बोल पड़ा, ''बहुत तेज़ दिमाग़ है यार, क्या बताऊँ, हिटलर है। हर बात पर तानाशाही। हर बात पर झगड़ा। प्यार से बात ही नहीं करती। कई बार लगता है, प्रेमिका नहीं, किसी हेडमास्टरनी से मिल रहा हूँ। मैं कोई बँधुआ मज़दूर तो हूँ नहीं। फिर सभी को हर संबंध में थोड़ी-बहुत तो स्वतंत्रता होनी ही चाहिए, और मिलती है यार...। मगर ये तो मुझे लोहे की जंज़ीर में बाँधकर रखना चाहती है। कोई साला इस तरह से थोड़े न बँधता है। ख़ैर, छोड़ यार...आज तो बच गया।''

उसकी बातों में क्रोध के साथ-साथ विद्रोह था।

हर तीसरे-चौथे दिन निकिता बात-बात पर किसी न किसी से भिड़ जाती। जहाँ उसकी सुंदरता से सभी आकर्षित होते, वहीं उसके गर्म मिज़ाज से कोई भी उसका दोस्त नहीं बन पाता। राधिका रूम पार्टनर और एक ही शहर की होने के साथ-साथ समझौतावादी होने के कारण उससे अंत तक जुड़ी रही। श्याम उसके कारण उससे जुड़ा हुआ था। निकिता अमित पर पूरा हक़ समझती, जिस अधिकार से वह बात करती, वह कभी मना नहीं कर पाता। अदिति अमित की वजह से ही इस ग्रुप में रहती, अन्यथा निकिता का व्यवहार उसे पसंद नहीं था। राधिका ने एक दिन सबको बताया था कि निकिता के पापा भी काफ़ी गर्म मिज़ाज के हैं। दिल्ली जब उसके घर वह एक बार मिलने गई थी तब उसकी माँ ने उससे उसका ख़याल रखने के लिए कहा था।

राधिका ने जब दबी जुबान से उसके ग़ुस्सा होनेवाली बातें बताईं तो माँ ने हँसकर टाल दिया था। बस, इतना भर कहा था, ''छोटी है, लाड़ली भी, क्या करें बेटा, थोड़ी ज़िद्दी है...''

अमित को आज भी अच्छी तरह याद है...कभी-कभी निकिता अचानक बहुत ख़ुश हो जाती और ख़ूब बातें करती, साथ में तेज़-तेज़ बोलती तो अचानक ही कुछ दिनों के लिए चुप हो जाया करती थी। जब भी गुमसुम होती, सभी सोचते—ज़रूर विक्रम के साथ कोई बात हुई होगी। राधिका अक्सर बताती थी कि निकिता को नींद कम आती है और उसे भी कई बार साथ ही जागना पड़ता है।

विक्रम अपनी मटरगस्ती और उच्छृंखलता के कारण कॉलेज में बदनाम होता जा रहा था। हरेक प्रौफ़ में उसकी सप्लीमेंटरी आती। वहीं अमित, अदिति, राधिका और श्याम अच्छा परफ़ार्म कर रहे थे। निकिता मुश्किल से पास हो पाती। हरेक रिज़ल्ट से पहले श्याम विक्रम को ज़रूर छेड़ता।

''अबकी बार कितनी जुलाई लगनी है?''

''अरे, ये जुलाई क्या होता है... ?''

निकिता ने शुरू-शुरू में पूछा था। उसके चेहरे पर उत्सुकता उभर रही थी।

''सप्लीमेंटरी को कहते हैं।''

''अच्छा!'' सुनकर वह मुस्कुराई थी।

पास बैठा विक्रम हँस रहा था।

''पढ़ाई नहीं करोगे तो यही होगा। ख़ैर, विक्रम को क्या ज़रूरत है। बड़े बाप का बेटा है। डॉक्टर बनने के बाद बड़ा अस्पताल बनाकर हमसे ज़्यादा कमाएगा।'' अदिति ने छेड़ने की कोशिश की थी।

''तो तुम भी कमा लेना, तुम्हें किसी ने रोका है, मगर जबलपुर जैसे शहर में कौन देगा? ग़रीबों से पैसे थोड़े मिलते हैं। हमारी दिल्ली...वो तो बड़ा शहर है, वहाँ बड़े-बड़े लोग रहते हैं...।'' बीच में निकिता बोल पड़ी थी। उसे पसंद नहीं था, कोई विक्रम को मज़ाक में भी कुछ कहे।

स्थिति को सँभालते हुए विक्रम ने बीच-बचाव किया था और बात को ख़त्म करने के उद्देश्य से बोलने लगा, ''मैं तो दिल्ली में भी नहीं रहूँगा। विदेश जा रहा हूँ, यहाँ क्या करना इंडिया में!''

''और मैं?'' निकिता ने विक्रम की ओर देखते हुए बड़ी आशाभरी निगाहों से कहा था।

''तुम भी चल पड़ना। अपने पापा से कहकर रखो।''

''पापा, क्यों?''

''अरे भाई, तुम्हारी आगे की पढ़ाई के लिए तुम्हारे पापा ही तो इंतज़ाम करेंगे। मैं उसमें क्या कर सकता हूँ?'' सीधे और सपाट भाव से क्या कहा, निकिता ग़ुस्से में बड़बड़ाती हुई बाहर चली गई थी। मगर आज विक्रम उसके पीछे-पीछे नहीं गया था।

''आप कहाँ जाएँगे टॉपर भाई?'' विक्रम ने अमित की ओर देखकर पूछा था। आज पहली बार ऐसा था कि उसने निकिता की ओर ध्यान ही नहीं दिया था।

मगर अमित निकिता को बाहर जाता देख रहा था। और फिर बिना कुछ सोचे बस इतना ही कह पाया था, ''पता नहीं।''

अमित को अक्सर विक्रम व निकिता, दोनों का व्यवहार अजीब-सा लगता था। मगर दिल सदैव कहता कि विक्रम निकिता से ठीक व्यवहार नहीं करता है।...कहीं यह निकिता के लिए सॉफ्ट कॉर्नर तो नहीं? ऐसा है भी तो क्यों... ? यह

उसे ख़ुद पता नहीं था। मगर हाँ, उसने इस बात को कभी बाहर ज़ाहिर नहीं होने दिया था। निकिता की बातें उसे कभी तंग नहीं करती थीं। उसके हिसाब से उसका झगड़ना, चिल्लाना सदैव व्रिक्रम की ग़लती की वजह से होता। वह चाहता कि निकिता ख़ुश रहे। और इसीलिए वह जब भी उससे पढ़ाई में कुछ मदद माँगती, वह आगे बढ़कर सहयोग करता।...और धीरे-धीरे निकिता पढ़ाई में पूरी तरह अमित पर आश्रित हो चुकी थी।

अमित ने तीसरे प्रोफ़ में विक्रम को प्रथम प्रौफ़ की एक छात्रा के साथ घूमते हुए देखा, तो उसने श्याम से चर्चा की थी। जवाब तुरंत बिना किसी हिचकिचाहट के आया था, ''हम क्या कर सकते हैं! निकिता को कहेंगे तो मानेगी नहीं। उलटा हमीं पर चढ़ बैठेगी।''

अमित ने राधिका से जानना चाहा तो वह चिंतित हुई थी, ''पता ही नहीं चलता, कभी तो बहुत ख़ुश रहती है और कभी एकदम गुमसुम, पर अक्सर रात देर से आती है। वार्डन मैडम भी नाराज़ ही रहती हैं। शायद उसके घर दिल्ली कम्प्लेंट भी गई है।...पता नहीं, आगे क्या हुआ!...लगता है, शायद उसके घर वालों की भी रज़ामंदी है।...हो सकता है, दोनों शादी करने की सोच रहे हों?''

''कब कर रहे हैं?'' श्याम को उत्सुकता हुई थी।

''पता नहीं, पर लगता है, विक्रम को शायद जल्दी नहीं है। निकिता तो जल्दी में है। तभी तो रोज़ लड़ती है विक्रम से। मगर लगता है कि वह आनाकानी करता रहता है। मुझे तो कुछ गड़बड़ी लगती है, तुम लोग विक्रम से क्यों नहीं पूछते... ?''

शाम को कॉफ़ी हाउस में अमित और श्याम बैठे थे। विक्रम वहाँ पहुँचा तो चेहरे पर आज मुस्कुराहट थी।—

''क्या बात है? आज बड़े ख़ुश लग रहे हो। डाँट नहीं पड़ी शायद।...अच्छा, शादी के बाद कैसे करोगे?'' श्याम ने चुटकी ली थी।

''शादी! किसकी शादी?'' विक्रम कुर्सी पर बैठने वाला ही था कि एक मिनट के लिए रुका था।

''तुम्हारी और किसकी!''

''किसके साथ?''

''निकिता के साथ, और किसके साथ!''

''पागल हूँ क्या...'' विक्रम की हँसी में अब तीखापन था।

"फिर इतने दिनों से जो तुम लोगों का चक्कर है?" अमित रोक नहीं पाया तो बीच में ही बोल पड़ा था। निकिता की भोली सूरत अचानक उसकी आँखों में उतर आई थी।

"कैसा चक्कर? अच्छे दोस्त हैं। थोड़ा-बहुत पसंद करते हैं। फिर उसे मेरे साथ घूमना पसंद है, इसलिए घूमते हैं। जहाँ तक शादी की बात है, अभी तो मैंने सोचा ही नहीं। पर हाँ, निकिता गर्लफ्रेंड तक तो अच्छी है।"

और बोलते-बोलते विक्रम ने ज़ोर से आँख मारी थी। देखकर अमित को लगा कि जैसे वह चक्कर खा जाएगा। भावुक था, सोचने लगा—ऐसा भी हो सकता है? नहीं।...विक्रम को धोखा नहीं देना चाहिए।

उधर, श्याम ने विक्रम के हाथों पर एक ज़ोरदार ताली मारी थी और फिर दोनों साथ-साथ हँस पड़े थे।

अमित के मन में उसी दिन से निकिता के प्रति अपनेपन की भावना उमड़ पड़ी थी। भावुक होने के कारण इसकी वजह दया ही थी। किसी अपने को दुःख पहुँचे वह बर्दाश्त नहीं कर पाता था।...और वह उसकी ज़्यादा पूछताछ करने लगा था। उस दिन के बाद से बात-बात में पूछता और ध्यान रखने की कोशिश करता। कई बार मन में विचार आता...निकिता को दोस्त होने की हैसियत से आगाह कर देना चाहिए..., मगर दूसरों के बीच में उसे बोलने का क्या हक़? और अंत में इतना ही पूछ पाया था, "तुम ठीक तो हो?"

निकिता अक्सर झल्लाते हुए जवाब देती, "हाँ-हाँ, ठीक हूँ।"

मगर कभी-कभी मुस्कुराकर चुप हो जाती, और कभी तो एकदम ख़ामोश। अमित उसकी ख़ामोशी देखकर परेशान हो जाता। और फिर चिंतित निगाहों से उसे देखता...प्रथम प्रौफ़ की निकिता और आज की निकिता में कितना अंतर आ गया है, तीन-चार वर्षों में मस्ती से घूमने-फिरने और भरपूर आनंद से शरीर में चर्बी इकट्ठी हो चुकी है...शायद। एक फ़र्क़ और आया था जिसे ग्रुप में दूसरों ने भी महसूस किया था। वह यह था कि निकिता आजकल दिन-दिन भर विक्रम के पीछे-पीछे भागती रहती मगर विक्रम का ध्यान उसकी ओर से कम होता चला जा रहा था।

22

मेडिकल की पढ़ाई कोई ध्यान से करे तो साल के 365 दिन और चौबीस घंटे कम पड़ते हैं। जितना भी पढ़ो, कम है। दुनिया में इधर-उधर देखने की फुर्सत ही नहीं

मिल सकती। प्रकृति के एक मात्र जीव, सिर्फ़ मानव को ही पूरी तरह से समझने की कोशिश करें तो कई जीवन समाप्त हो सकते हैं। मेडिकल विज्ञान ने वर्षों की निरंतर और सतत प्रयास से अपने ज्ञान भंडार में बहुत वृद्धि की है। मगर जितना समझा गया शायद उससे अधिक समझने की ज़रूरत है। अपने आप में यह अनंत दिखाई देता है। ऐसा नहीं कि इससे मानव जीवन को फ़ायदा नहीं पहुँचा, बहुत लाभ हुआ है। मगर जितनी बीमारियों पर विजय प्राप्त की, उतनी ही विकट और नई बीमारियाँ पैदा हो गईं। फिर मानव के जीवनशैली और भावनाओं पर जीव-विज्ञान का कोई ज़ोर नहीं। जीव विज्ञान शरीर को तो देख और समझ सकता है, कुछ हद तक ठीक भी कर सकता है, चीर-फाड़ कर सकता है, मगर शरीर के अंदर की भावना, आत्मा के लिए, करने को उसके पास अभी कोई साधन नहीं। वह तो अपने हिसाब से ही धड़कता है।

एक दिन श्याम कहीं गया हुआ था। अमित उसके फ्लैट में अकेला था। वह अक्सर पढ़ाई के लिए यहाँ रुकने लगा था। आने-जाने में समय बहुत ख़र्च होता था, फिर लाइब्रेरी जाने की सहूलियत होती। फ़ाइनल प्रौफ़ में नाइट ड्यूटी भी लगा करती थी। घर से रोज़ आना संभव नहीं हो पाता था। अभी हार्ट की आर्टिलरी के कैरेक्टर को पढ़ना शुरू ही किया था कि घंटी बजी थी, सोचने लगा था—श्याम राधिका के साथ देर से आने का कह के, पता नहीं जल्दी क्यों आ गया? उठकर दरवाज़ा खोला तो देखते ही उसकी आँखें फटी रह गई थीं...निकिता बड़ी बुरी हालत में सामने खड़ी थी। बाल बिखरे हुए थे। कपड़े अस्तव्यस्त हो रहे थे। चेहरे के भाव बता रहे थे कि शायद कुछ अनहोनी घटी है। आँखों से आँसू लगातार निकलकर पूरे चेहरे पर बिखर रहे थे। उसने अमित को एक पल के लिए देखा और फिर कमरे में घुसती चली गई थी और फिर बदहवास हालत में अंदर आते ही कुर्सी पर बैठकर फूट-फूट कर रोने लगी थी। अमित बहुत देर तक कुछ समझ नहीं पाया था। उसे पकड़कर रोने से मना करने का साहस भी नहीं बटोर पा रहा था। बड़ी हिम्मत करके दूर से वह सिर्फ़ इतना ही पूछ पाया था, "...क्या हुआ?"

निकिता कुछ बोलने के स्थिति में नहीं थी। उसने कुर्सी पर पीछे सिर रखने की कोशिश की तो लगा कि शायद बेहोश हो जाएगी।

अमित देखकर बुरी तरह से घबरा गया था। कुछ देर और समझ न पाया तो थोड़ा ज़ोर से बोल पड़ा, "कुछ बताओगी भी कि हुआ क्या है?"

बड़ी मासूम नज़रों से निकिता ने आँसुओं में भीगकर उसकी ओर देखा था।

“विक्रम को...”

“क्या हुआ विक्रम को?” नाम सुनते ही अमित चिल्लाया था। किसी अनिष्ट की आशंका ने अचानक उभरकर मस्तिष्कपटल पर प्रहार किया था।

“उसे कुछ नहीं हुआ...तुम्हारा दोस्त है न?”

सिसकियों के बीच उसकी आवाज़ धीरे थी। मगर एकटक वह अमित को ही देख रही थी। आँसू चेहरे को भिगोकर तंग करने लगते तो वह यंत्र के समान अपने ही हाथों से उसे रगड़कर पोंछ देती। कुछ देर तक भी अमित द्वारा कोई जवाब न देने पर निकिता ने उठकर उसे ज़ोर से पकड़कर फिर पूछा था, “...वह तुम्हारा दोस्त है न?”

अवाक् स्थिति में खड़ा अमित सिर को हिलाते हुए सिर्फ़ इतना ही कह पाया था, “हाँ, हाँ।”

“...तो उसे समझाते क्यों नहीं?” निकिता ने झकझोरकर धक्का देते हुए उसकी कमीज़ की कॉलर को मरोड़ दिया था और फिर झुकते हुए ज़ोर से रोते-रोते मुँह को अपने ही हाथों से छुपाने की कोशिश की थी।

“क्या समझाना है। वह ऐसा ही है, तुम्हारे लायक़ नहीं है, छोड़ दो उसे।”

अमित, पता नहीं कैसे, जो बात इतने दिनों से नहीं कह पाया था, आज एक ही झटके में कह गया। कहना तो और भी बहुत कुछ चाहता था, परंतु सुनते ही बीच में निकिता ने रोना बंद करते हुए आवेश में आकर कहा था, “क्यों? इतने सालों से मेरे साथ है, ऐसे कैसे छोड़ दूँ... ? और अब तो बिलकुल भी नहीं।...तुम समझते क्यों नहीं।” आँसुओं का स्थान क्रोध से निकलती अंगारों ने ले लिया था।

“क्या समझूँ?”

अमित के शब्दों में झुंझलाहट उतर रही थी, रोज़ वही बातें सुन-सुनकर परेशान हो उठा था। वह इसमें क्या कर सकता है? विक्रम को वह जानता था, मगर निकिता को कैसे समझाए?

“मैं इस हालात में पहुँच चुकी हूँ कि अब उसे नहीं छोड़ सकती।”

“मत छोड़ो, किसने कहा छोड़ने के लिए?...इसमें परेशानी क्या है?...पर अभी क्या हुआ है?”...अमित ने अपनी कमीज़ को व्यवस्थित किया और एक लंबी साँस खींचते हुए बग़ल की कुर्सी में बैठने के लिए आगे बढ़ा था।

“धक्का देकर आज उसने घर से निकाल दिया। कहता है, एबॉर्शन करा लूँ।”

“...क्या?”

सुनते ही अमित के पाँव ज़मीन से चिपक गए थे। एक झटके में चेहरे ने घूमकर निकिता की ओर देखा था। कान सुन्न हो चुके थे। वह अब और कुछ सुनने

की स्थिति में नहीं रह गया था। कैसे जाकर कुर्सी पर बैठ पाया, उसे होश न था। हाँ, हाथों में कुर्सियों की पकड़ पहली बार महसूस की थी। मुट्ठी भींच रही थी, कुर्सी की लकड़ी मुलायम होती तो शायद दम तोड़ देती। चेहरे पर आश्चर्य के भाव तो सिर की नसों में ग़ुस्सा पहली बार धीरे-धीरे उफान ले रहा था।...ऐसे कैसे हो सकता है? वह यक़ीन ही नहीं कर पा रहा था। कोई और होता तो कह सकता था...'तुम्हारा क़सूर है। मैं क्या करूँ? तुम्हें देखना चाहिए।' हो सकता है, दोनों का क़सूर बताता।...परंतु इस वक़्त अमित को विक्रम पर ग़ुस्सा आ रहा था। क्यों और कैसे—इन बातों से वह अनजान था। कहीं इतने सालों से साथ-साथ कॉलेज में पढ़ने भर से सभी के साथ एक अपरिभाषित बंधन तो नहीं... ? हो सकता है। ...मगर इस बात के जवाब के लिए उसके पास वक़्त न था। इस घड़ी तो एक ही सवाल बार-बार उभरता...विक्रम यह कैसे कर सकता है ?

निकिता की हालत ख़राब होती जा रही थी। ऐसा लगा कि वह कुर्सी पर बैठे-बैठे गिर जाएगी। अब उसने बोलना छोड़ दिया था, नज़रें नीची मगर होंठों ने सहारे की उम्मीद माँगी थी। अमित ख़ुद सकते में आ चुका था। भावनाएँ अति तीव्र हों तो उनका अपना प्रवाह होता है और अपनी दिशा, मस्तिष्क काम नहीं करता। नारी की पीड़ा देखकर, कमज़ोर और भावुक पुरुष में भी पुरुषत्व जाग उठता है और फिर वह नारी की सहायता के लिए आगे बढ़ जाता है। अगर नारी पहले से जान-पहचान की हो तो भावनाएँ तीव्र होती हैं।

"अभी कहाँ है विक्रम... ?"

कोई जवाब नहीं था उधर से।

"तुम इधर ही रुको, मैं अभी उससे बात करके आता हूँ।"

अमित की आवाज़ के साथ शरीर में भी क्रोध ने प्रवेश किया था। चप्पल पहनने और घर का दरवाज़ा खोलकर बाहर निकलने में उसे मिनट भी नहीं लगा था और वह बिना कुछ समझे ही विक्रम के घर की ओर चल पड़ा था।

अमित को निकले अभी कुछ देर ही हुआ था कि राधिका के साथ श्याम घर पहुँचा तो निकिता को ऐसी हालत में अकेला पाकर एकदम से घबरा गया।

"निकिता!!...क्या हुआ ?...अमित कहाँ है ?"

बहुत पूछने पर अचानक ज़ोर-ज़ोर से रोते हुए निकिता ने बस इतना ही कहा था, "विक्रम के घर गया है और...।"

निकिता ने अंतिम नज़र राधिका के चेहरे पर डाली और फिर बेहोशी की हालत में बिस्तर पर लुढ़क चुकी थी। लगा कि वह राधिका का ही इंतज़ार कर रही थी। देखकर श्याम और राधिका के पसीने छूट गए थे। कुछ समझ न आया तो राधिका

ने तुरंत निकिता की नब्ज़ देखी...वह बहुत तेज़ थी। श्याम गिलास में पानी भर लाया और उसके मुँह पर छींटे मारे मगर कोई असर न था। हाँ, चेहरे पर पीड़ा की वेदना साफ़ झलक रही थी। राधिका ने तुरंत निकिता के पैरों से चप्पल निकाली और फिर उसे बिस्तर पर ठीक से व्यवस्थित रूप से लेटाने लगी थी। दोनों कुछ समझ नहीं पा रहे थे। श्याम ने एक लंबी साँस ली और एक पल के लिए आँखें बंद की थीं। कुछ और न सूझा तो राधिक को निकिता के पास छोड़ा और तेज़ी से स्कूटर स्टार्ट करके विक्रम के घर की ओर चल पड़ा था।

सूरज उतर क्या गया, अँधेरा हो चुका था। रास्ते के राहगीर पहचाने नहीं जा रहे थे और वह रास्तेभर हर पैदल जाने वाले को, रुक-रुककर देखता जा रहा था। मस्तिष्क क्रियाशील था। सोचने लगा—वैसे तो विक्रम पास में ही रहता है, अमित ज़रूर पैदल ही गया होगा।...पर हुआ क्या है ?...कुछ समझ नहीं आ रहा...कहीं विक्रम का एक्सीडेंट तो नहीं हुआ ?...बड़ी तेज़ी से मोटरसाइकिल चलाता है। फिर जबलपुर का ट्रैफ़िक भी तो बहुत ख़राब है।...परंतु अगर एक्सीडेंट होता तो फिर निकिता घर पर कैसे होती ? फिर निकिता को तो उसके साथ उसके पास ही होना चाहिए था।...कहीं विक्रम को दूसरी लड़की के साथ तो नहीं देख लिया निकिता ने ?...अगर ऐसा होता तो अमित क्यों जाता ? वैसे भी अमित पढ़ाई छोड़कर बीच में कहीं भी नहीं जाता था। निकिता के लिए उसके दिल में अच्छे भाव ज़रूर हैं मगर उसके लिए विक्रम के घर जाने की क्या आवश्यकता आ पड़ी ?—सोचते-सोचते श्याम नेमा को लगा कि उसका सिर फट जाएगा। रास्ते चलते हर आदमी को स्कूटर की लाइट में पीछे से पहचानना बड़ा मुश्किल हो रहा था। ऊपर से दिमाग़ में अजीब-अजीब विचार आ रहे थे।

उधर, अमित ग़ुस्से में था। बड़ी तेज़ गति से विक्रम के घर की ओर बढ़ रहा था। उसे यह भी नहीं पता था कि वह क्या करने जा रहा है और क्या कर सकता है। उसे अपनी सारी अवस्थाओं का एहसास था—शारीरिक, मानसिक और आर्थिक। परंतु क्रोध तो कोई भी कर सकता है। हाँ, उसका अंजाम क्या होगा, क्रोधी कभी नहीं जानता। और इस वक़्त उसकी तीव्र भावना क्रोध में बदल रही थी।

उसने पहुँचकर घर की कॉल बेल बजाई तो विक्रम ने दरवाज़ा खोलकर बड़ी सरलता से कहा था, ''अरे, बड्डे, तुम इतनी देर शाम को, और कैसे...''

''ये सब क्या है ?'' अमित की आवाज़ में क्रोध था।

''क्या सब ?'' विक्रम सहज था।

''निकिता के साथ।'' क्रोध में ज़्यादा बोलना संभव कहाँ होता है और अमित का ग़ुस्सा सिर से उतरकर ज़ुबान पर चढ़ रहा था।

"क्यों, क्या हुआ निकिता को?" विक्रम अब भी साधारण रूप से बात कर रहा था।

अबकी बार अमित ने विक्रम के चौड़े कंधों पर हाथ रखकर उसे ज़ोर से झकझोरा था, "तुम क्या ठीक कर रहे हो यह सब?"

एक मिनट के लिए तो विक्रम चौंका फिर उसने बड़े प्यार से अमित के हाथों को झटका था, "तू कौन होता है बीच में बोलने वाला? यह हमारा आपसी मामला है।"

"मैं भी यही चाहता हूँ कि तेरा आपसी मामला ही रहे। ऐसी हालत में उसे प्यार की ज़रूरत है। चल, जल्दी से शादी कर ले।"

भावनाएँ वास्तविकता के धरातल से दूर होती हैं। बड़े ही साधारण और भावुकता से अमित झटका खाने के बाद भी उससे विनयपूर्वक कह रहा था।

"देख अमित, ज़्यादा आगे बढ़ने की ज़रूरत नहीं। उस पागल से मैं शादी करूँ... ? सवाल ही नहीं। हाँ, जो ख़र्चा आएगा, मैं उसे देने को तैयार हूँ। मैंने उसे भी कहा था, पर बड़ी चतुर है, फँसाना चाहती है। मैंने कभी भी शादी के लिए नहीं कहा था। माना हम दोनों ने मिलकर मस्ती की है, पर उसके लिए वह ख़ुद भी तैयार हुई थी। ऊपर से इतने सालों से मस्ती कर रही थी, अभी अचानक ये सब कैसे?"

विक्रम शारीरिक रूप से मज़बूत था। क्रोध उस पर अभी तक हावी नहीं हुआ था। ज़ोर से चबा-चबाकर कह रहा था।

श्याम पीछे से पहुँच चुका था। पूरी बात सुने और समझे बिना दोनों को यूँ लड़ते हुए देखकर बीच-बचाव करता हुआ कहने लगा, "क्या हुआ अमित ?...विक्रम, क्या बात है? निकिता मेरे घर पर बेहोशी की हालत में है। क्या चक्कर है?"

"तो मैं क्या करूँ? उस बीमार पागल को अपने गले में लटकाकर ख़ुद मर जाऊँ? तुम जाकर उसको सँभाल लो। मैं उसको बहुत अच्छी तरह से समझ चुका हूँ। जो वह चाहती है, वह बिलकुल संभव नहीं। यहाँ बहुत बदतमीज़ी करके गई है, अगली बार आई तो सभी को इकट्ठा कर लूँगा। ज़बरदस्ती नहीं चलेगी। पुलिस और कोर्ट से मुझे डर नहीं लगता।"

"तुम उसको ऐसी हालत में पागल नहीं कहोगे।" अमित ने चीख़ते हुए कहा था। शायद पहली बार।

मगर कोई असर नहीं था विक्रम पर। उस पर तो ख़ून सवार हो चुका था—शायद निकिता का प्यार, देह का आकर्षण उसके दिमाग़ से अब पूरी तरह से उतर चुका था। उसने अमित को कंधे से पकड़कर घर के बाहर धकेलते हुए कहा था,

''यहाँ चिल्लाने की ज़रूरत नहीं। दोस्ती का लिहाज़ कर रहा हूँ, नहीं तो साले, हाथ-पैर तोड़ देता। ज़्यादा मुहब्बत आ रही है तो तू कर ले। तेरे को भी ऐश कराएगी। फिर जब नोचेगी, पागल होकर, तो समझ में आएगा।''

श्याम ने बीच-बचाव करके अमित को बाहर निकाला और विक्रम का ग़ुस्सा देखकर उसे कुछ न कहना ही ठीक समझा। वह अब भी पूरी बात नहीं समझ पा रहा था।

अमित हारा हुआ-सा विक्रम के घर से बाहर निकला था। उसका क्रोध उतरकर पानी हो चुका था। विक्रम उस पर हावी हो चुका था। श्याम के पूछने पर भी वह कुछ नहीं बता पा रहा था। शायद उसे बताने की हिम्मत नहीं कर पा रहा था।

रास्ते में श्याम ख़ुद कहता रहा, ''सब ठीक हो जाएगा। विक्रम का ग़ुस्सा उतरने दो। फिर निकिता को भी थोड़ा सामान्य जीवन जीना चाहिए। हर वक़्त डंडे लेकर नहीं खड़े रहते।''

परंतु अमित ने कोई जवाब नहीं दिया था। घर पहुँचने पर उसने देखा, राधिका बेसब्री से उनका इंतज़ार कर रही थी।

देखते ही धीरे से बोल पड़ी, ''कहाँ हो तुम लोग? इतनी देर से तुम लोगों का इंतज़ार कर रही हूँ। ब्लीडिंग हो रही है। शायद एबार्शन...। निकिता बहुत स्ट्रेस में है। जल्दी हॉस्पिटल ले चलना होगा।''

''क्या प्रिगनेंसी के बचने की कोई उम्मीद है?'' अमित ने पूछा था।

''नहीं, बिलकुल नहीं।''

''पक्का?''

''बिलकुल पक्का, बहुत ज़्यादा ब्लड निकल चुका है।''

''फिर हॉस्पिटल ले जाना ठीक नहीं होगा।''

अमित ने अधिकार से कहा था। उसकी आँखों में निकिता के प्रति संवेदना टपक रही थीं। चेहरे पर क्रोध का स्थान हार और आत्मग्लानि ने ले लिया था। हाँ, बातों में भावनाओं का अपनापन छुपा था।

''विक्रम कहाँ है... ?'' राधिका कौतूहलवश पूछ रही थी।

''तुम रुको यहीं पर, हम लोग सारा ज़रूरी सामान यहीं ले आते हैं। क्यों श्याम?'' अमित ने राधिका की बात का जवाब देना ठीक नहीं समझा था।

''हाँ, ठीक कह रहे हो।''

श्याम एक मिनट में सारी बात समझकर ठगा-सा रह गया था।

23

सारा बिस्तर और निकिता के कपड़े गंदे हो चुके थे। श्याम और अमित हॉस्पिटल से डाइलेटर, क्यूरेटर और काटन वगैरह ले आए थे। साथ में ज़रूरी इंस्ट्रूमेंट, लोकल एनीस्थिसिया और दवाइयाँ भी रख ली गई थीं। राधिका के साथ अमित ने भी सहयोग किया था। विक्रम और निकिता के प्रेम का बंधन, जुड़ने से पहले ही खून बनकर बह चुका था। निकिता की आँखें पथराई हुई थीं। सदमा चेहरे पर साफ़ झलक रहा था। ऐसा लग रहा था सब कुछ खो चुकी है। दिल की धड़कन चल रही थी परंतु उसमें कोई जीवन नहीं था। संवेदना पीड़ा के साथ हदें पार कर जाए तो भाव-शून्यता प्रवेश कर जाती है।

राधिका निकिता की हालत देखकर, बाहर आकर श्याम से लिपटकर रोने लगी थी। अमित ने खून से सने हाथ वॉश बेसिन में धोकर सामने शीशे में देखा तो अचानक निकिता का प्रतिबिम्ब सामने उभरा था...लगा कि शीशे में से झाँक रही है। घबराकर वापस कमरे में आया था। दो-चार लंबी सांसें लेने तक कुछ देर यूँ ही खड़ा रहा था। निकिता लेटे-लेटे विपरीत दिशा में शून्य की ओर ताक रही थी। अमित से रहा न गया तो उसने सांत्वना प्रकट करते हुए धीरे से निकिता के सिर पर हाथ रखा था। उसने सपने में भी नहीं सोचा था कि वह निकिता को इस हालत में देखेगा। मौन चारों ओर पसरा हुआ था। मस्तिष्क अब भी स्तब्ध था। पता नहीं क्यों उसे महसूस हो रहा था कि जैसे वही अपराधी हो...कुछ भी तो नहीं कर पाया था। अपना एक साथी, जिसको वह कई वर्षों से नज़दीक से देख रहा है, जो उससे बच्चों के जैसे ज़िद करती, लड़ती, हक़ बताती...उसकी वह कुछ भी मदद नहीं कर पाया था। बड़ा और पुरुष होते हुए भी वह असहाय महसूस कर रहा था। भावुक तो था ही मगर हारा हुआ क्यों महसूस कर रहा था, इसका कारण भी नहीं जान पा रहा था।

कुछ देर बाद श्याम ने अंदर कमरे में आकर, निकिता को ढाढ़स बँधाने की कोशिश की थी। धीमे मगर स्पष्ट शब्दों ने वातावरण की शांति भंग की थी, ''सब ठीक हो जाएगा...ऐसा हो जाता है...अमित ने तो बहुत कोशिश की...पर ख़ैर...तुम चिंता मत करो...''

मगर निकिता में कोई हलचल नहीं थी। श्याम की कोशिश असफल थी। निकिता अब भी लगातार शून्य में ताक रही थी। अमित हारा हुआ-सा उसके बग़ल में ही बैठ चुका था। श्याम कुछ समझ पाने की स्थिति में नहीं था...आगे क्या करना चाहिए, एक बड़ा प्रश्नचिह्न बनकर उभरा था। थोड़ी देर कमरे में रुकने के बाद, बाहर आकर बालकनी में टहलता रहा। राधिका थककर बाहर के कमरे में कुर्सियों

पर ही सो चुकी थी।

रात की अँधियारी घड़ियों ने टिक-टिक करते हुए सुबह के तीन बजा दिये थे। नींद ने अपना प्रभाव श्याम और अमित पर भी दिखाने की कोशिश की थी मगर निकिता की आँखों में पत्थर थे जो पिघलने का नाम नहीं ले रहे थे।

चिड़ियों की कहीं से हलकी आहट हुई तो अमित ने ही श्याम से कहा था, "...उसे बता देना चाहिए। इस वक़्त निकिता को उसकी ज़रूरत है। जो वह चाहता था, अब हो तो गया...देखें, अब क्या चाहता है?"

श्याम ने सहमति व्यक्त की थी पर उसे जाने से मना किया था। दोनों दोस्तों की फुसफुसाहट सुनकर राधिका भी जाग चुकी थी। सुबह की पहली किरण के साथ ही बड़ी आशा के साथ श्याम घर से निकला तो हवा में ताज़गी थी।

बहुत उम्मीद से गया था। मगर विक्रम के घर से दस मिनट में ही वापस लौट आया तो राधिका को आश्चर्य हुआ था। बाहर के कमरे में ही इंतज़ार कर रही थी। श्याम को देखते ही पूछने लगी, "...क्या हुआ?...विक्रम नहीं आया?"

"नहीं।"

"फिर भी, क्या बोला?" आशा से आँखें उसकी अब भी चमक रही थीं।

"पागल हो गया है । कहता है, नॉट इंटरेस्टेड, इट्स ऑल ओवर।"

राधिका ने सुना तो चेहरे का उजाला बुझकर रात का आभास देने लगा था। शब्द धीमे मगर अंदर के कमरे तक पहुँचने के लिए काफ़ी थे। अमित बिस्तर के पास पड़े स्टूल पर जड़वत् बैठा रह गया था। निकिता ने करवट पलटकर उसकी ओर पीठ कर ली थी।

अमित ने उठकर उसके हाथ को अपने हाथ में लेकर जैसे ही कहा, "हिम्मत से काम लो।"

निकिता फूट-फूट कर रो पड़ी थी। उसने लेटे ही लेटे मज़बूती से अमित का हाथ पकड़ा और अपनी छाती में भींच लिया था।

रोने की आवाज़ में तेज़ी थी, सुनते ही श्याम और राधिका दौड़कर अंदर आए थे। निकिता को टूटकर बिखरता हुआ देख श्याम की आँखें भी भर आई थीं तो उधर राधिका अपनी सहेली के सिर पर हाथ रखकर सिसककर एक बार फिर रोने लगी थी।

24

उस दिन बड़े बेमन से श्याम और अमित कॉलेज गए थे। राधिका निकिता की देखभाल के लिए उसी के पास ही रह गई थी। श्याम ने वार्डन और प्रोफ़ेसरों से कोई

बहाना बनाया था। दोनों की छुट्टी की अर्ज़ी लगवा दी गई थी। तीसरे और अंतिम प्रोफ़ में क्लीनिकल ज़्यादा होते हैं। नॉन-क्लीनिकल और लेक्चर क्लास कम होती। सर्जरी हो या गायनी, क्लीनिकल के लिए वार्ड, अस्पताल और ऑपरेशन रूम में जाना पड़ता। प्रसूति-गृह अर्थात् गायनी की लैब। उस दिन सुबह-सुबह ही गायनी के क्लीनिकल के लिए प्रसूति-गृह में क्लास थी। पहले मरीज़ की केस स्टडी डॉक्टर ने समझाना शुरू किया ही था कि अमित को बार-बार निकिता का एबॉर्शन याद आने लगा। हाथ में लगता कि किसी का ख़ून चिपका रह गया हो। कई बार हथेलियों की ओर निगाह चली जाती। अगले ही पल घबराहट हुई थी। दिल का दर्द हद से बढ़कर बेचैन करने लगा था। उसने मन लगाने की बहुत कोशिश की पर जब नहीं लगा तो वार्ड से बाहर आ गया था। हर औरत में निकिता का चेहरा दिखाई देता और हर बच्चे में निकिता का बच्चा। बर्दाश्त न हो सका तो अपने घर की ओर चल पड़ा था और फिर तुरंत बिस्तर पर लेटकर सोने की कोशिश करने लगा।

माँ और सुप्रिया ने देखा तो समझ नहीं पा रही थीं कि क्या हुआ? आज पहली बार अमित कॉलेज से आने के बाद बिना कुछ बात किए, चुपचाप लेट चुका था। अन्यथा रोज़ तो वह जब तक सारी बात सुप्रिया और माँ से नहीं कर लेता, उसका मन नहीं भरता था।...अगर ज़्यादा पढ़ाई भी होती तो भी आते के साथ चाय पीकर सुप्रिया के पास ही बैठकर पढ़ाई शुरू कर देता था और साथ ही कह भी देता, आज कोई बात नहीं करना। फिर कोई भी कुछ नहीं कहता। मगर आज पहली बार मालती ने देखा, बेटे के चेहरे पर थकावट के साथ-साथ उदासी भी थी।...सोचने लगी कि कहीं तबीयत तो ख़राब नहीं...सिर पर हाथ रखकर देखा तो बुखार नहीं था। कोई प्रतिक्रिया न मिलती देख अंत में हारकर माँ ने चिंता में पूछ ही लिया था, "क्या बात है बेटा?...तबीयत ठीक तो है?"

"हाँ, ठीक है। बस, यूँ ही आराम करना है।" और फिर बोलते ही मुँह दूसरी तरफ़ करके सोने की कोशिश करने लगा।

मालती के चेहरे पर चिंता की लकीरें फैलने लगी थीं तो सुप्रिया ने लेटे-लेटे ही हैरान नज़रों से अपने भाई की ओर देखा था।

उधर, दो-तीन दिन राधिका ने श्याम के साथ रहते हुए निकिता की देखभाल की थी। उसे श्याम के साथ रहने में अब वैसे भी कोई परेशानी नहीं थी। दोनों इंगेज हो चुके थे और सगाई की तारीख़ पक्की हो चुकी थी। परंतु नये-नये साथ रहने पर भी उनमें कोई उतावलापन, जल्दबाज़ी या उच्छृंखलता नहीं थी। समाज की मर्यादा का ध्यान था। अपना नया-नया साथ भूलकर दोनों ने मिलकर निकिता की ख़ूब सेवा की थी। बीच में श्याम ने जब राधिका से कहा था कि निकिता को कुछ दिनों

के लिए अपने घर चले जाना चाहिए, तब राधिका ने निकिता से इस संदर्भ में बात की थी मगर उसने कोई जवाब दिये बिना, सिर्फ़ अमित के लिए पूछताछ की थी। राधिका और श्याम समझदार दोस्त थे, सोचने लगे—किसके साथ जाएगी ?...फिर इस हालत में अकेले भेजना भी ठीक नहीं।...राधिका दिल्ली जाने की स्थिति में नहीं थी, न ही श्याम उसे छोड़कर जा सकता था। सगाई की तैयारियाँ भी करनी थी। अंत में राधिका ने ही सुझाव दिया था, ''अमित से पूछ लो, वह शायद चला जाए।...पर दो दिन से आया क्यों नहीं ?''

श्याम उसी दिन शाम को अमित के घर गया था। अमित उस हादसे से अब तक बाहर नहीं आ पाया था। मिलते ही पूछने लगा, ''कैसी है ?''

''गुमसुम है, कुछ भी नहीं कहती। तुम्हें याद कर रही थी।...उसे मैंने दिल्ली-घर जाने के लिए कहा था। मगर वह तो कोई बात ही नहीं करती। लेकिन ऐसी हालत में उसे जाना चाहिए, चेंज हो जाएगा, शायद अकेले के चक्कर में न जा रही हो। अब राधिका और मैं तो जा नहीं सकते, अगर तुम साथ चले जाओ तो शायद चली जाए।''

''हो सकता है, माँ-बाप का सामना नहीं करना चाहती होगी। थोड़ा रुककर भेजेंगे। वैसे कल मैं आऊँगा।''

दूसरे दिन सुबह-सुबह अमित श्याम के घर पहुँचा, तो घुसते ही राधिका पूछने लगी थी, ''कहाँ हो ? निकिता कितनी बार तुम्हारे बारे में पूछ चुकी है।''

''कहाँ है ?''

''पीछे बालकनी में बैठी है। कुछ बात ही नहीं करती। उसे ले चलो, थोड़ा कॉलेज तक हो आते हैं। चेंज हो जाएगा।'' राधिका परेशान थी।

निकिता पीछे बालकनी में कुर्सी पर बैठे-बैठे दूर आसमान को देख रही थी। सदैव तेज़-तेज़ बोलने वाली के पास कहने के लिए आज कुछ नहीं था। चंचल चेहरे पर उदासी छाई हुई थी। अस्त-व्यस्त बालों से लग रहा था कि बिस्तर पर सोने की कोशिश में कई बार करवटें बदली गई पर शायद नींद नहीं आई थी।

''कैसी हो ?''

सामने बालकनी की रेलिंग पर टिककर खड़े-खड़े अमित ने मुस्कुराने की भरपूर कोशिश की थी। बहुत देर तक कोई जवाब नहीं मिलने पर, अमित और आगे कुछ भी कहने की हिम्मत नहीं कर पाया था। हाँ, थोड़ी-थोड़ी देर में नज़रें उसके चेहरे पर ज़रूर पड़ जाती थीं।

"चलो, कॉलेज चलते हैं, नहा लो, फ्रेश हो जाओगी।" अमित की आवाज़ में अपनापन था।

शून्य में ताक रही आँखों ने उसकी ओर अचानक रुख़ किया। अमित ने नज़रें मिलाईं तो देखा, उन आँखों में शिकायत थी। राधिका ने आकर चुप्पी तोड़ी और फिर उसके मनाने पर निकिता नहा-धोकर तीनों के साथ ऑटो में बैठकर कॉलेज आ गई थी। थोड़ी देर कॉफ़ी हाउस में बैठी रही। राधिका और श्याम कॉफ़ी पीकर जा चुके थे। अमित भी क्लास में जाना चाहता था कि देखता है, दूर से विक्रम मस्ती में चला आ रहा था। उसे देखते ही निकिता के दोनों हाथ मुट्ठी बनकर काँपने लगे थे और आँखों में ग़ुस्सा उतर रहा था। विक्रम ने उसकी ओर देखे बिना अमित की ओर देखकर मुस्कुराने की कोशिश की थी परंतु कोई रिसपांस न मिलने पर दूसरी टेबल पर जाकर बैठ गया था।

निकिता ने अचानक अमित का हाथ कसकर पकड़ा और लगभग खींचते हुए उसे बाहर ले आई थी।

"ऐसे भागने से काम नहीं चलेगा। सामना करो, अगर उसे कोई एहसास नहीं तो फिर तुम क्यों करती हो?" अमित बहुत कुछ कह गया था।

निकिता बिना कुछ कहे हॉस्टल की ओर बढ़ गई थी। हॉस्टल के गेट पर पहुँचकर अमित ने धीरे से कहा था, "कुछ दिन के लिए घर चली जाओ।"

बिना कुछ सुने निकिता ने आँखों में आँखें डालकर मायूसी से सिर्फ़ इतना कहा था, "थैंक यू!"

और मुड़कर तेज़ी से अंदर चली गई थी।

25

अदिति पूर्ण रूप से परिपक्व थी। समझदार के साथ-साथ व्यावहारिक भी थी। उसे अपनी मंज़िल के अलावा कुछ नहीं दिखता था। परंतु अमित और निकिता के अचानक अधिक साथ रहने से उसे परेशानी तो नहीं, आश्चर्य ज़रूर हो रहा था। ऊपर से कुछ दिनों से दोनों को गुमसुम देख-देखकर उसने एक बार श्याम और राधिका से पूछा भी था; परंतु दोनों ने 'कोई खास बात नहीं है' कहते हुए बात टाल दी थी।

विक्रम के उच्छृंखल स्वभाव के चलते समझदार लड़कियाँ उसे दूर से ही नमस्कार करती थीं। जो स्वयं इसी सोच और स्वभाव की थीं, वे मज़े ले लेती थीं। वैसे इनकी संख्या कम ही थी। अब तक आधुनिकता का रोग ज़माने में कम ही

फैला था। विक्रम भी इसी तरह की लड़कियों के साथ अपनी मस्ती में डूबा रहता और कुछ नहीं तो ट्रेनी नर्सों को ही तंग करता रहता। कभी कोई ज़रूरतमंद फँस गई या कोई भावनाओं में बहकर आकर्षित हो जाए तो ठीक, नहीं तो पैसे के ज़ोर पर शहर में क्षणिक प्यार मिलने में कोई खास परेशानी नहीं होती थी। धीरे-धीरे व्यावसायिकता और भौतिकता के बढ़ने से लड़कियों की सोच और समझ में भी फ़र्क़ आना प्रारंभ हो चुका था। प्यार बेचने और खरीदने वालों की संख्या अचानक बढ़ने लगी थी। विक्रम शहर में भी मस्ती कर आता। अदिति के बारे में ज़्यादा कुछ नहीं जानता था, पर घर के बारे में सुनकर अदिति पर भी एक बार अपने हथकंडे आज़माने की कोशिश की थी। ख़ूब खरी खोटी सुनाई थी अदिति ने। मगर ऐसे लोगों का दिमाग़ ठीक कहाँ होता, बेशर्म होते हैं। अदिति के धमकाने पर, हँसते-मुस्कुराते हुए भाग गया था।

एक दिन अचानक अदिति ने अमित को अकेले देखा तो फिर सीधे-सीधे पूछ ही लिया था, "क्या बात है...दिखते ही नहीं? कॉलेज कम आते हो क्या? घर में सब ठीक तो है? और यह आजकल निकिता को क्या हुआ है? विक्रम से दूर रहती है!...एक दिन विक्रम ने मेरे साथ भी बड़ी बेढंगी बात की थी।...ये माज़रा क्या है?"

"कुछ भी तो नहीं।"

अदिति के हक़-भरे सवालों को वह धीरे से टाल गया था।

"अच्छा, मैं घर आऊँगी। क्या बताऊँ, दूर पड़ता है। आंटी से कहना कि मैं उन्हें याद कर रही थी। और सुप्रिया कैसी है? उसे मेरा हाय कहना...।"

साल-दो साल से अदिति अपनी माँ के साथ कॉलेज के पास ही किराये के मकान में रहने लगी थी। घमापुर दूर पड़ता था। आने-जाने में समय व्यर्थ होता था फिर पैसे की कोई कमी भी नहीं थी कि अच्छे मोहल्ले में न रहा जाए।

"...और हाँ, सँभलकर, इन लोगों से ज़्यादा दोस्ती ठीक नहीं। जो भी करना, सोच समझकर।"

अदिति का पूरा हक़ था, जाते-जाते कह गई थी। पर वह इस बात से अनजान थी कि अब एक नया अधिकार अमित पर अपने पाँव पसार रहा है।

निकिता जब भी कॉलेज आती, अक्सर अमित के साथ ही रहती। अगर वह नहीं मिलता तो ढूँढ़ने लगती थी। हॉस्टल में भी उसी के इंतज़ार में बैठी रहती थी। अमित को कुछ ख़ास समझ नहीं आ रहा था। मगर उसे भी निकिता का साथ अच्छा लगता था। भावनाओं में बह रहा था। सब कुछ बुद्धि से नहीं होता। सब कुछ सोचकर नहीं होता। कुछ विधि का विधान भी होता है। फिर ग़लत भी

क्या था? निकिता पूर्ण रूप से टूटी हुई थी और अमित का सहारा उसे अच्छा लगता था, और वह उसे देने में कोई ग़लती नहीं महसूस करता था। इतने सालों का साथ था। पहले भी बच्चों-सी उसकी बातें उसे कभी भी ख़राब नहीं लगती थीं। छोटी-छोटी-सी चीज़ों में उसका ज़िद करना उसे कभी तकलीफ़ नहीं देता था।

कुछ हफ़्ते बीत जाने पर भी निकिता सदमे से पूरी तरह बाहर नहीं हो पाई तो श्याम और राधिका के समझाने पर वह दिल्ली जाने के लिए तैयार हो गई थी। पहले तो डरती रही परंतु अमित के दिल्ली छोड़ आने के लिए तैयार होने पर मान गई थी। अमित पहली बार दिल्ली जा रहा था। सारा इंतज़ाम श्याम ने किया था। दिल्ली पहुँचकर अमित को निकिता के घर का वातावरण कुछ भिन्न लगा था। समझने की कोशिश की तो नाक़ामयाब रहा। सोच रहा था—हो सकता है, बड़े शहर के लोग ऐसे ही हों! उसने यह तो देख ही लिया था कि निकिता कोई बहुत बड़े घर की लड़की नहीं है। बड़े शहर का मध्यवर्गीय परिवार था। परंतु हाँ, रहन-सहन और दिखावे की वजह से बाहर मिला इनसान बड़ा मानने की ग़लती कर सकता था। यही सब लोग जबलपुर में भी निकिता के लिए समझते थे। वहीं पर उसने विक्रम के प्रभाव को भी देखा था। विक्रम के लिए निकिता के घर में कई बार पूछताछ हुई थी। उसके पैसे वाले होने का प्रभाव पूरे घर पर था। परंतु अमित से कोई भी जवाब नहीं मिलने पर सब अपने-अपने जीवन में व्यस्त और मस्त हो गए थे। किसी को भी निकिता की बहुत ज़्यादा फ़िक्र नहीं थी। अमित को ताज्जुब तो तब हुआ जब निकिता की माँ ने भी अपनी बेटी की उदासी को नहीं पढ़ा और न ही कुछ विशेष पूछताछ की थी।...निकिता के पिता गर्म मिज़ाज के लगे। उनसे निकिता भावनात्मक रूप से अधिक जुड़ी हुई दिखाई दी थी। अब यह प्यार था या डर, अमित के लिए समझना मुश्किल था।

अमित ने पहली बार दिल्ली देखी थी। बड़ा शहर, बड़ी इमारतें, बड़ी गाड़ियाँ, चौड़ी रोड। उसको पहली बार तो इस चकाचौंध ने बड़ा प्रभावित किया था, पर जल्द ही इतना तो समझ ही गया था कि यह दुनिया बिलकुल भिन्न है। राधिका के ज़ोर देकर कहने से उसने उसके घर भी फ़ोन किया था। एक दिन राधिका के घर से गाड़ी आकर उसे ले गई थी। राधिका के घरवाले काफ़ी पैसे वाले लगते थे। कोई पुराना ख़ानदानी व्यवसाय था। मगर उसने इसका ज़िक्र कभी भी नहीं किया था। राधिका के मम्मी-पापा, बहुत सारे सगे और चचेरे भाई-बहन और छोटे-बड़े चाचा-चाची, दादी—सभी बड़े आत्मीयता से मिले थे। संयुक्त परिवार था। राधिका के घर पर उसे बड़े शहर की उन किसी भी परेशानियों का सामना नहीं करना पड़ा

था जो उसने निकिता के घर महसूस की थी। बड़े शहर में रहते हुए भी ऐसे वातावरण को देखकर उसे बड़ा अच्छा लगा था। सभी राधिका के बारे में जानने में उत्सुक थे। राधिका और निकिता के व्यवहार में फ़र्क़, दिल्ली आकर वह और अच्छे से कर सका था। राधिका के घर से आते-आते देर हो गई थी। वापस पहुँचा तो घर पर निकिता इंतज़ार कर रही थी। बाक़ी सब खाना खाकर अपने-अपने कमरे में बंद हो चुके थे।

अगले दिन अमित को वापस निकलना था। उसने सुबह-सुबह जाने की तैयारी शुरू की तो निकिता दरवाज़े पर थी, ''मैं भी तुम्हारे साथ वापस चलूँगी।''

अमित ने समझाने की कोशिश की थी, ''थोड़ा रुक जाओ, बाद में आ जाना।''

''नहीं...पढ़ाई मिस होगी।''

और फिर वह वापस आने के लिए ज़िद करती रही। निकिता की माँ और पिताजी ने भी ज़्यादा नहीं मना किया, भाई के पास तो बात करने के लिए शायद वक़्त की कमी थी, मगर बहन प्रणिता ज़रूर दुःखी थी। निकिता की टिकट भी नहीं थी परंतु अंत में जीत उसकी ज़िद की ही हुई थी।

वापसी में नई दिल्ली से भोपाल होते हुए जबलपुर आना पड़ा था। सीधे निज़ामुद्दीन से जबलपुर का टिकट नहीं मिल पाया था। नई दिल्ली रेलवे स्टेशन पर बहुत अधिक ट्रैफिक होने के कारण नया स्टेशन निज़ामुद्दीन, दिल्ली में ही बनाया गया है।...अमित ने दो दिन में ही काफ़ी जानकारी हासिल कर ली थी। दोनों ओर के रास्ते के सफर में निकिता पूर्ण रूप से अमित पर निर्भर थी। कई जगह वह अमित के कंधे पर सिर रखकर सो भी जाती। अमित को महसूस होता था कि निकिता को उसका साथ बहुत अच्छा लगता है और शायद उसे उसकी ज़रूरत भी है। अमित को उसकी ऐसी हालत में सहयोग और सुख देने से आनंद की अनुभूति होती। और फिर वापसी में निकिता की इन बातों ने उसे सोचने के लिए मजबूर कर दिया था।

''मुझे सफ़र करने से बहुत डर लगता है,...अगर तुम नहीं होते तो अकेले वापस पहुँच ही नहीं पाती।...शायद रास्ते में ही मर जाती।''

सुनकर अमित उसकी आँखों में उभरती पीड़ा के वेग में बहने लगा था।

26

फ़ाइनल प्रौफ़ में अमित, अदिति, श्याम और राधिका तो पास हो गए मगर निकिता ने पेपर ही नहीं दिया था। विक्रम ग्रुप से दूर हो चुका था। वैसे भी उसके लिए सप्ली आना न आना ज़्यादा मायने नहीं रखता था। चारों का इंटरनशिप शुरू हो चुका था।

हाउस जॉब में व्यावहारिक ज्ञान के लिए हॉस्पिटल के वार्ड में कई-कई दिनों की ड्यूटी लगने लगी थी। अमित का हफ़्ते-हफ़्ते घर जाना संभव नहीं हो पाता। ड्यूटी में निकिता कई बार उसके पास आ जाया करती थी। अपनी फ़ाइनल ईयर की सप्ली की तैयारी, उसके साथ वार्ड के ड्यूटी रूम में ही कर लेती थी। फ़ाइनल प्रौफ़ में सप्ली से उसकी इंटरनशिप लेट हो रही थी।

नवदुर्गा की चहल-पहल थी। अमित हॉस्पिटल में ड्यूटी की वजह से, पिछले कई दिनों से घर नहीं जा पाया था। श्याम के घर पर ही नहा-धोकर तैयार हो जाता। हॉस्पिटल में ड्यूटी करते-करते मन ऊब गया था। एक शाम उसने निकिता से मेडिकल कॉलेज के आसपास की दुर्गा जी की मूर्तियों को चलकर देखने के लिए कहा तो निकिता तैयार हो गई थी। श्याम और राधिका, नरसिंगपुर श्याम के माता-पिता के पास दशहरा मनाने, छुट्टी लेकर गए हुए थे। थोड़ी देर के घूमने में ही अमित ने महसूस कर लिया था कि निकिता को भीड़-भाड़ ज़्यादा पसंद नहीं। उसे दुर्गाजी की प्रतिमाओं में, झाँकियों में विशेष दिलचस्पी उत्पन्न नहीं हो पा रही थी। वह शून्य में ताकती-सी लगती। पैदल चलने वालों का शोर और चारों ओर सजे हुए मंडप उसे आकर्षित नहीं कर पा रहे थे।

''वापस चलें?'' अमित ने उसके चेहरे की निष्क्रियता को देखकर कहा था।

''जैसा तुम्हें ठीक लगे।'' निकिता ने ठंडा-सा जवाब दिया था।

''चलो, मैं तुम्हें हॉस्टल छोड़ देता हूँ।''

''और तुम?''

''श्याम के फ्लैट में कुछ देर रुककर हॉस्पिटल जाऊँगा। थोड़ा फ्रेश होना है।''

''कोई बात नहीं, मुझे भी तभी छोड़ देना।''

''ठीक है।''

फ़्लैट पर पहुँचकर निकिता बहुत देर तक बालकनी में खड़ी रही थी। अमित ने चाय बनाई और बिस्किट के साथ टेबल पर रखकर निकिता को अंदर बुलाने के लिए आवाज़ लगाई थी। निकिता अंदर आकर, उसके गोद में सीधे सिर रखकर, अचानक नीचे ज़मीन पर बैठ गई थी। कुर्सी पर बैठे-बैठे ही अमित ने उसके सिर पर हाथ फेर दिया था। उसके स्पर्श में अपनापन था। अमित भावुक तो था ही, निकिता के ख़ालीपन को पढ़ता रहता था। उसके दुःख से उसे काफ़ी तकलीफ़ होती थी। अन्य लड़कों की तरह वह भी निकिता की सुंदरता से प्रभावित तो था, परंतु अब बुझा हुआ चेहरा देखकर उसे दुःख होता। इतने सालों का लंबा साथ उसे प्रेरित करता था कि वह उसके दुःख को कम कर सके।

अमित इतने नज़दीक किसी भी औरत के साथ अब तक नहीं बैठा था। निकिता

के नर्म स्पर्श और गर्म साँसों से उसके गोद में सिहरन दौड़ पड़ी थी। शरीर के कंपन को मज़बूती से रोकता हुआ वह लगातार उसके सिर पर हाथ फेर रहा था। मस्तिष्क अनियंत्रित और भावनाएँ उग्र हो रही थीं।

थोड़ी देर बाद निकिता ने आँख उठाकर ऊपर देखा, उसकी बड़ी-बड़ी मासूम-सी आँखों में एक ख़ालीपन था। अमित ने नज़रें हटा ली थीं, ज़्यादा देर तक मिलाता तो शायद आँसू जा जाते।

''तुम मुझे प्यार करते हो... ?''

निकिता ने धीरे से पूछा तो वह कोई जवाब नहीं दे पाया था।

''...तुम्हारे प्यार की मुझे ज़रूरत है,'' कहते हुए, निकिता ने खड़े होकर, उसके सिर को अपने आगोश में लेकर मज़बूती से उसे पकड़ लिया था।

निकिता के ह्रदय की धड़कन अमित को आज स्पष्ट सुनाई दे रही थी। धड़कन की तीव्रता को उसने महसूस किया था जो उसके मस्तिष्क को विचारशून्य कर रहे थे। बाँहों के घेरे उसे उष्णता प्रदान कर रहे थे जिससे उसे अतिरिक्त ऊर्जा प्राप्त हो रही थी। शरीर की ख़ुशबू उसे प्रेरित करने लगी, आगे बढ़ने के लिए, और अमित उसे रोक नहीं पाया था। और अंत में स्वयं उसमें सहयोग करता चला गया।

अमित को एक असीम सुख की प्राप्ति हुई थी। उसे यक़ीन ही नहीं था कि प्राकृतिक सौंदर्य की ऐसी सुखद अनुभूति भी होती है। सब कुछ उसकी कल्पना से कहीं बढ़कर था। घंटों लेटे रहे थे दोनों। निकिता अब भी पूर्ण रूप से उससे लिपटी हुई थी। प्यार के बाद अमित ने उसके पूरे शरीर को स्पर्श के द्वारा अपने होने का एहसास दिया था तो निकिता ने उसे शारीरिक के साथ-साथ मानसिक आनंद की अनुभूति दी थी।

''तुम्हें हॉस्टल छोड़ देता हूँ।'' उसके सिर को धीरे से चूमते हुए अमित ने कहा था।

''नहीं।'' निकिता ने कहकर उसे और मज़बूती से पकड़ लिया था।

''मुझे हॉस्पिटल जाना है।'' अमित के स्वर में कोमलता के साथ आग्रह था।

''ज़रूरी है, तो जाओ, पर जल्दी आ जाना।'' निकिता ने उसकी छाती में एक प्यार-भरा चुंबन दिया था।

''तुम यहाँ अकेले रहोगी। डर नहीं लगेगा ?'' अमित ने अपनेपन से कहा था।

''नहीं, अब तुम्हारी ख़ुशबू मेरे साथ है।'' निकिता ने उसकी आँखों में झाँकते हुए बड़े प्यार से मगर धीरे-धीरे कहा था।

अमित का यह पहला-पहला एहसास था। छोड़कर नहीं जा पाया था। रोक न सका तो दोनों ने फिर प्यार किया था...और फिर यह सिलसिला रातभर चला था।

सुबह अमित की नींद खुली तो देखा, निकिता बग़ल में चैन की नींद सो रही थी। उसने उठकर बाहर बालकनी से आसमान को देखा। आज की सुबह में अलग ताज़गी थी। भोर की हलकी ठंडक उसे गुदगुदा रही थी। मगर जैसे-जैसे दिन के उजाले उस पर पड़ते गए, उसके मस्तिष्क ने उसे हक़ीक़त का एहसास कराना शुरू किया था...क्या यह ठीक है?...मदद और सहारे के नाम पर कहीं बेईमानी तो नहीं?...दिल कहने लगा, 'नहीं, यह प्यार है।'...पर क्या वह निकिता के लायक़ है?...और फिर विक्रम का प्यार?...दिल ने समझाया था कि वह भूतकाल की बातें हैं, निकिता उसको भूल चुकी है।...मगर क्या उसके लिए ये सब ठीक है?...उसे निकिता से बात करनी चाहिए।

...सवाल और जवाब के कशमकश में था कि निकिता ने आकर पीछे से उसे पकड़ लिया, "मुझे छोड़कर मत जाना।"

"नहीं, नहीं... ।"

इसके आगे वह कुछ भी नहीं कह पाया था। इस हालत में अपने दिमाग़ में उठ रहे सवाल को पूछना उसे ठीक नहीं लगा। नहा-धोकर बाहर निकला तो देखा—निकिता उसे निहार रही थी, देखकर शरमा गया था।

"मुझे शाम को घर जाना होगा। कई दिन हो गए, माँ और दीदी इंतज़ार कर रहे होंगे।"

"ठीक है, फिर कब मिलोगे? कल सुबह?"

"देखता हूँ।"

अमित निकिता को श्याम के स्कूटर पर हॉस्टल छोड़ने गया था। आज निकिता स्कूटर पर पूरी तरह से उससे सटकर बैठी थी। एहसास हो रहा था कि वह अब उससे दूर नहीं होना चाहती। उतरकर उसने उसे जी भर कर देखा और आँखों से ही कहा था, 'जल्दी आना।'

देर शाम घर पहुँचकर वह बहुत देर तक सोचता रहा था। सोचते-सोचते दिल और दिमाग़ के अंतर्द्वंद्व में उसे पूरी रात नींद नहीं आई थी। और न ही जवाब मिला। दिल जो करता है, उसमें दिमाग़ काम नहीं करता। दिमाग़ जो सोचता है, उसका दिल नहीं होता। आज फिर उसके दिल में निकिता का सुखद स्पर्श उसे बेचैन कर रहा था। दिल दिमाग़ पर छाया हुआ था। माँ अब उसे देखकर हैरान थी। दूसरे दिन सुबह उठा तो शरीर की भूख अचानक फिर उभरी थी। उसने उसे दबाने की असफल कोशिश की थी। देर शाम सीधे अस्पताल ड्यूटी पर पहुँचा तो थोड़ी देर में ही देखता है कि निकिता उसके पास ही चली आ रही थी।

"कब आये?" उसकी आँखें अमित के चेहरे से हट नहीं रही थीं।

''बस, अभी-अभी आया हूँ।'' अमित ने नज़रें चुराने की कोशिश की थीं।

''मुझसे नहीं मिले ?'' उसके सवाल में प्रेम के साथ हक़ भी था।

''बस, देर हो गई थी।'' अमित चाहकर भी नज़र नहीं मिला पा रहा था।

''चलो, कॉफ़ी हाउस चलते हैं, मुझे भूख लगी है।''

उसे वह हाथों से पकड़कर ले जाने लगी तो वह रोक नहीं पाया था। कॉफ़ी हाउस में भी उसने उसका हाथ नहीं छोड़ा था और बग़ल में सटकर बैठ गई थी। कॉफ़ी हाउस में अक्सर चहल-पहल रहती मगर शाम को तो भीड़ कुछ ज़्यादा ही हो जाती थी। इतने लोगों में कोई किसी को ध्यान नहीं देता, परंतु अमित को लग रहा था कि मानो सारे उसी को देख रहे हैं।

''घर चलो न।'' धीरे से निकिता ने उसके कान के पास आकर बुदबुदाया था।

''घर! कौन-सा ?'' अमित ने पहली बार उसकी तरफ़ भरपूर निगाहों से देखा था।२

''श्याम के।'' निकिता की आँखें नीची हो रही थीं। हाथों का स्पर्श प्यार देने के लिए तत्पर था।

''इस वक़्त ? ड्यूटी पर हूँ।''

''कह दो न राजेश से, देख लेगा, थोड़ी देर, प्लीज़!'' निकिता ने उसके हाथ को मज़बूती से पकड़कर कहा था।

निकिता के स्पर्श ने अमित को जाग्रत् क्या किया, वह अपने आप को रोक नहीं पाया था। बाँध से पानी निकलने के लिए बेताब था। कोई रास्ता न मिले तो बाँध भी पानी के दबाव से टूट जाता है। अमित अपने को रोक न सका था और जल्द ही दोनों श्याम के घर पर थे। अमित निकिता में पूर्ण रूप से अस्तित्वविलीन हो रहा था और निकिता उसे आत्मसात् कर रही थी। अमित इस नये-नये और सुखद अनुभव में एक बार फिर पुनः डूब रहा था। दोनों के हृदय का स्पंदन साथ-साथ कदमताल कर रहे थे।

अब यह लगभग रोज़ का सिलसिला हो चुका था। सुबह की भूख ख़त्म नहीं होती तो दोपहर की भूख लग आती थी। रात तो सारी जागने में ही बीत जाती। नींद तो अपना अस्तित्व ही भूल चुकी थी। प्रेम का प्रवाह उग्र था, बाँध टूटा तो तेज़ी इतनी थी कि रुकने का नाम ही नहीं। फिर नदी की धारा तेज़ हो तो समुद्र तक मिलने से कौन रोक सकता है ? टूटे हुए बाँध को नहीं बाँधा जा सकता। आठ दिन कहाँ बीत गए, पता ही नहीं चला। राधिका श्याम के साथ नरसिंगपुर गई हुई थी। अपने भविष्य के संबंधों को मज़बूत नींव प्रदान करने, मगर यहाँ पर अमित और निकिता संपूर्ण बंधन में बँध चुके थे। निकिता और अमित वहीं मिलकर किसी तरह

कच्चा-पक्का बनाते और खाते फिर प्यार में लीन हो जाते। शरीर की प्यास पेट की आग से ज़्यादा तीव्र थी। अमित बीच-बीच में हॉस्पिटल बड़ी मुश्किल से जा पाता। निकिता उसे कहीं और जाने नहीं देती थी।

राधिका जब तक लौट के आती, निकिता बदल चुकी थी। काफ़ी ख़ुश नज़र आ रही थी। अमित को भी श्याम ने थोड़ा बदला हुआ महसूस किया था। पूछने पर दोनों ने बस इतना ही कहा था...नवदुर्गा में जबलपुर में पूरा मज़ा किया। श्याम के लौटने पर अमित और निकिता के मिलने का स्थान ख़त्म हो गया था। हॉस्पिटल के बाद शाम को निकिता के साथ वह कॉलोनी के मंदिर चला जाता और एक-दो बार कॉलेज के सामने की पहाड़ी पर स्थित पिसनहारी की मढ़िया को भी देख आया था। पिसनहारी की मढ़िया, जैनों का जबलपुर में प्रमुख तीर्थ स्थान है। ऐसा कहा जाता है कि किसी बुज़ुर्ग जैनी महिला ने, चक्की पीसकर, यहाँ जैनों का मंदिर बनाया था। छोटी-सी पहाड़ी पर होने के कारण कुछ सीढ़ियाँ चढ़नी पड़ती हैं और ऊपर से आसपास का प्राकृतिक नज़ारा अच्छा लगता है। निकिता ज़्यादातर जगह पर उसका हाथ पकड़कर चलती थी। उसे किसी प्रकार का संकोच नहीं था। मगर अमित डर और शर्म के मारे उससे थोड़ा-सा दूर ही रहना चाहता था। लोगों की निगाह से बचता था। मन में चोर हो तो सारी निगाहें घूरती-सी लगती हैं। दो रात उसने हॉस्पिटल में ही बिताए। कुछ देर के लिए निकिता आ जाती थी। अमित उसे वापस हॉस्टल जाने के लिए कहता परंतु निकिता का मन नहीं होता था।

एक रात तक़रीबन ग्यारह बजे, अमित घर आया हुआ था। आने से पहले निकिता से नहीं मिल पाया था। खाना खाकर आराम कर रहा था। तभी श्याम ने घर के बाहर से आवाज़ दी थी। अमित एकदम से घबराकर उठा था। हड़बड़ा कर दरवाज़ा खोला तो देखा सामने निकिता थी, श्याम के साथ।

"क्या हुआ?"

"ज़िद करने लगी निकिता कि मुझे अमित से मिलना है। बहुत समझाया, नहीं मानी तो ले आया। मैं चलता हूँ। फ्लैट पर राधिका अकेली है।"

श्याम बोलकर वापस जाने लगा था।

"और तुम?" अमित कुछ समझ नहीं पा रहा था। दरवाज़े पर खड़ी निकिता को देखकर कहने लगा। माँ के सामने अचानक घर के अंदर भी उसे कैसे बुलाये।

"मैं अभी चली जाऊँगी। बस, तुमसे मिलना था।" निकिता ने पूरी नज़र से उसे देखकर कहा था।

मालती पीछे से उठकर तब तक आ चुकी थी। निकिता की बात सुनते ही बोलने लगी, "ऐसे कैसे जाओगी, चाय पीकर जाना। पहली बार आई हो, चलो अंदर।"

श्याम वापस जाने की जल्दी में था। कहने लगा, ''अमित, राधिका घर पर अकेली है। निकिता के साथ हॉस्टल से घर आ गई थी। मुझे जाना होगा। आंटी, मैं फिर कभी आ जाऊँगा। फिर मैं तो आता रहता हूँ।''

''ठीक है, तू जा बेटा। वैसे भी लड़की का इतनी देर रात जाना ठीक नहीं। क्यों बेटी, तुझे तो जल्दी नहीं है ? तू अब सुबह ही जाना।''

माँ ने कंधे के सहारे निकिता को अंदर आने के लिए कहा था।

निकिता को बात पसंद आई तो अचानक उसके चेहरे पर ख़ुशी दौड़ पड़ी थी। श्याम उसे अंदर जाता देखकर मुस्कुरा रहा था और अमित समझ नहीं पा रहा था। हाँ, सुप्रिया ने 'आ-आ' कहकर स्वागत किया था। उस रात निकिता माँ से घंटों बात करती रही और उन्हीं के साथ सो गई थी। अमित को उसकी आवाज़ की मिठास दूसरे कमरे में भी देर रात तक सुनाई दी थी।

चौथा खंड

27

"कौन? राधिका, दिस इज़ अदिति।"

"अदिति, तू! यहाँ? और अचानक कैसे?" राधिका ने दूसरी तरफ़ से आश्चर्य ज़ाहिर किया था।

"बस-बस, इतने सवाल एक साथ नहीं। अच्छा, मैं तुम्हें अमित के कहने पर फ़ोन कर रही हूँ। उसने कहा है कि उसे तुम फ़ोन मत कर बैठना।" अदिति सीधे पहले असली बात पर आ गई थी।

"क्यों, क्या हुआ?" राधिका ने फ़ोन पर ही अपना डर, दर्द और आश्चर्य व्यक्त किया था।

"कुछ नहीं यार, लास्ट नाइट ही हैड हार्ट अटैक। होश में आने के बाद सुबह-सुबह ही उसने मुझसे तुम्हें फ़ोन करने के लिए कहा था।" अदिति ने लंबी साँस छोड़ते हुए कहा था। आवाज़ में उदासी थी।

"क्या!" सुनते ही राधिका फ़ोन पर ही चीख़ पड़ी थी।

"ठीक है अभी, बट ही इज़ अंडर आब्ज़र्वेशन।"

"बेचारा!" राधिका ने लंबी साँस लेकर राहत महसूस की थी।

"राधिका, ये चक्कर क्या है? मेरी समझ से तो बाहर है।"

"अभागा है अमित, बस, यूँ समझ ले।"

"कैसे? और ये निकिता?"

"क्यों? मिली नहीं क्या अब तक?"

"नहीं, बस एक बार घर गई थी। जबलपुर पोस्टिंग पर आने पर। वह तो कमरे से भी नहीं निकली, फिर मैं क्या करती? फिर अमित भी आजकल कम ही बात करता है। उसने आगे भी कभी घर पर नहीं बुलाया, न ही हमारे घर आया। हाँ, निकिता के लिए लोग कहते हैं कि वह थोड़ी डिप्रेशन में रहती है।"

''नो नो, शी इज़ स्किइजोफ्रेनिक।''

''क्या? कब से? कॉलेज में तो ठीक-ठाक थी। देखने से तो पहले कभी महसूस भी नहीं हुआ था।''

''सुंदर चेहरे के पीछे बदसूरत दिमाग़, पूर्ण रूप से अव्यवस्थित। हाँ, मुझे भी अचरज हुआ था। कॉलेज में मेरी तो रूम पार्टनर रही है। मुझे तो लगता था कि थोड़ी लाड़ली और ज़िद्दी है। कई बार रात-रात भर सोती नहीं थी, छोटी-छोटी सी बातों में लड़ती थी। एक बार तुझे याद है, मेरे साथ कमरे की सफ़ाई के लिए कितना लड़ी थी—। ख़ुद तो कुछ भी नहीं करती थी। मगर बात-बात पर उलटा सोचना और लड़ाई। पर अब समझ में आता है कि वह भी डिप्रेशन की शुरुआत थी। वास्तव में वह बाइपोलर डिप्रेशन के सिमटम थे। पर ये कब स्किइजोफ्रेनिया में बदल गये, पता नहीं। वैसे भी जब यह ट्रिगर होता है, तो तेज़ी से बढ़ता है, जब तक दबा है तो दबा है। बीच में तो बहुत बुरी हालत थी। अब तो शायद कुछ ठीक भी है।''

''तुझे यह सब कैसे मालूम?''

''यहीं दिल्ली के साइकॉइट्रिक डॉक्टर वर्मा से भी इलाज चलता रहता है। हमारी जान-पहचान के हैं। इसलिए तक़रीबन सब कुछ ही जानती हूँ।''

''और निकिता के माता-पिता भी तो दिल्ली में ही थे। भाई और बहन भी वहीं हैं शायद। वे कुछ नहीं करते?''

''मदद करना तो दूर, मेरे ख़याल से तो वे उलटा बीमारी बढ़ाने में सहायक हैं।''

''वो कैसे?'' आश्चर्यचकित होकर अदिति ने पूछा था।

''और क्या, सूद अंकल, तुम्हें याद नहीं निकिता के पापा? एक-दो बार कॉलेज आए थे तब भी हर किसी से छोटी-छोटी बातों पर लड़ जाते थे। बेसिकली ही इज़ ऑलसो सफरिंग फ्राम मूड डिसऑडर, उनको डिप्रेशन रहता है। वह तो आँटी थोड़ी समझदार और तेज़ हैं। दवाई, प्यार और ऊपर से किसी भी तरह का स्ट्रेस उन्हें नहीं लेने देतीं, तो ठीक चल रहे हैं। परंतु उन्होंने अपने बच्चों की ओर ध्यान ही नहीं दिया। बाक़ी तो किसी तरह निकल गए लेकिन निकिता छोटी और लाड़ली थी तो बिगड़ गयी। बचपन में उसे लाड़-प्यार से तो बिगाड़ा ही और अब भी समझाने की जगह ऐसा कुछ न कुछ कह देते हैं कि उसका दिमाग़ ख़राब हो जाता है और वह अपना सारा पागलपन अमित और बच्चों पर निकालती है।''

''भाई और बहन ने समझाने की कोशिश नहीं की।''

''जुड़वां बहन समझदार है। एक दिन तो मुझसे भी कह रही थी कि निकिता ही बेवक़ूफ़ है जो माँ की बातें सुनती रहती है। उसने तो अपनी मम्मी को अपनी

शादी के दूसरे दिन ही कह दिया था कि...उसके पर्सनल जीवन में दखलंदाज़ी उसे पसंद नहीं, अपने ढंग से जीने दो, अपनी राय अपने पास ही रखो, जय रामजी की।...सरल, समझदार और बोल्ड है और ख़ुश भी रहती है। रही बात भाई की तो, बहू की हाँ में हाँ तो सभी मिलाते हैं। रहना भी तो उनके साथ ही है। सो बची निकिता—बस, उसी पर अपनी चौधराहट दिखाते रहते हैं। ये भी नहीं जानते कि उनके द्वारा कही गई कोई भी बात निकिता को असर कर जाती है और वह कुछ और समझ ही नहीं पाती।''

राधिका विस्तार से समझा रही थी।

''और उनका अमित के साथ व्यवहार... ?''

''वे उससे बात ही नहीं करते। बहुत छोटा समझते हैं। वैसे ख़ुद तो कोई बहुत बड़े सेठ नहीं हैं, परंतु अमित को, पता नहीं क्यों, पैरों की धूल समझते हैं। बातों-बातों में ही उसकी बेइज़्ज़ती कर देते थे। शुरू में तो अमित सहता रहा मगर अब आता-जाता नहीं और कम ही बात करता है। मगर ये आज भी निकिता को अमित के बारे में उलटा-सीधा बोलकर और पागल कर देते हैं।'' राधिका की आवाज़ में आक्रोश था।

''मगर यार, पढ़े-लिखे हैं, क्यों लड़की की ज़िंदगी ख़राब कर रहे हैं? समझ नहीं आता।'' अदिति हैरान थी।

''कौन समझता है आजकल...पता नहीं...। उलटे ऐसे लोगों को लगता है कि वह ठीक कर रहे हैं। ...पहले, हो सकता है, आदमी औरतों पर ज़ुल्म करते होंगे। हो सकता है, अब भी करते होंगे। परंतु आजकल तो औरतों के किस्से घर-घर में आम हैं। पूरे घर पर अधिकार के साथ-साथ ज़ुल्म भी कर रही हैं। ऊपर से लड़की के घर वाले भी आग में घी का काम करते हैं। ये तो अब आम बात हो गई है। विदेशों वाला हाल यहाँ भी हो गया है।'' राधिका भावावेश में कह रही थी।

''विदेशों में ऐसे हालात नहीं हैं, ग़लत सोचते हैं लोग। वहाँ का परिवेश अलग है, संस्कृति अलग है, रिश्तों का बंधन अलग है। वहाँ स्त्री परिपक्व है। उसे मालूम है, उसे ख़ुशी कहाँ से मिलेगी। वह झूठ और घुटन की ज़िंदगी जहाँ तक हो सके, नहीं जीती। स्वतंत्रता है। नहीं पसंद आया तो अपने-अपने रास्ते में चल देते हैं। तलाक के केस ज़्यादा हैं।'' अदिति सफ़ाई देने की कोशिश कर रही थी।

''तेरा क्या स्टेट्स है? विदेश से कैसे वापस आ गई? फिर अमित बता रहा था कि तूने अब तक शादी भी नहीं की...'' राधिका ने टॉपिक बदला था।

''वहाँ लंदन में सब बढ़िया था। मगर अपना देश तो याद आता ही रहता था। माँ को अपने देश की ज़्यादा याद आने लगी तो फिर वापस आ गई। जहाँ तक रही

शादी की बात तो बस यूँ ही ज़िंदगी कब इतनी आगे बढ़ गई, पता ही नहीं चला। जब प्यार की उम्र थी तो सिर्फ़ पढ़ती रही, जब पढ़ाई ख़त्म हुई और शादी की सोच पाती तब तक उम्र ही निकल गई। फिर प्यार हुआ ही नहीं। वैसे भी प्यार किया नहीं जाता, हो जाता है। ख़ैर, छोड़ तू, ये बता कि अमित इतना परेशान क्यों था कि मुझे तुझको फ़ोन करने के लिए कहा।''

अदिति आराम से बिस्तर पर लेटकर आँखें बंद करके बोलती चली गई थी। एक हाथ में कार्डलैस टेलीफ़ोन और दूसरा हाथ सिर के नीचे था।

''वैसे इस बारे में ज़्यादा तो नहीं जानती, पर अमित इस कोशिश में है कि उसकी बेटी वहाँ से निकल जाए। वह जल्दी ही उसे किसी हॉस्टल में डालना चाहता है। कुछ परेशान है। मैंने पूछा तो कह रहा था, पढ़ नहीं पाती है, कुछ भी नहीं कर पा रही है। पता नहीं, हो सकता है, शायद घर के वातावरण से दूर भेजना चाहता हो।''

''अच्छा, और क्या हाल है, श्याम के? तुम दोनों तो छुपे हुए रुस्तम हो। तभी तो कॉलेज में भी किसी को कानोंकान तक ख़बर नहीं होने दी।...कितने बच्चे हैं?'' अदिति की बंद आँखों में एक मिनट के लिए कॉलेज घूम गया था।

''बस, एक लड़का।''

''भाई, ये ग़लत है, एक को कंपनी चाहिए।'' अदिति ने मज़ाक के लहजे में कहा था।

''आई एम विज़िलेंट नागरिक ऑफ इंडिया, समझी? देश की जनसंख्या नहीं बढ़ानी है।''

ज़ोर से हँसे थे दोनों। अदिति फ़ोन रखने के बाद बहुत सोच में पड़ गई थी। इतनी सुंदर निकिता और मानसिक रूप से पूर्णतः बीमार, यक़ीन नहीं होता। दूसरी ओर अमित, बचपन से ही बस लड़ रहा है, भाग रहा है, दुःख ही दुःख। दया आने लगी थी अदिति को। उस रात के अपने व्यवहार पर उसको अब पश्चाताप भी था। मगर वह शायद ग़लत नहीं थी। क्या वह अमित की मुश्किलों के लिए अपना सब कुछ बर्बाद कर देती? अंदर ही अंदर, बचपन से ही उसके दिल में अमित के प्रति अपनापन था, हक़ भी था, परंतु आकर्षण कभी नहीं रहा। पर अब अमित को लेकर उसे दुःख भी महसूस होने लगा था।

उसके अपने जीवन में कुछ भी नहीं था। कई बार सोचती किसके लिए जी रही है? कॉलेज में ख़ूब पढ़ाई की। अंकल मरने से पहले बहुत बड़ा बैंक बैलेंस उसके नाम भी छोड़ गए थे। कह गए थे, विदेश जाना पढ़ने। अंकल के गुज़रने के बाद माँ भी किसी भी तरह यहाँ से दूर जाना चाहती थी। सो दोनों विदेश चले गए

थे। लंदन में पोस्ट ग्रैजुएशन के बाद वहीं कॉलेज में ही काम करने लगी थी कि माँ की ज़िद पर वापस आना पड़ा। क्या करती, माँ का दिल विदेश में भी नहीं लगा था। यहाँ प्राइवेट प्रैक्टिस करने का मन नहीं था। इतना पता था कि अमित ने भी रेलवे ज्वाइन की है। अच्छा पैसा, रहन-सहन और रुतबा है। सो भारत लौटकर उसने भी यूपीएससी एप्लाई किया, सिलेक्ट होने पर रेलवे को ज्वाइन कर लिया। माँ बूढ़ी हो गई थी और अब बीमार भी। बहुत कोशिश की थी उसने अदिति की शादी की। एक तो मेडिकल में उम्र निकल गई है पढ़ने में, सो लड़का मिलना वैसे ही मुश्किल। फिर अरेंज मैरिज के लिए संबंध जान-पहचान होनी चाहिए, जो माँ के पास नहीं थी। जो संबंधी थे, वे इस लायक़ नहीं थे। जो कहीं से मिलते भी तो वह या तो उम्र या माँ के पुराने संबंधों की ख़ातिर, आगे बात नहीं बढ़ पाती। प्यार की उसकी उम्र निकल गई थी। फिर प्यार ऐसे तो होता नहीं। फिर सामने वाले को भी तो आपसे प्यार होना चाहिए। उसने शीशे में ध्यान से कई बार देखा था, अच्छी-ख़ासी लगती थी। कॉलेज में भी कम ख़ूबसूरतों में नहीं आती थी। परंतु किसी ने भी पास आकर नहीं कहा था।...इतने साल अमित साथ रहा, वह भी तो आकर्षित नहीं हुआ था।

अदिति ने सोचते-सोचते करवट बदली थी...अमित आज सुबह अस्पताल के बिस्तर पर बूढ़ा लगने लगा था। उस पर उसे याद आया...सुबह-सुबह डॉक्टर खुराना, डॉक्टर शर्मा चीफ मेडिकल सुपरिटेंडेंट एवं मैडम शर्मा के साथ आए थे। सारी बातें डिसकस की थीं। अमित अस्पताल में अपना वजूद रखता था। सभी उसे बहुत पसंद करते थे। अदिति ने महसूस किया था कि डॉक्टर खुराना जिस तरह से चीफ़ को बतला रहे थे, अमित की हालत ठीक नहीं थी। ईसीजी ग्राफ़ में एसटी सेगमेंट काफ़ी उठा हुआ था और टी-वेव के ग्राफ़ में परिवर्तन था। जैसा कि हार्ट अटैक के बाद ईसीजी ग्राफ़ में परिवर्तन हृदय पर उसके असर को दिखाता है। इन सभी से अटैक की तीव्रता का अंदाज़ लगाया जा सकता है। अमित की दो आर्टरीज़ में ब्लड का फ्लो नहीं पहुँच पाने से कुछ असर आया था। ज़िंदगीभर उसे पूरा सावधान रहना होगा। तभी तो...

"नो अल्कोहल, नो स्मोकिंग एंड नो स्ट्रेस।" चीफ़ ने धीरे से कहा था।

"हाउ इज़ मम्मी, बेटा?" मैडम डॉक्टर शर्मा ने आकांक्षा को देखकर उसके पास जाकर पूछा था।

"ठीक है।" आकांक्षा ने नीची आँखें करके कहा था।

"कोई बात नहीं, सब ठीक हो जाएगा, टेक केयर।...अदिति, मिसेज डीआरएम काफ़ी ख़ुश थीं। जब मुझे परसों पार्टी में मिलीं तो तुम्हारी काफ़ी तारीफ़

कर रही थीं। तुमने उनकी बहू की सीजर ऑपरेशन से डिलीवरी काफ़ी अच्छी तरह से की थी। कास्मेटिक सर्जरी में तुम्हारा हाथ बहुत साफ़ है। पेट पर कोई निशान नहीं। आई टोल्ड हर, यू आर टेलेंटेड। कीप इट अप।''

अंतिम लाइनें अदिति को देखकर मिसेज़ डॉक्टर शर्मा ने कही थीं। और फिर तीनों चले गए थे।

अच्छी हँसमुख और ज़िंदादिल जोड़ी थी डॉक्टर और मिसेज डॉक्टर शर्मा की। अब भी इस उम्र में पूरे जवान लगते हैं।

निकिता के बारे में सब जानते हैं, काफ़ी कुछ और वह बहुत कम जानती है, यह सोचकर उसे बुरा लगा था, जबकि बचपन से वह अमित को जानती है। पर वह भी क्या करे, अमित ने उसे कभी भी घर पर नहीं बुलाया, न ही कुछ बताया। उसे तो यही लगा था कि शायद निकिता को पसंद नहीं। फिर उसने कोशिश भी नहीं की और न ही अमित ने। हाँ, कभी-कभी ड्यूटी पर साधारण-सी बात हो जाती थी। फिर उस रात के हादसे के बाद तो वैसे भी वह अमित से दूर ही रहती थी। आज घर आकर उसने सब कुछ माँ को बताया था। आकांक्षा अस्पताल में ही रह गई थी। सुबह घर आते समय अदिति गाड़ी उठाने, अमित के घर गई तो देखा, अनिरुद्ध की आँखें सूजी हुई थीं। लगता है, रातभर सोया नहीं था। पापा के बारे में हालचाल पूछ रहा था। उसने भी निकिता के बारे में पूछा तो अनिरुद्ध ने कोई जवाब नहीं दिया था। थोड़ा ग़ुस्सा ज़रूर उसके चेहरे पर उसने पढ़ लिया था।

''बीच में तुम भी चले जाना। वैसे कोई ज़रूरत होगी तो आकांक्षा फ़ोन करके मँगवा लेगी। चाहो तो तुम बात कर लेना। वैसे अस्पताल में सब कुछ ठीक है। सभी ख़याल रख रहे हैं, चिंता की बात नहीं। आकांक्षा दिन में शायद आ जाएगी। शाम को मैं भी आऊँगी। थोड़ा आराम कर लूँ।'' अदिति ने अनिरुद्ध से कार में बैठे-बैठे ही कहा तो, 'थैंक यू आंटी!'—बस, इतना ही कहा था उसने।

बड़ी दया-सी उमड़ पड़ी थी उसे आकांक्षा और अनिरुद्ध की हालत देखकर। शायद ठीक ही कर रहा है अमित आकांक्षा के लिए। शाम को ही उसे सब कुछ बताएगी और पूछेगी—यही कुछ सोचते-सोचते उसे कब आँख लग गई, होश ही नहीं रहा।

28

''हैलो, माँ उठी ?'' आकांक्षा ने घर पर अनिरुद्ध को फ़ोन किया था।

''नहीं, यहाँ की चिंता छोड़, पापा कैसे हैं ?'' अनिरुद्ध की आवाज़ में चिंता थी।

आकांक्षा फ़ोन पर ही सुबक पड़ी थी।

''अभी तो ठीक हैं पर लगता है, पूरी तरह ठीक नहीं हो पाएँगे। पता नहीं, क्या होगा... ? पापा के साथ ही ऐसा सब कुछ क्यों होता है ?''

''अब दिनभर सुनते रहेंगे, घुटते रहेंगे, तो यही होगा। कितनी बार बताया कि माँ की तबीयत को आप इस तरह से करके बढ़ा रहे हो और ख़ुद भी परेशान हो रहे हो। मगर कहाँ माने! हम लोगों की भी साली क्या ज़िंदगी है।'' अनिरुद्ध की आवाज़ में दुःख के साथ क्रोध भी था।

''देख, अनि, तू आज माँ के उठने पर कोई ग़ुस्सा या लड़ाई नहीं करेगा। फिर तू समझता क्यों नहीं। पापा परेशान होते हैं। अच्छा तूने कुछ लिया ? लक्ष्मी बाई आई है?''

''हाँ, आ गई।''

''उससे चाय बनवा ले, बिस्किट रखे हैं, ले लेना और माँ उठे तो उनको भी चाय बिस्किट के साथ ही देना। खाली चाय नुक़सान करती है। इतनी सारी गर्म दवाइयाँ खाती रहती हैं। मैं अभी थोड़ी देर में आती हूँ। फिर खाना बना दूँगी। तुझे स्कूल जाना है ?''

''क्या बताऊँ, जाना तो ज़रूरी है, परंतु घर में ऐसी हालात में... । चल कोई बात नहीं। पर तू कैसे आयेगी, मैं आ जाऊँगा स्कूटर से तुझे लेने, ठीक है।''

''ठीक है, लक्ष्मी कहाँ है ? तेरी चाय के लिए बोल देती हूँ।''

''बोल दूँगा न।'' ज़ोर से बोला था अनिरुद्ध।

''अच्छा, ठीक है, चिल्लाता क्यों है ?''

आकांक्षा ने धीरे से कहा और टेलीफ़ोन रख दिया था। अनिरुद्ध और आकांक्षा में बेहद प्यार था। आकांक्षा जहाँ शांत, गंभीर, प्यार देने वाली थी, वहीं अनिरुद्ध तेज़ ग़ुस्से वाला। आकांक्षा पढ़ाई में कमज़ोर थी, कुछ बचपन से ही घर की भी देखभाल करनी पड़ती थी। पापा से बेहद जुड़ी हुई थी। माँ का भी ध्यान पूरा रखती, परंतु निकिता उससे दूर-दूर ही रहती और भला-बुरा भी कहती रहती। इसके बावजूद बीमारी की बात जानकर और सोचकर आकांक्षा बस रो लेती थी। अपने भाई से तो उसे विशेष प्यार था। अनिरुद्ध पढ़ाई में तेज़ था। माँ से प्यार भी बहुत मिला और माँ को चाहता भी था परंतु उनके द्वारा अक्की दीदी को कुछ बोलने पर वह उनसे लड़ जाता था। अपनी बहन से उसे विशेष लगाव था, और उस पर हक़ भी पूरा जताता। उसकी सारी बातें सुनता तो अपनी भी सारी सुनाता। दोनों अच्छे दोस्त भी थे। परंतु आकांक्षा थोड़ा डरती थी अनिरुद्ध से। भाई छोटा हो या बड़ा, होता तो भाई ही है।

रेलवे के बड़े-बड़े बँगलों में अंग्रेजों के ज़माने से पीछे की ओर सर्वेंट क्वार्टर्स बने हुए थे। आम प्रचलन में उन्हें आउट हाउस भी कहा जाता। डॉक्टर अमित के पीछे के एक आउट हाउस में लक्ष्मी बाई रहती थी। बँगले की साफ़-सफ़ाई और ज़रूरत पड़ने पर रसोई में थोड़ा-बहुत काम भी करा जाती थी। उसका पति हाईकोर्ट चौराहे पर फल की दुकान लगाता था। बच्चे छोटे-छोटे थे। सीधी-सादी और बेहद संवेदनशील। लक्ष्मी बाई ने, डॉक्टर साहब के बारे में सुनकर अपनी चिंता दिखाई और पूछताछ करने पर चाय बनाकर घर पर सफ़ाई कर दी थी। अनिरुद्ध ने एक बार फिर दरवाज़ा खटखटाया, मगर माँ नहीं उठी थी। खिड़की से उन्हें सोया हुआ देखकर उसका ग़ुस्सा बढ़ता जा रहा था कि अचानक फ़ोन की घंटी ने उसका ध्यान बँटाया था...आकांक्षा का होगा सोचकर दौड़ते हुए रिसीवर उठाया तो टेलीफोन पर दोस्त था, ''स्कूल नहीं चल रहा... ?''

''नहीं, मेरी तबीयत ठीक नहीं। बुखार है। अच्छा, मैं बाद में फ़ोन करूँगा।'' उसे घर के ऐसे हालात में किसी बाहर वाले से बात करना अच्छा नहीं लगता और उसने बिना सामने वाली की बात सुने फ़ोन रख दिया था। पिता को देखने की इच्छा हो रही थी सो कुछ देर इंतज़ार कर, ख़ुद ही अस्पताल के लिए निकल पड़ा था। जाते-जाते लक्ष्मी बाई को कह गया था, ''माँ उठे तो कहना—बस, मैं आ रहा हूँ, अस्पताल से आकांक्षा को ले आऊँ।''

उसे अपने पिता को लेकर चिंता हो रही थी। जल्द से जल्द उन तक पहुँचना चाह रहा था। स्कूटर के इंजन की भारी आवाज़ से उसकी गति का अनुमान लगाया जा सकता था। दिमाग़ इतना अधिक बेचैन था कि वह गियर बदलना ही भूल गया, और दूसरे गियर में ही अस्पताल पहुँच गया। वहाँ पहुँचा तो पिता को अस्पताल के बिस्तर पर ऑक्सीजन लगी देखकर विचलित हो उठा था। हाथों में ग्लुकोज़ लगा हुआ था। बहुत देर यूँ ही खड़ा रहा और फिर कुछ देर बाद अपने हाथों के स्पर्श से उसने पिता को प्यार देने की कोशिश की थी।

अमित की आँखों में बेटे को देखकर आँसू उभरते, उसके पहले ही उसने उसे थूक के साथ घुटक लिया था।

''माँ ठीक है?...उनका ख़याल रखना।''

''आप उनकी चिंता छोड़िए और अपना ख़याल रखिए।''

अनिरुद्ध के शब्दों में आक्रोश उभरा था और चेहरे पर नाराज़गी दिखाई देने लगी थी।

आकांक्षा ने धीरे से पापा से कहा था, ''बस, घर जाकर कुछ काम करके, खाना बनाकर मैं जल्दी आ जाऊँगी...और फिर माँ को भी तो उठाना है।'' और यह कहकर वह अनिरुद्ध के साथ घर आ गई थी।

घर पहुँची तो माँ अब तक नहीं उठी थी। वह अक्सर बच्चों के स्कूल जाने के बाद ही उठती थी। बच्चों को तो पता ही नहीं चल पाता था। आज भी देर से दोपहर में उठी तो अनिरुद्ध ने रोष दिखाते हुए कहा था, ''आप सो रही हो, पापा को हार्ट अटैक आया हुआ है। अभी अस्पताल में हैं।''

निकिता के चेहरे पर सूजन और कमज़ोरी थी। चिंता की हलकी-सी लकीर उभरी थी। आकांक्षा दूर चाय लेकर खड़ी थी।

''माँ, चाय ले लो।''

निकिता ने बड़ी हेय दृष्टि से उसे देखते हुए कहा था, ''मुझे भी मारेगी क्या... ? देख, तेरे कारण क्या हो गया... ? वैसे तो तू अपने पापा की बड़ी लाड़ली बनती थी।''

''माँ, दीदी को कुछ मत कहना।'' अनिरुद्ध ने ग़ुस्से में कहा था।

''भाई को भी अपने तरफ़ कर लिया। सबके साथ मिलकर मुझे बर्बाद करेगी।''

आकांक्षा अनिरुद्ध को बाहर खींचकर ले आई थी।

इसी बीच निकिता ने दिल्ली फ़ोन मिलाया था और अपनी माँ को रोते हुए कहने लगी, ''माँ, अमित को हार्ट अटैक आया है, अस्पताल में है।''

''ठीक तो है?'' उधर से तेज़ आवाज़ थी।

''हाँ, सुना है, ठीक है।''

''कितनी बार समझाया कि शराब मत पियो, परंतु वह हमारी सुनता कहाँ है! यह तो एक दिन होना ही था। अगर कुछ कम-ज़्यादा हो गया तो तेरा क्या होगा बेटा...हमें तो तेरी बहुत चिंता रहती है...तू कैसी है बेटा? अपना ध्यान रखा कर...''

निकिता बच्चों के समान रो रही थी।

''देख, यहाँ तेरे पिताजी की तबीयत ठीक नहीं रहती। फिर तेरे भाई के पास काम कितना ज़्यादा है।...देखती हूँ, दोनों में से कोई तैयार होगा तो मैं किसी को भेजती हूँ...तेरा दिल न लगे, तो तू कुछ दिनों के लिए यहाँ आ जाना। स्टेशन भेज दूँगी किसी को लेने। चिंता मत करना। क्या करें बेटा! फिर अमित किसी से ठीक से बात भी तो नहीं करता। ख़ैर, भगवान सब ठीक करेंगे। अच्छा, अपने पापा को मत बताना, नहीं तो परेशान होंगे। ठीक है, ध्यान रखना।''

दूसरी तरफ़ से फ़ोन रख दिया गया था।

अपने कमरे में अनिरुद्ध पैरलल में लगे हुए टेलीफ़ोन से सारी बात सुन रहा था। ग़ुस्से से आग बबूला हो उठा, बड़बड़ाते हुए आकांक्षा को कहने लगा, "शरम नहीं आती इन लोगों को। यहाँ मेरे पिताजी मौत के मुँह में बैठे हैं और ये लोग कहते हैं कि शराब से हुआ है। अरे, शराब क्यों पीते हैं, ये कभी सोचा है इन लोगों ने? करना-धरना कुछ नहीं, बस वहाँ बैठकर हुक्म चलाते रहते हैं। क्या करें, अपनी माँ की कमज़ोरी है अब तक समझ ही नहीं पाई। बीमारी का बहाना करती हैं, क्यों, अपने माँ-बाप के घर जाकर तो ठीक रहती हैं। वहाँ अपना रूप दिखाएँ। वहाँ तो बड़ी अच्छी बन जाती हैं।...इतना भी नहीं कि कोई अस्पताल में भर्ती है तो आएँ और देख जाएँ। कह रहे हैं, अपनी परेशानी है। फिर भी अच्छे बने रहेंगे। मतलबी और बड़े तेज़ लोग हैं।"

"ऐसे नहीं बोलते, बड़े हैं। नाना-नानीजी हैं।" आकांक्षा ने अनिरुद्ध को सँभालने की कोशिश की थी।

"अरे किस बात के नाना-नानी? बचपन से देख रहा हूँ, पापा को क्या-क्या नहीं कहते। भरते रहते हैं माँ के कान...।" अनिरुद्ध ग़ुस्से में तेज़-तेज़ बोल रहा था।

पीछे से कमरे में कब माँ आ गई, दोनों ने देखा ही नहीं था। वह तो आवाज़ सुनी तो पलटकर देखा था, निकिता आँख निकालकर बोल रही थी, "देख, मेरे माँ-बाप को कुछ मत कहना।"

"उनसे भी कह दो, मेरे पापा को कुछ न कहें।" अनिरुद्ध का ग़ुस्सा उबल रहा था।

"सब इस लड़की ने सिखाया है, दिनभर मेरे और मेरे घर वालों के खिलाफ़, सबको भरती रहती है।" निकिता ने आकांक्षा की तरफ़ घूरते हुए कहा था।

आकांक्षा हाथ जोड़कर माँ को मनाने लगी तो अनिरुद्ध फिर बोल पड़ा, "देख माँ, दीदी को कुछ मत कहना, नहीं तो..."

"नहीं तो क्या करेगा, मारेगा?"

और निकिता ने अपनी चप्पल उठाकर अपने सिर पर ज़ोर-ज़ोर से मारनी शुरू कर दी थी। आकांक्षा ने रोकने की कोशिश की तो धक्का देकर ग़ुस्से में अपने कमरे में जाकर अंदर से दरवाज़ा बंद कर लिया था। बहुत देर तक बिस्तर पर हाथ-पाँव पटकने की आवाज़ आती रही थी।

आकांक्षा सहम गई थी, रोती हुई दरवाज़ा खटखटाने लगी। नहीं खुलने पर, दौड़कर बग़ीचे की ओर से खिड़की से झाँका, अंदर माँ अपने सिर के बाल नोचते हुए बड़बड़ा

रही थी और गुड़ी-मुड़ी होकर बिस्तर पर उठ-बैठ रही थी।

आकांक्षा ने खिड़की में से शब्द अंदर धीरे से फेंके थे, ''माँ, मैं सॉरी बोलती हूँ। अनि थोड़ा ग़ुस्सैल है, मगर आपको बहुत प्यार करता है। वैसे ही बोल गया। अच्छा, दरवाज़ा खोलो। मुझे जो कहना है, कह लो। मैं तो सही में... ।''

''बोल दे उसको, मेरे माँ-बाप को कुछ नहीं कहेगा।'' अंदर से लेटे-लेटे निकिता ने कहा था।

''ठीक है, मैं कह दूँगी। नहीं कहेगा। बच्चा है, समझता नहीं।'' आकांक्षा बोलते-बोलते अचानक ज़ोर से रो पड़ी थी और फिर दौड़कर अंदर बँगले में वापस आ चुकी थी। बहुत देर तक दरवाज़े के बाहर ही खड़ी रही, न खुलने पर अंत में अनिरुद्ध को समझाया था—ऐसे नहीं बोलते।

अब तक अनिरुद्ध का ग़ुस्सा माँ के रौद्र रूप से हवा हो चुका था। उलटे आत्मग्लानि होने लगी थी। डरता था, माँ कुछ उल्टा-सीधा न कर ले। पापा भी अस्पताल में हैं।...और फिर वह भी अचानक रो पड़ा था। हाथों से आँखों को पोंछता मगर आँसू थे कि रुकने का नाम नहीं लेते थे, बोलने की कोशिश में शब्द भी साथ बहने लगे थे, ''इनको अभी भी अपने माँ-बाप की चिंता है। हम लोग तो माँ के लिए कुछ भी नहीं। ये कैसी बीमारी है?''

आकांक्षा ने अनिरुद्ध को सँभालने की कोशिश की थी, और समझाते हुए धीरे से कहा था, ''सब ठीक हो जाएगा।''

अनिरुद्ध शांत हुआ तो आकांक्षा ने उसे नहाने के लिए भेजा और ख़ुद खाना बनाने लगी थी। हाँ, बीच में किसी को फ़ोन करके ज़रूर कहा था कि आज भी स्कूल नहीं जा पाएगी। खाना बना चुकी तो बड़ी मुश्किल से माँ का दरवाज़ा खुलवाया था और फिर धीरे से कहने लगी, ''माँ, नहा लो, भूख लगी होगी, फिर कुछ खा लेना...मुझे अस्पताल भी जाना है।''

निकिता आकांक्षा की ओर देखे बिना उठकर बाथरूम चली गई थी। आकांक्षा ने तुरंत खाने की थाली लगाकर उसे माँ के सिरहाने वाली टेबल पर रख दी थी। पानी का गिलास के अतिरिक्त एक जग भी भरकर रख दिया था। दवाइयों का असर रहता है जो माँ को प्यास अधिक लगती है...यह वह जानती थी। और फिर दरवाज़े को भेड़ते हुए ख़ुद धीरे से तैयार होने अपने कमरे में आ चुकी थी। अस्पताल पहुँचने में उसे देरी होने लगी तो अनिरुद्ध से स्कूटर पर छोड़ने के लिए कहा था। अनिरुद्ध अब तक पूरी तरह शांत हो चुका था। फिर भी रास्ते में उसे समझाती रही थी, ''देख, माँ को कुछ मत कहना। पापा ने कितनी बार कहा है कि माँ की दिमाग़ी हालत ठीक नहीं।...हम उन्हें प्यार देंगे तो वह ठीक हो जाएँगी।...और फिर उनसे

ऐसी बातें नहीं कहते, माँ हैं हमारी।...और सुन, अब तू कोई नया बखेड़ा मत करना।''

अनिरुद्ध चुपचाप सुनता रहा था।

अस्पताल में नीचे छोड़कर ही वापस चलने लगा तो आकांक्षा ने पीछे से कहा था, ''ज़्यादा नहीं सोचते, अपना ध्यान रखना।''

आकांक्षा लिफ्ट के सामने पहुँची तो देखा वह ऊपर की दिशा में जा चुकी थी। उसके वापस आने का कौन इंतज़ार करे और उसने दौड़ते हुए सीढ़ियों का रास्ता चुना था। लगभग दौड़ते हुए दूसरे फ्लोर पर पहुँची तो देखा, डॉक्टरों का दोपहर वाला राउंड ख़त्म हो चुका था। डॉक्टरों और नर्सों का झुंड लिफ्ट के इंतज़ार में खड़ा हुआ था। कुछ एक को वह जानती थी। नज़रें झुकाए भीड़ को चीरते हुए वह कमरे में पहुँची तो पापा लेटे हुए थे। आँखें दरवाज़े पर ही टिकी हुई थीं। लग रहा था, इंतज़ार ही कर रहे थे। देखते ही पूछ बैठे, ''माँ कैसी हैं?''

''ठीक हैं, पूछ रही थीं। आपके लिए परेशान थीं।'' आकांक्षा ने पिता के सिर पर हाथ फेरते हुए मुस्कुराकर कहा था।

अमित बेटी की बातों को सुनकर मुस्कुरा दिया था। उसे पता था कि इसमें कितना झूठ है। और फिर बाप-बेटी के बीच में ख़ामोशी ने एक बार फिर जगह बना ली थी।

समय पर खाना और ठीक टाइम पर दवाई—आकांक्षा ने नर्स से सब कुछ समझ लिया था।...शाम होते-होते अदिति आई तो साथ में सुनीता आंटी भी थीं। आकांक्षा ने देखा तो पहचान नहीं पाई थी। एक तो बहुत दिनों बाद देख रही थी...शायद साल ही हो रहा हो...बूढ़ी और बीमार लग रही थीं।

अदिति ने आते ही आकांक्षा से पूछा था, ''कैसी है?'' और फिर अमित की ओर देखते हुए मुस्कुराई थी, ''ठीक हो?''

अमित ने धीरे से सिर हिलाया था। पीछे खड़ी सुनीता आंटी ने अब तक आकांक्षा के चेहरे पर हाथों को फेरकर भरपूर प्यार किया और फिर अमित के नज़दीक आकर झुकते हुए कहने लग पड़ी, ''बेटा, ये क्या हाल बना रखा है?...मैंने जब से सुना तब से मुझे तो बड़ी चिंता हो रही थी। रहा न गया तो इसीलिए चली आई हूँ। ख़ैर, चिंता करने की ज़रूरत नहीं, सब ठीक हो जाएगा, वह है न ऊपर वाला।...तुम तो मुझसे मिलने आते ही नहीं, मैं ही अदिति से पूछती रहती हूँ। अब की बार अस्पताल से निकलने के बाद मुझसे मिलने नहीं आए तो तुम्हारी ख़ैर नहीं...।''

और फिर पीछे खड़ी आकांक्षा की ओर मुड़कर उसके सिर पर फिर से बड़े

प्यार से हाथ फेरा था।

''बिलकुल अपनी बुआ पर गई है। सुप्रिया जैसी लगती है, बड़ी प्यारी है...'' कहते-कहते उनकी आँखों में आँसू थे। अमित ने आँखें बंद कर चेहरा दूसरी ओर कर लिया था।

अदिति ने तुरंत बात सँभालते हुए माँ को ग़ुस्से से देखा था और इशारे ही इशारे में चुप रहने के लिए कहा था। एक बार फिर कमरा सन्नाटे से भर गया था।

थोड़ी देर बाद अदिति ने माँ को घर छोड़कर आने की बात कहकर आकांक्षा और अमित से जाते-जाते कहा था, ''माँ को घर छोड़कर थोड़ी देर में आती हूँ। बेटा, कोई चीज़ की ज़रूरत हो तो घर फ़ोन कर देना।...अच्छा, अमित, मेरी राधिका से बात हो गई है। चिंता मत करो, सब ठीक है।''

सुनीता आंटी के शब्द अमित के कानों में अब भी गूँज रहे थे। अदिति के जाने के बाद उसने आकांक्षा की ओर ध्यान से देखा था...सही में, सुप्रिया जैसी लगती है।...बहन की याद आते ही उसके दिल में पीड़ा-सी उठी थी। उसे सब कुछ याद आ रहा था। आँखें बंद कर भूलने की कोशिश की तो सुप्रिया की धुँधली-सी तस्वीर उभरी थी...।

29

भावना दिखाने के बहुत सारे तरीक़े हैं, जो प्रकृति ने हर जीवित प्राणी को दे रखे हैं। मुश्किल सिर्फ़ इस बात की है कि सामने वाला उन भावनाओं को कितना समझ पाता है। यह इस बात पर निर्भर करता है कि आप उस भावना को पढ़ पा रहे हैं या नहीं पढ़ पा रहे हैं। इससे भी अधिक अहम होता है कि आप पढ़ना चाहते हैं या नहीं। साथ ही महत्त्वपूर्ण है कि सामने वाले से आप किस बंधन में बँधे हैं। अगर आप प्यार के बंधन में बँधे हैं और वह भी बचपन से, तब आप सामने वाले की बहुत सारी बातों को बिना कहे ही समझ जाते हैं।...ऐसा क्यों होता है जब माँ अपने बच्चे की अधिकांश बातें बिना कुछ कहे ही समझ लेती हैं? ऐसा क्यों होता है कि बाप अपने बच्चे को आसानी से पढ़ लेता है? बच्चे भी जाने-अनजाने अपने माँ-बाप को जानने लगते हैं। ऐसा क्यों होता है कि भाई अपनी बहन को, तो बहन अपने भाई को बहुत अच्छी तरह से पहचानती है?...शायद उनके बीच में प्यार का बंधन होता है।

इसी समाज में ऐसा भी होता है...एक इनसान जो आपको बहुत प्यारा लगता है, ज़रूरी नहीं दूसरे को भी प्यारा लगे।

सुप्रिया बचपन से ही न बोल पाती थी, न चल पाती थी, हाथ भी पूरी तरह से काम नहीं करते थे। ज़्यादा तो चेकअप नहीं कराया था पर सरकारी अस्पताल के डॉक्टर ने बताया था कि पोलियो की वजह से है, ठीक नहीं हो सकता। किसी और डॉक्टर ने सेरीब्रेल पेल्सी बीमारी का असर बताया था। उसका शरीर उसकी उम्र के हिसाब से विकसित नहीं हो रहा था। हाथ-पैर में जान नहीं थी। परंतु मन-मस्तिष्क उसकी उम्र के साथ-साथ धीरे-धीरे विकसित हो रहे थे। मालती और मास्टरजी के पास सीमित साधन थे। यही कारण था जो चुपचाप भगवान का दिया समझकर स्वीकार कर लिया था।

बचपन से ही अमित ने माँ की आँखों में कभी भी नहीं देखा था कि वह इस बात से परेशान हैं। चिंतित ज़रूर रहती थीं। सोचती रहती थीं, पता नहीं क्या होगा! माँ का दिल जो ठहरा। माँ के मन में बेटी के प्रति असीम प्यार था। उधर, सुप्रिया को कभी भी यह एहसास नहीं हुआ कि वह पूर्णतः आश्रित है।

बचपन से ही सभी उसकी बातों को, उसकी भावनाओं को बहुत अच्छी तरह समझ जाते थे। अमित का स्कूल से आना और सबसे पहले उससे मिलना। परीक्षा वाली रात में पूरी-पूरी रात सुप्रिया का साथ जागना। बाहर के कमरे में बिस्तर पर लेटे-लेटे सारा दिन सभी का इंतज़ार करती रहती। आते-जाते हर आहट पर उसकी आँखों में चमक देखते बनती थी। घर आने के बाद सब उसके आसपास बैठ जाया करते थे। सुप्रिया कह तो नहीं पाती थी, पर सब लोग उसके कुछ कहे बिना ही समझ जाते थे। वह हर बात को बड़े ध्यान से सुनती थी और अपने ही अंदाज़ में बिना कुछ कहे हुए आँखों से ही सब कुछ कह जाती थी। अमित ने कभी भी उसकी आँखों को जीवन से निराश होते नहीं देखा था। यहाँ तक कि बचपन में पिता के देहांत के वक़्त भी वह दुखी तो हुई थी मगर विचलित नहीं हुई थी।

अपनी माँ का उसने हर मुसीबत में साथ दिया था। उसकी मुश्किलें ज़रूर बढ़ गई थीं। पहले तो आवाज़ लगाई और माँ हाजिर। परंतु अब उनको स्कूल जाना होता था। वैसे तो सब कुछ करवाकर जाया करती थीं परंतु हर बार शरीर साथ नहीं देता था। वैसे गीता, सुनीता आंटी और कभी-कभी कमला चाची भी आवाज़ लगाने पर, या यूँ ही बीच-बीच में देख जाती थी। पर जब सारी शक्ति ख़त्म हो जाती तो बिस्तर गंदा हो जाता था। कई बार उसी अवस्था में वह घंटों लेटी रहती थी। जब माँ पहुँचती तो सुप्रिया की आँखों में एक अजीब-सी शर्म होती थी। मालती सब काम छोड़कर सबसे पहले उसकी सफ़ाई करती, कपड़े बदलती—हाँ, कई बार बीच में मुस्कुराते हुए उसे बच्चों की तरह दुलार करती।

“मेरा छोटा-सा बच्चा। फिर गंदा कर दिया, कोई बात नहीं।”

इन शब्दों में भी प्यार बेशुमार होता, भावना प्रधान होती। और फिर सुप्रिया भी मुस्कुरा देती। कभी-कभी अमित अगर पहले आ जाता तो वह भी सहयोग कर देता और सुप्रिया भाई पर अपना हक़ समझती।

शाम को स्कूल से आने के बाद माँ और अमित के लिए सबसे पहले सुप्रिया के पास बैठना ज़रूरी होता था। यह सुप्रिया का अधिकार क्षेत्र था। वैसे भी वह सारा दिन इंतज़ार करती और जैसे ही दोनों आ जाते, उसके चेहरे पर ख़ुशी देखते ही बनती थी। सारी रामायण दिनभर की उसको बताई जाती। इस तरह से कब दिन बीत गए, पता ही नहीं चला। अमित के मेडिकल कॉलेज में एडमिशन की सबसे ज़्यादा ख़ुशी उसी को थी। उसे बचपन से उम्मीद थी कि अमित बड़ा होकर डॉक्टर बनेगा और सबसे पहले उसी को ठीक करेगा। स्वप्न तो स्वप्न है, उसे देखना कोई ग़लत बात तो नहीं।

धीरे-धीरे कॉलेज में पढ़ाई बढ़ने लगी तो अमित को वापस आने में देरी होने लगी थी। एक तो कॉलेज दूर पड़ता, दूसरे लाइब्रेरी में पढ़ाई करने के लिए रुकना पड़ता, फिर भी जब तक वह वापस नहीं आ जाता, सुप्रिया की आँखों में नींद न आती, माँ तो कई बार झपकी ले भी लेती थी। अमित इस बात को जानता था तभी तो जब भी पूरी रात पढ़ना हो तो सुप्रिया के पास ही बैठकर पड़ता। कई बार तो सारी-सारी रात वह उसके साथ जागती थी।

उधर, अदिति जब तक मोहल्ले में रही सुप्रिया से तक़रीबन रोज़ मिलती थी। और दोनों अच्छे दोस्त बन चुके थे।

प्रकृति भी पक्की नियम वाली है। किसी को भी नहीं बख़्शती। मगर यह कैसा इंसाफ़ है, सभी उसकी निगाह में एक समान है। प्रकृति यह भी नहीं देखती कि आपकी क्या मजबूरी है। उसे तो अपना काम करना ही है। मासिक अवस्था में पहले तो सुप्रिया को बड़ा अजीब-सा महसूस होता था। भाई से शर्म भी आती थी परंतु अदिति कई बार माँ की अनुपस्थिति में उसको सहयोग कर देती थी।

हर नई कक्षा में अमित ज़्यादा व्यस्त होता चला गया। कॉलेज फिर इंस्टिच्यूट। मगर जब भी घर आता, सबसे पहले सुप्रिया से ही मिलता। इंटरशिप में कई बार हफ़्ता-हफ़्ता भी नहीं आ पाता था। अस्पताल में भी सुप्रिया उसे याद आती थी। फिर निकिता के प्रेम ने उसे और अधिक व्यस्त कर दिया था। उन दस दिनों में वह एक बार भी घर नहीं आ पाया था। जब आया भी तो कुछ थका-थका और परेशान-सा ही रहता था। उसने पहली बार सुप्रिया से कुछ छुपाया था। निकिता उस दिन देर रात जब पहली बार घर आई थी तो सुप्रिया बड़ी प्रसन्न हुई थी। वैसे भी नये

मेहमान के साथ वह ज़्यादा आत्मीयता से पेश आती थी। बिना आवाज़ के सिर्फ़ मुस्कुराती और उम्मीद करती कि नवागंतुक भी सबसे पहले उसी से मिले। पर निकिता ने बहुत ज़्यादा बात नहीं की थी। परंतु सुप्रिया के आँखों से लग रहा था कि वह उसकी ख़ूबसूरती से आकर्षित है। उसकी आँखों की चंचलता ने बहुत कुछ कहने की कोशिश की थी। अमित ने ही उसे चुप कराया था।

राधिका और श्याम के वापस आ जाने से निकिता और अमित को मिलने में कठिनाई होने लगी थी। वैसे तो शाम को कॉलोनी के मंदिर ज़रूर जाते, कॉफ़ी हाउस में सुबह का नाश्ता साथ ही करते। परंतु प्यार करने के लिए जगह नहीं मिल पाती। निकिता ने फ़ाइनल प्रौफ़ पास कर लिया था और उसकी इंटरशिप भी शुरू हो गई थी। उसकी भी हॉस्पिटल में ड्यूटी लगने लगी थी। दोनों अधिकतर साथ ही ड्यूटी लगवा लेते थे। अमित ने इंटरशिप में ही प्रीपीजी की तैयारियाँ शुरू कर दी थीं। श्याम और राधिका भी जमकर पढ़ रहे थे। अदिति का अपना अलग ही एजेंडा था। विदेश जाकर मास्टर्स करना था। उसकी आगे बढ़ने की भूख बरकरार थी। सेठजी का देहांत हो चुका था। अदिति के साथ सुनीता भी साथ जाने को तैयार थी। पैसे सेठ जी काफ़ी छोड़ गए थे। बस, मेहनत और बाहर के प्रोफ़ेसरों से जान-पहचान और संबंध निकालने थे। कॉलेज के वरिष्ठ प्रोफ़ेसरों से परामर्श ले रही थी। अत्यंत व्यस्त थी।

तक़रीबन सभी वरिष्ठ प्रोफ़ेसरों ने अमित से भी भविष्य के बारे में पूछा तो अमित ने बड़े स्वाभाविक ढंग से बिना किसी हिचकिचाहट के कहा था, ''सर, मैं यहीं रहूँगा, भारत में और वह भी जबलपुर में। सर, एक तो पैसे नहीं हैं, दूसरे अगर स्कॉलरशिप मिल भी जाए तो यहाँ अकेली माँ, बीमार बहन को छोड़कर जाना संभव नहीं। फिर बाहर जाकर जो पढ़ाई होती है, वह यहाँ पर भी होती है तो फिर मैं अपने घर को क्यों छोड़ूँ? वैसे भी इनसान सब कुछ किसके लिए करता है? अपनों के लिए। जब अपने ही साथ न हो तो फिर क्या फ़ायदा?''

डीन बड़े आश्चर्यचकित हुए थे। बहुत होनहार था अमित। कई जगह उसे एडमिशन मिल सकता था परंतु अपने घर के लिए इतनी मुहब्बत अब कम ही देखने को मिलती है।

...एक दिन अमित की केज़ुअल्टी वार्ड में ड्यूटी थी और निकिता की जनरल लेबर वार्ड में। देर शाम वह अमित के पास वार्ड में आई तो कुछ-कुछ परेशान-सी थी, ''अमित, ज़रूरी बात करनी है तुमसे, अभी कॉफ़ी हाउस चलो।''

बीच में उभरी हलकी-सी मुस्कुराहट ने अमित को संशय में डाला था।

''क्या हुआ?''

''चलो तो सही, वहीं बताती हूँ।'' हाथ पकड़कर खींचते हुए ले गई थी।

कॉफ़ी हाउस में पहुँचकर उसने तुरंत अमित का हाथ अपने हाथ में लिया और आँखों में आँखें डालकर बड़ी आशाभरी निगाहों से कहा था, ''मेरा साथ तुम तो नहीं छोड़ोगे ?''

''नहीं, नहीं, मगर बात क्या है ?''

''हमें जल्दी शादी करनी होगी, मैं फ़ैमिली-वे में हूँ,'' कहकर निकिता ने शर्म से आँखें नीची कर ली थीं।

''क्या ?'' अमित को एकदम से अनापेक्षित ख़ुशी हुई थी, मगर जिस ढंग से वह तेज़ी से आई, उसी तेज़ी से बहुत सारे सवालों ने भी घेर लिया था। उसे अपने घर में कोई परेशानी नहीं दिखती थी। परंतु निकिता के घर वाले...क्या वे मानेंगे ?

''तुमने अपने घर वालों से बात की है ?''

''यही सब तो बात करनी है तुमसे, कैसे करना है ?''

''मेरी परिस्थितियाँ देखकर अगर वे लोग नहीं माने तो ?''

''तो तुम क्या इस हालात में मुझे छोड़ दोगे ? वही तो देखना है कि कैसे किया जाए।...कैसे भी हो, उन्हें मनाना होगा।''

''मेरे घर-परिवार को देखते और जानते हुए अगर तुम मुझे समझती हो तो मुझे कोई परेशानी नहीं।'' अमित थोड़ा-सा अपनी बात खुलकर कहना चाह रहा था।

''हाँ-हाँ,'' कहकर निकिता ने तो बात ख़त्म कर दी थी और ख़ुशी की चमक उसके चेहरे पर साफ़-साफ़ झलक रही थी मगर अमित अचानक ढेरों जवाबदारियों से घिर गया था।

अमित उस रात सो न सका, सारी रात सोचता रहा। किसी भी प्रश्न का जवाब न मिलने पर करवट बदल लेता...क्या यह सब ठीक है ?...परंतु अब उसे यह सोचने का क्या हक़ ?...क्या निकिता घर में माँ और सुप्रिया के साथ रह लेगी ?...पर ये सवाल तो उसे अपने आप से पहले पूछने थे।...पहले कब पूछता, वक़्त ही नहीं मिला। सब कुछ अचानक हुआ था। हालात ऐसे थे कि पूछ ही नहीं पाया। फिर कोई प्यार करने से पहले यह तो नहीं कहता कि पहले बताओ, तुम्हें मंज़ूर हो तो मैं प्यार करूँ। प्रेम कोई सीमाएँ नहीं देखता।...नहीं-नहीं, निकिता अच्छी लड़की है। सभी से प्यार करेगी। फिर माँ और सुप्रिया इतने सीधे हैं कि उन्हें कोई परेशानी नहीं होनी चाहिए। निकिता जैसी सुंदर बहू और ऊपर से डॉक्टर, और क्या चाहिए...मगर क्या निकिता के माता-पिता मानेंगे ? थोड़े ग़ुस्सैल लगते हैं। क्या अपनी बेटी के प्यार के विरुद्ध जा सकते हैं ? फिर ऐसी हालात में ! क्यों, एबॉर्शन भी तो करा सकते हैं ? क्या निकिता ऐसा होने देगी ?...नहीं-नहीं।

अमित के दिल और दिमाग़ ने बारी-बारी से सवाल पूछे और ख़ुद ही उसके जवाब दिए थे। मगर कई सवालों के जवाब नहीं हुआ करते। कुछ बातें तो भविष्य के गर्भ में छुपी होती हैं, अन्यथा इनसान भगवान न बन जाए। बेचैन नज़रों से उसने सामने की दीवार पर देखा, वह सफ़ेद व सपाट थी और अचानक उस पर ख़ुद का प्रतिबिंब उभरा था। सुबह की किरण घर में प्रवेश कर रही थी...वह ख़ुद भी तो अब डॉक्टर बन जाएगा। पैसे भी धीरे-धीरे आ ही जाएँगे। आज नहीं है तो क्या हुआ, कल तो उसका अपना है...जहाँ तक रही बात निकिता की कि उसको सब कुछ तुरंत चाहिए तो उसके लिए वह उससे बात कर लेगा। समझदार है, मान जाएगी। पर इसके पहले उसे माँ और सुप्रिया से बात करनी चाहिए।

सुबह-सुबह सुप्रिया के पास बैठकर उसने धीरे से उसके सिर पर हाथ फेरा था। सुप्रिया की आँखों में चमक उभर आई थी बहुत दिनों बाद अमित यूँ उसके पास आज बैठा था। पिछले कुछ दिनों से भाई की उदासी उसे बेचैन कर रही थी, हाथ-पाँव से वह अपाहिज ही सही, दिल और दिमाग़ तो स्वस्थ थे। और वह भाई को लेकर अंदर ही अंदर रो लेती। ऐसी क्या बात है जो वह आजकल गुमसुम रहता है...कभी पूछेगी मगर आज नहीं और उसने हलकी-सी मुस्कुराहट चेहरे पर बिखेरी थी। अमित ने एक बार फिर सुप्रिया के चेहरे पर प्यार से हाथ फेरा था और माँ को आवाज़ लगाई थी।

मालती रसोई से बाहर निकली तो भाई-बहन को बहुत दिनों बाद एकसाथ बैठा देख ख़ुश हुई थी, मन ही मन ईश्वर को धन्यवाद करने लगी कि अमित के इन शब्दों ने उसे चौंकाया था, ''माँ, निकिता तुझे पसंद है?''

''क्यों, क्या बात है?''

''माँ, हम शादी करना चाहते हैं।''

मालती को अपने कान पर यक़ीन नहीं हो पा रहा था। बेटे के चेहरे को ग़ौर से देखा वहाँ कई सारी भावनाएँ उभरने को आतुर थीं। और फिर शब्दों पर जैसे ही यकीन हुआ उसकी ख़ुशी का ठिकाना नहीं था। निकिता को उसने उस रात देखा था। बहुत सुंदर है। उसी दिन समझ गई थी कुछ चक्कर है। मगर जान-बूझकर बड़प्पन दिखाते हुए, चुप ही रहकर मंद-मंद मुस्कुरा गई थी। उधर, सुप्रिया सुनकर उछल-सी पड़ी थी, ज़ोर-ज़ोर से चिल्लाकर अपनी ख़ुशी व्यक्त करने लगी। और फिर अगले ही पल उसने भाई को तिरछी निगाहों से देखा था...आँखें कह रही थीं—भाभी बहुत सुंदर है। मुझे पसंद है।...अमित ने बहन की चंचल पुतलियों को पढ़ा और समझते हुए सुप्रिया को उठाकर अपने सीने से लगा लिया था। ईश्वर का दिल आज भी नहीं पिघला था। सुप्रिया के हाथ भाई को गले लगाने के लिए इस बार भी उठ नहीं पाए थे।

30

अमित ने धीरे से निकिता के गर्भवती होने के बारे में भी माँ को बता दिया था। मालती को पहली बार में तो अटपटा लगा मगर फिर...अब दोनों पढ़े लिखे हैं, शादी कर रहे हैं, तो उसमें बुरा ही क्या है ?...और फिर स्वयं के उत्तर से संतुष्ट होकर मन ही मन ख़ुश हुई थी। रसोई के छोटे से आले में विराजमान भगवान को उसने सिर झुकाकर प्रणाम किया और फिर बेटे के सिर पर प्यार से हाथ फेरा था। वह उसके साथ थी। अमित ने ख़ुशी-ख़ुशी कॉलेज जाकर सारी बात निकिता को बताई और बड़ी गर्मजोशी से हॉस्टल के बाहर ही उसका हाथ पकड़ लिया था। निकिता सिर्फ़ मुस्कुरा रही थी।

जो चीज़ आसानी से हो जाए या मिल जाए, उसका महत्त्व कम होता है। चाहे वह फिर कितनी भी कीमती हो। मगर जो मुश्किल से मिले, फिर चाहे कितनी भी सस्ती हो, उसका मूल्य बढ़ जाता है। निकिता के लिए अमित की माँ का मानना कोई मायने नहीं रखता था।

उधर, अमित के चेहरे पर ख़ुशी और उत्साह का मिश्रण आँखों से टपक रहा था, ''माँ ने तुम्हें घर बुलाया है।''

''ठीक है।''

''अच्छा, अब हमें श्याम, राधिका और अदिति से भी बात कर लेनी चाहिए।'' अमित ने बड़े अपनेपन से यह बात कही थी।

उसके मतानुसार पत्नी सबसे नज़दीक होती है। कोई भी काम पति-पत्नी को आपस में मिल-जुलकर, सलाह करके ही करना चाहिए।

मगर निकिता के चेहरे से मुस्कुराहट अचानक ग़ायब हो चुकी थी और उसने बड़े ठंडे ढंग से कहा था, ''ठीक है।''

''तुम्हारी तबीयत ठीक नहीं है क्या ?'' अमित ने निकिता के चेहरे पर उभरी उदासी को पढ़ा तो चिंतित हुआ था।

मगर उसकी बात का निकिता ने कोई जवाब नहीं दिया था।

अमित ने देखा कि जिस उमंग से निकिता ने कल अपने गर्भवती होने की बात बताई थी, उतना उत्साह आज नहीं था। सोचने लगा—गर्भ के दौरान लड़कियों के साथ ऐसा अक्सर होता है। वैसे भी लड़कियाँ शादी के नाम से अक्सर गुमसुम हो जाती हैं। हो सकता है, माँ-बाप से डर रही हो! और उसने प्रेमपूर्वक निकिता के कंधे पर हाथ रखकर फिर गालों को प्रेमपूर्वक स्पर्श दिया था। यह उसके विश्वास का एक सफल प्रदर्शन था।

''तुम तैयार होकर कॉफ़ी हाउस पहुँचो, मैं तब तक श्याम और राधिका को लेकर आता हूँ।''

श्याम और राधिका एक ही वार्ड में मिल गए थे। पक्के दोस्त थे, सुनकर बेहद ख़ुश हुए।

श्याम ने तो उसे झट गले लगा लिया था, और फिर पीठ पर प्यार से मारते हुए कहने लगा, ''तू तो यार, असल में हीरो निकला। जुबान और उसूल का पक्का।''

राधिका को अपनी सहेली से प्यार था—इतने सालों का साथ, और उसकी आँखों में ख़ुशी के आँसू उभर आए थे। सिर्फ़ मुस्कुराकर उसने बधाई दी थी।

उधर, अदिति से अमित की बात करने की हिम्मत ही नहीं हुई थी। कहाँ से शुरू करे? कुछ दिनों में ही वह उससे बहुत दूर हो चुका था। वह दूर रहने भी लगी थी। निकिता से संबंधित उसने बहुत-सी बातें छुपा ली थीं। लेकिन अब भी उसमें अदिति के प्रति अपनापन था। बचपन की दोस्ती थी। मगर उससे थोड़ा शरमाता और डरता था। राधिका से उसे कहने के लिए कहने लगा। पहले तो राधिका को अजीब लगा पर फिर वह मान गई थी। राधिका ने अदिति को वार्ड में जाकर सब कुछ बताया।

अदिति तो यक़ीन ही नहीं कर पा रही थी। कहने लगी, ''यह बात तो ठीक है कि अमित को प्यार है निकिता से, पर क्या निकिता भी उससे उतना ही प्यार करती है?'' अदिति बहुत परिपक्व थी।

''हाँ, हाँ, क्यों नहीं!'' राधिका ने भोलेपन से कहा था।

''तो फिर बढ़िया है, कहाँ है दूल्हे राजा! चलो, मिलते हैं।'' दोनों काफ़ी हाउस की ओर बढ़ गये थे।

अमित से अदिति बड़ी गर्मजोशी से मिली थी, ''तो जनाब, इसलिए कुछ दिनों से ग़ायब हैं और बात नहीं करते।''

अमित सिर्फ़ मुस्कुराता रहा था।

''और दुलहन कहाँ है?'' अदिति ने मज़ाक में पूछा था।

''आ रही है, हॉस्टल में है।''

''तो जनाब को सब पता है!'' अदिति मज़ाक के मूड में थी और सुनकर सब हँस पड़े थे। थोड़ी देर में निकिता वहाँ पहुँची तो अदिति और राधिका ने उसे गले लगा लिया था। राधिका तो मारे ख़ुशी के रोने लगी थी।

उधर, निकिता सिर्फ़ मुस्कुराने की कोशिश कर रही थी।

''ऐसे नहीं। वी वांट टू सी ओरिज़िनल निकिता,'' श्याम ने छेड़ते हुए कहा था।

''शायद माँ-बाप को लेकर परेशान है। फिर तबीयत भी शायद ठीक नहीं।'' राधिका ने सफ़ाई दी थी।

''अरे यार, इसमें परेशानी क्या है? अमित टॉपर है, डॉक्टर है, एकलौता है, सुंदर, स्मार्ट है, कोई ऐब नहीं और क्या चाहिए किसी भी लड़की के माँ-बाप को?''

अदिति ने फिर परिपक्वता के साथ अमित का पक्ष रखा था।

''ठीक बात है निकिता। तुम्हें अब मम्मी-पापा से बात करनी चाहिए और हमें जल्दी शादी की तारीख़ तय करनी पड़ेगी। बहुत काम करने पड़ेंगे, वक़्त कम है।''

श्याम ने दोस्ती का फ़र्ज़ अदा करते हुए कमान सँभाली थी। वह आज बहुत ख़ुश था। कॉलेज में पहले दिन से उनकी दोस्ती थी—सीधी सरल और सच्ची। तभी निकिता एकदम से हँस पड़ी और ज़ोर-ज़ोर से अपनी ख़ुशी व्यक्त करने लगी। लगा कि मानो शून्य से अचानक निकली हो! कुछ पल के लिए सभी भौचक्के हुए थे और फिर धीरे-धीरे उसकी ख़ुशी में शामिल होने लगे। श्याम को अजीब लगा था मगर फिर यह सोचने लगा था कि...शायद अब तक माँ-बाप से परेशान थी और डर रही थी, अदिति की बातों से अब उसमें हिम्मत आई है।...

श्याम निकिता को दिल्ली बात कराने के लिए पास के एसटीडी बूथ ले जाने लगा तो सभी पीछे-पीछे साथ चल पड़े थे। दोस्ती में साथ देने का फ़र्ज़ जो था।

निकिता ने फटाफट फ़ोन मिलाया और कहने लगी थी, ''माँ, मैंने शादी का फ़ैसला किया है।''

दूसरी तरफ़ से कुछ पूछा गया था।

''नहीं, नहीं, वह नहीं। जो मेरे साथ पिछली बार घर आया था—अमित।...माँ, पापा और भैया को आप बता देना। मुझे जल्दी है। आप लोग जल्दी यहाँ आ जाओ।'' कुछ देर वहाँ की बातें सुनने के बाद पुनः बोलने लगी, ''...माँ, मैं अब नहीं रुक सकती। बात ही कुछ ऐसी है। माँ, जल्दी उनको नहीं, जल्दी मुझे है।...आप समझ क्यों नहीं रहीं?'' निकिता लगातार बातों का जवाब दे रही थी, ''...हाँ, सिर्फ़ माँ है, उन्हीं के साथ रहते हैं। ...वो कोई बात नहीं। बढ़िया हैं, सीधे, सरल और अच्छे हैं, मेरा ध्यान रखते हैं, पढ़ाई में होशियार हैं। आपको मैं डेट बता दूँगी। बस, आप आ जाना।''

अमित चुपचाप सुन रहा था। निकिता जितना पहले चुप थी उतनी ही अब बहुत ज़्यादा ख़ुश और ज़ोर-ज़ोर से बोल रही थी।

उसकी बात ख़त्म होने पर श्याम ने कहा, ''अच्छा भाई, शाम को हम सभी अमित के घर चल रहे हैं। अभी वार्ड में जाकर ड्यूटी भी एडजस्ट करनी होगी, फिर

मुझे दिन में वकील से बात करके मैरिज की डेट भी लेनी है। तुम तीनों अमित के घर जाओ। शाम की तैयारी करो। हम दोनों आते हैं।'' श्याम ने अमित को फटाफट चलने को कहा था।

अदिति राधिका और निकिता को लेकर पहले अपने घर गई थी और माँ को सब कुछ खुशी-खुशी बताया था।

सुनकर सुनीता को एक मिनट के लिए विश्वास ही नहीं हुआ था। चेहरे पर मन के भाव दस्तक देने लगे थे...दोनों सहेलियों की शादी हो रही है और उसकी बेटी ?...और फिर न चाहते हुए भी दिल की बात ज़ुबान पर आ ही गई, ''इसको भी समझाओ...''

अदिति ने माँ की ओर भरपूर निगाहों से देखा और फिर बीच में ही टोक पड़ी, ''मुझे तो आगे पढ़ना है, अभी तो बहुत कुछ करना है।...अभी से बच्चा पैदा करने और रोटी के चक्कर में मुझे नहीं पड़ना।''

निकिता इस बात को सुनते ही रूठ गई थी। अचानक ज़ोर-ज़ोर से रोने लग पड़ी। अदिति और राधिका समझ नहीं पाये थे। बात बड़ी साधारण-सी थी। राधिका के मनाने पर भी जब वह चुप नहीं हुई तो अदिति को लगा कि शायद उसने ग़लत कह दिया है सो उसने फटाकट सॉरी भी कहा था। मगर निकिता लगातार रोती रही थी। अंत में घबराकर राधिका ने श्याम के फ़्लैट पर फ़ोन किया तो श्याम और अमित घर पर ही थे। और उसने तुरंत अमित को बुलाया था। अमित ने तुरंत पहुँचकर निकिता को मनाने की बहुत कोशिश की और फिर हारकर कमरे में अंदर ले जाकर चुप कराता रहा। अदिति को बहुत आत्मग्लानि हुई थी। सोचती रही, पता नहीं अमित क्या सोचेगा। बहुत देर बाद जब निकिता शांत हुई तो उसको चैन आया था।

सभी को बेचैन और कसा हुआ देख सुनीता ने माहौल हलका किया था, ''चलो बच्चो, मैं तुम लोगों के लिए कुछ मीठा बनाकर लाती हूँ। तुम लोग यहाँ पर तब तक मस्ती करो।''

सुनीता आंटी आज भी आकर्षक थीं।

शाम को सारे अमित के घर में इकट्ठा हुए थे। अमित के घर पर पहला ऐसा मौक़ा था। मालती ने अपनी शादी का हार निकाला था। कई तरह के विचार उसके मन में आ-जा रहे थे—होनेवाली बहू पहली बार घर आ रही है...वैसे तो शादी के बाद आती है।...मगर पहली बार आने पर ही मुँह दिखाई देनी होती है।...पर इस तरह की शादी में अब पहले ही आ जाती है तो क्या करें, देना तो पहली बार में ही पड़ता है।

मालती ने अंत में दिल की बात सुनी थी और निकिता के घर पहुँचते ही सकुचाते हुए सबसे पहले बहू को हार पहनाया था। साथ ही कहने लगी, ''हमारे यहाँ पर बहू जब पहली बार घर आती है तो उसे मुँह दिखाई दी जाती है। अब तुम इस तरह से पहली बार आई हो, सो हार पहनाए देती हूँ।...सस्ता है बेटा, पता नहीं, तुम्हें पसंद आएगा या नहीं।''

''पसंद तो अमित है आंटी। हार तो आपकी निशानी है। निशानी पैसे से नहीं, पहचान से होती है। इसकी क़ीमत नहीं लगाई जाती।...क्यों निकिता?'' अदिति बोल रही थी।

''और क्या आंटी, ये देखो मेरा हार, कितना मोटा और पुराने स्टाइल का है! जब मैं श्याम के घर पहली बार गई थी तो मम्मीजी ने मुझे पहनाया था। मैं तो इसे उतारती ही नहीं। चाहे टूट जाए, पर उतरेगा नहीं। फिर आंटी, ओल्ड इज़ गोल्ड और सारी पुरानी चीज़ें फ़ैशन में लौटकर आती हैं। दिल्ली और बड़े शहरों में तो पुरानी चीज़ों की क़ीमत और ज़्यादा होती है।'' राधिका ने बड़े भोलेपन से कहा था।

श्याम सुनकर हँस रहा था।

''अच्छा, चलो बेटा, सासू माँ के पैर छूकर आशीर्वाद लो।'' सुनीता आंटी ने फरमान जारी किया था।

निकिता ने वैसे ही किया था। पीछे से सुप्रिया ने आवाज़ लगाई तो सभी मुड़कर उसकी ओर देखने लगे थे। सुप्रिया भी बड़ी ख़ुश लग रही थी। उसकी भोली आँखों ने बड़ी हसरत से निकिता को देखा था।

अदिति ने निकिता का हाथ पकड़ा और उसके पास ले गई थी, ''यह अमित की दोस्त, गाइड, बहन, हैड सब है।'' अदिति की आँखों में शरारत व बातों में मज़ाक था।

सुनकर सुप्रिया हँस रही थी, मगर निकिता ने कोई बात नहीं की थी, सिर्फ़ मुस्कुराती रही। बाद में राधिका ने सुनीता और मालती आंटी का रसोई में हाथ बँटाया तो अदिति सुप्रिया से बात करती रही। निकिता पास ही कुर्सी पर शांत बैठी थी। बीच-बीच में सुप्रिया उसे जी भर के देख लेती थी। अमित और श्याम बाहर कुर्सियों पर आगे के बारे में प्लान बनाने लगे थे।

खाना खाने के बाद निकिता की इच्छा अमित के साथ घर पर रुकने की थी, लेकिन माँ ने समझाया था, ''बेटा, शादी के बाद। वैसे तो कोई बात नहीं, फिर भी समाज में रहना है तो...और फिर मज़ा भी उसी में है।''

हाँ, उसने अमित से निकिता को हॉस्टल छोड़कर आने के लिए ज़रूर कहा था। देर रात सभी ख़ुशी-ख़ुशी विदा हुए थे। जाते-जाते सुनीता मालती से गले मिली

तो दोनों के आँखों में आँसू थे, पर कारण भिन्न-भिन्न थे।

सुप्रिया बहुत ख़ुश थी। निकिता उसे पसंद थी। मगर एक बात उसे ज़रूर सता रही थी। भाभी उससे गले जो नहीं मिली थी। माँ उसे अपनी ख़ुशियाँ बाँटते हुए, बातें सुना रही थी। निकिता की बड़ाई हो रही थी। लेकिन सुप्रिया का ध्यान इस ओर नहीं था, वह तो आज अपने ही ख़यालों में गुम थी...भाभी ने उससे ज़्यादा बात नहीं की थी...शायद शरमा रही हो या हो सकता है, अभी सबके सामने बात नहीं कर पा रही हो या हो सकता है, कम बोलती हो,...तरह-तरह के विचार आ रहे थे। साथ ही एक चिंता की लकीर जाने-अनजाने ही उसके चेहरे पर उभर रही थी, जिसे आज माँ ने नहीं देखा था। वह तो अपनी ही धुन में लगी थी।...और आज अचानक सुप्रिया अकेली हो गई थी। उसने अपने आप को समझाया भी था कि उसे सिर्फ़ अपने बारे में नहीं सोचना चाहिए, परिवार में एक नया सदस्य आ रहा है। और फिर जल्दी ही...एक नन्हा मेहमान भी आएगा।...अंत में यह विचार आते ही सुप्रिया मुस्कुरा दी थी।

31

कोर्ट मैरिज की तारीख़ तय हो गई थी। निकिता के माँ-बाप उसी दिन सुबह आए थे। बहुत कहने पर भी श्याम के घर पर न रुककर होटल में ठहरे थे। दिन में कोर्ट मैरिज के बाद मंदिर में फेरे, फिर रात का खाना होटल में था। कॉलेज के लगभग सभी दोस्त, स्कूल के कुछ पुराने मित्र और मोहल्ले के अधिकांश पड़ौसी इकट्ठा हुए थे। घर के मालती और सुनीता के अलावा अदिति, श्याम और राधिका तो थे ही। मालती पहले मना करती रही, सुप्रिया कारण थी। मगर सुप्रिया ने ही जाने के लिए कहा था।

अमित कम से कम शाम को होटल में सुप्रिया को भी ले जाना चाहता था; परंतु कोई तरीक़ा नहीं सूझ रहा था। सबके लिए नये कपड़े सिलवाये गये थे। अमित ने बहन के लिए भी नई ड्रेस बनवाई थी। उस दिन सुबह-सुबह ही माँ ने पहना दिया था। देखते ही अमित ने छेड़ा था, ''बड़ी सुंदर लग रही है। एकदम हीरोइन।''

सुप्रिया शरमा गई थी। और फिर भाई को भी सजता देखकर बहुत ख़ुश थी। देर शाम सब चले गये थे उसे पीछे अकेला छोड़कर। आज उसे पहली बार अपने पर खीज और ईश्वर पर क्रोध आया था। पहली बार उसे दु:ख का एहसास हुआ था। आँखें इंतज़ार करतीं दरवाज़े पर ही टिकी थीं। जैसे-जैसे रात गहराने लगी, उसे थोड़ी-सी नाराज़गी होने लगी थी और फिर वह थोड़ी-सी रूठ भी गई थी। निकिता

सुंदर-सा लाल जोड़ा पहनकर देर रात घर आई थी। माँ और अमित साथ थे। घर में अचानक चहल-पहल हो गई थी। सारा मोहल्ला इकट्ठा था। सभी निकिता की ओर आकर्षित थे। मगर सुप्रिया आज कोने में अकेले लेटी रह गई थी।...और क्या करती?

'थोड़ा समझना चाहिए। नई बहू आई है। उसकी ख़ातिर होनी चाहिए।' वह अपने आप को समझा रही थी। उसे भी आज आगे-आगे खड़ा रहना चाहिए था मगर वह असमर्थ थी।

वह भीड़ के पीछे एक कोने से, बिस्तर पर लेटे-लेटे लोगों की पीठ को देख रही थी। जब दुःख हद से बढ़ गया तो उसकी अपंगता आँखों से आँसू बनकर गिरने लगी और भावनाओं के आक्रोश में नीचे का बिस्तर भी गीला हो गया था। नये कपड़े नीचे से ख़राब हो गए थे। मगर आज उसने आवाज़ नहीं लगाई थी।

जब धीरे-धीरे सारे मेहमान चले गये तो माँ की निगाह उस पर पड़ी थी। मुस्कुराकर पहले जैसे ही कहने लगी, "गंदा बच्चा।"

मगर आज सुप्रिया नहीं मुस्कुराई थी। कारण था, उसका दुःख आज माँ भी नहीं देख पाई थी।

सभी मेहमानों के जाने के बाद अमित रोज़ की तरह सुप्रिया के पास आकर बैठा और बात कर रहा था कि अचानक बीच में निकिता हाथ पकड़कर उसे अंदर ले गई और लिपटकर कहने लगी, "हमसे बातें कब करोगे? बहन के पास ही बैठे रहोगे?...आज तो हमारी सुहागरात है।"

आँखों में शरारत थी।

इन लाइनों ने अमित को सोचने पर मजबूर कर दिया था। पहले ही दिन प्यार के इन कोमल क्षणों में उसे इस तरह की बातों की ज़रा भी उम्मीद नहीं थी।

लेकिन जो आदमी ज़्यादा समझदार और संवेदनशील होता है, वह हर चीज़ को दूसरे के पहलू में भी रखकर सोचता है। अमित ने भी निकिता के पहलू में रखकर सोचा—पहला दिन है, सभी औरतें अपने पति का साथ चाहती हैं। इसलिए उसे मन में कोई भी ग़लत विचार नहीं पैदा करना चाहिए। हाँ, अगर वह ऐसा नहीं करती या कहती तो कितना ही अच्छा होता...और फिर कुछ देर रुककर तो मिलना ही था।...वैसे अगर वह भी सुप्रिया से कुछ देर बात कर लेती तो और कितना बढ़िया होता!

निकिता उसके एकदम क़रीब थी लेकिन विचारों ने अभी अमित को दूर कर रखा था। बिस्तर पर लेटकर भी दिमाग़ ही क्रियाशील था...तो क्या एक नये बंधन में बँधने जा रही औरत, उस बंधन में पहले से बँधे हुए दूसरे रिश्तों को तोड़ना

चाहती है?...वह मेरे पास आई मेरी बाँहों में, उसे उसी रूप में पूर्णतः आत्मसात् किया तो क्या उसे मुझे मेरे इसी रूप में आत्मसात् नहीं करना चाहिए?...पढ़ी-लिखी, वह भी डॉक्टर, इस बात को कैसे नहीं समझ पाई कि एक अपाहिज इनसान की क्या मानसिकता होती है?...एक डॉक्टर और एक औरत, क्या उसके दो रूप हैं?...हाँ, शायद। तभी तो ऐसा हो सकता है कि वह पहले दिन मुझे किसी और से नहीं बाँटना चाहती हो।...पर क्या कुछ पल के लिए इंतज़ार नहीं किया जा सकता था?

कई सवाल और उनके जवाब आने लगे थे। अमित ने सुप्रिया की आँखों में निकिता के लिए असीम प्यार और आशा देखी थी। मगर वह इंतज़ार ही करती रह गई थी। निकिता ने अपने दो पल भी उसे नहीं दिए थे।

अमित के मौन ने निकिता को थोड़ी देर में ही विचलित कर दिया था। दूसरी तरफ़ से कोई पहल न होती देख उसे अपनी बाँहों में लेकर कहने लगी, ''मुझे तुम्हारे बिना एक पल भी अच्छा नहीं लगता।''

निकिता के प्यार के आगोश में अमित धीरे-धीरे पिघलने लगा था। घर में, आगे और पीछे के कमरे एक के पीछे एक थे। आगे के कमरे वालों को पीछे बाथरूम जाने के लिए पीछे के कमरे से जाना होता और पीछे के कमरे वाले को बाहर आगे आने के लिए आगे के कमरे से होकर जाना पड़ता। ऊपर से पीछे के कमरे में रसोई।

माँ ने पीछे जाने की सोची तो निकिता और अमित को इतनी जल्दी इस हालत में देखकर शरमा कर फिर आगे के कमरे में आ गई थी। पूरी रात वह न तो रसोई में जा सकती थी और न ही पीछे शौचालय। पूरी रात बैठी रही थी। उस रात ही उसने सोच लिया था कि वह आगे का कमरा बेटा और बहू को दे देगी। वह और सुप्रिया पीछे के कमरे में रह लेंगी। फिर अमित या निकिता को पीछे जाना हो तो जा सकते हैं।

अमित अगले दिन जल्दी ही उठ गया था। निकिता सोती रही। माँ ने धीरे-धीरे रसोई में काम किया था। बहू है, बड़े घर की, नई-नई है, आराम चाहिए। उसे याद आ रहा था कि उसके और आज के ज़माने में कितना फ़र्क़ आ चुका है।

निकिता ने सुबह उठकर बैठे-बैठे ही अमित को पुकारा था। सुप्रिया के पास बैठा अमित पेपर पढ़ रहा था।

''हाँ, बोलो।''

''मेरे पास आओ...''

पेपर उठाकर अमित निकिता के पास पहुँचा तो वह मुस्कुरा रही थी। पास ही

माँ रसोई में काम कर रही थी। निकिता ने सास की ओर ध्यान ही नहीं दिया था। अमित ने मौन ही रखा था। बिस्तर पर एक किनारे बैठकर एक नज़र निकिता पर डाली ज़रूर मगर कुछ और सोचने लगा था...अगर निकिता दो पल माँ का हाथ बटाए तो कितना अच्छा लगेगा! मगर...उसने तो अभी तक माँ या सुप्रिया से बात भी नहीं की है...कोई बात नहीं...सोचा—निकिता के भी कुछ ख़्वाब होंगे, आजकल तो पति-पत्नी कई-कई दिनों तक शुरू में अकेले हनीमून पर जाते हैं। यहाँ तो घर भी छोटा है और ऊपर से माँ और बहन।...लेकिन क्या निकिता कुछ दिन इंतज़ार नहीं कर सकती ?...कुछ कमाने लगेगा तो मकान भी ले लेगा।...परंतु इसमें निकिता का क्या कसूर, इस तरह से तो उसकी उम्र ही निकल जाएगी ?...अमित के मन में सवाल और जवाब का दौर शुरू हो चुका था। संवेदनशील जो था। जो भावुक होगा वह सभी रिश्तों में, बंधन में, संवेदना दिखाएगा। अमित एक बार फिर अख़बार पढ़ने लगा था। उसके पास हर सवाल का जवाब नहीं था।

धीरे-धीरे यूँ ही दिन गुज़रने लगे और रात जवान होती रही। अमित ने एक बात ज़रूर नोट की थी कि निकिता कभी बहुत गुमसुम हो जाती और शून्य में ताकती रहती तो कभी माँ से ख़ूब बातें करती। हाँ, सुप्रिया के साथ मुस्कुराकर सिर्फ़ हालचाल पूछ लेती थी। उसके पास बैठकर कभी भी बातें नहीं करती थी। अमित ने इसका कारण जानने की कोशिश की मगर इसकी कोई वजह नहीं समझ आ रही थी।

32

सुप्रिया शारीरिक रूप से विकसित हो या न हो, मानसिक रूप से परिपक्व थी। प्रकृति का नियम है, कहीं न कहीं संतुलन ज़रूर करती है। उसके सुनने और समझने की शक्ति बहुत ज़्यादा थी। वह समझ गई थी कि भाभी को शायद वह पसंद नहीं। उसे अब एहसास होने लगा था कि वह ज़िंदगी में किसी के ऊपर बोझ है। उधर, अभी शादी हुए कुछ ही दिन बीते थे कि अमित ने बहन की आँखों में नीरसता एवं ठहराव देखा था।

सुप्रिया को ज़िंदगी से गिला होने लगा था। उसके दायरे सिमटने लगे थे। कमज़ोर इनसान जब कुछ कर नहीं पाता तो अपने क्रोध को झल्लाहट में परिवर्तित कर देता है, और सामने वाले से ज़्यादा अपने आपको कष्ट देता है। वहीं दूसरी ओर, शक्तिशाली आदमी क्रोध में समाने वाले को नुक़सान पहुँचाता है। माँ की भोली आँखें सुप्रिया में हुए इस बदलाव को नहीं पढ़ पाई थीं।

सुप्रिया अपने आपसे कहीं ज़्यादा अपनी माँ को समझती थी। अब तो वह पूर्ण

रूप से उस पर ही आश्रित थी। पहले तो भाई उसका सुख-दुःख बाँट लेता और रोज़मर्रा के काम में उसको सहयोग भी करता, पर शादी के बाद सब कुछ बिलकुल बंद था। शाम को घर आने पर सुप्रिया से पहले मिलने पर निकिता उससे बच्चों के जैसे लड़ती। सारा घर सिर पर उठा लेती। ऐसा लगता कि जैसे उस पर कोई बहुत बड़ा ज़ुल्म हो गया है। माँ अमित को जल्दी ही उसके पास भेज देती। निकिता उसके पहुँचने मात्र से बच्चों के जैसे एकदम से ख़ुश हो जाती। माँ यही समझती थी कि बचपना है, पति का प्यार चाहिए। इस उम्र में और इस हालत में आजकल ऐसा होता है। फिर बेटी को समझाती, उसे भरपूर प्यार करती। सुप्रिया जल्द ही समझ गई थी कि अमित पर अब उसका कोई हक़ नहीं। और उसकी आँखें भाई के इंतज़ार में ताकती रह जातीं।

अब उसका एकमात्र सहारा उसकी माँ थी। बंधन फूलों के समान हो सकता है, बंधन प्यार का भी हो सकता है तो बंधन जेल का भी हो सकता है। एक बंधन दिल से होता है, उसे आप ख़ुशी-ख़ुशी स्वीकार करते हैं। एक बंधन ज़बरदस्ती होता है जिसे आप बहुत परेशान होकर, कष्ट के रूप में स्वीकार करते हैं। बस, एक दृष्टिकोण है, मानसिक अवस्था, जिसके कारण बंधन की अवस्थाएँ व परिभाषाएँ बदल जाती हैं।

अमित और सुप्रिया के बीच में भाई-बहन का अटूट व गहरा संबंध था। अमित उसे बहुत ज़्यादा प्यार करता तो सुप्रिया उस पर बहुत ज़्यादा हक़ समझती थी। पहले, कॉलेज से आने के बाद वह उसके पास घंटों तक बैठता, सुप्रिया छोटी-छोटी बात पर उससे लड़ती। उसको देखकर मुस्कुराना, पास आने की कोशिश करना और उसका पास बैठकर घंटों पढ़ना सुप्रिया को अच्छा लगता था। अब वह सब खत्म था। अब वह सोचती ही रह जाती कि अमित उसके साथ कम से कम कुछ पल तो बिताए। कहाँ पहले घंटों बात करता और कहाँ अब सब कुछ ख़त्म। बस, आते जाते हैलो-हाय। किसी भी परीक्षा से पहले अमित कई सवाल सुप्रिया से पूछता फिर ख़ुद ही जवाब भी देता। कई बार ऐसा लगता था कि उसके साथ-साथ शायद वह भी पढ़ती जा रही है। किसी मुश्किल सवाल के जवाब मिलने पर दोनों अत्यंत ख़ुश हुआ करते थे। परीक्षा के पहले साथ-साथ रात-रात भर जागते। ऐसा अक्सर लगता था कि दोनों में भाई-बहन के अलावा एक अच्छे दोस्त का भी संबंध है। यहाँ तक कि जब निकिता को सबसे पहले सुप्रिया ने देखा था, तो उसकी आँखों ने मुस्कुराकर पहले ही कह दिया था, भाभी बहुत सुंदर है और उसे पसंद है।

शादी के पहले, भाभी और नये मेहमान को लेकर वह बहुत उत्सुक थी। परंतु भाभी के आने के साथ ही उसे अपने ज़िंदगी में परेशानियों का बोध होने लगा था।

फिर भी उसने अपनी तरफ़ से बहुत कोशिश की थी। बड़ी थी, इसलिए समझौतों को स्वीकार किया था।

शादी एक बंधन है। उसमें ख़ुशियाँ इस बात पर निर्भर करती हैं कि उस बंधन में हम सामनेवाले की परेशानियों को, मुश्किलों को किस हद तक स्वीकार करते हैं, सुख-दुःख को हम किस तरह से बाँटते हैं। माँ को अपनी जवाबदारी का एहसास था। बेटी को तो देखती ही थी, साथ ही बहू का भी पूरा ख़याल रखती और उससे ज़्यादा आनेवाले मेहमान की चिंता करती। इसी कारण से सुप्रिया को थोड़ा कम समय दे पाती थी। उधर, अमित के लिए हॉस्पिटल, फिर कोचिंग क्लास, फिर घर पर पढ़ाई और फिर सारी रात निकिता। वक़्त कहाँ बच पाता सुप्रिया के लिए! निकिता का जब भी दिल नहीं लगता या उसके मन की बात नहीं होती तो वह श्याम और राधिका के फ्लैट पर चली जाती थी। बहाना बनाती कि वहाँ से उसे कॉलेज नज़दीक पड़ता है। हर बार माँ प्यार से मना कर ले आती थी। धीरे-धीरे निकिता का बचपना बढ़ता जा रहा था। कभी-कभी ज़रा-ज़रा सी बात पर माँ से बुरी तरह लड़ जाती और शाम को ही उससे हँसकर बात करने लगती। पर पता नहीं क्यों, सुप्रिया से उसे प्यार या हमदर्दी नहीं थी। वह उसे तिरस्कृत भी नहीं करती पर उसकी ओर ज़्यादा देखती भी नहीं थी। अमित को यह समझने में देर नहीं लगी थी कि निकिता में भावनाओं की कमी है।

स्कूल-कॉलेज की पढ़ाई और सामाजिक पढ़ाई में बहुत फ़र्क़ है। एक डॉक्टर औरत अगर किसी को नहीं समझ सकती तो इसके लिए डॉक्टर को दोष देना ठीक नही। हाँ, उस औरत को ज़रूर दोष दिया जा सकता है, क्योंकि एक अनपढ़ या कम पढ़ी-लिखी औरत भी किसी को प्यार दे सकती है। प्यार देने के लिए पढ़ाई की आवश्यकता नहीं होती। हम हमेशा प्यार चाहते हैं। प्यार देने में हम सदा कंजूसी करते हैं, जबकि प्यार का सीधा गणित है कि जितना आप देंगे, आपको देर-सवेर उससे कहीं अधिक मिलेगा। मुश्किल सिर्फ़ इस बात की है कि आप उस प्यार को पाने के समय का इंतज़ार नहीं कर पाते। सुप्रिया अपनी भाभी से प्यार तो बहुत करती मगर प्यार दिखाने के लिए उसके पास बहुत सीमित साधन थे, सिर्फ़ मुस्कुराना और आँखें। वहीं निकिता के पास सब कुछ था पर प्यार देने की इच्छा की कमी थी। अमित अंदर ही अंदर सुप्रिया के लिए परेशान रहता था पर उसने कभी ज़ाहिर नहीं किया था। शादी से पहले कई मुलाक़ातों में उसने कई बार निकिता के साथ सुप्रिया का ज़िक्र किया था। अपनी तरफ़ से उसकी मुश्किलों का वर्णन भी किया था। परंतु निकिता ने उसके बारे में न तो शादी के पूर्व कोई बात की थी, न ही शादी के बाद ध्यान दिया। शुरू में उसका सुप्रिया के लिए मौन उसकी

स्वीकृति को प्रदर्शित करता था। मगर वह ग़लत था। शादी के बाद धीरे-धीरे निकिता का व्यवहार अजीब होता चला गया था। वह अपनी दुनिया मे ही मस्त रहती। सुप्रिया का तो अस्तित्व ही उसके लिए नहीं था।

प्यार से निकिता को अमित ने कई बार समझाया, परंतु वह मौन ही रहती थी। उसे इसकी उम्मीद नहीं थी। वह इस बात के लिए मानसिक रूप से तैयार नहीं था। उसने तो यह उम्मीद की थी कि शायद वह सुप्रिया के अस्तित्व को स्वीकार करती है। परंतु मौन सदैव स्वीकृति प्रदर्शित नहीं करता। निकिता के महीने जैसे-जैसे बढ़ते गए वह मोटी होती चली गई थी। सभी उसका पूरा ध्यान रखते थे। उसकी छोटी-छोटी बात का भी ख़याल रखा जाता।

सुप्रिया एकदम अकेली पड़ चुकी थी। जीने की कोई चाहत नहीं थी। कोई ख़ुशी का जरिया नहीं था। जीवन में कुछ भी नहीं था। आँखें सभी को दिनभर दूर से देखती रहतीं, रातों में नींद का इंतज़ार रहता। उसे कोई पूछने वाला ही नहीं था। मोहल्ले के लोग आते, माँ से बात करते, निकिता का हालचाल पूछते और उसकी ओर सिर्फ़ मुस्कुराकर चले जाते। हर वक्त उसे अपनी भाभी के दो पल प्यार का इंतज़ार रहता था। उसने अपने सूखे चेहरे से प्यार पाने की इच्छा भी कई बार भाभी को दिखाई थी, पर कुछ हासिल नहीं हुआ। निराशा में धीरे-धीरे सुप्रिया ने खाना छोड़ दिया था। एक रात सुप्रिया ने बहुत दस्त कर दिये थे। साथ में खून भी था। देखकर माँ डर गई थी। तुरंत अमित को उठाने के लिए आवाज़ दी थी। अमित ने उठकर उसे देखा और फटाफट दवाई दी थी। घर पर वह उसकी सारी दवाइयाँ रखता था। लेकिन खून देखकर वह भी चिंतित था। सुबह तक वह उसके पास ही बैठा रहा था। सुप्रिया की आँखों में आँसू की जगह पूर्ण ख़ामोशी और वीरानगी थी। बड़े मायूस होकर उसने कई महीनों के बाद अमित को अपने पास देखा था। निकिता बिस्तर से उठी नहीं थी। आख़िरी महीना चल रहा था इसलिए किसी ने उठाना ठीक भी नहीं समझा था। माँ वैसे भी उसे कभी कुछ नहीं कहती थी, पर अमित उससे थोड़ी अपेक्षा ज़रूर करता था। ऐसी हालत में भी उसे कम से कम बिस्तर से लेटे हुए ही पूछ तो लेना था।

देर सुबह होने पर ख़ुद उसने निकिता को सुप्रिया की तबीयत के बारे में सब कुछ बताया। परंतु उसने सिर्फ़ इतना ही कहा था, ''अच्छा! दवाई दे दी है तो ठीक हो जाना चाहिए।''

अमित अंदर तक हिल गया था। इतना रूखा बर्ताव शायद संभव नहीं। निकिता ने सुबह उठकर भी सिर्फ़ दूर से पूछताछ की थी। सुप्रिया के पास बैठना तो दूर, वह पास थोड़ी देर ही खड़ी रही थी और पूछने में एक अजीब-सा बेमन

का रूखापन था। शाम तक सुप्रिया को तेज़ बुखार हो गया था। दस्त रुकने का नाम नहीं ले रहे थे। मुँह से ओरल कुछ भी नहीं जा रहा था। माँ उसके पास ही बैठी रही थी। निकिता गुमसुम अपने बिस्तर पर ही रही। शून्य में ताकते भावविहीन-सी। अमित को जब कुछ नहीं सूझा तो एम्बुलेंस में हॉस्पिटल ले गया था।

अस्पताल में ग्लुकोज़ चढ़ाया गया था, साथ स्टीरॉयड भी दिया गया था। मगर कोई असर नहीं था। ऐसा लग रहा था कि बस, अब बंधन से मुक्त होना चाहती है, परंतु कोई आख़िरी आस बाक़ी है।...धीरे-धीरे कब दो दिन गुज़र गए, डॉक्टरों और नर्सों को होश ही नहीं था। सभी तरह के टेस्ट पर अंतिम परिणाम शून्य। विशेषज्ञ डॉक्टर भी परेशान थे। ईश्वर की महिमा अपरम्पार है और सब उसी की ओर आशा बँधाए देखने लगे थे। निकिता घर पर ही थी। तीसरी सुबह उससे नहीं रहा गया, अमित की याद आई तो वह भी हॉस्पिटल पहुँच गई थी। हॉस्पिटल में निकिता के पहुँचते ही सुप्रिया ने जैसे ही भाभी को देखा, उसकी आँखों में पानी और होंठों पर मुस्कान थी। होंठों के हिलाने और आँसू के निकलने की भी ताकत उसमें नहीं रह गई थी। हाँ, आख़िरी बार अपने नये बंधन को एक बार देखना ज़रूर चाहती थी, सो देख लिया और आँखें कब खुली की खुली रह गई, किसी को पता ही नहीं चला। सुप्रिया तीनों बंधन, सभी आशाओं, कष्ट, हर एहसास से मुक्त हो गई थी। माँ का तो जैसे सब कुछ खत्म हो गया था। अमित सब कुछ भूलने-सा लगा था। निकिता एक बार फिर से भावशून्य थी। उसको छोड़कर सभी की आँखों में आँसू थे। श्याम और राधिका ने निकिता को सँभाला था। अदिति भी आ गई थी। एकदम से इतना सब कुछ हो गया, उसे यकीन ही नहीं हुआ था।

निकिता लगातार हताश होकर पथरीली आँखों से सबको ताकती रही तो श्याम ने अमित को समझाया था, ''एक को खोया है, दूसरे को मत खो देना।''

वह जल्द ही निकिता के पास जाकर उसे अपने सीने से लगाकर तसल्ली देने लगा था। मगर अंत तक उसकी आँखों में आँसू नहीं थे। वहीं हर एक की आँखें नम थीं। निकिता का निष्क्रिय भाव देखकर सभी चिंता करने लगे कि उसे कहीं मानसिक तनाव न हो जाए। राधिका उसे अपने घर ले गई थी। अमित ने सुप्रिया को अग्नि देकर उसके शरीर को भी सभी बंधनों से मुक्त कर दिया था। एक दिन में ही सारी स्थिति बदल गई थी। सुप्रिया जा चुकी थी और नया मेहमान घर आने के लिए दरवाज़े पर दस्तक दे रहा था।

देर रात अमित घर लौटा तो चारों ओर सन्नाटा था, एक बिस्तर जिस पर हमेशा

कोई लेटा होता, आज ख़ाली था। और अमित इसे देखकर अचानक फफककर रो पड़ा था।

33

अमित और मालती बहुत ही सरल स्वभाव के थे। सुप्रिया को गये पूरे छह दिन हो गये थे। धीरे-धीरे वे इस सदमे से निकलकर निकिता की देखभाल करने लगे। घर पर पूजा-पाठ का माहौल था। शुद्धीकरण के लिए बड़े बुजुर्गों की सलाह पर सातवाँ दिन रखा गया था। हवन भी होना था।

उस रात, निकिता काफ़ी परेशान थी। डॉक्टरी ज्ञान और मानवीय दुःख-दर्द का एहसास, दोनों में बहुत फ़र्क़ है। अमूमन डॉक्टर भी एक रोगी जैसा ही व्यवहार करता है। निकिता सब कुछ समझती तो थी। पर वह भी एक सामान्य गर्भवती महिला जैसा ही व्यवहार कर रही थी। बीच-बीच में उसने बच्चों जैसी भी हरकत कर दी थी।

माँ सारी रात उसके सिरहाने पर ही खड़ी थी। अमित बार-बार उसे दिलासा दे रहा था। मगर निकिता है कि अपना बचपना कम नहीं करना चाहती थी। रात के क़रीबन दो बज चुके थे। प्रसव पीड़ा अत्यधिक थी। रात है कि बीतने का नाम नहीं लेती। मालती माँ के साथ-साथ एक नर्स का भी रोल अदा कर रही थी।

निकिता अमित को एक मिनट के लिए भी दूर नहीं होने देना चाहती थी। नर्सों ने मज़ाक भी बनाया था, ''मैडम, आप तो मरीज़ों को और माताओं को डाँटा करती थी, मगर आप ख़ुद...''

''चुप कर।'' निकिता ने बड़े ही बचपने में नर्स को झिड़क के कहा था।

अमित ने भी इस मौके का फ़ायदा उठाने में चूक नहीं की थी। मज़ाक में कहने लगा, ''तू तो बहुत हिम्मतवाली बनती थी। कहती थी, ये सब बेकार है। क्यों, अब चीर-फाड़ कर दें?''

''नहीं, नहीं!''

चूँकि पीड़ा बढ़ती जा रही थी। इसलिए डॉक्टर ने ड्रिप चढ़ा दिया था। मेडिकल कॉलेज की छात्रा होने से वार्ड में स्पेशल रूम मिल गया था। निकिता की बहुत ही अच्छे ढंग से देखभाल हो रही थी। अमित और निकिता के बीच में बंधन की एक नई परिभाषा लिखी जानी थी। असीम सुख की अनुभूति थी। शिशु बालक हो या बालिका, इस बात में अमित की कोई खास दिलचस्पी नहीं थी। हाँ, निकिता

ज़रूर कहती थी, ''देखना माँ, लड़का होना चाहिए।''

''क्यों भई, तू तो पढ़ी-लिखी है, ख़ुद भी डॉक्टर है, लड़की क्यों नहीं?''

''वो बात नहीं है माँ, बस, लड़का होना चाहिए।''

''कोई बात नहीं, अच्छा, लड़का ही होगा।''

माँ उसे समझाते हुए अक्सर कहती थी। वैसे माँ की आँखों में भी अमित ने कुछ ऐसे ही भाव देखे थे। लगता था, उसकी भी चाह एक पोते के लिए थी।

नारी चाहे जितनी उन्नति कर ले, यह उसकी सबसे बड़ी कमज़ोरी है। स्वयं नारी दूसरी नारी को पसंद नहीं करती। लड़कियों को माँ के सामने पिता, बहन की अपेक्षा भाई और बेटी से ज़्यादा बेटा अच्छा लगता है। वैसे तो यही बात नर के लिए भी होती है, परंतु उनमें तीव्रता नारी से कम होती है।

''मुबारक हो डॉक्टर साहब, लक्ष्मी हुई है।'' नर्स ने बहुत ख़ुश होकर कहा था।

एक सेकंड के लिए अमित कुछ भी समझ नहीं पाया। जिस ख़ुशी का आपको बेसब्री से इंतज़ार होता है वह पल आने पर आप बहुत ज़्यादा कुछ समझ ही नहीं पाते कि उसमें कैसे और क्या किया जाए। जितना इंतज़ार में मज़ा होता है उतना शायद उस पल में नहीं। और ऐसा ही कुछ हुआ था। अमित ख़ुश होकर मुस्कुराता हुआ लेबर रूम के अंदर गया तो डॉक्टर ने बताया कि सब ठीक है।

निकिता बहुत शांत दिख रही थी। उसकी आँखों में प्रसव की पीड़ा का असर था। माँ ने भी कहा था, ''सब ठीक है।...बधाई हो बेटा, अमित तू बाप बन गया।'' बोलते हुए उसने बेटे के सिर पर हाथ फेरा था।

अमित की आँखों में चमक उभरी थी।

एक नन्ही-सी, नाज़ुक-सी, गुलाब की पँखुड़ियों-सी कोमल कली निकिता की बगल में लेटी थी। देखते ही अमित को लगा कि जैसे सुप्रिया का पुनर्जन्म हुआ है। बच्चे की मासूम आँखों को देखकर भावावेश में अमित की आँखों में पानी उतर आया था। एक मिनट में निकिता, मातृत्व के सुख में छोटे से एकदम बड़ी हो गई थी। होंठों के किनारे से निकली हलकी-सी मुस्कुराहट सारे चेहरे पर फैल गई थी। अमित ने उसके हाथों को अपने हाथों में लिया तो इस स्पर्श में एक नये बंधन की अनुभूति थी।

अमित की आँखों में उतरे पानी को निकिता देख तो सकती थी, पर उसे पढ़ नहीं पाई थी। उसने स्पर्श को महसूस तो किया था पर उसकी गर्माहट में एक अलग एहसास को समझ नहीं पाई थी। अमित के लिए पुराने बंधन नये रूप, नई परिभाषा लेकर आए थे। यह जीवन के नये रिश्तों की शुरुआत थी।

''लीजिए न डॉक्टर साहब, गोद में लीजिए!'' नर्स ने गुड़िया की उठाते हुए कहा था।

अमित ने निकिता की ओर देखा तो उसने आँखों के इशारों से मना किया था, और फिर अपने पास बुलाकर उसके कान में धीरे से फुसफुसाई थी, ''तुम्हारे हाथ गंदे होंगे, पहले धोकर साफ़ करो।''

अमित एक मिनट समझ ही नहीं पाया। फिर सोचने लगा कि बच्चा छोटा है, उसे कोई इनफेक्शन न हो जाए, इसलिए हाथ धोने को कह रही होगी। डॉक्टर है। यह सोचते ही एकदम से उसके चेहरे पर मुस्कुराहट उभरी थी। कितना प्यार है अपने बच्चे से—एक पढ़ी-लिखी डॉक्टर माँ का! उसे क्या पता था कि यह किसी और बात का संकेत है।

हाथ साफ़ करने के बाद ही, अमित ने नन्ही गुड़िया को अपने हाथों में लिया था।

जीवन एक अनोखा चक्र है तो प्रकृति अपने आप में एक रहस्य। एक जीवनचक्र अभी ख़त्म हुआ नहीं और दूसरे की उत्पत्ति हो जाती है। गुलाब की पँखुड़ी जैसे कोमल-कोमल नन्हे-नन्हे पाँव और हथेलियाँ, ओस की बूँदों से नाज़ुक त्वचा और एक अलौकिक मनमोहक मुस्कुराहट बिखेरती एक नन्ही-सी परी, अमित को जिसका पिछले कई महीनों से इंतज़ार था, वह अब उसके हाथों में थी। यह लक्ष्मी है या सरस्वती, पता नहीं, पर उसकी बेटी ज़रूर थी। माँ, बहन और पत्नी के बाद नारी एक नये रूप में। अमित एक नये बंधन में बंध रहा था। उसने निकिता की ओर देखा, उसकी आँखों में प्रेम का नया दृष्टिकोण था। वह मातृत्व की भावनाओं से एक ही पल में जननी बन चुकी थी।

नये आनंद की अनुभूति और मातृत्व के सुख का एहसास दिलाने, एक जीता-जागता जीव, बालिका के रूप में निकिता के बग़ल में अठखेलियाँ खेल रही थी। मातृत्व का सुख एक ऐसा सुख है जो सिर्फ़ माँ ही समझ सकती है, जो कहीं भी, किसी भी और तरह से, ज़बरदस्ती अनुभव नहीं किया जा सकता। उसके चेहरे पर भी उसी अलौकिक सुख की अनुभूति थी। अमित की ओर मुस्कुराते हुए, उसकी आँखों ने एहसास दिलाया था। बोलती हुई नज़रें कह रही थीं, 'हाँ, बालिका हमारे अस्तित्व की पहचान है।'

निकिता ने करवट बदली, नन्ही बालिका ने अपने कोमल-कोमल हाथों से उसे छूने की कोशिश की थी। उन नाज़ुक उँगलियों ने जब निकिता के होंठों और गालों को स्पर्श किया तो उसे लगा कि उसके शरीर का ही कोई अंग उससे बाहर निकलकर उसे अपना स्वतंत्र अस्तित्व बताने की चेष्टा कर रहा है और साथ ही

फिर से जुड़ने की कोशिश भी कर रहा है। उसके हृदय में स्पंदन था। निकिता ने महसूस किया कि माँ बनने का सुख, मानव के जीवन में शायद सबसे अमूल्य, अद्वितीय, अनोखा और अद्भुत है।

बालिका की कोमल मुस्कुराहट, उसका आँखें बंद करके एक ही पल में सो जाना—निकिता ने पहली बार महसूस किया कि आज कोई उसके संरक्षण में है। और वहीं से एहसास हुआ, बड़े होने का। पहली बार निकिता ने जीवन में, उम्र के इस मोड़ पर अपने आपको परिपक्व समझा था। बड़ी लाइन के सामने छोटी लाइन की उत्पत्ति हो चुकी थी। एक बेटी, एक बहू, एक पत्नी अब माँ भी बन चुकी थी। इस बंधन के लिए वह कितने दिन से तड़प रही थी!...किसी ने कभी इस नये बंधन के लिए मना किया था और होने नहीं दिया था।...नहीं, नहीं, कुछ नहीं हुआ था। वह तो कोई बुरा सपना था। अब सब ठीक है। पर हुआ क्या था?...निकिता की आँखें अचानक चारों ओर घूमने लगी थीं। बालिका के हाथ वक्षस्थल पर बार-बार पड़ रहे थे। अमित की ओर देखते हुए उसने बालिका को अपने पास इतने नज़दीक चिपटाया कि कब बच्चा उसके शरीर को चूसने लगा, उसे होश नहीं था। इसी बीच उसका मस्तिष्क अनियंत्रित और अव्यवस्थित होने लगा था। अचानक उसकी भावनाएँ समाप्त हो रही थीं और वह पुनः भावविहीन होकर शून्य में ताकने लगी थी।

अमित सब कुछ अपनी आँखों से देख तो रहा था, साथ ही अनुभव करने की कोशिश भी कर रहा था। वह दोनों के बीच था भी और नहीं भी। निकिता की तरफ़ से दी गई सबसे अनमोल भेंट में उसका अंश भी था। उसका उससे जुड़ाव था—मानसिक रूप से भी और भावनात्मक रूप से भी।

"देखो मेरे पेट में, वह यहाँ से वहाँ चला गया।" निकिता ने एक बार कहा था।

अमित ने तुरंत उसे टोका था, "तुम ऐसा क्यों कहती हो कि यहाँ से वहाँ चला गया। यहाँ से वहाँ चली गई, ऐसा क्यों नहीं कहतीं?"

अमित याद कर रहा था कि उसने बालिका को निकिता के गर्भ में कई महीनों तक महसूस किया था। वैसे तो निकिता ने उसे अपने शरीर के अंदर विकसित किया था, परंतु उसकी अनुभूति अमित ने हर पल महसूस की थी।

माँ और बच्चे का बंधन, शायद प्रकृति के सभी अन्य रिश्तों व संबंधों में न केवल महत्वपूर्ण बल्कि सम्पूर्ण भी है। यह न केवल भावनात्मक है, बल्कि शारीरिक और एहसास का भी बंधन है। शिशु अपनी माँ से उसके अंश के रूप में जुड़ा रहता है। कैसी भी माँ हो और कैसा भी बच्चा, प्राकृतिक रूप से माँ अपने बच्चे

की आवाज़ और स्पर्श मात्र से सब कुछ समझ जाती है। परंतु निकिता की मानसिक अवस्था भिन्न हो चुकी थी। वह कुछ ही पल में माँ के दायरे से बाहर थी। शून्य में ताकते-ताकते उसे पता ही नहीं चला कि बालिका के मुख से दुग्ध स्रोत, उसका स्तन हिलकर छिटक चुका है।

मालती ने सोचा, कम उम्र की है। अभी समझ नहीं है। शरमाते हुए उसने अमित को बाहर किया और निकिता को दूध पिलाने का तरीक़ा बताकर अपना फ़र्ज़ अदा करने लगी।

और निकिता एक बार फिर वापस अपनी दुनिया में थी।

माँ ने थोड़ी देर बाद बाहर आकर अमित से कहा था,

''बेटी का जन्म बड़े शुभ मुहूर्त में हुआ है। आज ही सुप्रिया के नाम का घर पर हवन भी है। हमें उसे ख़ुशी-ख़ुशी मनाना चाहिए। धर्म और कर्म भी यही कहता है। ब्राह्मण को घर जाकर भोजन कराके, मंदिर में दुर्गा माता के दर्शन कर लेना। सुप्रिया वापस हमारे बीच में है...''

और बोलते-बोलते माँ की आँखों में ख़ुशी के आँसू छलक उठे थे।

34

अमित बेहद ख़ुश था। सुप्रिया के जाने का दुःख, बालिका के आगमन से विस्थापित हो रहा था। नामकरण हुआ तो आकांक्षा रखा गया। उसी की पसंद थी। घर पर ख़ुशी का माहौल रहता था। अमित को एमडी की पढ़ाई करनी थी। रात-रात भर पढ़ना होता। निकिता कभी सोती रहती तो कभी सारी रात जागती रहती। आकांक्षा रात को रोती तो कभी माँ, कभी अमित उसे गोदी में घुमाने लगते, मगर निकिता नहीं उठती थी। अमित ने कई बार महसूस किया था कि आकांक्षा बिस्तर पर लेटे-लेटे रोते रहती और निकिता किसी शून्य में ताकती रहती। कभी उदास-सी बैठी रहती तो कभी-कभी ख़ूब ज़ोर-ज़ोर से बोलते हुए आकांक्षा के साथ खेलती रहती। अगर हँसती तो हँसती ही रहती और चुप होती तो दिनभर चुप रहती। अमित ने कई बार माँ से इसका ज़िक्र किया था। परंतु माँ के लिए वह बहू नहीं, एक बेटी थी। उसकी प्यारभरी आँखें कुछ भी नहीं देख पाती थीं। निकिता जब माँ से बात करती तो घंटों बात करती और जब नहीं करती तो दिनभर नहीं करती। फिर माँ उसे मनाती रहती।

अमित ने निकिता के व्यवहार में परिवर्तन के साथ-साथ एक विशेष बात और नोट की थी। निकिता तक़रीबन हर रात, सोने से पहले, उसे हाथ धोने के लिए

ज़रूर कहती। कई बार वह स्वयं पहले ही हाथ धोकर आता तो भी निकिता को तब तक विश्वास नहीं होता जब तक वह एक बार और नहीं धुलवा लेती।

एक दिन निकिता ने पूरा घर सिर पर उठा लिया था। माँ ने साधारण रूप से उसके साथ बैठकर सुप्रिया की बात की थी और आकांक्षा के जन्म को उससे जोड़ा था। बस, निकिता उखड़ गई। ख़ूब चिल्लाई, रोती रही और माँ को काफ़ी भला-बुरा कहा।

"मेरी बेटी क्या लँगड़ी होगी, जैसी तुम्हारी बेटी थी?" और पता नहीं क्या-क्या!

सुनकर माँ तो रो पड़ी थी। अमित हक्का-बक्का रह गया था।

जैसे ही अमित कुछ कहता, उसने उसे भी झिड़क दिया था, "जाओ, अपनी माँ के पास जाओ, मेरे पास मत आना..."

बड़ी बदतमीज़ी की थी, इतनी कि मोहल्ले के आसपास की औरतें तक देखने आ गई थीं। सबने समझाया तो भी कोई असर नहीं था। चिल्लाती रही। घर की इज़्ज़त मोहल्ले में चर्चा बन गई थी।

अमित ने ग़रीबी होते हुए भी अब तक शांति और इज़्ज़त से जीवन गुज़ारा था। अपनी मेहनत से एक गरिमा और नाम कमाया था। मगर आज वह भी दूसरों की तरह आम बन चुका था। दुःख इस बात का था कि कोई बात ही नहीं थी। पूरे मोहल्ले ने चटखारे लिये थे। अमित बहुत मानसिक कष्ट में था पूरी रात नहीं सो पाया। मगर निकिता सोती रही। जब आकांक्षा ज़्यादा रोती रही तो अमित ने उठाकर आकांक्षा को माँ की गोद में दे दिया था।

माँ सोई नहीं थी। पूरी रात अपमान के घूँट पीकर अंदर ही अंदर से आहत थी। उसे अपना कोई दोष भी नहीं दिख रहा था। मगर बच्चे के गोद में आते ही वह सामान्य हो गई थी।

सुबह निकिता देर से उठी थी। उठने के साथ ही वह जिस तरह से माँ के साथ बात करने लगी, लगा ही नहीं, पिछली रात कुछ हुआ था। अमित भी थोड़ी देर में अस्पताल चला गया था। सामान्यतः मनुष्य क्षमाशील होता है। अमित ने सोचा कि शायद अपनी बेटी से ज़्यादा प्यार होने की वजह से निकिता बर्दाश्त नहीं कर पाई हो इसलिए ऐसा सब कुछ कह गई। और धीरे-धीरे समय ने सब भुला दिया था। मालती तो पहले ही भोली थी। उसे कुछ याद ही नहीं रहा। धीरे-धीरे दिन बीतने लगे।

हाँ, उस दिन के हादसे के बाद, एक बात ज़रूर हुई थी, अमित और मालती अब निकिता से थोड़ा सँभलकर बात करने लगे थे।

दुनिया में विकास की धारा बह रही थी, घर पर टीवी ले लिया गया था। धीरे-धीरे दूसरी ज़रूरी चीज़ें भी, निकिता की ज़रूरत के हिसाब से, घर में आने लगी थीं। फिर भी उसका घर पर मन नहीं लगता था। अब तक उसने रसोई में अपना हाथ नहीं आज़माया था। कुछ उसकी दिलचस्पी नहीं थी और कुछ माँ भी नहीं करने देती। दिनभर या तो टीवी देखते रहना या फिर लेटे रहना। कॉलेज में भी इंटरनशिप टुकड़ों में घिसटती हुई धीरे-धीरे पूरी हो रही थी। कभी-कभी ही कॉलेज जाती थी। अमित ने कई बार उसे किसी अस्पताल में प्रैक्टिस करने की सलाह दी थी—टाइम भी पास होगा और फिर अपने प्रोफेशन के साथ इंसाफ़ भी, मगर निकिता की कोई दिलचस्पी नहीं थी। माता-पिता से दिल्ली बात करने के लिए घर पर टेलीफ़ोन ज़रूर लगवा लिया था। हफ्ते में कम से कम दो बार ज़रूर फ़ोन कर लेती। लेकिन बात करने के बाद अक्सर उसका व्यवहार रूखा हो जाता था। ज़रा-ज़रा सी बात पर भी समझौता नहीं कर पाती। अजीब-अजीब से विचार उसके मन में आते रहते। अमित उसकी ऊटपटाँग बातों को समझाकर दूर करने की कोशिश करता। लेकिन फिर भी वह नकारात्मक ही सोचती। यही कारण था जो हर इनसान के बारे में ग़लत सोचकर वह सब से दूर होती जा रही थी।

अमित ने श्याम और राजेश की सलाह पर स्कूटर भी किस्तों पर ले लिया था। सोचा था—निकिता के साथ बाहर जाने में सहूलियत भी रहेगी। अमित ने उसे कई बार घूमने चलने के लिए कहा परंतु वह अक्सर मना कर देती थी। अमित सोचने पर मजबूर हुआ था...शादी के पहले तो बहुत घूमती थी तो फिर अब क्यों नहीं?...क्या उसमें कोई कमी है?...इन विचारों से उसमें हीन भावना बढ़ जाती थी। निकिता को मानसिक बीमारी हो सकती है...यह वह सपने में भी नहीं सोच सकता था। एक-दो बार मार्केट जाने पर अमित ने महसूस किया था कि बात-बात पर निकिता ग़ुस्सा हो जाती है। मार्केट में हो या चलते हुए स्कूटर पर, जब बोलना शुरू करती तो रुकती ही नहीं। कई बार अगर अमित बीच में कुछ बोल देता तो बात बढ़ जाती और बहस के बढ़ने पर स्थिति बिगड़ जाती थी। कई बार आसपास के लोग देखने लगते। धीरे-धीरे अमित को उससे बात करने में डर लगने लगा था। घर के ख़र्चे बढ़ रहे थे, अमित को और मेहनत करनी पड़ रही थी। आकांक्षा महीनों में बढ़ रही थी। लेकिन अमित उसके बचपन को नज़दीक से देख ही नहीं पा रहा था।

एक दिन स्कूल से आते ही माँ ने अमित और निकिता से कहा था, ''मेरे स्कूल के प्रिंसिपल, गुरुजी अपनी पत्नी के साथ आ रहे हैं बेटा,...ख़ासकर निकिता और आकांक्षा से मिलने...'' माँ की आवाज़ में विनती थी। ''...हमारी मुसीबत में उन्होंने

बड़ी मदद की थी।''

मालती ने थोड़ा गुरुजी के बारे में बताने की कोशिश की, पर निकिता ने कोई ज़्यादा दिलचस्पी नहीं ली थी।

अमित ने भी थोड़ी देर बाद बड़े प्यार से गुरुजी के बारे में बताने की कोशिश की तो अचानक तुनककर बोल पड़ी, ''क्यों? आज माँ-बेटे बहुत मस्का लगा रहे हैं...!''

आवाज़ और बात में कटाक्ष के साथ-साथ रूखापन भी था। अमित तिलमिला गया था। क्या इस घर का उस पर इतना भी हक़ नहीं? फिर यह तो साधारण-सी बात है। लोग मिलने आते हैं तो बताया जाता है। घर में बात की जाती है।

''क्यों, क्या कभी मेरे घर वालों को बुलाया?'' थोड़ी देर बाद निकिता फिर बोल पड़ी थी।

अमित कुछ समझ नहीं पाया था। बात कहाँ से कहाँ पहुँच गई थी, सोचने लगा। उसने कभी नहीं बुलाया, ठीक है, मगर वह ख़ुद भी तो नहीं आये। शादी के वक़्त भी उनका व्यवहार ठीक नहीं था। अमित को अक्सर लगता था कि वे लोग उसे पसंद नहीं करते। फिर सबसे बड़ी बात यह थी कि इसका ज़िक्र निकिता ने पहले कभी किया ही नहीं अन्यथा वह तो ज़रूर बुलाता और उसे ख़ुशी भी होती। उसे तो वैसे भी प्यार की ज़रूरत थी।...बहस से कोई फ़ायदा नहीं तो बात सँभालते हुए कहने लगा, ''हाँ-हाँ, क्यों नहीं, हम उनको ज़रूर बुलाएँगे।''

''नहीं, तुमने कभी नहीं बुलाया। तुम्हें सिर्फ़ अपने घरवालों की लगी रहती है। पहले बहन, फिर माँ, फिर माँ के स्कूल वाले।...सारे घटिया लोग,'' बोलकर निकिता ज़ोर-ज़ोर से रोने लगी थी।

अमित को कुछ बात ही समझ में नहीं आई। एकदम से परेशान हो गया।

मालती भी घबरा गई थी। अधिकतर लोग सरल सोच के होते हैं। हर चीज़ को सकारात्मक दृष्टि से ही देखते हैं। कहने लगी, ''सही तो कह रही है, इसके माँ-बाप को तुमने कभी नहीं बुलाया और न ही इसे तुम ले गये। अब ज़रूर ले जाना।''

''मगर माँ, कुछ होता ही ऐसा चला गया। मौक़ा ही नहीं मिला। फिर सुप्रिया और आकांक्षा की खबर दी थी। मगर, शायद, पता नहीं...।'' आगे कुछ बोले बिना अमित चुप हो गया था।

लेकिन निकिता उलटे और बिफर पड़ी, ''तो क्या ख़ाली बैठे हैं। उन लोगों की कितनी बिज़ी ज़िंदगी हैं। दिल्ली की लाइफ, तुम लोगों को क्या पता! अब क्या

छोटी-छोटी सी बात पर भागे चले आएँगे? तुम कितनी बार जाते हो?''

अमित का क्रोध पहली बार बढ़ रहा था। सोचने लगा—किसी की मौत उनके लिए छोटी-सी बात है, आकांक्षा का जन्म छोटी बात, तो फिर बड़ी बात कौन-सी है? वहीं हमको उन्होंने एक बार भी नहीं कहा आने के लिए।...मगर वह चुप ही रहा। गुरुजी को आना था। बात बिगड़ सकती है। मगर वह समझ नहीं पा रहा था।...क्या बात थी, कहाँ से कहाँ पहुँच गई!

मालती एकदम हतप्रभ हो गई थी। उसे स्वयं समझ ही नहीं आया, कहाँ ग़लती हो गई उससे। उसे आत्मग्लानि होने लगी थी। इससे अच्छा तो गुरुजी आने के लिए कहते ही नहीं। अब वह मना भी कैसे करती? फिर वह स्वयं बहू की तारीफ़ भी करती रहती थी। वैसे भी उसके यहाँ कोई भी तो नहीं आता था। कमला तो आ जाती खोज-ख़बर के लिए, मगर गीता उषा अब कम ही आती थीं। फिर वह आकांक्षा, स्कूल और घर के काम में व्यस्त रहती थी। घर का सारा काम करके ही स्कूल जाती।

उधर, निकिता सारा दिन लेटी रहती थी, कभी-कभी ही घर से बाहर निकलती। वैसे मालती ने कभी भी बहू को कष्ट नहीं होने दिया था। आज भी धैर्य से विनती करते हुए उसे शांत रहने के लिए कहा तो निकिता मुश्किल से चुप हुई थी।

गुरुजी अपनी पत्नी के साथ शाम को आए थे। बूढ़े हो गये थे और रिटायर भी। पत्नी गाँव की, मगर ख़ूब बोलनेवाली। आते के साथ अंदर के कमरे में पहुँच गई। अमित ने गुरुजी और उनकी धर्मपत्नी के चरण स्पर्श किए थे। निकिता अंदर के कमरे में पलँग पर ही बैठी रही, जबकि उसकी सुंदरता की ख़ूब बड़ाई हुई थी। गुरुजी की धर्मपत्नी मालती से बात करती रही। साथ ही साथ आकांक्षा को गोद में खिलाते हुए बोलती रही—एकदम गुड़िया-सी सुंदर है। मालती की जान में जान आई थी। उसने सुप्रिया को नहीं देखा था सो उसका नाम नहीं लिया। सुप्रिया और अमित दोनों भाई-बहन के चेहरे में एक ही झलक थी।

बड़े ग़ौर से देखने पर कुछ देर बाद मास्टरनी ने ज़रूर कहा था, ''बाप पर गई है, सौभाग्यशाली है, क्यों बेटा?''

सुनकर निकिता के चेहरे के रंग बदलने लगे थे। मालती ने बात सँभाली थी, ''बच्चे अपना चेहरा कई बार बदलते हैं। जब माँ इतनी सुंदर है तो बेटी तो होगी ही। मैं तो बड़ी भाग्यशाली हूँ जो मुझे ऐसी बहू मिली है।''

निकिता ने कहा कुछ भी नहीं। बिस्तर से उठना तो बहुत दूर की बात थी, एक बार भी नहीं मुस्कुराई। कुछ देर बाद निकिता को किसी तरह अमित अपने साथ

बाहर के कमरे में तो ले आया मगर वहाँ भी वह चुपचाप ही बैठी रही।

उधर, गुरुजी ने बहू को देखा तो बड़े प्रसन्न हुए थे और दूर ही से हाथ उठाकर दिल ही दिल आशीर्वाद दिया था। मालती के परिवार की उन्नति देखकर उन्होंने भगवान को धन्यवाद किया था।

अंत में दोनों बुज़ुर्ग मेहमानों ने आशीर्वाद देते हुए विदाई ली तो अमित ने लंबी साँस ली थी।

35

निकिता का अपरिभाषित, अव्यवस्थित व अप्रत्याशित व्यवहार बढ़ता जा रहा था। अमित अब तक इसे बीमारी न समझते हुए उसका स्वभाव ही मान रहा था। वह उसके अनपेक्षित व्यवहार से दुखी था तो मालती सहमी रहती थी।

निकिता अपने अंदर से उठ रहे अनियंत्रित विचारों से नियंत्रित होने लगी थी। उसे सदैव लगता कि कोई उसे कुछ कह रहा है और वह वैसा ही करने लगती।

एक दिन तो उसने हद कर दी। साहू की दुकान से ख़ुद ही कुछ लेने के लिए चल पड़ी।

अमित अस्पताल से लौट रहा था। निकिता को मोहल्ले से बाहर दुकान पर देखकर रुक गया। सोचा, स्कूटर पर ही साथ घर चले जाएँगे। दुकान में जाकर उसने भी साहू से कुछ सामान लिया और फिर निकिता की ओर देखकर कहने लगा, ''कुछ और लेना है?''

''साहू, कितने पैसे हुए मेरे?'' निकिता ने अमित की तरफ़ देखे बिना कहा था।

''इकट्ठे जोड़ दूँ?'' साहू पूछने लगा।

''क्यों? जो मैंने लिया है, उसी के बताओ।'' निकिता ने तेज़ स्वर में कहा था।

साहू ने मुस्कुराते हुए पैसे जोड़े और निकिता से पैसे लेकर अमित से बात करने लगा, ''लगता है, नाराज़ है बहू।''

निकिता पैदल ही उसकी ओर देखे बिना घर की ओर चल चुकी थी।

अमित ठगा-सा खड़ा रह गया था। बचपन से आज तक इतनी पीड़ा और अपमान उसे ग़रीबी के दिनों में भी किसी ने नहीं पहुँचाया था, जितना उसे उस बदमाश साहू की कुटिल मुस्कान और बात करने के ढंग से हुआ था।

निकिता का अटपटा व्यवहार बढ़ता जा रहा था। मोहल्ले में अब यह आम बात हो गई थी। अमित मानसिक रूप से परेशान रहने लगा था। उसे कुछ समझ नहीं आ रहा था कि बात क्या है? कहाँ, क्या ग़लती हुई? जो संवेदनशील होता है वह

ज़्यादा सोचता है। वहीं निकिता को कोई परवाह नहीं थी—अपना रोज़ खाना खाकर बिस्तर पर लेट जाना। अमित रात-रात भर सो नहीं पाता था। कभी-कभी आकांक्षा को भी गोद में खिलाना पड़ता...और क्या करता, अभी वह साल की भी नहीं हुई थी।...और फिर निकिता ज़िद्दी स्वभाव की है, यही निष्कर्ष निकाल कर संतोष कर लेता था।

निकिता के मन में जो आता वही करती। अपने घर वालों से विशेष स्नेह था उसे, जबकि उसके घर वालों का उसके प्रति कोई विशेष लगाव दिखाई नहीं देता था। हाँ, अमित से जुड़ी हुई हर चीज़ से उसे विशेष नफ़रत होती थी। यहाँ तक कि वह अनादर करने से भी नहीं चूकती थी। जो भी मालती या अमित कहते, उससे सदैव उलटा करती।...मगर क्यों? अमित के पास कोई जवाब नहीं था।...क्या उसे शादी के पहले नहीं पता था? फिर पहल भी तो उसी की तरफ़ से हुई थी।

हाँ, अमित अपनी ज़िम्मेदारी को, जो भी थी, निभा रहा था। परंतु जब भी बात बिगड़ती तो उसका कोई कारण नहीं होता था। साधारणत: लोग बड़े से बड़े कारण होने पर भी ऐसा बर्ताव नहीं करते। पर घर में निकिता जब भी झगड़ती उसके पीछे तो कोई कारण ही नहीं होता था। अमित दो मिनट के लिए विचलित होता फिर शांत ढंग से, उसे प्यार से समझाता। कई बार बिना किसी बात के अपनी ग़लती स्वीकार करके उसके क्रोध को शांत करने की कोशिश करता।

मगर निकिता का चुप होना, या शांत होना किसी भी बात पर निर्भर नहीं करता था। उसका बर्ताव सदैव असामान्य ही होता।

समय के साथ अमित ने एक बात और नोट की थी कि निकिता ज़्यादातर वक़्त अपने में ही खोई रहती थी। कभी एकदम उदास, फिर कभी अत्यधिक ख़ुश। जब नॉर्मल होती तो आकांक्षा से ख़ूब बातें करती, उसे बहुत प्यार करती, फिर कभी उसकी ओर ध्यान ही नहीं देती। कई बार फूल-सी नाजुक बेटी की ख़ूब पिटाई कर देती और फिर छोटी-सी मासूम बच्ची को भी भला-बुरा कहने से नहीं चूकती।

मालती जब भी आकांक्षा को ऐसी हालत में उठाकर दूर ले जाना चाहती, तो ख़ूब उल्टा-सीधा सुनती।

निकिता को जब भी प्यार की आवश्यकता होती तो अमित से जबरदस्ती करती थी। वहीं अमित में देह का आकर्षण, प्यार का जुनून कम तो नहीं हुआ था, पर उस पर मानसिक अवस्था का असर होने लगा था। वह अब आंतरिक क्षणों में न तो आनंदित हो पाता, न ही पूरी तरह से उसमें जुड़ पाता था।

एक रात के घटनाक्रम में अजीब-सी बात देखकर तो वह फिर अचंभित हो गया था। निकिता ने आकांक्षा को माँ के पास लेटा कर, देर रात अमित से कई बार

हाथ धुलवाया था। कहती रही, "तुम्हारे हाथ गंदे रहते हैं। तुम हाथ धोकर मेरे पास आया करो।"

रोज़ ही उसे एक बार तो अपना हाथ धोना ही पड़ता था पर उस रात कई बार ऐसा करने से वह चकराया था।

बाद में निकिता ने जब उससे कहा, "मुझे मेरा बच्चा चाहिए," तो वह बहुत देर तक समझ न सका था।

"क्यों? आकांक्षा तुम्हारी बेटी नहीं है क्या?"

"वह तुम्हारी है। मुझे मेरा बच्चा चाहिए, जो मेरे जैसा हो।"

सुनकर अमित को ग़ुस्सा आ रहा था तो उधर निकिता उसके बदन के साथ खेलने की कोशिश कर रही थी। मगर आज अमित का क्रोध पिघल नहीं पा रहा था, शरीर की आग पर मानसिक तनाव जो छाया था। कुछ देर कोशिश करने पर भी जब कुछ नहीं हुआ तो निकिता ने ज़ोर से चिल्लाना शुरू कर दिया था।

घबराकर अमित उसे समझाने लगा था, "धीरे बोलो, सब सुनते हैं। आवाज़ पड़ोसी और माँ तक जाती है।"

मगर वह चिल्लाती रही थी, "तुम जैसों को तो प्यार करना भी नहीं आता। मेरी तो क़िस्मत ही ख़राब है। तुम लोग तो मुझे मारना चाहते हो...।"

अमित ने उसके मुँह पर हाथ रखा कि आवाज़ बाहर न जाए मगर वह और ज़ोर से चिल्ला पड़ी थी, "...गला दबाओगे क्या?"

तभी दरवाज़े पर किसी आवाज़ ने अमित को चौंकाया था। माँ धीरे से फुसफुसाकर कह रही थी, "बेटा, क्या हुआ... ? बहू ठीक तो है... ?"

"कुछ नहीं माँ, सब ठीक है।"

अमित ने निकिता को अपनी बाँहों में भींचा कि शायद वह चुप हो जाए। शरीर के नज़दीक पहुँचते ही निकिता ने बिना रुके उसकी नग्न बाँहों पर उसे तेज़ चूमना शुरू कर दिया था। अमित कुछ समझ न पाया तो डर से उसे साथ देने की कोशिश करने लगा, मगर असफल ही रहा।

अब रोज़ निकिता उसे उत्तेजित करने की कोशिश करती और अमित प्राय: कुछ अधिक नहीं कर पाता। फलस्वरूप उसकी मानसिक पीड़ा और अधिक बढ़ रही थी। इसी अनमने जीवन और प्यार में कब निकिता पुन: गर्भवती हुई, अमित जान नहीं पाया। फिर भी वह निकिता की ख़ुशी में एक बार फिर अपनी ख़ुशी ढूँढ़ने की कोशिश में था। सुनकर मालती भी ख़ुश हुई थी। ऐसा नहीं कि अमित को दूसरे बच्चे की ख़ुशी नहीं थी, परंतु जिन हालात से वह गुज़र रहा था, उसका कोई भी जवाब उसके पास नहीं था। फिर वह अपनी हर बात जहाँ अपनी माँ से

नहीं कर सकता था वहीं उसकी तमन्ना रहती थी कि वह अपनी सारी बात अपनी पत्नी से करे। मगर निकिता से उसे अब बात करने से डर लगने लगा था। दोस्तों से बात करने में उसे शर्म आने लगी थी। वह सदैव कोशिश करता, घर पर ख़ुशी देने की, खास कर पत्नी और बेटी को, लेकिन निकिता को उसकी किसी भी चीज़ में आनंद नहीं आता। उसे उसके द्वारा लाई गई हर चीज़ ख़राब लगती। अमित हर बार मन को यही कहकर समझा लेता कि यह उसके पसंद व स्तर की चीज़ नहीं है।

उधर, निकिता को हर किसी में, बड़े से बड़े आदमी, यहाँ तक कि अच्छे से अच्छे होटल में भी कोई न कोई नुक्स ज़रूर दिखाई देता। प्रकृति के ख़ूबसूरत नज़ारों, पिकनिक स्पॉट में जाने पर भी ख़ुश नहीं होती। पिक्चर, मार्केट घूमना, लोगों से मिलना-जुलना उसे कुछ भी पसंद नहीं था। बस, हर वक़्त अपनी दुनिया में रहना चाहती।

मोहल्ले की औरतें तो पढ़ाई-लिखाई और व्यवहार, दोनों के कारण उससे वैसे ही दूर रहतीं मगर अमित को भी धीरे-धीरे घर आने में डर लगने लगा था। मगर मालती कहाँ जाती... ?

36

दर्द हद से बढ़ जाए तो दवा बन जाता है, सत्य नहीं है। मगर हाँ, अपने निकलने के लिए रास्ता ज़रूर तलाश कर लेता है। मालती स्वाभाविक रूप से भोली-भाली और कम बोलने वाली थी। भगवान ने जितने दुःख दिए थे उतनी ही उसको सहने की शक्ति भी दी थी। पहले तो स्कूल जाने के कारण वैसे ही मोहल्ले में आस-पड़ोस की बातें सुनने का कम मौक़ा मिलता था। अब रही-सही कसर आकांक्षा ने पूरी कर दी थी। उसकी दुनिया उसके इर्द-गिर्द सीमित होकर रह गई थी। सुप्रिया नये रूप में थी और वह माँ की जगह दादी-माँ बन चुकी थी। कभी-कभी गीता और उषा आ जाती तो वह भी निकिता को पसंद नहीं होता था। कमला पड़ोस से झाँककर अपनी बात ज़रूर कह जाती थी। मालती चुपचाप सुन लेती। आदत पड़ चुकी थी।

जीवन रुकता नहीं, चलता रहता है। मालती के लिए नया जीवन था, आकांक्षा का अस्तित्व। उसी में सुप्रिया को ढूँढ़कर ख़ुश हो जाती। जीवन से वैसे भी उसने कभी कोई शिकायत नहीं की थी।

अमित भी आशावादी था। जीवन में हर चीज़ संघर्ष से प्राप्त करने की आदत

पड़ चुकी थी। उसके सामने सारा जीवन अभी पड़ा था। पत्नी सुंदर, आकर्षक, पढ़ी-लिखी थी। फिर कमी कहाँ है? उसको ढूँढ़कर हल निकालना चाहता था। मानसिक रूप से परेशान ज़रूर था मगर टूटा नहीं था। भावुक और संवेदनशील व्यक्ति को अपनी इज़्ज़त बड़ी प्यारी होती है। मोहल्ले में अपनी चर्चाओं से सिर्फ़ आहत हो जाता था। दोस्तों से भी कभी ज़िक्र तक नहीं करता, इसमें उसे घर की बात बाहर जाती दिखाई देती थी। मगर परिवार में सुख और शांति दोनों ही न हो तो फिर क्या किया जाए? शायद उसी में कोई कमी हो तो उसका फिर इलाज भी ज़रूरी है। बहुत सोच-विचारकर एक दिन काउंसलिंग के लिए साइकेट्रिक डॉक्टर चौधरी के पास अकेले ही पहुँच गया।

डॉक्टर ने उसकी आँखों में उतरते हुए बड़े ध्यान से पूछा था, "हाँ, बताइए?"

कहाँ से शुरू करे, उसे समझ में नहीं आया था। कितना बताए, कितना छुपाए, यह पता नहीं था। लोगों की लाज-शर्म थी। अपनी पहचान भी छुपा रहा था। बस, इतना ही कह पाया था, "शादी के बाद ख़ुशियाँ नहीं हैं, जानना और समझना चाहता हूँ। पत्नी का बर्ताव ठीक नहीं है। डॉक्टर है, पढ़ी-लिखी है पर कुछ भी ठीक नहीं है।"

"आपकी पत्नी कहाँ है? साथ आई है? हो सकता है, उसको भी आपसे शिकायत हो। जब तक दोनों की बातें नहीं सुनी जाएँ, कुछ नहीं कहा जा सकता। उसको भी साथ लाइए। फिर जैसा कि आप बता रहे हैं कि वह ख़ुद डॉक्टर हैं तो फिर तो कोई परेशानी ही नहीं।"

बड़ा रूखा-सा सीधा जवाब था। अमित भी जानता था। यही तो परेशानी है, कम पढ़े-लिखे को समझाया जा सकता है, डराया जा सकता है मगर जो पहले से ही सब कुछ समझा हुआ हो, उसे क्या समझाया जा सकता है? फिर भी शायद प्यार से जीता जा सकता हो। हो सकता है उसी में कुछ कमी हो। मगर हुआ वही जिसका उसे डर था।

अमित ने बड़े प्यार से रात को निकिता को अपनी बाँहों में लेकर कहा था, "निकिता, मैंने तुम्हें कोई ख़ुशी नहीं दी। मुझमें, हो सकता है, कोई कमी हो। तुमने कभी इस बारे में ज़िक्र भी नहीं किया। परंतु तुम ख़ुश नहीं रहती हो। जानती हो, मैंने एक डॉक्टर से बात की है। वह कह रहा था कि वह सब कुछ समझकर ठीक कर देगा। बस, तुम्हें एक बार मेरे साथ डॉक्टर के पास चलना होगा, प्लीज!"

"क्यों? मुझे तुम पागल समझते हो।"

"नहीं, नहीं, वह तो मैं अपने बारे में कह रहा था। तुम बताओगी, तभी तो मेरे में सुधार होगा।"

''तो तुम माँ-बेटे जाकर इलाज करवाओ। साथ में अपनी बेटी को भी ले जाना।'' निकिता तेज़ी में दूसरी तरफ़ मुँह करके सो गई थी।

अमित सारी रात ताकता रह गया था। निकिता का सुंदर-सा आकर्षक शरीर आज उसे पता नहीं क्यों अब सम्मोहित नहीं कर पा रहा था।

अमित ने हिम्मत नहीं हारी थी। दूसरे दिन वह फिर डॉक्टर के पास गया था। पूछने लगा कि क्या कोई सुझाव हो सकता है? डॉक्टर ने सुझाव की जगह लंबा लेक्चर दे डाला था, ''आजकल! अधिकतर शादियाँ असफल हैं। कारण बहुत से हैं। एक तो आदमी और उसके घर वाले वर्षों से औरतों पर ज़ुल्म करते आ रहे हैं और आज भी कर रहे हैं। दूसरा, इन बातों को सुन-सुनकर लड़कियाँ अधिक सतर्क और सावधान हो गई हैं। कई बार वे पूर्वग्रहों से ग्रसित भी होती हैं। कई बार लड़की के घर वाले भी जाने-अनजाने में ज़्यादा हस्तक्षेप कर जाते हैं। लड़की को शादी के पहले ही सिखा-पढ़ाकर भेजा जाता है। फिर अगर लड़की पढ़ी-लिखी, स्वतंत्र और स्वावलंबी है तो फिर सामंजस्य का सवाल ही नहीं है। वह सुनती ही नहीं, उलटा प्रभुत्व दिखाती है। एक तो ज़्यादा उम्र होने से पहले ही परिपक्व होती है फिर माँ-बाप, बहन-भाई के ऊपर पति का नाम ही नहीं आ पाता, तो फिर लड़के के घर वालों का तो सवाल ही छोड़ो। ऊपर से आजकल एकल परिवार। पहले सामूहिक घरों में मौक़ा ही नहीं मिलता था। आजकल औरतों की समस्या कम, औरतों से समस्या ज़्यादा पैदा हो रही है। इसी के चलते औरतें उलटा अब पहले से अधिक दुःख पा रही हैं। औरतें औरतों को भिन्न-भिन्न रूप में तकलीफ़ देती हैं। बस, फ़र्क़ अब इतना है कि अब पुरुष भी कष्ट भोग रहा है।...सेक्स संबंधी परेशानी भी एक बेहद गंभीर समस्या है। पति-पत्नी के बीच यह एक अति आवश्यक एवं प्राकृतिक बंधन है। भिन्न-भिन्न कारणों से, दोनों में से किसी भी एक का संतुष्ट नहीं होना झगड़े की शुरुआत करता है। आदमी की सिगरेट, शराब के अलावा अत्यधिक मानसिक तनाव से भी सेक्स के प्रति रुझान और शक्ति कम हो जाती है। दूसरी ओर, औरतों में जागरूकता और समझ बढ़ने से, उनकी सेक्स में इच्छा और ज़रूरतें बढ़ी हैं।'' डॉक्टर ने एक लंबी साँस ली थी और फिर पुनः बोलता चला गया था, ''...ख़ुशी के लिए समझौता और त्याग की जगह लीक से हटकर जीने की प्रवृत्ति आई है। देने की जगह लेने की आदत बढ़ी है। और भी कई कारण हैं। और फिर आप अकेले नहीं हैं। आजकल इनकी संख्या दिनोंदिन बढ़ती चली जा रही है। सब के अलग-अलग कारण हैं। उसमें आपका कौन-सा कारण है और आप उसमें क्या कर सकते हैं, स्वयं देख सकते हैं। पढ़ा-लिखा आदमी अगर ज़्यादा समझदार है तो फिर दिक़्क़त है कहाँ? परिवार संबंधों से बनता है, संबंध बंधन से बनते हैं। जिस

बंधन में भावना नहीं, प्यार नहीं, विश्वास नहीं, वह कष्टदायक बन जाता है। भावना, प्यार, विश्वास के लिए दिमाग़ की नहीं, दिल की ज़रूरत होती है। मगर आजकल दिमाग़ दिल पर हावी है।''

सब सुनने के बाद अमित ने सोचा था—डॉक्टर ठीक ही तो कह रहे हैं।

''जी, आप बिलकुल ठीक कह रहे हैं। क्या फिर भी आप मेरी कुछ मदद कर सकते हैं? अगर आप विश्वास करें तो मैं सब कुछ ठीक-ठीक बताऊँगा। झूठ बोलने की मेरी कोई वजह भी नहीं है।''

अमित ने विक्रम और एबॉर्शन के अलावा सब कुछ विस्तार से बताया था। अपनी पत्नी के बारे में कुछ भी ग़लत कहना या सुनना उसके आत्मसम्मान को ठेस पहुँचाने के समान और अपमानजनक था। शायद यही उसका प्यार था। उसकी सकारात्मक कोशिश थी।

डॉक्टर ने ध्यान से सुनने के बाद कहा था, ''अगर आप सब ठीक बयान कर रहे हैं तो कुछ ग़लत तो है। मेंटल डिसऑर्डर भी हो सकता है, पर मैं बिना पेशेंट से मिले कुछ भी कहने की स्थिति में नहीं हूँ।''

अमित एकदम से बोल पड़ा था, ''नहीं, नहीं, ऐसा नहीं हो सकता।''

डॉक्टर ने महसूस किया तो कहने लगा, ''लगता है, आप अपनी पत्नी से बहुत प्यार करते हैं। क्या चाहते हैं? शायद मैं कुछ मदद कर सकूँ।''

''सिर्फ़ और सिर्फ़ ख़ुशियाँ। मैं तो चाहता हूँ कि वह ख़ुश रहे। मगर वह भी ख़ुश नहीं रहती।''

''क्या आप उसके माँ-बाप के पास गये हैं?''

''नहीं, बुलाया ही नहीं। मुझसे उनका बर्ताव ठीक नहीं। शायद मैं उनके लायक़ नहीं।''

''कोई बात नहीं, आप जाइए, क्या फ़र्क़ पड़ता है! उनके साथ मिलिए। पत्नी को अच्छा लगेगा। फिर उसे जो भी चीज़ पसंद हो, उसे ही कीजिए।''

''मगर उसे तो कुछ भी पसंद नहीं।''

''ऐसा नहीं हो सकता, ढूँढ़िए। फिर उसको वही सब माहौल देने की कोशिश कीजिए जो उसके पास शादी के पहले था। अपना घर छोड़कर कोई अच्छे माहौल का, अच्छे एरिया में मकान लीजिए। फिर हो सके तो बाहर घूमने जाइए। पढ़ाई के बाद बाहर पोस्टिंग लीजिए और हो सके तो सदैव प्यार से बात कीजिए।''

''और, आकांक्षा से ऐसा व्यवहार?'' अमित ने पूछा था।

''हो सकता है, आपसे उसको दुःख पहुँचा हो! इसीलिए उन सभी को, जो

आपसे जुड़े हैं, उसे दुःख का कारण मानती हो। वैसे ऐसा होना तो नहीं चाहिए। फिर भी प्यार से समझाइए, शायद दूसरे बच्चे के बाद ठीक हो जाए। वैसे हो सकता है, शादी से पहले का कोई शॉक हो। विज्ञान में शॉक से मेंटल डिसऑडर होने के पुख्ता प्रमाण नहीं हैं। विज्ञान तो नहीं मानता। डिप्रेशन हो सकता है। फिर भी कह नहीं सकते, जब तक मरीज़ से ख़ुद न बात हो। वही बता सकता है, ऐसा क्यों हो रहा है। ख़ैर, अभी आप इतना कीजिए। फिर अगर हो सके तो मैं मरीज़ से एक बार मिलना चाहूँगा। थोड़ा डिप्रेशन में लगती है, मगर क्यों, यह जानना ज़रूरी है।''

अमित को अब यक़ीन हो गया था कि जो बात उसने छुपाई है, वही मेंटल शॉक और डिप्रेशन का कारण हो सकती है, मगर मैंने तो उसे बचाया था, प्यार दिया, सहारा दिया, फिर मेरे साथ ऐसा बर्ताव तो कोई पागल ही कर सकता है। पर अब वह क्या कर सकता है? निकिता फिर से प्रेगनेंट है, उसे उसका ख़याल रखना ज़रूरी है। आज ही माँ से नये घर के लिए बात करेगा। फिर उसे भी कॉलेज से आने-जाने में कष्ट होता है। फिर माँ को भी अब नौकरी की क्या आवश्यकता है? बहुत हो गया। मिलता भी क्या है? जहाँ तक पैसे की बात है, शाम को किसी हॉस्पिटल में बैठकर कमा लेगा।

जल्द ही अमित ने मेडिकल कॉलेज के पास ही शास्त्रीनगर में दो कमरे का मकान ले लिया था। श्याम और राधिका भी ख़ुश थे। मकान उनके घर से पास ही था। शादी के बाद दोनों में चमक, ख़ुशी, मस्ती देखते ही बनती थी। अमित को तो बहुत बाद में पता चला था कि राधिका बहुत बड़े बिज़नेसमैन की लड़की है। कभी भी राधिका ने ज़िक्र तक नहीं किया था, न ही कभी कोई एहसास होने दिया था। राधिका के घर वालों ने शादी में लग्ज़री गाड़ी भी दी थी। राधिका के सास-ससुर गाँव के जमींदार थे, और माँ-बाप दिल्ली के प्रतिष्ठित व्यवसायी। मगर दोनों परिवार एक साथ जबलपुर कई चक्कर लगा गये थे। दोनों परिवारों में बेहतरीन सामंजस्य था।

श्याम ने कई बार घर आने के लिए कहा था मगर अमित कोई न कोई बहाना बनाकर बात टाल जाता था।

एक दिन राधिका और श्याम घर आ गये। निकिता बड़ी ख़ुश हुई थी। गाड़ी देखकर कहने लगी, ''कहाँ से ली है?''

''पापा ने दी है।'' राधिका ने कहा था।

''दहेज की है।'' श्याम मज़ाक कर रहा था।

''क्यों, तुम्हारे मम्मी-पापा तो आते रहते होंगे?'' निकिता पूछ रही थी।

''हाँ, हाँ, ख़ूब आते हैं।'' राधिका ने जवाब दिया था।

''तुम उनको बुलाती रहती होगी?'' निकिता आज बात करने के मूड में थी।

''नहीं, नहीं, बुलाना कैसा! वह अपने आप ही आते रहते हैं। बेटी हूँ। मगर हाँ, मैं अपने सास–ससुर को ज़रूर बुलाती रहती हूँ और वह अपने आप भी आते रहते हैं। श्याम को भी अच्छा लगता है और मुझे भी। दोनों सास–ससुर मुझे पसंद करते हैं। और तेरे मम्मी–पापा?''

''वो ज़रा बिज़ी रहते हैं।'' निकिता उदास हो रही थी।

''ऐसे भी क्या बिज़ी, भाई!'' श्याम ने टोकते हुए कहा था।

''अच्छा, अबकी बार हम सब कार में श्याम के गाँव चलेंगे, ठीक है।'' राधिका बड़े उत्साह से कह रही थी। दोस्तों में उसे आनन्द आता था।

''ठीक है, निकिता से पूछ लो।'' अमित ने निकिता की ओर सहमकर देखते हुए कहा था।

''क्यों निकिता, चलेंगे। मुझे साथ घूमने में बहुत अच्छा लगता है।'' राधिका ने निकिता का हाथ पकड़ लिया था।

''ठीक है, चलेंगे।'' निकिता ने धीरे से सिर हिला दिया था।

37

अगले इतवार चारों आकांक्षा के साथ नरसिंगपुर गये थे। मालती को बहुत मनाया मगर वह नहीं मानी और कहने लगीं, ''नहीं, तुम लोग घूम–फिर कर मस्ती करके आओ। मैं फिर कभी चलूँगी।''

निकिता ने एक बार भी नहीं कहा था। राधिका ही कहती रही, ''सब के साथ ज़्यादा मज़ा आता है।''

मगर माँ नहीं मानी। ख़ुशी–ख़ुशी सबको विदा किया था। निकिता ने आकांक्षा का रास्तेभर कोई ध्यान नहीं रखा था। अमित ने ही उसे गोद में उठाया था। पूरे समय निकिता खिड़की से बाहर ही देखती रही। आकांक्षा के रोने पर अमित ही चुप कराता था।

राधिका से रहा नहीं गया तो कहने लगी, ''क्या बात है, दोनों बात ही नहीं कर रहे? चुप–चुप हो?''

''पढ़ाई कैसी चल रही है?'' श्याम ने बात आगे बढ़ाने की कोशिश की थी।

बातचीत का सिलसिला अभी शुरू हुआ ही था कि आकांक्षा ज़ोर से रोने लगी थी, अमित ने चुप कराने की भरपूर कोशिश की थी।

अंत में हारकर निकिता से कहा था, "ज़रा देखना, क्यों रो रही है?"

निकिता ने आकांक्षा को अपने पास लेते ही ज़ोर से झकझोरा था। इतनी कम उम्र में भी आकांक्षा सहम कर चुप हो गई थी, मासूम आँखों में डर उतर आया था। अमित को प्यार आया तो उसने बेटी को निकिता के हाथों से वापस लेकर ज्योंही अपने सीने से लगाया, आकांक्षा ज़ोर-ज़ोर से रोने लगी थी। बीच-बीच में डरकर निकिता की ओर देख लेती। एक साल की बच्ची इस उम्र में क्या समझती, कुछ देर बाद थककर अपने पिता की गोद में सो चुकी थी। राधिका और श्याम को अजीब-सा लगा था।

घर पहुँकर राधिका शुरू-शुरू में अपने सास-ससुर, देवर-देवरानी से बातचीत में व्यस्त हो गई थी। वहीं निकिता का दिल नहीं लग रहा था। वैसे तो श्याम के घर वाले अमित और निकिता का विशेष ध्यान रख रहे थे। आकांक्षा को तो एक मिनट के लिए भी कोई छोड़ने को तैयार नहीं था, मगर निकिता बिलकुल भी नहीं बोल रही थी। रात खाने में भी ज़्यादा बातचीत नहीं की।

खाने के बाद घर के बाहर बग़ीचे में सभी बैठे बातचीत कर रहे थे कि निकिता ने अचानक वापस जाने की जो रट लगाई तो सुनकर श्याम हैरान हुआ था, "अभी तो आए हैं। एक दिन तो रह लें।"

"नहीं, आप लोग रहो, हम चलेंगे।...अमित, सुबह जैसे भी हो, मुझे घर जाना है।"

निकिता की बात सुनकर श्याम को बड़ा अजीब-सा लगा था। उसने अमित से समझाने के लिए कहा था मगर वह चुप ही रहा। राधिका ने बहुत कोशिश की थी मगर निकिता नहीं मानी। अंत में हारकर अमित को सुबह की ट्रेन से निकिता को लेकर वापस आना पड़ा था।

घर पर आकर उसने एक लंबी साँस ली थी। मन-मस्तिष्क में कई सवाल रात से ही उभर रहे थे, मगर सबको दबाते हुए उसने सिर्फ़ इतना ही कहा था, "अगर मन नहीं था, तो हमें जाना ही नहीं चाहिए था।"

"क्यों? मज़ा आ रहा था तो फिर वहीं रह लेना था। सिर्फ़ दोस्त हैं तुम्हारे लिए और हम कुछ नहीं।"

निकिता ने ज़ोर-ज़ोर से चिल्लाकर सारा घर सिर पर उठा लिया था। जो भी सामान हाथ में आता, उसे या तो ज़मीन पर या फिर सामने की दीवार पर फेंककर तोड़ दिया जाता। मालती देखकर घबरा गई थी...क्या हो गया? अच्छी-खासी गई थी।

अमित भी डर गया था कि कहीं प्रेगनेंसी पर कोई असर न पड़े। ज़ोर से कंधा

पकड़कर समझाने की कोशिश की तो निकिता ने पागलपन में सिर से सिर दे मारा था और चीख़कर बोली थी, ''मारोगे?''

निकिता के सिर से ख़ून निकल आया तो अमित देखकर घबराया था। झट दौड़कर बैंडेड और डिटोल की शीशी ले आया था। पट्टी करने के लिए कहता मगर निकिता को होश नहीं था। वह लगातार चिल्ला रही थी। आकांक्षा बिस्तर पर लेटी-लेटी ताक रही थी। अधिक डर लगता तो आँखें बंद कर लेती।

मालती ने हाथ जोड़ लिये थे, ''बेटा, माफ़ करो, अगर कोई ग़लती हो गई अमित से तो...मगर तुम्हें ऐसी हालत में कुछ ऊँच-नीच न हो जाए।''

''तुम लोग तो चाहते ही हो, मैं और मेरा होनेवाला बच्चा मर जाए। एक तुम्हारी बेटी मेरे घर में वापस आ गई है, मरने के बाद, मुझे मारने।''

''तुम पागल हो क्या?'' अमित एकदम से चीख़ पड़ा था।

अमित को माँ को बिना वजह हाथ जोड़ते देख बहुत कष्ट हुआ था। दूसरे, सुप्रिया की बात, वह भी आकांक्षा के लिए—इस तरह से बोलने पर उस पर क्रोध सवार हो गया था। अचानक उसका हाथ उठा और एक ज़ोरदार तमाचा निकिता के गाल पर था।

एक मिनट के लिए चारों ओर सन्नाटा फैल गया था। अमित का ग़ुस्सा तो एकदम से उतर गया, परंतु निकिता पागल हो गई थी। अमित को धक्का देते हुए दरवाज़े तक ले गई।

''निकल जाओ यहाँ से!...मारेगा मुझे? तुम जैसे हरामियों को पता ही नहीं, कैसे लड़की से बात करते हैं।...मारेगा मुझे? हाँ...मारेगा...'' दरवाज़े से बाहर निकालकर उसने अंदर से दरवाज़ा बंद कर लिया था।

माँ अंदर ही थी। आकांक्षा की ज़ोर से रोने की आवाज़ बाहर तक आने लगी थी। निकिता का चिल्लाना और गालियाँ सड़क तक पहुँचकर अमित के कानों में शीशा घोल रही थीं। वह बेचैन हो उठा था। अगले ही पल हताश होकर सिर पर हाथ फेरा तो आत्मग्लानि दिल में उतरने लगी थी। थोड़ी देर खड़ा-खड़ा बाहर निकल रहे आदमियों से अपनी नज़र चुराता रहा। उसे लग रहा था, सभी उसकी ओर देख रहे हैं। घर के कपड़ों में ही थोड़ा दूर चलने से पहले उसने दरवाज़ा धीरे से खटखटाया था। परंतु खुलने के कोई हालात नहीं दिख रहे थे।

सड़क पार पान की दुकान में पहुँचकर एक सिगरेट माँगी थी। पहले कभी-कभी उसने श्याम के साथ शौक में पी रखी थी। मगर आज उसे इसकी अधिक ज़रूरत महसूस हुई थी।

''पास में ही रहता हूँ। पैसे लाना भूल गया, अभी दे जाऊँगा।''

पान वाले ने बड़े ग़ौर से देखा था। देखा हुआ चेहरा लगता है और उसने उसे सिगरेट दे दी थी। बहुत देर इधर-उधर टहलने के बाद भी कुछ समझ न आया तो वह परेशान होने लगा था। ज़्यादा आत्मग्लानि से भरने लगा तो फिर उसका अंतर्द्वंद्व शुरू हुआ था...उसे किसी भी हालत में तमाचा नहीं मारना चाहिए था। दूसरा मन कहता...निकिता बात कैसे करती है?...परंतु तुम्हें तमाचा मारने का कोई हक़ नहीं। उसकी सकारात्मक सोच ने अपनी ग़लती को स्वीकार किया तो उसे और अधिक दुःख हुआ था। निकिता की सारी बातें भूलकर उसके मन में अपने प्रति ही ग़ुस्सा उभरा था। अंत में यह सुनिश्चित करके घर की ओर गया कि वह निकिता से माफ़ी माँगेगा और उसे और अधिक ख़ुशियाँ देगा। हाँ, रास्ते में यह सोचकर एक मिनट के लिए परेशान हुआ कि पता नहीं, माँ का क्या हाल होगा! उस बेचारी ने तो कभी ख़ुशियाँ देखी ही नहीं। अचानक मन में टीस हुई थी। घर पहुँचा तो दरवाज़ा खुला था। निकिता अपने कमरे में बंद थी। आकांक्षा बाहर के कमरे में बिस्तर पर गुमसुम लेटी थी। माँ रसोई में थी। माँ-बेटे ने एक-दूसरे से नज़रें चुराई थीं। कहना तो दूर, एक-दूसरे के सामने पड़ने की हिम्मत भी न थी। हाँ, बेटी को जैसे ही अमित ने सीने से लगाया, वह डरकर अपना मुँह और छुपाने लगी थी।

देर शाम निकिता ने दरवाज़ा खोला तो अमित ने तुरंत कई बार सॉरी कहा था। आँखें ज़ुबान से अधिक कह रही थीं। सुनते ही निकिता फिर से सामान्य तो हो गई परंतु अमित अंदर से नॉर्मल नहीं हो पाया था। उधर, माँ ने एकदम से ख़ामोशी की चादर ओढ़ ली थी। निकिता अब हर बात पर अपनी ही चलाती थी। अमित की हर बात का उलटा ही करती। और उधर माँ आकांक्षा को सँभालती रहती।

अमित निकिता की ख़ुशी के लिए उसे एक बार दिल्ली ले गया था। घर पर सभी थे—बड़ा भाई, भाभी, बहन, माँ-बाप। बहन बहुत ख़ुश हुई थी। जीजा से मज़ाक भी करती। अपनी तरफ़ से अमित ने सभी को इज़्ज़त, मान और ख़ुशी देने की कोशिश की थी। निकिता अपने घर में मस्त थी। सब पर ख़ूब आदेश चलाती पर लोग उसे ज़्यादा तवज़्जह नहीं देते थे। घर के लोग अमित के साथ भी बस ठीक-ठीक ही व्यवहार करते थे।

एक दिन घर पर कम्पोज़ और एंटी डिप्रेशन टेबलेट को देखकर अमित ने बहन प्रणिता से पूछा था, "ये टेबलेट कौन लेता है?"

"पापा, जब उन्हें नींद नहीं आती।"

थोड़ा आश्चर्य हुआ था उसे। एक शाम सभी घर की महिलाएँ बैठी थीं तो

अमित को भी वहीं चाय दे दी गई थी। भाभी पूछने लगी थी, ''कैसी है हमारी निकिता?''

''बहुत अच्छी है, बढ़िया है, मगर थोड़ा ज़िद्दी बच्चा है।'' अमित ने बड़े मज़ाक में निकिता को छेड़ते हुए कहा था।

मगर निकिता सुनकर एकदम से उखड़ गई थी। अचानक चिल्लाकर बोलने लगी, ''इन लोगों से शादी करके तो मेरी ज़िंदगी बर्बाद हो गई। एक ये, और एक इनकी माँ, बड़ी सीधी बनती हैं। मगर दिनभर कान भरती रहती हैं। दोनों माँ-बेटे मिलकर दिनभर तंग करते रहते हैं। छोटे शहर के छोटे लोगों से उम्मीद ही क्या कर सकते हैं! इनकी सोच भी छोटी होती है। इन्हें पता ही नहीं, बहुओं को कैसे रखा जाता है।''

निकिता ने माँ, आकांक्षा और उसे ख़ूब गालियाँ दी थीं। सारे सुनते रहे थे। अमित सुनकर भौचक्का रह गया था। मानसिक रूप से अत्यधिक कष्ट हुआ था। पत्नी के शब्द तीर के समान लग रहे थे और वह लहूलुहान हो रहा था। उसका मन किया कि वह वहाँ से भाग जाए। आकांक्षा बिस्तर पर रो रही थी।

बीच में निकिता की माँ ने बड़े साधारण ढंग से कहा था, ''हमारे अड़ोस-पड़ोस में लोग रहते हैं। निकिता, धीरे बोलो। क्या सोचेंगे लोग? अपने घर जाकर लड़ना। जो कुछ है, तुम्हीं ने ख़ुद पसंद किया था।''

''इसलिए तो कह रही हूँ कि मेरी क़िस्मत ही ख़राब कर दी इन लोगों ने। मुझे सब मिलकर मारना चाहते हैं,'' कहते-कहते वह और ज़ोर से रोने लगी थी।

उसकी माँ और भाभी उसे चुप करा रही थीं। प्रणिता भी उसे देख रही थी। अमित की ओर किसी का ध्यान ही नहीं गया था। वह यह सब देखकर दंग रह गया था। उसे कुछ समझ ही नहीं आया कि एक मिनट में क्या हो गया! परंतु आज उसे क्रोध नहीं, हताशा हो रही थी। बिखरने के कगार पर खड़ा था। सोचने-समझने की शक्ति ख़त्म हो चुकी थी। अपने को समेटने की कोशिश में सोचता रहा...ससुराल में सुना था, सबसे ज़्यादा प्यार और इज़्ज़त मिलती है, वहीं उसकी इतनी बेइज़्ज़ती होगी, सोचा नहीं था। मगर किसलिए? उसका क़सूर क्या है? अब वह इतना ग़रीब भी नहीं। फिर उसकी बेइज़्ज़ती सासूजी ने कैसे होने दी?...अमित वैसे बहुत शांत और सरल स्वभाव का था पर आज उसे क्रोध आ रहा था। परंतु एक बार क्रोध में की गई ग़लती से आत्मग्लानि होते वह देख चुका था। इसलिए किसी तरह वह चुप ही रहा। मगर सबके सामने अपमानित होने से वह अंदर तक टूट गया था। वह फिर इस बात को पूरी ज़िंदगी नहीं भूल पाया था। वह आज तक नहीं समझ पाया कि उसका अपमान क्यों और किसलिए किया गया था। निकिता का व्यवहार वह पहले

भी देख चुका था। मगर जो उसके अपमान में दर्शक बने थे, क्या वे उसके किए जवाबदार नहीं थे ? चाहते तो रोक सकते थे, कम से कम डाँट सकते थे। उनकी बेटी है, ज़रूर असर पड़ता। क्या उसका कोई वजूद नहीं ? क्या उसकी कोई इज़्ज़त नहीं ? क्या वह निकिता और उसके घरवालों के लायक़ नहीं ? क्या वह इतना पढ़ने-लिखने के बावजूद समाज में आज भी बेकार है ? ऐसा अब लगता तो नहीं। निकिता और उसके बीच में अब कोई ज़्यादा फ़र्क़ नहीं महसूस होता, तो फिर क्या यह उसकी शराफत और सीधा बने रहने का इनाम है ? शायद.. तो फिर क्या करे, दूसरों की तरह वह भी बेज़्ज़ती करने लगे ? नहीं ! नहीं ! अपनों से ऐसा नहीं किया जाता। मगर सामने वाला तो समझ ही नहीं रहा।

इस अंतर्द्वंद्व में उसके मन में आया कि वह भी ससुराल में सबको कहे कि तुम्हारी बेटी को मैंने नहीं फँसाया, उलटा बचाया है, और सारी कहानी सुना दे। मगर ऐसा वह कर नहीं पाया। यह उसकी फ़ितरत में शामिल नहीं था। और वह बाक़ी वक़्त चुप ही रहा। निकिता एक बार पुनः सामान्य हो गई थी। जैसे कुछ हुआ ही नहीं। घर वालों के लिए अमित का कोई अस्तित्व ही नहीं था। चलते वक़्त सास ने, माँ के लिए साड़ी और अमित के लिए शर्ट दी तो चुपचाप लेकर वह विदा हुआ था। वापसी में निकिता अपने माँ-बाप और भाई-भाभी की तारीफ़ करती रही तो अमित सुनता रहा था। अपने अपमान की क़ीमत उसे एक साड़ी और शर्ट के रूप में मिली थी। यह सोचकर एक बार अंदर ही अंदर हँसा ज़रूर था, और फिर एक बात का प्रण ज़रूर कर लिया था कि अब वह कभी दिल्ली नहीं जाएगा। जहाँ प्यार नहीं, वहाँ अपमान के लिए क्यों जाना। निकिता की बात और है, उसने उसे दो पल का प्यार और आकांक्षा जैसी बेटी और एक बंधन, आख़िर कुछ तो दिया है। मगर जिन्होंने कुछ भी नहीं दिया, उन्हें उसे अपमानित करने या उसमें भागीदार होने का कोई हक़ नहीं।

38

अनिरुद्ध कब पैदा हुआ, उसे ठीक से याद ही नहीं। आकांक्षा कब बड़ी होने लगी, उसे पता ही नहीं चला। बच्चों का बचपन, शादी का चाव, ससुराल का प्यार, ज़िंदगी की ख़ुशियाँ—कुछ भी पता नहीं। बचपन से लेकर आज तक सिर्फ़ दुःख। बचपन याद आते ही एक एहसास मन में जागा था...लेकिन बचपन में अगर सुख नहीं था तो दुःख भी महसूस नहीं होता था, फिर किसी बात का कष्ट नहीं था। उलटे जीवन जीने की एक तमन्ना थी, इच्छा थी, जोश था। बचपन में दुःख नहीं

था, अब सुख नहीं है। बाक़ी सब कुछ है, और जो नहीं है वह सब भौतिक सुख-सुविधाएँ धीरे-धीरे इकट्ठी हो रही हैं। मगर सुख नहीं आ रहा। सिर्फ़ दुःख ही आ रहा है और साथ में कष्ट। फिर कष्ट में भी मानसिक कष्ट ज़्यादा पीड़ा करता है। शरीर पर चोट से ज़्यादा दिल पर चोट गहरी होती है। उसमें दर्द का असर सदा बना रहता है जिसकी टीस वर्षों तक होती रहती है। वह आज तक इस बात को नहीं समझ पाया था कि उसका कौन-सा, कहाँ पर, कैसे और कितना क़सूर है। उलटा उसने हर पल, हर रोज़ एक नई कोशिश की थी। कभी मुसीबत से नहीं भागा था। हाँ, कभी-कभी थक ज़रूर जाता। एक पल के लिए झुंझलाहट ज़रूर होती। फिर वह लड़ने लगता अपने आप से। पर उससे माँ का दुःख नहीं देखा जाता। इतने दुखी और ज़लील होने पर भी उसने कभी भी कुछ नहीं कहा था।

उधर, निकिता को कभी एहसास भी नहीं हुआ कि वह किसी के साथ ग़लत कर रही है। वैसे तो ग़लती स्वीकार भर कर लेने से आधी समस्या का समाधान हो जाता है। मगर यहाँ तो बात ही कुछ और थी।

मालती चुपचाप सुन लेती, अकेले में अपने आँसू भी छुपाने की कोशिश करती। हाँ, बेटे का दुःख उससे देखा नहीं जाता था। दिनभर घर का ध्यान रखना, खाना बनाना, बच्चे देखना—आकांक्षा को तो उसी ने पाला था। उससे अकेले में ख़ूब बातें करती पर कभी सुप्रिया का नाम भी नहीं लेती। साफ़-साफ़ झलकता था कि निकिता के ग़ुस्से से डरती है। साथ ही अमित को अकेले में समझाती रहती, ''बच्चों का ध्यान रखा करो, बड़े हो रहे हैं। उनको तुम्हारी ज़रूरत है।''

निकिता के लिए कभी कुछ नहीं कहती। बस, इतना ज़रूर कहती—आजकल के ज़माने को देखते हुए बहुत अच्छी है। नये ज़माने की बहुओं के तो मिज़ाज ही नहीं मिलते...और पता नहीं क्या-क्या उदाहरण देकर निकिता को अच्छी ही ठहराती फिर अमित को उसकी देखभाल करने के लिए कहती।

दोनों बच्चों ने क्रमशः कब बोलना शुरू किया, कब खाना शुरू किया, कब चलना, कब उनके दाँत निकले, समय तक को पता न चला। अमित न तो देख सका, न ही समय को रोक पाया। वह काल को रोकना भी नहीं चाहता था। दुःख का समय वैसे ही बड़ी मुसीबत से कटता है और वह उसे काट ही रहा था। निकिता ने किसी तरह एमबीबीएस कम्प्लीट किया और अमित ने एमडी। उसका और आगे पढ़ाई में अब मन नहीं लगता था। हाँ, हॉस्पिटल में रोगियों के बीच रहने में उसे आनंद आता था। ख़ूब बातें करता, घर पर जो बिलकुल भी नहीं कर पाता था। दिन में रोगियों से ख़ूब खुलकर मिलता-जुलता और उनकी परेशानियों को समझता, समझाता। मरीज़ों में लोकप्रिय रहने लगा। सारे साथी धीरे-धीरे जबलपुर से जा चुके

थे। अदिति तो बहुत पहले ही मास्टर्स करने विदेश जा चुकी थी। श्याम और राधिका पोस्ट ग्रैजुएशन करके दिल्ली में प्रैक्टिस करने चले गये थे। निकिता के व्यवहार से, श्याम और राधिका जबलपुर में रहते हुए भी कम ही घर आते थे। कॉलेज में अमित से ज़रूर मुलाक़ात हो जाती। दोनों को बेहद प्यार था अमित से। उसे तकलीफ़ न हो, इसीलिए उससे कभी ज़िक्र नहीं करते। मगर उसकी परेशानियों को समझने लगे थे। अन्य दोस्तों में ज़्यादातर को पीजी का मौक़ा पहली बार में नहीं मिल पाया था। कुछ दूसरे कॉलेज में चले गये थे तो कुछ प्राइवेट प्रैक्टिस करने लगे। कुछ रईसों के माँ-बाप ने क्लीनिक खोल दी तो कुछ दूसरों के क्लीनिक पर काम करके अनुभव लेने लगे थे। विक्रम अपनी दुनिया में मस्त रहकर एमबीबीएस कम्प्लीट करके कब कहाँ चला गया, दूसरों को पता ही नहीं।

अमित ने रेलवे के लिए यूपीएससी की परीक्षा दी थी। होशियार तो था ही, सफल हुआ। पहली पोस्टिंग भुसावल (महाराष्ट्र), मध्य रेलवे में हुई थी। माँ ने साथ जाने से मना किया था। उसे धीरे से अकेले में समझाया था, '...नई ज़िंदगी है, अकेले जियो, ख़ूब मस्ती करो, शायद यही बहू चाहती है और शायद उसे अच्छा भी लगे, मेरी वजह से बँध जाते हो। मेरा क्या है, आती-जाती रहूँगी। फिर तुम लोग ख़ुश रहोगे तो मैं भी ख़ुश रहूँगी।' भारत सरकार में, प्रथम श्रेणी का अधिकारी, डॉक्टर के रूप में पदस्थ होने पर भी घर पर कोई ख़ुशी का माहौल नहीं था। न नये तौर-तरीक़ों की तरह कोई पार्टी हुई, न ही पुराने रीति-रिवाज़ों की तरह घर पर हलवा बना था। बचपन में माँ अक्सर छोटी-छोटी ख़ुशी में घर पर हलवा बनाया करती थी। पड़ोस के लोगों को भी बुलाकर खिलाया जाता था। मोहल्ले में हर त्योहार पर घर-घर में मिठाइयाँ बनती थीं। सबके घर का अलग-अलग स्वाद होता था। उसमें मिठास और क्वालिटी घर के आर्थिक हालात पर निर्भर करती थी। मिठाइयाँ एक-दूसरे के घर भिजवाने का रिवाज़ था। मगर यहाँ नये घर में मालती को कुछ भी करने से डर लगता था। घर से बाहर ही नहीं निकल पाती थी। अड़ोस-पड़ोस को देखा भी नहीं था। दीवाली कब आती, होली कब निकल जाती, पता ही नहीं चलता। बच्चे छोटे थे। उन्हें अभी किसी बात का ज्ञान नहीं था। उन्होंने परिवार, मोहल्ला, सुख का अब तक स्वाद नहीं चखा था।

माँ दर्जनी मोहल्ले में वापस चली गई थी। हाँ, उसे अपने लिए ज़रूरी पैसे की अब कोई खास ज़रूरत नहीं थी। दो वक़्त की रोटी कोई भी दे देगा और नहीं मिली तो मरेगी नहीं और मर भी गई तो अब कोई इच्छा नहीं, कोई मोह नहीं। हाँ, अमित को अपनी माँ की जवाबदारियों का एहसास था। मोहल्ले वाले मालती के आने और अमित की नौकरी से बड़े ख़ुश हुए थे। अधिकतर ने उसे जबलपुर रेलवे अस्पताल

में ही आ जाने का सुझाव दिया मगर अमित एक मौक़ा बाहर रहकर भी देखना चाहता था।

अमित, निकिता और बच्चों के साथ भुसावल पहुँच गया था। ताप्ती नदी के किनारे महाराष्ट्र का बहुत ही छोटा शहर। मगर रेलवे के दृष्टि से बहुत बड़ा और प्रमुख जंक्शन। एक तरफ़ मुम्बई तो दूसरी ओर दिल्ली और तीसरी ओर नागपुर। मध्य रेलवे के एक स्वतंत्र डिवीजन का मुख्यालय। डिवीजनल रेलवे मैनेजर स्तर का अधिकारी और उसका कार्यालय यहीं पर स्थित है। मध्य रेलवे के दूसरे डिवीजन, जबलपुर डिवीजन से उसकी सीमाएँ मिलतीं। भुसावल सारे देश में केलों के लिए भी बहुत मशहूर था। आज भी है। अमित को बड़ा-सा रेलवे का बँगला ताप्ती नदी के पास ही मिल गया था। निकिता शुरू-शुरू में बड़ी ख़ुश थी। पीछे सर्वेंट क्वार्टर्स में नौकर भी मिल गये थे। अपने माँ-बाप को हर चीज़ बताती थी। धीरे-धीरे रेलवे अस्पताल में अमित मेहनत करके नाम कमाने लगा। निकिता को बहुत अधिक लोगों का घर आना-जाना पसंद नहीं था। किसी से भी उसकी दोस्ती नहीं हो पाई थी। हर किसी में उसे कोई न कोई ख़राबी दिखती। अमित के कहने पर उसने किसी प्राइवेट डॉक्टर के क्लीनिक में बैठना शुरू कर दिया था। परंतु एक चीज़ घर पर बढ़ती चली गई थी। रोज़ रात निकिता अमित का हाथ कई बार धुलवाती थी। अमित कई बार तंग हो जाता था। परंतु चुपचाप करता रहता। उधर, आकांक्षा से निकिता की नफ़रत बढ़ती जा रही थी। सामान्य अवस्था में अमित के सामने वह कुछ नहीं कहती, मगर अपनी भावनाओं को कई बार छुपा नहीं पाती थी। हाँ, अनिरुद्ध को बेहद प्यार करती। परंतु जब शून्य में रहती तो कई घंटों तक चुपचाप बैठी रहती। एक नई बात भी निकिता ने शुरू की थी। पहले सिर्फ़ अमित फिर बाद में बच्चों से भी वह हर सामान बाएँ हाथ से ही लेती थी। दाहिने हाथ से देने पर लड़ती। यहाँ तक कि चार-पाँच साल की आकांक्षा भी सब समझने लगी थी। वह अपने छोटे भाई का विशेष ध्यान भी रखती।

निकिता को खाना बनाने का शौक़ नहीं था। रसोई घर तक में कम ही जाती थी। अपने प्राइवेट क्लीनिक में भी जाना उसे पसंद नहीं था। अमित ने ज़ोर-ज़बरदस्ती नहीं की थी। निकिता को किसी के भी घर जाना अच्छा नहीं लगता। इतने बड़े बंगले के बेडरूम में ही लेटी रहती। यहाँ तक कि बाहर बड़े ही सुंदर बग़ीचे में भी कम ही घूमती थी। अमित धीरे-धीरे कोशिश करता रहता मगर उसकी चुप्पी देखकर चुप हो जाया करता था। सारे आसपास के लोग शाम ताप्ती नदी तक टहलने जाते मगर निकिता घर में और अमित अस्पताल रहने में ही ख़ुश रहता था। पीछे के सर्वेंट्स क्वार्टर्स में रहने वाली महाराष्ट्रीयन बाई घर पर खाना बना जाती।

कई बार निकिता उसे अंदर ही नहीं आने देती और फिर कई दिन तक खाना नहीं बनता। अमित कई बार अस्पताल भूखा ही जाता पर बच्चे परेशान हो जाते थे। अमित धीरे से छुपकर उन्हें बिस्किट दूध दे देता। घर में सूखी खाने की चीज़ें ख़ूब रखने लगा था। घर का सारा काम उसी को देखना पड़ता था। रसोई का सामान भी लाना उसी के ज़िम्मे था। आकांक्षा को नहलाने-धुलाने की जवाबदारी भी उसी की थी। मालती के साथ न होने से बच्चों की स्थिति बिगड़ती जा रही थी। कुछ दिनों बाद ही निकिता को रात-रात भर नींद नहीं आने लगी। पूरी रात नहीं सोती।

एक दिन उसने अमित से कहा था, ''आकांक्षा बड़ी हो गई है। हमें प्यार करने में दिक़्क़त होती है। उसे हमें दूसरे कमरे में सुलाना चाहिए।''

अमित उसे समझाने लगा था, ''बहुत छोटी है। फिर रात तो बच्चे गहरी नींद में सो जाते हैं। उन्हें तो होश भी नहीं रहता। फिर हम दोनों में प्यार करने की बारी भी अब कम ही आती थी।''

मगर निकिता के दिमाग़ पर नकारात्मक सोच हावी होती जा रही थी। एक रात चिल्लाने लगी, ''इसको दूसरे कमरे में सुलाओ। यह मुझे मार देगी।'' अंत में उसकी ज़िद को मानना पड़ा था। बग़ल के कमरे में एक बिस्तर लगा गया था।

आकांक्षा बहुत छोटी और मासूम थी, सहम गई। अंग्रेजों के ज़माने के बड़े-बड़े बँगलों के विशाल कमरे में अकेले कैसे सोती? बुरी तरह डर गई। पहले तो अपनी माँ के भय से रो नहीं पा रही थी। मगर उसको कमरे में अकेला छोड़कर पिता को बाहर जाता देख चीख पड़ी।

अमित ने वापस कमरे में दौड़कर उसे अपने बाँहों में ले लिया था। देखा तो आकांक्षा सहमी हुई थी। मासूम नज़रों से उसने पिता को देखा था। अमित को लगा कि फूल-सी बच्ची अपने बाप की मजबूरियों को समझने की कोशिश कर रही है। भावुक होकर उसने निश्चय किया कि वह आकांक्षा के पास ही सो जाया करेगा।

मगर दूसरी रात निकिता ने हंगामा मचा दिया था, ''अपनी लड़की से प्यार है। मैं मर जाऊँ, इन्हें फ़र्क़ नहीं पड़ता।'' उठकर आकांक्षा को पीटने दौड़ी थी।

दूसरे दिन ही अमित ने परेशान होकर माँ को बुलवा लिया था। कम से कम आकांक्षा की देखभाल तो कर लेगी, उसके साथ रात को सो तो सकती है, फिर घर पर बच्चों को खाना तो मिलेगा।

माँ के आने पर कुछ राहत मिली थी। मगर निकिता की स्थिति बिगड़ती चली गई। तंग आकर अमित ने एक दिन अपने ही अस्पताल के साइकॉइट्रिस्ट डॉक्टर से बात की थी।

डॉक्टर आनंद भला आदमी था। सब कुछ सुनने के बाद घर पर ही मिलने के

बहाने से आ गया था। निकिता को चाय पीने के लिए साथ बैठा लिया था, फिर मौक़ा देखकर अमित कमरे के बाहर चला गया।

डॉक्टर ने अपनी तरह से बात करने की कोशिश की थी और फिर दो-तीन दिन तक लगातार आता रहा था। फिर एक दिन मायूस होकर कहने लगा, ''थॉट डिसऑडर है। शी इज़ स्किजोफिरनिक। लंबा इलाज चलेगा।''

जाते-जाते कम्पोज और सेडिस्टिव का लंबा कोर्स बता गया था।

अमित की ज़िंदगी तबाह हो चुकी थी। आकांक्षा और अनिरुद्ध को देखकर वह बेहद परेशान हुआ था।

डॉक्टर आनंद ने बहुत-सी बातें बता दी थीं, ''बड़े प्यार से हैंडल करना पड़ेगा। और हाँ, जितने लोग हैं, उनसे भी यही कहना कि ठीक वातावरण दें।''

डॉक्टर आनंद से बातचीत में अमित ने निकिता के पिता का एंटी डिप्रेशन्ट लेने का ज़िक्र किया था। साथ ही घर के बारे में जहाँ तक संभव था, जानकारी देने की कोशिश की थी। शायद कोई दवाई सुनिश्चित करने में फ़ायदा हो। साथ ही निकिता के जुड़वाँ बहन की चर्चा भी की थी।

डॉक्टर आनंद ने बताया था कि ऐसे मरीज़ों के घर-परिवार में हिस्ट्री होने की संभावना ज़्यादा होती है। डॉक्टर आनंद ने साथ में यह भी समझाया था कि निकिता के घर वालों को भी सजग रहना होगा। वह निकिता से समझदारी से पेश आएँ।

अमित सब कुछ सुनकर परेशान हो गया था...कैसे करेगा? सारी ज़िंदगी पड़ी है। सब कुछ अकेले करना है। आकांक्षा, अनिरुद्ध बड़े हो रहे हैं मगर उनकी देखभाल नहीं हो पा रही थी। कई बार दिनभर रोते और भूखे रहते थे जबकि निकिता अपनी धुन में दवाई के असर में सोती रहती थी। सास-ससुर से उसे कोई उम्मीद नहीं थी। निकिता अक्सर अपने माता-पिता से बात करने के बाद उससे लड़ा करती थी। पता नहीं, ऐसी क्या बात करते थे!

उधर, माँ का भी दिल नहीं लगता था। वह भी अक्सर जबलपुर चली जाती थी। अमित ने बहुत सोच-विचार करके, पहले प्रमोशन पर, डीएमओ बनने पर, जबलपुर रेलवे अस्पताल में ही ट्रांसफर ले ली थी। अपना शहर है। कुछ तो लोग हैं। जान-पहचान भी है। फिर माँ भी साथ रहेगी। उसका भी जब मन नहीं लगेगा तो बीच-बीच में अपने मोहल्ले भी आ जा सकती है। बच्चों का भी ध्यान हो जाएगा। वहाँ मेडिकल कॉलेज भी है, ट्रीटमेंट भी बेहतर हो सकता है।

...सब कुछ सोच-विचार कर अमित वापस जबलपुर आ गया था।...और आज उसी रेलवे अस्पताल में, इतने सालों बाद ख़ुद भर्ती भी हो गया।...अमित ने आँखें खोलीं तो देखा, अदिति, आकांक्षा और अनिरुद्ध से बातें कर रही है। बाहर अँधेरा

फैल चुका था, शाम ढल चुकी थी। उसके शरीर के हिलने की आवाज़ ने तीनों का ध्यान आकर्षित किया था और वे उसकी ओर आगे बढ़े थे। उसने आकांक्षा को अपने नज़दीक बुलाकर लेटे ही लेटे बहुत प्यार किया था। अनिरुद्ध को पास बुलाया और उसे भी प्यार किया था।

''माँ कैसी है?''

''ठीक है।'' अनिरुद्ध ने आँखें नीची करते हुए कहा था।

''तुम बड़े हो गये हो, ध्यान रखा करो।''

''जी।''

''अब तुम दोनों घर जाओ, लेट हो रहे हो। मैं ठीक हूँ। सुबह दोनों स्कूल जाना, रोज़ की पढ़ाई रोज़ ज़रूरी है। चाहो तो स्कूल से यहाँ आ सकते हो।''

अमित ने दोनों को घर भेज दिया था। अदिति देखकर बहुत ख़ुश हुई थी।

''बहुत प्यार है बच्चों से...'' कहते हुए उसकी आँखों में मुस्कुराहट थी।

''हूँ।''

''कैसे हो?''

''ठीक हूँ।''

''माँ काफ़ी चिंता कर रही थीं। मालती आंटी को भी याद कर रही थीं। सब ठीक हो जाएगा। चिंता मत किया करो।''

अदिति ने अमित के सिर पर हाथ फेरा था। अमित समझ नहीं पाया था कि ये हाथ डॉक्टर के थे या एक दोस्त और हमदर्द के, पर स्पर्श उसे अच्छा लगा था।

''...तुम ज़्यादा सोचा न करो। सब ठीक हो जाएगा, आजकल तुम जल्दी परेशान हो जाते हो। कल रात को भी लगता है, ज़्यादा परेशान थे।''

अदिति बातचीत से उसे विश्वास दिलाना चाह रही थी।

''...मुझे देखो, एकदम अकेली हूँ, वह भी विधवा माँ के साथ। कितनी मुसीबतें आई पर मैंने हिम्मत नहीं हारी।...मेरे पास क्या है, भविष्य के लिए तो कुछ भी नहीं। पर परेशान नहीं होती।...लड़ नहीं रही हूँ, जी रही हूँ।''

अदिति भावनात्मक रूप में एकदम से उसके नज़दीक आ गई थी। अच्छे इनसान की तरह भावुक होकर, दार्शनिक हो गई थी। फिर एकदम से बात बदलते हुए कहने लगी, ''...तुम्हारे बच्चे तुम्हारा भविष्य हैं, बड़े प्यारे हैं। लगता है, अपनी दादी से बहुत जुड़े हुए थे। बहुत प्यार था उनसे। उन्हें याद कर रहे थे। मालती चाची थी भी बहुत अच्छी, एकदम माँ समान। शांत, प्रेम और ममता से भरपूर। उनके संदर्भ में कभी तुमने मुझे बताया ही नहीं।...चाहे मैं कहीं भी थी, मुझे बताना तो

चाहिए था।''

यूँ ही बात करते-करते अदिति ने देखा, ड्रिप ख़त्म हो रही थी। रात को ज़रूरत नहीं है। इसलिए निकलवाकर सिस्टर से अमित का ध्यान रखने के लिए कहा था। सुबह चाय लेकर आने की बात कहकर जाते-जाते कहने लगी, ''आराम करो और बिलकुल मत सोचना।''

39

रातभर अमित सोचता रहा। उसने कितना ग़लत समझ लिया था अदिति को! कितना अपनापन है उसमें! बचपन के संबंधों को निभा रही है। बिना किसी बंधन के। माँ को भी याद कर रही थी। ठीक ही कह रही थी—बच्चे अपनी दादी से हिले हुए थे और क्यों नहीं हिलते, बचपन से पाला था उसने। दादी के साथ-साथ माँ भी बनी हुई थीं। सारा बुढ़ापा उसने बच्चों के नाम कर दिया था। आज उसे भी अस्पताल के बिस्तर पर माँ की कमी महसूस हुई थी। अगर वह होती तो मेरे पास ही खड़ी रहती। माँ के अलावा लोगों की पत्नियाँ उनके साथ हर सुख-दुःख में होती हैं। पत्नी जहाँ प्रेमिका और उर्वशी है वही जीवनसंगिनी भी और साथ ही माँ का रूप भी। औरत अपने आप में संपूर्ण है।...न चाहते हुए भी उसे पुरानी यादों ने फिर घेर लिया था। माँ की याद आते ही दुःख बढ़ गया था।...माँ को क्या मिला ? पूरी ज़िंदगी सिर्फ़ दुःख झेला। जब वह जबलपुर से दूर भुसावल में था तो यहाँ माँ अकेली थी। बुढ़ापे में अकेली। इस उम्र में अकेलापन का जीवन। कोई काम नहीं, कोई उद्देश्य नहीं, कोई चाहत नहीं। बस, जीना है इसलिए कि मर नहीं सकते। महीने के महीने पैसे भेज देता था। वह भी निकिता से छुपाकर। उसके मन में डर था। निकिता मानसिक रूप से बीमार सही, लेकिन उसकी बातों का दुःख तो होता ही था। जो भी वह कहती, उन शब्दों के बाण उसे घायल कर देते थे। फिर यह मन कहाँ तक समझे कि यह औरत जो कह रही है इसकी बातों पर मत जाइए। यह तो बीमार है। मन परेशान तो हो ही जाता था। जब भी फ़ोन करता, माँ को अपनी उदासी छुपाने की कोशिश ही करता रह जाता।

जबलपुर लौटने से बहुत फायदे हुए थे। कम से कम माँ आँखों के सामने रहती और बच्चों की देखभाल होने लगी थी। घर की उसे चिंता कम रहती थी। बस, अब एक ही चीज़ का डर रहता, निकिता का ऑफ मूड। उसकी बीमारी अप साइकिल थी। कभी बहुत लो, बिलकुल शांत-गंभीर, कभी हाई ग़ुस्सा, तेज़ बोलना। अप साइकिल की स्थिति में वह सारी बातें, हरकतें मालती और आकांक्षा पर निकालती।

मालती खून के आँसू रोती और आकांक्षा दादी को देखकर रोती। मालती बेटे से अक्सर बहुत कुछ छुपा लेती। मगर आकांक्षा के मन में भय समा गया था। छोटी-सी उम्र में माँ को अटैक आने पर सहम जाती थी। बिलकुल नहीं रोती। जैसा उसकी माँ कहती, सब पर हाँ हाँ करके सिर हिलाती रहती। आँखें भयभीत हो जातीं। अपनी माँ के ग़लत शब्दों को सुन-सुन कर बड़ी हो रही थी। लेकिन फिर माँ की आँखों से दूर होने पर जैसे ही दादी मिलती, उससे लिपटकर रोने लगती। रात दादी से चिपक कर सोती। हाँ, माँ का रौद्र रूप जब कभी बर्दाश्त नहीं होता तब दादी के पीछे छुप जाती थी।

इस तरह से आकांक्षा का व्यक्तित्व एकदम दब्बू और अंतर्मुखी बन गया था। हीन भावना घर कर गई थी। ज़रा-ज़रा सी बात पर रोने लगना। फैशन का तो सवाल ही नहीं, कपड़ों तक का ध्यान नहीं रहता था। कहाँ आजकल की लड़कियाँ इतनी तेज़ और आधुनिक, पर वह एकदम घर घिस्सु बनती जा रही थी। छोटी-सी उम्र में ही दादी के साथ किचन में हाथ बँटाने लगी थी। पढ़ाई का न तो टाइम होता, न ही माहौल और कई बार तो कई-कई दिनों तक स्कूल नहीं जा पाती थी। घर भी देखना होता था। दादी के कहने पर आकांक्षा बचपन से ही अपने पिता का ध्यान रखती आई थी। उनकी सुबह की चाय और कपड़े सब वही निकालकर देती। खाना परोसने में तो होश सँभालते ही हाथ बँटाने लगी थी। मगर स्कूल में एकदम फिसड्डी थी। न पढ़ाई में, न खेलकूद में, न ही कोई कार्यक्रम में हिस्सा लेती। उसका स्कूल में कोई अस्तित्व ही नहीं था। डर से वह अपनी माँ से कम बात करती थी। परंतु उनकी गाली सुनने के बावजूद उनका ज़्यादातर काम वही करती थी। हाँ, अनिरुद्ध, अपने छोटे भाई से उसे विशेष प्यार और लगाव था।

अनिरुद्ध क़िस्मत वाला था। बचपन से ही माँ का लाड़-प्यार भरपूर मिला था। मगर ज़्यादा वक़्त तो दादी के साथ ही गुज़रता। माँ का दादी और दीदी को भला-बुरा कहना उसे अच्छा नहीं लगता था। इस बात पर अक्सर वह माँ से नाराज़ हो जाता। निकिता उससे लाड़-प्यार में कुछ भी नहीं कहती थी। यहाँ तक कि उससे थोड़-थोड़ा डरती भी थी कि कहीं नाराज़ न हो जाए। माँ के आकांक्षा से दसियों बार हाथ धुलवाने पर अनिरुद्ध झिड़क देता तो उसे कुछ नहीं कहती। अनिरुद्ध पढ़ाई में ठीक-ठीक था। परंतु हालात के कारण कई बार परेशान हो जाता था। ज़िद्दी और चिड़चिड़ा स्वभाव का हो गया था। माँ की बीमार हालत में दादी और बहन के साथ ही वक़्त गुजारता इसलिए दोनों से बहुत नज़दीक था। अपने पिता से उसे प्यार तो था मगर वह अक्सर उनसे भी नाराज़ रहता। उसे बड़ी तकलीफ़ होती जब माँ दादी और बहन को उल्टा-सीधा कहती और उसके पिता चुप रहते। पिता का

ऐसा व्यवहार उसकी समझ से बाहर था।

निकिता पर दवाई का असर रहता था। भुसावल से आने पर जबलपुर में ट्रीटमेंट व्यवस्थित ढंग से चल रहा था। ज़्यादातर वक़्त वह अपनी दुनिया में ही रहती, कम चिल्लाती, कम ग़ुस्सा होती। परंतु अपने बिस्तर और कमरे से बाहर कम ही निकलती थी। कोई घर पर बाहर वाला आये, उसे अच्छा नहीं लगता था। पड़ोसियों का उसे चेहरा भी पसंद नहीं था। एक-दो बार किसी कार्यक्रम में गई भी तो जल्दी ही वापस आ जाती थी। फिर भी कभी ठीक रहती तो बच्चों से, माँ से बात करती, कभी-कभी मार्केट भी चली जाती, पर भरोसा नहीं रहता कि कब मूड डिसऑडर में चला जाए। बच्चे सदैव उससे सहमे ही रहते थे। ऐसा लगता, किसी कैद में बंद हों। रात को दादी से चिपककर सोते। अपनी दादी से ही लड़ते-भिड़ते और प्यार भी उसी से करते थे। दोनों धीरे-धीरे कब बड़े हो गये, पता ही नहीं चला।

एक दिन माँ ने अमित से कहा था, "आकांक्षा जवान हो रही है। ज़रा ख़याल रखो।"

वह समझा नहीं था। माँ को भी बेटे से झिझक हो रही थी, फिर भी किसी तरह धीरे से कहा था, "...बड़ी हो गई है,...स्त्री गुण...मासिकधर्म शुरू हो चुके हैं।"

उसने दूर से आकांक्षा को देखा था—कब उसकी लाड़ली, कोमल-सी बेटी बड़ी हो गई, उसे होश ही नहीं था। निकिता के पास से कम ही उठ पाता था। उसके सामने आकांक्षा से कम ही बात करता था। आकांक्षा भी अपने पापा से बेहद प्यार करती पर बोलने में झेंप, शर्म और डर सभी का मिश्रण होता। मगर उस दिन तो पिता को देख आकांक्षा ने आँखें नीची कर ली थीं।

"अमित, बेटा, ज़रा किसी को कह देना, इसे ठीक से समझा देगी। आजकल जो नई चीज़े आई हैं, ला देगी और थोड़ा बता भी देगी। बेटा, मुझे कुछ कम ज्ञान है। हमारे समय में ये सब नहीं था। फिर मुझे पता भी नहीं, कहाँ मिलती हैं।" बहुत सकुचाते हुए माँ ने कहा था।

वह सुनकर हैरान हुआ था। माँ को उससे इतनी सब बातें करनी पड़ी थीं। अमित को उस दिन बहुत आत्मग्लानि हुई थी। देर रात उठकर धीरे से उसने बेटी के सिर पर हाथ फेरा था। आकांक्षा आँखें बंद कर जाग रही थी। उसके चेहरे पर डर और शर्म की छाया स्पष्ट दिखाई दे रही थी। आज चाहकर भी वह अपने पिता से नज़र नहीं मिला पाई थी। इतने वर्षों में उसने अपने पिता को स्पर्श नहीं किया था। मन किया कि वह घंटों उसके पास ही बैठे रहे। उसकी बातें सुने। पिता को देख उसे सुरक्षा का एहसास होता। मगर पापा तो उसे टुकड़ों में मिले थे और...उसने अपनी हाथों की कसी हुई मुट्ठियों में अपनी भावनाओं को जकड़ लिया था। किसी

के क़दमों की आहट ने उसका ध्यान खींचा था, आँखें धीरे से खोलीं तो पिता को कमरे से बाहर जाते देखा था। बस, उनको पीछे से निहारती रही थी। और उनके ओझल होते ही भावनाएँ आँसू बनकर आँखों से लुढ़क गई थीं। और फिर उनके स्पर्श की अनुभूति को वह अँधेरे में ढूँढ़ने लगी थी।

निकिता के लिए भी अमित ही नेपकिन लाकर दिया करता था। मगर इस बार बीवी से छुपाकर बेटी के लिए लाने में उसे शर्म महसूस हुई थी। निकिता को कहता तो पता नहीं कैसी प्रतिक्रिया करती। डर से चुप रहना ही उचित समझा था।

पहले दिन उसे ऐसा करने में बड़ा अटपटा लगा था। चुपके से खरीदकर लाना और फिर धीरे से माँ को पकड़ाना—अजीब-सी परिस्थिति थी। युवावस्था के आते ही आकांक्षा और ज़्यादा डरपोक हो गई थी। उसका व्यक्तित्व निखर नहीं पा रहा था। किचन से बाहर निकलने का उसका दिल ही नहीं करता था। हाँ, दादी से ज़रूर कभी-कभी ज़िद कर लेती थी। थोड़ा लड़ भी लेती। जब माँ का मन अच्छा होता तो उससे भी थोड़ा-बहुत बात कर लेती। और अक्सर अंत में उलटी बातें सुन भी लेती थी।

बच्चों के स्कूल में अमित कभी-कभी ही जा पाता था। एक-दो बार निकिता को भी ले गया था। एक बार छोटी उम्र में आकांक्षा ने अपनी दादी को स्कूल ले जाने की ज़िद की थी। निकिता थोड़ी ठीक थी उस वक़्त। स्कूल में कार्यक्रम था। पहली बार आकांक्षा को भी मौक़ा मिला था। बहुत ख़ुश थी। उसका दिल किया कि सभी स्कूल आएँ। उसे क्या पता था कि यह उसका पहला ही नहीं आख़िरी कार्यक्रम भी होने वाला है...

40

आकांक्षा व अनिरुद्ध भावनात्मक रूप से अपनी दादी से बहुत करीब थे। परंतु दोनों को अंत तक समझ नहीं थी कि वह किस रूप में अपनी दादी से जुड़े हुए हैं। अनिरुद्ध जहाँ दादी से लड़ता, रूठता, यहाँ तक कि कुछ भी कहने का हक़ रखता था, वहीं दादी को उसकी लड़ाई में भी प्यार दिखाई देता।

अजीब से रिश्ते हैं, अजीब-सी पहचान और अजीब-सा एहसास। एक ही तरह की भावना, एक ही तरह के वाक्य, अलग-अलग संबंधों में अलग-अलग तरीक़े से लिये जाते हैं और महसूस किए जाते हैं। छोटी उम्र में कॉन्वेंट स्कूल के सालाना सांस्कृतिक कार्यक्रम में आकांक्षा भी अब की बार हिस्सा ले रही थी। वह चाहती थी कि उसे उसका सारा परिवार देखे और उस परिवार में उसकी दादी

उसका स्वाभाविक हिस्सा थी। छोटी थी, फिर बच्चे तो कभी-कभी ज़िद कर ही लेते हैं।

आकांक्षा की यह पहली ज़िद थी। हठ कर बैठी, ''दादी क्यों नहीं आएगी? पापा, दादी ज़रूर आएगी।''

''बेटा, दादी कैसे आ सकती है? उनकी तबीयत भी ठीक नहीं रहती।''

''नहीं, नहीं, ठीक तो रहती है। क्यों दादी?'' उसने दादी की ओर आशाभरी निगाहों से देखकर कहा तो दादी मुस्कुरा रही थी।

''मम्मी ! दादी ज़रूर आएगी।'' और फिर माँ को देखकर बचपना कर बैठी। पहली बार उसने कोई ज़िद की थी। निकिता की तबीयत कुछ-कुछ ठीक चल रही थी। दवाई का असर था।

कमरे के कोने में ले जाकर दादी ने आकांक्षा को यह समझाने की कोशिश की थी कि उसे तो अंग्रेज़ी समझ में आती नहीं, ऊपर से उसके दोस्त उसकी दादी को देखकर उसके प्रति रूखा व्यवहार करेंगे, मगर आकांक्षा अपनी दादी के प्यार में अंधी थी। बस, ज़िद करती रही।

''आप समझाते क्यों नहीं? माँ क्या करेगी जाकर? क्या घर से सबका जाना ज़रूरी है?''

निकिता की आवाज़ तेज़ी पकड़ रही थी। आँखों की सुंदरता अव्यवस्थित होने के कगार पर थी। अमित जान गया था कि निकिता का मन बिगड़ गया तो स्थिति बिगड़ सकती है। फिर सँभालना मुश्किल हो जाएगा। कम से कम वह तो स्कूल जा रही है। कहीं सारा खेल न बिगड़ जाए। निकिता के कहने पर उसने आकांक्षा को ज़ोर से डाँटा और उसके न मानने पर एक तमाचा जड़ दिया था। आकांक्षा एकदम से सहम गई थी। सारी ज़िद हवा हो गई थी। उसे कुछ समझ ही नहीं आया कि कहाँ ग़लती हो गई, डरी-सी चुपचाप माँ और पापा के साथ पीछे-पीछे चल दी। अनिरुद्ध साथ था। जाते-जाते अपनी दादी को डरी हुई मासूम आँखों से देखा था। अपने स्कूल के पहले और आख़िरी कार्यक्रम में ही उसका अस्तित्व ख़त्म हो गया था। स्टेज पर सब भूल गई थी। लोग हँसते रहे। कार्यक्रम बिगड़ गया था।

रास्ते में समझाने की बजाय, निकिता ने ख़ूब उल्टा-सीधा कहा और डाँट लगाई थी, '...मैंने तो पहले ही कहा था ऐसी बेकार लड़की मेरी हो ही नहीं सकती, तुम लोगों जैसी ही है।'

आकांक्षा के अंदर हीन भावना उसी दिन घर कर गई थी। अमित कई दिनों तक सुनिश्चित नहीं कर पाया कि वह कहाँ ग़लत था। मगर तमाचे के लिए उसने अपने आप को कभी माफ़ नहीं किया था।

कई बार माँ स्वयं परेशानी को दूर कर दिया करती थी। मगर उस दिन सबके घर वापस आने पर उनके चेहरे पढ़ नहीं पाई। घर में आते ही आकांक्षा को सर्वप्रथम अपनी बाँहों में लिया और कहने लगी, ''आज तो कमाल हो गया होगा, आज तो हर जगह 'आकांक्षा! आकांक्षा! आकांक्षा!' हो रहा होगा।'' आकांक्षा को स्कूल में पहली बार कुछ कार्यक्रम करने का मौक़ा मिला था। यही सोचकर वह कह रही थी। उसके बेटे, बहू और पोता-पोती बाहर कार्यक्रम से आ रहे हैं, इससे बढ़कर ख़ुशी की बात उसके लिए क्या हो सकती थी! बात बढ़ाते हुए कहने लगी, ''...हीरो कौन था?''

दादी की नटखट आवाज़ ने उसको छेड़ने की कोशिश की थी। बुढ़ापा बचपन का प्रतिबिंब होता है। वैसे तो दादी और आकांक्षा अब तक अच्छे दोस्त बन चुके थे। मगर दादी अब तक समझ नहीं पाई थी कि आकांक्षा इतनी शांत और उदास क्यों है। वह तो सबकी ख़ुशी में शरीक होना चाह रही थी। बोलती रही, ''अच्छा, चल बता, तूने क्या-क्या किया? कैसे-कैसे किया?'' बातों को सँभालते हुए दादी कह रही थी।

कुछ देर सुनने के बाद निकिता अचानक अपने कमरे से आकर चिल्लाने लगी, ''यहाँ बैठकर बच्चों को यही सिखाती रहती हो। धीरे-धीरे सारे मेरे दुश्मन बना देना। वैसे ही ये तो मेरी बेटी है ही नहीं, पर तुम लोगों के ख़ानदान की वजह से मेरी इज़्ज़त आज मिट्टी में मिल गई। पड़ोस में बैठी औरत मुझे देखकर मुस्कुरा रही थी। तुम्हीं लोगों ने कहा होगा उसे मेरा मज़ाक उड़ाने के लिए। बाहर खड़ा चपरासी भी मुझे घूर रहा था। तुम्हीं लोगों ने बताया होगा उसे मेरे बारे में,'' यह कहते हुए निकिता बुरी तरह से आकांक्षा को पकड़कर पीटने लगी।

मालती एकदम से सन्न रह गई थी। आकांक्षा बेहोशी की हालत तक पहुँच गई थी। उसके चेहरे और शरीर पर अपनी माँ की उँगलियों के निशान थे तो भय का प्रभाव दिल और दिमाग़ पर पक्के रूप में अंकित हो चुका था। अमित ने निकिता के पास से खींचते हुए आकांक्षा को बचाया और किसी तरह से बात सँभाली थी। आकांक्षा फिर कई दिनों तक स्कूल नहीं जा पाई थी और कई रात सो भी नहीं पाई थी। उसे ख़ुशियों से डर हो गया था। अमित कई दिनों तक आकांक्षा को देख-देखकर अंदर ही अंदर रोता रहा। दादी, पोती की सहमी हुई आँखों को देखकर पूरी तरह टूट चुकी थी।

कुछ महीनों के बाद अनिरुद्ध के स्कूल में स्पोर्ट्स होने थे। अनिरुद्ध भी उसमें हिस्सा ले रहा था। स्पोर्ट्स के दिन अनिरुद्ध भी ज़िद कर बैठा था। छोटा था, बहन का हादसा समझ ही नहीं पाया था और न ही याद था। कहने लगा, ''दादी, तू ज़रूर

आएगी। देख, खेल में तो अंग्रेजी का चक्कर भी नहीं है। मैं दौड़ में हिस्सा ले रहा हूँ।''

''तो मुझे कौन दौड़ना आता है,'' दादी ने टरकाने के लिए धीरे से कहा था।

''तू देख तो सकती है कि मैं कितना अच्छा दौड़ रहा हूँ।'' अनिरुद्ध छोटा था और ज़िद्दी।

''नहीं, बेटा, तबीयत भी ठीक नहीं है।'' मालती आकांक्षा की हालत को भूल नहीं पाई थी। उस सदमे से निकल नहीं पाई थी। उसी रात से अब उसकी तबीयत ठीक भी नहीं रहती थी।

उधर, निकिता अनिरुद्ध से बहस नहीं करना चाहती थी। वह जानती थी कि अनिरुद्ध की ज़िद उसके लिए मुश्किलें पैदा कर सकती है। साथ ही उससे उसका बेटोंवाला स्वाभाविक लगाव भी था। अनिरुद्ध की ख़ुशी के लिए कहने लगी, ''बच्चों की ख़ुशी में आपको तो मज़ा ही नहीं आता, अब कह रहा है तो जाने में पता नहीं क्या तकलीफ़ है!''

माँ आज तक समझ नहीं पाई थी कि क्या करना चाहिए और क्या नहीं। हर चीज़ में उलटा ही होता है। फिर उसे क्या पता कि निकिता के दिमाग़ में अब क्या चल रहा है। ज़बरदस्ती गई थी स्कूल। मगर कुछ भी बात नहीं कर पाई थी। पता नहीं कौन-सी बात निकिता को बुरी लग जाए और फिर उसे अव्यवस्थित और अनियंत्रित कर दे! चुपचाप बैठी रही। लौटने पर अनिरुद्ध कार में पीछे दादी और बहन के बीच में ख़ुश बैठा था, उसके हाथ में दौड़ में हिस्सा लेने का सर्टिफ़िकेट था, वही उसके उत्साह को बढ़ाने के लिए काफ़ी था। फिर घर के सब लोग साथ हों तो उसे अच्छा लगता था।

निकिता आगे बैठे-बैठे खिड़की से झाँकते हुए बुदबुदा रही थी, ''किसी को ये भी नहीं पता कि बच्चों की ख़ुशी में ख़ुश कैसे होते हैं। बस, मुँह सूजा कर बैठे हैं।''

माँ चुपचाप सुनती रही थीं। अमित सुनकर अनसुना कर रहा था। आकांक्षा सहमी-सी थी और अनिरुद्ध को समझ कम थी। वह अपनी छोटी-सी ख़ुशी में मस्त था।

41

'पता नहीं, कब छुटकारा मिलेगा!' ये शब्द अमित के दिलोदिमाग़ को बुरी तरह से झकझोर रहे थे। स्पष्टवादिता बहुत अच्छी चीज़ है, परंतु बहुत से सत्य बोले नहीं

जाते, बहुत-सी बातों से आदमी जानकर भी अनजान बना रहता है। कहीं-कहीं भावनाओं को दिल के अंदर छुपाना भी होता है। इसी में है संबंधों की मर्यादा और विकसित समाज की नींव।

जो बंधन दिल से किए जाएँ, और अगर उसमें मन की भावनाएँ जुड़ी हों, तो वह प्रेम में परिवर्तित हो जाता है। उसमें आदमी आनंद महसूस करने लगता है। जिस बंधन में ज़बरदस्ती होती है तो वह कष्टदायी होता है। फिर उसमें और क़ैद में कोई फ़र्क़ नहीं होता। बस, बंधन की परिभाषा और बंधकों की सीमाएँ बदलती रहती हैं।

अमित निकिता की मानसिक अवस्था जानता था और दिये गये हर दुःख, हर ग़म को क़िस्मत का दिया मानकर सहर्ष स्वीकार किया था, पर सहने की भी कोई सीमा होती है। अमित और मालती स्वाभाविक रूप से सहनशील थे। यह उनका नैसर्गिक गुण था। मगर गुण परिस्थिति, स्थान और काल पर निर्भर करता है। अन्यथा वह अवगुण बन जाता है। गुण और अवगुण में, दोष-अदोष में, इतना ही फ़र्क होता है कि वह कहाँ, कैसे और किसलिए उपयोग किए जा रहे हैं और साथ ही किस भावना से। निकिता की बीमारी सत्य हो सकती है, परंतु क्या उसे अन्य के अस्तित्व के मोल पर स्वीकार किया जा सकता है? वह अंत तक माँ से भावनात्मक रूप से जुड़ नहीं पाई थी। सास को माँ-बाप की तरह स्वीकार करे, ऐसी उम्मीद वह नहीं करता था। मगर हर बार बीमारी में निकिता माँ को दुश्मन के रूप में ही क्यों देखती है, इसका भी उसके पास जवाब नहीं था। अमित आज तक नहीं समझ पाया था कि निकिता बीमारी में भी अपने घरवालों के साथ दुर्व्यवहार क्यों नहीं करती।

सेवा तो उसने माँ की कभी नहीं की थी, पर ठीक-ठाक ढंग से बात भी अब कम ही करती थी। परंतु आज कही गई यह लाइन तो उसके मन की भावना को प्रदर्शित करती थी। माँ की तबीयत अधिक ख़राब हो रही थी। बिस्तर और कपड़े दस्त से गंदे हो चुके थे। रात अधिक हो चुकी थी। पीछे से लक्ष्मी को बुलाना ठीक न समझकर उसी ने आकांक्षा के साथ मिलकर सफ़ाई की थी और माँ के कपड़े बदलवाये थे। थोड़ा वक़्त लग गया था। निकिता को नींद नहीं आ रही थी, बिस्तर पर लेटे-लेटे ही अमित का इंतज़ार कर रही थी। उसके आते ही बड़बड़ाने लगी।

परिपक्वता दिखाते हुए अमित ने इस बारे में कोई भी बात करना उचित नहीं समझा था। फिर इसका कोई फ़ायदा भी नहीं होना था। वह जानता था कि इस बात से घर में कोलाहल मच जाएगा। वैसे भी अगर सामने वाला कोई ग़लत बात कर रहा है तो उसकी बराबरी करना शायद समझदारी भी नहीं है और ऐसा प्रायः समझाया भी जाता है। निकिता की बीमारी और मानसिक अवस्था में वह इस बात

को आज तक सुनिश्चित नहीं कर पाया था कि उसकी बुरी भावना का, कही गई ग़लत बातों का विरोध करना चाहिए या नहीं। क्या उन्हें सदैव चुप रहकर सहना चाहिए? पर सवाल यह भी उठता था कि जब सामनेवाला आपकी बातों को सुन ही नहीं रहा, तो आपका कहना, नहीं कहना कोई मायने नहीं रखता। जब बुद्धि का विकास ज़्यादा हो जाता है या बिलकुल भी नहीं होता, दोनों अवस्थाओं में आप दूसरों के विचारों को सुनना और समझना कम पसन्द करते हैं। और जब कोई पसंद नहीं करता तो सामनेवाला कितना भी सत्य कह रहा हो, वह उसे स्वीकार नहीं करता।

बंधन को स्वीकार करने की कई अवस्थाएँ हैं। एक अवस्था जिसमें आप उस बंधन को बंधन नहीं मानते, उसे अपने जीवन का एक हिस्सा मानते हैं। जब आप यह भी नहीं सोच पाते कि यह बंधन है तो आपको उसमें कोई कष्ट नहीं होता। एक बंधन वह है जिसमें आप भावनात्मक रूप से जुड़ जाते हैं। वहाँ आपको बंधन अच्छा लगने लगता है। उसमें दिल कार्य करता है, दिमाग़ काम नहीं करता। माँ-बाप के प्रति प्यार, अपनों से जुड़े हुए लोगों से प्यार और यहाँ तक देखा गया है कि बचपन का लम्बा साथ आपको भावनात्मक रूप से बंधन में बाँध देता है और वह धीरे-धीरे अपरिभाषित प्रेम में परिवर्तित हो जाता है। एक बंधन की अवस्था होती है, जब आदमी उसे बुद्धि से स्वीकार कर लेता है। उसमें भी कष्ट कम होता है, परंतु भावनात्मक लगाव नहीं होता। आजकल के ज़्यादातर ऑफिस में, मोहल्लों में, दूर के रिश्तेदारों में इसी तरीक़े का लगाव होता है।

एक बंधन की अवस्था वह होती है, जब आदमी अपने आपको मजबूरी में बँधा हुआ महसूस करता है और उस अवस्था से सदैव निकलना चाहता है, कोशिश करता है। तो फिर बंधन, बंधन न होकर क़ैद हो जाता है।

निकिता का तो कोई बंधन ही नहीं था। उसका तो दिमाग़ ही उसके वश में नहीं था।

माँ का शरीर पूर्ण रूप से जवाब दे चुका था। दाँत टूट चुके थे और पाचन शक्ति ने काम करना लगभग बंद कर दिया था। धीरे-धीरे उसने बिस्तर पकड़ लिया था। कमज़ोरी के कारण कभी-कभी चिड़चिड़ाहट भी आ जाती थी। भूख ख़त्म हो चुकी थी।

इकलौता बेटा होने के कारण माँ अमित को छोड़ भी नहीं सकती थी। ऐसी हालत में कहाँ जाती? वहीं दूसरी ओर उसके कारण घर में बहुत काम बढ़ता जा रहा था। बिस्तर पर ही पतले दस्त हो जाते थे। अब तो यह रोज़ सुबह की दिनचर्या हो गई थी। अस्पताल में भी अधिक दिन रखना संभव नहीं था। कोई बीमारी हो तो

उसका इलाज किया जा सकता है। मगर जब कोई बीमारी ही नहीं तो क्या किया जाए। मालती की इच्छाशक्ति, जीने की तमन्ना ख़त्म हो चुकी थी। इसीलिए शरीर ने भी साथ छोड़ दिया था। दवाइयों का असर भी नहीं हो रहा था। घर पर लक्ष्मी रोज़ सुबह आकर बिस्तर साफ़ कर देती थी। परंतु कई बार आकांक्षा को भी यह सब करना पड़ता था। अमित डॉक्टर होने के नाते, बेटा होते हुए भी, सब कुछ जानता और समझता था। परंतु निकिता दिल से लगाव न होने की वजह से, ऊपर से मानसिक बीमारी के कारण कई बार ऐसी लाइनें बोल देती थी। कभी-कभी माँ की बीमारी पर भी एक नया वाद-विवाद का मुद्दा बना देती थी।

और उस दिन निकिता ने फिर से बड़बड़ाते हुए माँ के लिए कह दिया था, "अच्छा होगा, अगर चले जाएँ।"

जब तक माँ के शरीर में दम था तब तक निकिता ने ऐसा व्यवहार कभी नहीं किया था। अमित ने माँ में सदैव समर्पण, समझौता के साथ-साथ कभी-कभी विरक्ति भी देखी थी। पर अब उसने महसूस किया था कि माँ भी इस कष्ट से बचना चाहती थी, इस नरक से छूटना चाहती थी। अमित माँ के कष्ट को देख-देखकर दुखी था। बचपन में उसके बीमार होने पर, माँ कैसे सारी रात बैठी रहती थी! जब तक वह पूर्ण रूप से ठीक न हो जाता तब तक उसकी सेवा करती रहती।

अमित अपने भविष्य को सोच-सोचकर बहुत ज़्यादा भयभीत होता रहता था। यह विचार उसके मन में कई बार आता कि बच्चों की छोटी उम्र में माँ-बाप का जवान होना, देखभाल करना और माँ-बाप के बूढ़े होने पर बच्चों का जवान होना, शायद प्रकृति का इंतज़ाम है—एक-दूसरे की देखभाल करने का, जिसे आज की आधुनिक सामाजिक परिस्थितियों ने ख़राब कर दिया है। आज चाहते हुए भी वह अपनी माँ की सेवा नहीं कर पा रहा था। जब भी करने की कोशिश करता, निकिता बोल पड़ती, '...माँ है, औरत है, तुम्हें शर्म नहीं आती?' इस तरह की बातों से घर का माहौल भारी-भारी सा हो जाता था।

चूंकि अनिरुद्ध भी दादी के प्यार में बड़ा हुआ था, इसलिए दादी के पास हमेशा जाना चाहता, परंतु सदैव सफ़ाई और बीमारी का बहाना बनाकर निकिता उसे थोड़ा दूर ही रखने की कोशिश करती थी। फिर भी वह कभी-कभी दादी के पास ज़िद करके चला ही जाता।

कई बार दादी को अपने पोते को प्यार करने की इच्छा बलवती होती, परंतु जब वह पास नहीं आ पाता, तो कुछ कह तो नहीं पाती पर आँखों के आँसू अपना काम कर जाते।

आकांक्षा ने भरपूर सेवा की थी। दादी के पास सदैव साये की तरह रहती।

बच्चों के जैसे उनकी देखभाल करती। दादी ने आकांक्षा के लिए उसके बचपन में जो किया, यह उसका पुनरागमन था सिर्फ़ रोल बदल गये थे।

मालती जब भी आकांक्षा को अपने दस्त से सने कपड़े और शरीर को साफ़ करते असहाय रूप में देखती, तो जी भरकर दुआ देती। धीरे-धीरे बिस्तर से उठने की ताकत भी ख़त्म हो गई थी। आकांक्षा के स्कूल जाने पर दादी को बहुत तकलीफ़ होती थी। निकिता के डर से कुछ बोलती तो नहीं मगर उसकी अँतड़ियों को निकिता का कोई डर नहीं था। वे तो अपना काम कर जाते। घंटों आकांक्षा के आने तक मालती को उसी तरह दस्त में लेटे रहना पड़ता।

पढ़े-लिखे होने का हवाला देते हुए भावनात्मक रूप से अमित ने इस बात की कई बार निकिता से चर्चा करने की कोशिश की थी...'किसी वार्ड ब्वॉय को घर पर रख लेते हैं' परंतु निकिता ने हर बार इस बात को टाल दिया था और कुछ भी करने या कहने से इनकार कर दिया था। निकिता की मानसिक अवस्था इस बात को मानने को तैयार ही नहीं थी कि इस प्रकार की परेशानियाँ उसे भी हो सकती हैं। अमित दिल से नहीं चाहता था कि किसी और को भी यह परेशानियाँ भुगतनी पड़े। परंतु यह ज़रूर चाहता था, जीवन में हर एक को दुःखों का एहसास ज़रूर होना चाहिए। साथ ही साथ उसके मन में यह प्रश्न भी उठता कि दुनिया में जाने से ठीक पहले ही इस तरह के दुःख क्यों आते हैं? ये दुःख जीवन के आरंभ में क्यों नहीं आते? अगर ये कष्ट पहले ही आ जाएँ या पता लग जाए तो दूसरों को दुःख देने की इनसान की प्रवृत्ति में शायद कुछ कमी आ जाएगी। कम से कम दूसरों की परेशानियों को इनसान बेहतर समझ पाएगा।

निकिता की अपनी सास के लिए पूर्वग्रह की कोई भी वजह अमित को समझ नहीं आई थी। निकिता के लिए उसके माँ-बाप ने जो भी किया होगा वह प्राकृतिक था, मगर सास मालती ने जो कुछ भी किया, वह सामाजिक दायित्व से बढ़कर था। मालती ने सदैव बहू और पोता-पोती को अपने बच्चों के जैसे पाला था। अमित को इसका कोई भी जवाब नहीं मिलता था कि एक पढ़ी-लिखी औरत भी एक साधारण औरत के जैसा क्यों बर्ताव करती है। फिर अगर उसका दिमाग़ अव्यवस्थित है, बीमार है तो फिर उसकी अपने सास के प्रति नफ़रत क्यों नहीं अव्यवस्थित हो जाती? वह कैसे साधारण अन्य लोगों की तरह ही तीव्र और तीक्ष्ण है?

माँ द्वारा कभी-कभी कहना कि मुझे इस कष्ट से किसी भी तरीक़े से छुटकारा दिलवाओ, वह उनकी इस असीम पीड़ा को उनकी आँखों से गिरने वाले आँसू की बूँद से समझने लगा था। डॉक्टर होते हुए जानता, था समझता था, मगर बेटा होते हुए मान नहीं पाया था कि अब माँ का यहाँ से, इस दुनिया से चले जाना, उनके ख़ुद

के हित में है। वह उनको अपने मोह के बंधन से छोड़ पाता, इसके पहले ही वह ख़ुद बेटा-बहू से ज़्यादा पोता-पोती के मोह के बंधन से छूटना चाहती थीं...और एक दिन वह मुक्त हो गईं।

42

''देखना, ये दोनों आज खाना नहीं खा रहे हैं।'' माँ की प्यार-भरी शिकायत बाथरूम के अंदर तक अक्सर आती रहती थी।

''दादी, मुझे भूख नहीं है।''

''क्या हुआ? तुमने कल रात भी खाना नहीं खाया था।''

आकांक्षा काफ़ी धीरे मगर प्रेमपूर्वक बोलती, ''दादी, जब भूख नहीं है तो मैं कैसे खा सकती हूँ?''

''देख, मुझे बहुत काम है।''

''तो मैंने आपको कब रोका, मैंने तो आपसे कुछ भी नहीं कहा।''

आकांक्षा, माँ और अनिरुद्ध की नोक-झोंक घर में आम सुनाई देती रहती थी। आकांक्षा कुछ-कुछ बड़ी हो रही थी और अपनी दादी से उसकी ज़िद बढ़ती जा रही थी। उनके कमरे में उनकी नोक-झोंक चलती रहती।

दादी अनपढ़ होने के वाबजूद लड़कियों के इस उम्र में होने वाले स्वभाव में परिवर्तन को बहुत अच्छी तरह से जानती और समझती थी। अमित ने महसूस किया था कि माँ का आकांक्षा के साथ व्यवहार दादी-पोती की जगह एक दोस्त का होता जा रहा है। माँ जहाँ धीरे-धीरे एक अच्छे दोस्त होने का सबूत दे रही थीं, वहीं पर आकांक्षा अपने युवावस्था में पहुँचने की उपस्थिति दर्ज करा रही थी। उसके स्वभाव में होने वाला परिवर्तन अमित से ज़्यादा दादी समझती थी। निकिता को तो किसी बात का होश ही नहीं था। उसकी तो अपनी अलग दुनिया थी।

हाँ, दादी का पोते के प्रति उसका लगाव, आकर्षण और प्रेम थोड़ा अलग तरीक़े से प्रदर्शित होता, ''और अनिरुद्ध, तुमने दूध क्यों नहीं पिया?''

''दादी! तुम मेरे पीछे क्यों पड़ जाती हो?''

''बेटे! देखो, इससे कमज़ोरी हो जाएगी, तुम्हें कल स्कूल में क्रिकेट का मैच भी खेलना है।''

''कोई बात नहीं, मैं नहीं खेलूँगा।''

''क्या बात है, कुछ बताओगे भी तो सही!''

दादी ने दोनों बच्चों के सामने प्रेमपूर्वक समर्पित होते हुए कहा था, परंतु दोनों

टस से मस नहीं हुए थे।

अमित अक्सर यह समझ नहीं पाता कि उसे इस वक़्त किस तरह का रोल अदा करना चाहिए। बचपन में अपने बलपूर्वक हठ को वह याद करता था। माँ के साथ कुछ उम्र तक वह भी ज़िद किया करता था, परंतु ऐसा याद आता है कि पिता के सामने हिम्मत नहीं होती थी। उनका अनुशासन उसे आज भी थोड़ा-थोड़ा याद आ जाता था। मगर साथ ही महसूस करता कि उस अनुशासन में भी कहीं न कहीं प्रेम हुआ करता था। परंतु आज अमित अपने आपको उनसे कुछ अलग पाता, पिता का वह रोल और रूप कहाँ रह गया? ऐसा कहते हैं, समाज ने, परिवार ने विकास किया है। परंतु विकास की परिभाषा उसके समझ से बाहर थी। आज बच्चों को उस तरह से अनुशासन में नहीं रखा जाता। लेकिन प्रेम की कमी तो उस युग में भी नहीं थी तो क्या फिर सिर्फ़ विचार और सोच बदल गये हैं?

''मैं अभी तेरे पापा से कहती हूँ।''

दोनों बिना डरे झट कह देते, ''ठीक है, कह दीजिए।''

दादी की प्यारभरी शिकायत पर वह अक्सर दोनों बच्चों से कहता था, ''आकांक्षा, यह ज़िद शायद ठीक नहीं। क्या बात है बेटा? क्या परेशानी है?''

''पापा, मुझे भूख नहीं, दादी ज़िद करती हैं।'' अनिरुद्ध बचपन से ही शैतान था। हमेशा दादी की शिकायत करने लगता।

''माँ, एक काम करो, इन दोनों को आज हॉस्पिटल भेज देना। मेडिकल चेकअप करा दूँगा। सुई लगवा दूँगा।'' अमित की आवाज़ कड़क मगर आँखों से प्यार बरसता।

''देखिए, पापा, आप मज़ाक मत कीजिए।'' दोनों बच्चे छोटी उम्र में एक हो जाया करते थे।

''मैंने क्या कहा आपसे? अगर इंजेक्शन नहीं लगवाना है तो दादी की बात मान लो।''

आकांक्षा ज़्यादा बहस नहीं करती और अनिरुद्ध पर पिता का थोड़ा बहुत डर, कभी-कभी अनुशासन के लिए ज़रूर पैदा किया जाता।

बेटी के युवावस्था की दहलीज में कदम रखते ही अमित आकांक्षा से कुछ भी नहीं कहता था। उसके मन में अपनी बेटी के लिए एक विशेष मोह और प्रेम हुआ करता, जिसे कई बार चाहते हुए भी वह नहीं छुपा पाता। वहीं पर पिता होने के सबूत के रूप में अनिरुद्ध को दो-चार हाथ एक-दो बार ज़रूर जड़ दिये गये थे।

वैसे दोनों बच्चों को अपनी दादी से पूरा स्नेह तथा प्यार के साथ-साथ लड़ाई और ग़ुस्सा करने का भी अधिकार था। दादी उनके जीवन का एक अहम हिस्सा

थी। उन तीनों की लड़ाई, तकरार, नोक-झोंक, बहस और झगड़ने की आवाज़ें उनके कमरे से अक्सर आती रहती थीं, जो अब बंद हो चुकी थीं। दोनों बच्चों का जीवन एकदम नीरस और सूना हो चुका था। उनका बचपन, जो पहले ही घुटन-भरे वातावरण में सिसकियाँ लिया करता था, दादी की अंतिम साँसों के साथ ही दम तोड़ चुका था।

43

माँ के जाते ही अमित अनाथ हो गया था। माँ के जीते जी वह भावनात्मक रूप से मज़बूत और घर की रसोई की परेशानियों से कम से कम मुक्त रहता था। दोनों बच्चों की देखभाल और चिंता से भी दूर रहता था। दिनभर में माँ के एक दर्शन मात्र से उसे ऊर्जा प्राप्त हो जाती थी। कोई तो बड़ा है मुझसे, वह ही सब देखेगा, इस बात का एहसास रहता था। मगर अब जीवन नीरस हो चुका था। माँ की याद करते-करते कब देर रात हो गई, पता ही नहीं चला। कितना मुश्किल था माँ के बिना जीवन! जीने के लिए बहुत कुछ ज़रूरी नहीं मगर कुछ तो चाहिए। यहाँ तो कुछ भी नहीं था। अमित के अंदर अभी जीवन की आग ख़त्म नहीं हुई थी। उसे प्यार की आवश्यकता भी महसूस होती थी। शारीरिक प्रेम जीने के लिए उतना ही ज़रूरी है जितना खाना और पीना। सारे दुःख, दर्द, क्रोध, परेशानी, पानी की तरह बह जाते हैं जब स्त्री और पुरुष संभोग करते हैं। शारीरिक संबंध पति-पत्नी के बीच मज़बूत रिश्तों के बंधन के लिए अति आवश्यक है। इसके बाद मानव एकदम तरोताज़ा हो जाता है। शायद प्रकृति का एकमात्र मनोरंजन का साधन। अमित के जीवन में एकमात्र औरत निकिता ही थी, जिसके साथ उसने जीवन का संपूर्ण आनंद लिया था। उस प्यार की सुगंध से वह आज भी महक उठता था। निकिता रात-रात भर उसके बगल में एंटी सॉइकोटिक दवाई के असर से सोती रहती और वह उसके शरीर को निहारता हुआ परेशान होकर जागता रहता था।

अक्सर ऐसा होता, जब निकिता प्यार के लिए कहती तो अमित की मानसिक अवस्था उसी के प्रताड़ना की वजह से अक्सर ठीक नहीं होती और वह प्यार ही नहीं कर पाता। फिर निकिता आंतरिक क्षणों के बीच में भी अजीब-सी हरकतें कर जाती। ऐसा कुछ बोल देती कि अमित की उत्तेजना ख़त्म हो जाती और वह फिर पागल हो जाता। उस रात निकिता ने अपने पागलपन में सारी मर्यादाएँ खो दी थीं। दो दिन से आकांक्षा को बेवजह बेहद परेशान कर रही थी और अमित को मानसिक रूप से तंग।

अमित बेटी को देख–देखकर बेहद आहत था कि अचानक निकिता ने कमरे में आकर अपने पूरे कपड़े उतार दिए थे। कहने लगी, ''मुझे प्यार करो।''

अमित परेशान तो था ही, निकिता के नग्न शरीर ने भी उसे बिलकुल आकर्षित नहीं किया था। आकर्षण और प्यार के लिए उपयुक्त वातावरण और अवस्था चाहिए।

अमित चिड़चिड़ाकर बोल पड़ा, ''शरम नहीं आती, सो जाओ, मन नहीं है।''

सुनते ही निकिता चिल्ला उठी थी, ''करते नहीं बनता है तो ऐसा बोलो...अपनी औरत से प्यार तो करना आता नहीं और मर्द बने फिरते हो! तुम्हारे कारण तो मेरी ज़िंदगी ही ख़राब हो गई...मुझे तुम्हारे साथ नहीं रहना, नपुंसक कहीं के!'' निकिता ज़ोर–ज़ोर से ऊटपटांग बकते हुए आधे–अधूरे कपड़े पहनकर बिस्तर पर लेट गई थी।

अमित सुनकर अंदर तक हिल गया था। थोड़ी देर में ही उसे नाइट ड्यूटी में अस्पताल भी जाना था। दिन में बच्चों की ज़रूरत और रात में निकिता से दूर रहने के चक्कर में वह अक्सर नाइट ड्यूटी लगवा लेता था। फिर अस्पताल में रात के एकांत में उसे दो पल की शांति, सुकून और थोड़ा सोने को भी मिल जाता था।...बुरी तरह आहत अमित यंत्रवत् कपड़ा पहनने लगा था। वह उन शब्दों से दूर जाना चाहता था। 'पागल है, कुछ भी कह देती है', यह सोचकर एक बार फिर दिल को तसल्ली दे रहा था।

अस्पताल तो पहुँचना था लेकिन पहले से ही, रोज़ की तरह आज भी देरी हो गई थी। मगर आज तो ड्यूटी पर जाने का बिलकुल मन न था...वही शब्द मुड़–मुड़कर वापस आते। और वह उनसे दूर भागने के लिए बिना कुछ कहे चुपचाप घर से निकल पड़ा था। आज तक उसने कभी कोई ग़लत कार्य नहीं किया था। ऐसा नहीं कि उसके मन में ख़यालात नहीं आते थे या ज़रूरत नहीं थी या सुविधा नहीं थी। मगर कई बंधनों से बँधा हुआ था। सदैव समाज और घर की सोचता रहता... कोई ग़लत काम करने पर सबको पता चलेगा तो कैसा लगेगा? फिर जब निकिता की बातों से, हरकतों से अति हो जाती तो कुछ करने के लिए, कहीं जाने के लिए पल भर के लिए तत्पर हो जाता। आख़िरकार इनसान ही तो है भगवान तो है नहीं। परंतु तभी पहले माँ का और अब आकांक्षा का चेहरा आँखों में घूम जाता। बेटी जवान हो गई है, ऐसे में अपनी दो मिनट की मस्ती के लिए किसी बाज़ारू औरत से मिलना ठीक नहीं होगा...ऐसे विचार उसे कोई ग़लत कदम बढ़ाने से रोक लेते थे। फिर ख़ुद ही सोचता कि वह भी तो इनसान है। और फिर दो पल की ख़ुशी के लिए सदैव शराब का सहारा ले लेता। शराब पीने से उसे कुछ पल की राहत मिलती थी। फिर शराब पीना अच्छा है या बुरा, इसके विश्लेषण से वह ऊपर उठ

जाता।...कम से कम समाज में बदनामी तो नहीं होगी, पीने से शरीर ही तो ख़राब होगा, तो हो जाने दो, ज़्यादा किसके लिए जीना है। अत्यधिक दुःख की अवस्था में अक्सर इसी भावना के तहत पी लेता, फिर जैसे-जैसे होश आता, बच्चों की चिंता उसे फिर पीने से दूर कर देती।...और उस रात भी वह अस्पताल की जगह सदर पहुँच गया था।

''क्या लेंगे?'' बैरे ने अमित को मेन्यू कार्ड देते हुए पूछा था।

''कुछ भी।''

''बीयर या हार्ड ड्रिंक्स?''

''एक लार्ज व्हिस्की।''

''सोडा या पानी के साथ?''

''मिक्स करके।''

अमित आज एक बार फिर बहुत ज़्यादा मानसिक रूप से आहत महसूस कर रहा था।

निकिता की कही गई बातें वह समझना नहीं चाहता। उसकी मानसिक अवस्था को जानते हुए भी वह कई बार दिल की गहराइयों तक टूट जाता। निकिता की ज़ुबान ने उसके मन-मस्तिष्क पर कई बार गहरी चोट पहुँचाई थी। ज़ख़्म भी बहुत दिये थे। हर बार समय ने उसको भरने की कोशिश की थी। विभिन्न बंधनों से उसे बंधे रखने के लिए मजबूर भी किया था। कई बार निकिता की बातों में बचपना झलकता था। पर आज तो वह उसके द्वारा कहे गए कुछ शब्दों से निकल नहीं पा रहा था। मन पूर्ण रूप से आहत और दुखी था। मस्तिष्क सोचना नहीं चाहता था। दिल समझ नहीं पा रहा था। जल्दबाज़ी में व्हिस्की की कई सारी घूँटों ने उसे राहत पहुँचाई थी। बहुत अधिक तो नहीं मगर जितने भी साइकॉइट्रिस्ट से परामर्श लिया था, निकिता की मानसिक बीमारी सुनिश्चित नहीं हो पाती थी। कभी उसमें स्किइजोफ्रीनया के लक्षण होते, तो कभी मैनिक डिप्रेशन डिसऑडर या बाइपोलर डिसऑडर के लक्षण होते। इस कारण से कई डॉक्टरों ने इसे साइको इफेक्टिव डिसऑडर का नाम भी दिया था। वास्तव में वह कभी डिप्रेशन में चली जाती और बाइपोलर डिसऑडर की तरह हरकतें करती तो कभी आकांक्षा के बारे में बोलकर अपनी नकारात्मक सोच और थॉट डिसऑडर को दिखाकर स्किइजोफ्रीनया के लक्षण प्रदर्शित करती। अमित यह भी जानता था कि निकिता के अंदर के मानसिक डिसऑडर में उसके और उसके परिवार के सदस्यों के प्रति सदैव नकारात्मक सोच रही है। मगर आज का बर्ताव, साथ में कही गई बातें, अमित को अनियंत्रित कर रही थीं। चाहे उसे कोई भी बीमारी हो, क्या वह इस तरह की बातें सुनकर शांत रह

सकता है? क्या वह इनसान नहीं?

कहते सुना था और देखा भी था कि दुःख में शराब पीना यह एक फ़िल्मी अंदाज़ होता है। परंतु हक़ीक़त में भी ऐसा होता है, अमूमन यक़ीन करना मुश्किल होता है। फ़िल्में भी हमारे जीवन के आसपास घूमती हैं। उनमें थोड़ा-सा नाटकीयपन हो सकता है, परंतु वास्तविकता के काफ़ी हद तक नज़दीक होती हैं, जैसा कि आज उसके साथ शराब पीने से हो रहा था। मस्तिष्क ने कुछ घूँटों के बाद किसी एक बिंदु पर केन्द्रित होने से मना कर दिया था। अनियंत्रित हो रहा मन-मस्तिष्क के विचलित होने से राहत महसूस करने लगा था। इसी उलटफेर में उसने व्हिस्की का पहला पैग जल्दी से खत्म कर दिया था।

''साहब, रिपीट करूँ?''

''हाँ, एक और ले आओ।''

अमित ने कॉलेज के ज़माने में फाइनल प्रौफ़ में, दोस्तों के बीच ख़ासकर श्याम के कहने पर, पहली बार होली पर शराब ली थी। बाद में दोस्तों के साथ कभी-कभी बैठ जाता था। पर इस तरह से बैठकर अकेले पीने की मजबूरी शादी के बाद ही हुई थी। पता नहीं अब इसमें कितना अच्छा था या कितना बुरा! ग़लत हो या सही, परंतु जो समय पर काम आये, वही असल है और ठीक है। मानसिक रूप में बीमार लोगों का मूड डिसऑडर हो या थॉट डिसऑडर, पर साधारण आदमी भी अपना मानसिक बैलेंस खोने के लिए ही पीता है। पीकर मानसिक अवस्था डिस्टर्ब अर्थात अनियंत्रित हो जाती है। अमित अक्सर शराब पीकर सोचता कि इससे तो मानसिक रूप से बीमार लोग ही अच्छे हैं। बिना पिये हुए ही अपनी दुनिया में मस्त रहते हैं। उन्हें कोई तकलीफ़ तो नहीं होती। होती भी है तो सिर्फ़ दूसरों को। शायद यही एक बीमारी है जिसमें इनसान स्वयं कम कष्ट भोगता है, दूसरा साथ वाला ज़्यादा।

घूँट पीते ही अमित भी अब मानसिक रूप से अस्थिर हो रहा था। अजीब-अजीब ख़यालात आने लगे थे। पीते ही उसे कोई अफ़सोस भी नहीं रहता था और कम से कम इस बात का तो क़तई नहीं कि वह अकेले बैठकर इस तरह से पी रहा है।

''कुछ साथ में लेंगे साहब?''

''नहीं...अच्छा, कुछ थोड़ा-सा सलाद दे दीजिए।...एक मिनट सुनिए, एक काम कीजिए, दो अंडे बुआइल्ड भी साथ ले आइए।''

व्हिस्की का एक पैग लेने के बाद अमित को हलकी-सी भूख महसूस हुई थी। पिछले दो दिनों से उसने खाना ठीक से नहीं खाया था। वह अक्सर निकिता के थोड़ा

ठीक होने का इंतज़ार करता था। वह स्वयं भी दो-तीन दिन में ठीक हो जाया करती और फिर बेहद प्यार देती। मगर जो कुछ भी वह कर चुकी होती, उसे भूल जाती थी। फिर अमित का ऐसे में खाना खाने का मन भी नहीं करता था। वह तंगदिल नहीं था, उसे बीवी से अभी भी प्यार था। परंतु अपने ज़ख़्मों पर मरहम ज़रूर चाहता था। तभी तो निकिता के द्वारा दिये गये थोड़े ही प्यार से आज भी स्वयं को सम्पूर्ण समर्पित कर देता। यह उसकी कमज़ोरी नहीं, उसका स्वाभाविक गुण था।

मगर आज जो हुआ, वह आह किए बिना न रह सका। आज उसने जाते-जाते बच्चों को भी नहीं देखा था। खाना पूछना तो फिर बहुत दूर की बात थी।...पता नहीं, दोनों ने सुबह से क्या खाया होगा?...लेकिन अगले ही पल आज उसे विरक्ति हुई थी। क्या ज़िंदगी है? कुछ भी तो नहीं। अब बीयर बार में बज रही ग़ज़ल उसके दर्द को सहला रही थी। क्या जीवन में ऐसा भी होता है? दूसरे पैग के बाद शराब में मिठास आने लगती है और वह निकिता की आवाज़ का तीखापन और रूखापन भूल रहा था। थोड़ी ही देर में दिल समझाने लगा। अगर ग़लती से बोली गई लाइन जल्दी ही क्षमायाचना के लिए कह दी जाए, तो चीज़ें खत्म हो जाती हैं, परंतु अगर उसे बढ़ाया और बहुत देर तक उसी तरह का रूखा व्यवहार किया जाए, तो दिल में गाँठ बन जाती है और निकिता ने तो...। यह सोचते ही वह फिर से क्रोधित हो रहा था।

बेयरा तीसरा पैग लाने लगा तो वह मना नहीं कर पाया। तीसरे पैग की पहली घूँट ने दिल को राहत पहुँचाई थी। दिमाग़ के किसी कोने से आवाज़ उठी थी... निकिता की बीमारी लाइलाज है, सिर्फ़ काम चलाने लायक़ ठीक किया जा सकता है—वह भी लगातार दवाइयों द्वारा। क्या बेकार ज़िंदगी है...।

तीसरे पैग के ख़त्म होने से पहले सिगरेट की इच्छा हुई थी।

अजीब संबंध है शराब और सिगरेट का। शराब के अंदर जाते ही, अक्सर लोगों को सिगरेट की इच्छा होने लगती है।...यह शरीर रखकर भी वह क्या करेगा? किसी काम तो आना नहीं। कम से कम पीने से थोड़ा सुकून और मस्ती तो मिल जाती है।...और तीसरे पैग के साथ अमित ने सिगरेट भी सुलगा ली थी। उसके मन में कहीं अब भी थोड़ा जीने का मोह था। अक्सर एक ही सिगरेट लेकर पिया करता। मगर बार में एक़ सिगरेट मिलती ही नहीं। बीयर बार वाले भी चतुर होते हैं। शराब पीने वाले को सिगरेट का पैकेट दे दो, वह ज़रूर पी जाएगा। अमित भी मजबूरीवश पूरी सिगरेट की डिब्बी ले चुका था। पैग ख़त्म होने तक दो सिगरेट ने भी अपना कमाल दिखाया था। नशा पूरा हो चुका था। ड्यूटी पर वह जा पाएगा? उसने सोचा ही नहीं। तीन पैग लगाने के बाद अमित अच्छे सरूर में आ चुका था और शराब

अब उसे मस्ती दे रही थी।

नशा, किसी न किसी चीज़ का नशा, हर इनसान को होता है। इस वक़्त उसे शराब का नशा था। मन अधिक की माँग करने लगा। मस्तिष्क अब उसके वश में नहीं था। उसने तीसरा पैग सिगरेट के साथ कुछ यों ही जल्दी से पी लिया था। मस्तिष्क का मन और मन का मस्तिष्क पर कोई नियंत्रण नहीं था और मन-मस्तिष्क, तन के साथ-साथ सम्पूर्ण आज़ाद हो चुके थे। उसने पैसे बिल पर रखे और गाड़ी की ओर चल पड़ा था। दरवाज़ा खोलने में थोड़ी मुश्किल हुई थी फिर उसे यह भी होश नहीं था कि कौन से गियर में गाड़ी चल रही थी। और वह पहले ही गियर में हॉस्पिटल पहुँच चुका था।

44

रात के 10 कब के बज चुके थे। आज तो वह पूरा एक घंटा लेट था। वार्ड ब्वॉय नीचे लंबी कुर्सी पर चादर बिछाकर सो चुका था। सिस्टर स्टाफ रूम में आराम कर रही थी। सँभलते-सँभलते वह डॉक्टर ड्यूटी रूम में धीरे से गया था। अदिति उसे वहाँ नहीं दिखाई दी थी, आज उसकी शाम की ड्यूटी थी। शायद इस वक़्त तक जा चुकी होगी। उसकी निगाहें चारों ओर घूम रही थीं। अंदर का दरवाज़ा आधा खुला हुआ था, बाहर की ट्यूबलाइट की रोशनी अंदर तक थोड़ी-थोड़ी प्रवेश कर रही थी। कुछ समझ नहीं पा रहा था कि उसे क्या करना चाहिए। लड़खड़ाता हुआ ड्यूटी रूम के अंदर बने हुए शयनकक्ष में घुसने के लिए उसने दरवाज़ा पूरा खोला तो उसकी आँखें एक पल के लिए ठहर गई थीं। पलँग पर अदिति नींद में लेटी हुई थी। उसका पल्ला सोते-सोते अपने स्थान से कुछ नीचे गिर चुका था। हलकी-हलकी रोशनी उसके शरीर की मांसलता को उभार रही थी और वही पलटकर उसके मस्तिष्क की ओर बढ़ रही थी।

मन पूरी तरह से मस्तिष्क के काबू से बाहर था। शरीर उन्मुक्त और इच्छाएँ उच्छृंखल हो चुकी थीं। कदम डगमगाने लगे तो मस्तिष्क ने मन और शरीर को थोड़ा रोकने की कोशिश ज़रूर की थी परंतु वह ख़ुद इतना कमज़ोर हो चुका था कि उसका नियंत्रण बिलकुल समाप्त हो चुका था।

अमित जानता तो था कि वह नशे में है, समझ भी रहा था, मगर पूरे होश में न था। नशा अपने चरम बिंदु पर पहुँचकर कल्पनाओं की ऊँची उड़ान भरने के लिए तत्पर था। ऐसे में पैर ज़मीन पर कहाँ टिकते? जब मन वश में नहीं तो पैर भी दिल के संग डोलने लगे थे।

निकिता और उसकी कही हुई बातों से वह इस वक़्त काफ़ी दूर था। मन किसी नये सहारे की तलाश में भटक रहा था। दिल और दिमाग़ अव्यवस्थित और पहले से ही टूटे हुए थे। भावनाएँ अतृप्त आत्माओं-सी भूखी-प्यासी अँधेरी गलियों में चहल-कदमी कर रही थीं। ऐसे में अदिति उसे पहली बार बहुत आकर्षक लगी थी। परंतु आज इसमें देह के सम्मोहन का समावेश था। शरीर की आग अचानक जल उठी और फिर बुझने के लिए मचल उठी। गर्मी बढ़ रही थी और इसकी तीव्रता में दिल-दिमाग़ और आदर्श की बातें बौनी साबित होने लगीं। शरीर अपनी भूख को मिटाने के लिए बेचैन हो उठा। अब उसे दिल के सहारे की कोई ज़रूरत नहीं थी। मस्तिष्क तो पहले से ही चलायमान था। मन-मस्तिष्क वश में न होने से शरीर को अपनी इच्छा को पूरा करने के लिए उसे आगे बढ़ने के लिए प्रेरित कर बैठे। और अगले ही पल में वह अदिति के नज़दीक था।

आँखों ने मांसल शरीर को एक बार फिर देखा और उसने आग में घी का काम किया था। शरीर की इच्छाएँ भड़क उठीं तो इंद्रियाँ अनियंत्रित हो चुकी थीं। अब उसे यह नहीं पता था कि वह क्या कर रहा है। उसके हाथ और आगे बढ़कर किसी को छू पाते, इसके पहले ही अदिति की आँखें खुल चुकी थीं।

अदिति ज़िंदगी के हर मोड़ पर, हर अग्नि परीक्षा में, मुसीबतों से लड़ते हुए अकेली जी रही थी। आज तक उसे कभी भी किसी सहारे की आवश्कता नहीं हुई थी। उसने दूसरों को सदैव प्यार दिया था, परंतु कभी किसी से कोई चाहत नहीं की थी। ऐसा नहीं कि उसे प्यार की आवश्यकता नहीं थी मगर वह उसे साफ़-सुथरे ढंग में चाहती थी। दूसरों को सदैव सहारा दिया था। परंतु ज़िंदगीभर बड़ी से बड़ी मुसीबत में भी कभी किसी का सहारा नहीं लिया था। ऐसा नहीं कि वह बहुत महान थी। परंतु शायद ईश्वर ने उसको कुछ ऐसे ही गुण दिये थे कि वह अपने आप ही आत्मसम्मान और स्वाभिमान से जीने की आदी हो चुकी थी। पहली बात तो यह कि उसके व्यक्तित्व, उसके तेज़ प्रभाव से ही उसके इतने नज़दीक आने की आज तक किसी ने हिम्मत नहीं की थी। दूसरी, जब वह विक्रमजीत जैसे अमीर और प्रभावशाली छात्र को, जबकि तब वह मेडिकल कॉलेज की एक साधारण छात्रा ही थी, सरेआम फटकार और जलील कर सकती थी, तो फिर अब तो वह एक परिपक्व महिला थी। अच्छे-अच्छे, यहाँ तक कि विदेशों में भी लोग उसके पास फटकने से डरते थे। मज़बूत इरादोंवाली थी। वह ज़िंदगी के उद्देश्य, किसी भी सवाल-जवाब, किसी भी भावना, किन्हीं भी बातों पर दूर-दूर तक किसी भी तरह से भ्रमित नहीं थी। वह हर बात बिलकुल शुद्ध, साफ़ और अच्छी तरह से समझती थी। अपने जीवन के साथ हुए मज़ाक को उसने अपनी ज़िंदगी की हक़ीक़त

मानकर स्वीकार ज़रूर कर लिया था, मगर किसी और को कभी उस पर हावी नहीं होने दिया था। वह ईश्वर का दिया स्वीकार करते हुए ज़िंदगी को सकारात्मक रूप में पूरी तल्लीनता से जी रही थी। वह बंधनरहित ज़रूर थी परंतु उच्छृंखल नहीं।

कमरे में क़दमों की आवाज़ से उसकी आँख खुली थी और जब खुली तो एक मिनट के लिए खुली की खुली रह गई थी। किसी के हाथ खूनी पंजा बनकर उसे दबोचकर निचोड़ने के लिए आगे बढ़ रहे थे। उन हाथों से जुड़े हुए शरीर और चेहरे पर नज़र गई तो वह हैरान हुई थी। वह कोई और नहीं, अमित था। एक मिनट लगे थे उसे समझने में और फिर कोई स्पर्श उसे अपवित्र कर पाता, वह हड़बड़ाते हुए छिटककर दूर जा खड़ी हुई थी।

अगले ही पल उसने अपनी साड़ी के पल्ले को ठीक किया और मन-मस्तिष्क को अपने नियंत्रण में करते हुए दाँतों को चबाते हुए बोल पड़ी, ''तुम जब होश में आ जाओ तो बात कर लेना। अच्छी तरह समझा दूँगी।''

सख़्त आवाज़ में सच्चाई के साथ-साथ गहराई भी थी। रही-सही कसर उसकी आँखों से बयां हो रही थी। और फिर मज़बूत क़दमों से तेज़-तेज़ चलते हुए वह दरवाज़े तक पहुँची थी। पीछे मुड़कर एक बार फिर घूरकर अमित को देखा और तुरंत कमरे से बाहर निकल चुकी थी।

तेज़ आवाज़ से बंद हुए दरवाज़े ने अमित के मस्तिष्क पर दस्तक दी थी और उसका नशा एक झटके में उतर चुका था। इतने दिनों की शराफ़त शराब के साथ बह गई थी और अब वासना आत्मग्लानि बनकर दिल-दिमाग़ को झकझोर रही थी।

45

एक तरफ़ वेदना, कष्ट, मानसिक पीड़ा और दूसरी ओर कोई सुख-शांति नहीं। मन-मस्तिष्क और शरीर की प्यास न बुझने से आग ने अपने ही मांसपेशियों को जलाकर राख करना शुरू कर दिया था। अमित का शरीर अंदर से अब खोखला होने लगा था। और जीवन सिर्फ़ इसलिए चल रहा था चूँकि साँसें बंद नहीं हो पा रही थीं। अब कोई तमन्ना नहीं, कोई इच्छा नहीं—बस, दिल में एक ही ख़्वाहिश रह गई थी कि उसके दोनों बच्चे उसके जीते जी कम से कम साधारण जीवन जीने के काबिल बन जाए। बहुत अधिक की चाहत नहीं थी। आकांक्षा को लेकर वह परेशान हो रहा था। बेटी की इसमें कोई भी ग़लती नहीं है, वह जानता था। परंतु उसके जीवन में अब तक जितनी भी नारियाँ संपर्क में आईं, फिर चाहे जिस किसी रूप में भी हों—परेशान और दुखी ही रहीं...माँ, बहन, पत्नी और अब बेटी। जीने

की तो उसकी कोई इच्छा नहीं थी पर मरने के बाद दोनों बच्चों का क्या होगा, सोच-सोचकर भयभीत हो जाता था। परंतु क्या ज़िंदा रहकर भी—वह अपने बच्चों को कुछ दे पा रहा है? शायद बिलकुल नहीं।

उधर, निकिता कभी थोड़ा ठीक रहती, तो कभी बिलकुल मानसिक संतुलन से बाहर। वह तो अपनी मानसिक अस्त-व्यस्तता से कुछ हद तक निकल जाती। फिर कुछ दिनों के लिए किसी हद तक ठीक भी हो जाती परंतु उसका असर दूसरों पर बहुत दिनों तक बना रहता था।

अमित को आज कोई भी रास्ता नहीं सूझ रहा था। अदिति क्या उसकी इस परेशानी को समझ पाएगी? पीछे, उन दोनों के बीच में जो कुछ भी हुआ, क्या उसके बाद वह उससे कोई भी उम्मीद कर सकता है? शायद नहीं।

लेकिन अदिति के मन में आज भी उसके प्रति अपनापन है।...मगर वह क्यों?

उस रात के हादसे के बाद अमित अदिति से नज़र भी नहीं मिला पाता था। वैसे भी वह बदमाश प्रवृत्ति का नहीं था। उस रात के वहशीपन के लिए उसने अपने आप को और अधिक कष्ट दिया था। यह जानते हुए भी कि इसके लिए उसके हालात भी ज़िम्मेदार थे, मगर फिर भी उसने अपने आप को कभी फिर माफ़ नहीं किया था। हाँ, कमज़ोरी बढ़ने से उसमें चिड़चिड़ाहट बढ़ गई थी।

उधर, अदिति के लिए यह सब कुछ अप्रत्याशित था। वह अमित से सपने में भी ऐसी उम्मीद नहीं कर सकती थी। अमित के हालात उसे पूर्ण रूप से पता नहीं थे। कई सालों से विदेश में रहने की वजह से उसका संपर्क टूट-सा गया था। अमित के अधिक शराब पीने और शारीरिक अवस्था, गंदे कपड़े और उस रात की हरकत के बाद उसने उससे बात करना लगभग बंद कर दिया था। दुःख तो हुआ था मगर उसके सोच और विचार ने उसे और कुछ ज़्यादा तहक़ीक़ात करने की आवश्यकता पर रोक लगा दी थी।

परंतु पिछले दो दिनों से अस्पताल में अदिति ने जो भी कुछ देखा, सुना और फिर समझा, उससे उसके बर्ताव में परिवर्तन था। मगर वह अमित की परेशानियों को दूर करने के लिए अपने जीवन को बर्बाद नहीं कर सकती। उसकी इच्छाओं पर अपने उसूलों की तिलांजलि नहीं दे सकती। हाँ, एक दोस्त, अच्छे इनसान के रूप में उसके दुःख को बाँट ज़रूर सकती है। क्या यह सब करने के लिए किसी रिश्ते की परिभाषाओं का होना आवश्यक है? नहीं। फिर उसका संबंध अमित से वर्षों पुराना है, उसी ज़िम्मेदारी को प्यार सहित वह अस्पताल में निभा रही थी।

अमित फिर से एक बार, एक नये सहारे की तलाश में भटक रहा था। परंतु इस बार अपने लिए नहीं। मगर वह अदिति से किस तरह से बात करे? सोचने लगा

कि कई साल बीत जाने पर अदिति अब उससे काफ़ी दूर हो चुकी है। बचपन से कॉलेज तक वह अपनी प्राय: हर बात बहुत साधारण ढंग से उसे बता दिया करता था। किस हक़ से, यह तो वह नहीं जानता, परंतु अदिति से उसे विश्वास, प्यार और अपनापन प्राप्त होता था। सारी रात अस्पताल में इसी उधेड़बुन में बीत गई कि वह अदिति से बात करे या नहीं...लेकिन अदिति के अलावा उसके पास कोई और चारा भी तो नहीं था। कोई दोस्त नहीं, रिश्तेदार नहीं। श्याम और राधिका से बात की तो थी मगर वहाँ ज़्यादा संभावनाएँ नहीं थीं। वैसे अपनी पारिवारिक ज़िम्मेदारी और दूसरी व्यस्तता को देखते हुए दोनों आज भी बहुत मदद करते थे, वह भी प्यार और संपूर्ण विश्वास से। अमित को यह सोच-सोचकर बड़ा डर था कि अबकी बार तो वह बच गया लेकिन अगली बार के हार्टअटैक में शायद न बच पाये...फिर बच्चों का क्या होगा ?...और बेचारी निकिता, उसका क्या होगा ?...बाकी तो चलो, कुछ न कुछ कर लेंगे मगर आकांक्षा... ? फिर उसके पास सोचने के लिए वक़्त भी कहाँ था। बात ही कुछ ऐसी थी। रात बिस्तर पर कहाँ बीत गई, पता ही नहीं चला।

सुबह-सुबह अदिति उसके पास आई तो वह अपने आप को रोक न सका, ''मैं तुमसे कुछ बात करना चाहता हूँ...''

अमित की धीमी आवाज़ बड़ी मुश्किल से अस्पताल की बेचैन शांति को चीरते हुए अदिति के कानों तक पहुँची तो थी मगर उससे अधिक उसकी आँखों ने बयां किया था।

''हाँ, बोलो...!'' अदिति की नज़रें आश्चर्य में डूबकर भी कुछ पढ़ने की तलाश में अमित के चेहरे पर फिसल रही थीं।

''मैं अपने किए पर बहुत शर्मिंदा हूँ।''

''मैं आज सब कुछ समझ सकती हूँ, और इसके लिए अब तुम्हें इस तरह से कुछ कहने की कोई आवश्यकता नहीं।''

अमित ने तुरंत अपनी आँखें झुका ली थीं।

अदिति ने ख़ुद उसके हाथों को धीरे से अपने हाथ में लिया तो उसकी आँखों में आँसू तैर गये थे। अदिति ने उसके आँसुओं को पोंछते हुए कहा था, ''तुम्हें हिम्मत से काम लेना होगा। इस तरह से कैसे चलेगा...और फिर मैं तुम्हारे साथ हूँ।'' अदिति बिस्तर के पास स्टूल पर बैठते हुए कह रही थी। उसने देखा, अमित की आँखों में दर्द भरा हुआ था जिसे आँसुओं ने ढकने की असफल कोशिश की थी।

सुबह की रोशनी काँच की खिड़की से छन-छनकर आ रही थी। दो दिन में बड़ी हुई दाढ़ी के बीच सफेद बाल अपनी आपबीती सुना रहे थे।

अमित के हालात ने अब तक अदिति को पूरी तरह से पिघला दिया था। इतने सालों का लंबा सफर और अपरिभाषित बंधन, नई भावना से ओतप्रोत नई दिशा की ओर बढ़ रहे थे।

''मैंने उस रात जो तुम्हारे साथ रूखा व्यवहार किया, उसके लिए...मुझे पूर्ण विश्वास है कि तुम मुझे समझते हो।'' अदिति की भावनाएँ आँखों में उतरने के प्रयास में थीं।

''मुझे तुम्हारी आवश्यकता है।'' अमित अब उसकी ओर एकटक देखते हुए बोल रहा था। अदिति की बातों को उसने अनसुना कर दिया था।

सुनते ही अदिति के हाथों ने अपनी पकड़ ढीली की थी। उसकी उँगलियाँ अमित के हाथों से दूर जाने की कोशिश में निकल चुकी थीं। मन की शंकाओं को दबाते हुए अदिति ने किसी तरह से कहा था, ''...मैं तुम्हारे लिए क्या कर सकती हूँ?''

अमित ने धीरे से कुछ देर मौन रहने के बाद नज़रों को छत पर दौड़ाया था चेहरे ने दृष्टि की पकड़ को मज़बूती प्रदान की थी।

अदिति को अमित से किसी ग़लत बात का अंदेशा तो था मगर आज विश्वास और भावनाएँ हावी हो रही थीं। और फिर सामने वाला शख़्स एक मरीज़ भी तो था और उसने अपने आप को किसी तरह से साथ बिठाए रखने में सफलता हासिल की थी।

उधर, अमित के पास अब कोई चारा नहीं था। उसे जल्दी थी। समय उसके वश में नहीं था। आँखें नीची करके होंठों से बुदबुदाने लगा, ''...मेरी बेटी को बचा लो।'' शब्द अभी ख़त्म हो पाते, इसके पहले ही अमित की आँखों से तेज़ आँसू बहने लगे थे।

''मैं समझी नहीं...,''

''मेरी बेटी को बचा लो...नहीं तो वह बर्बाद हो जाएगी।''

फफककर रोते हुए अब उसने अपना मुँह दूसरी ओर फेर लिया था।

अदिति बहुत देर तक समझ ही नहीं पाई थी। कुछ देर तक जड़वत् बैठे रहने के बाद उसने बहुत ही प्यार से उसके सिर पर हाथ फेरा था।

''...सब ठीक हो जाएगा। तुम पहले ठीक तो हो जाओ। आकांक्षा को कुछ भी नहीं होगा।'' अदिति कह तो गई परंतु कुछ समझ नहीं पा रही थी।...निकिता की वजह से घर में परेशानी है परंतु आकांक्षा को ऐसा क्या हो गया या हो जाएगा जिसकी वजह से अमित इतना परेशान है? अमित से ऐसी हालत में ज़्यादा कुछ पूछना भी उसे ठीक नहीं लगा था।

कुछ देर यूँ ही बैठे रहने के बाद जैसे ही कमरे से बाहर निकली तो देखा, सामने से आकांक्षा भागी चली आ रही थी। एक हाथ में थरमस और दूसरे हाथ में बैग...शायद खाना हो...!

''नमस्ते आंटी, कैसे हैं पापा?''

''ठीक हैं। स्कूल नहीं गई?''

आकांक्षा ने सिर हिलाते हुए आँखे नीचे की थीं।

अदिति ने आकांक्षा के अंदर तक झाँककर उसे पढ़ने की कोशिश की तो पाया, एक मासूम-सा उदास चेहरा जिसमें थकावट और दर्द टपक रहा था। इसकी उम्र की लड़कियाँ कितनी हँसती-बोलती और फैशन करती हैं और कहाँ इस पर इतना सारा बोझ।

अदिति ने आकांक्षा को कंधे से पकड़कर अपने सीने से लगाया और सिर पर एक चुंबन लिया था। ''तेरे पापा जाग गये हैं। चल, तेरे साथ चाय पीती हूँ।''

अंदर कमरे में पुनः आकांक्षा के साथ आकर वह पास ही सोफे पर बैठ गई थी। आकांक्षा अमित के पास जाकर दो मिनट खड़ी रही। दोनों बाप-बेटी ने एक-दूसरे को देखा और फिर एक धीमी-सी मुस्कुराहट के साथ वह वापस सोफ़े पर आकर अदिति आंटी के पास ही बैठ गई थी। थरमस से चाय निकालकर देने लगी तो अदिति ने उसे ध्यान से देखा था।

अदिति पूरा दिन इसी बात को सोचती रही कि ऐसी क्या बात हो सकती है जिसे सोच-सोचकर अमित अंदर ही अंदर घुट रहा है? अब जब भी आकांक्षा अस्पताल आती, अदिति उसे सदैव अपने साथ ही रखती और फिर उसे उसके घर के बाहर तक छोड़ने भी जाती। अमित अदिति और आकांक्षा को एक साथ देखकर संतुष्ट होने लगा था। बेटी को देखकर उसकी आँखों में चिंता उभरती और फिर उसे अदिति के साथ होने पर एक विश्वास आता जो चेहरे से झलकने लगता था। दोनों बाप-बेटी में अटूट प्यार है, अदिति देख लेती थी। बाप-बेटी के बीच के अनकहे शब्दों को वह अब सुन और समझ लेती थी। आकांक्षा की मासूमियत पर उसे प्यार आने लगा था। अमित की आँखों में आकांक्षा के लिए सदैव प्यार और चिंता देखकर अदिति को प्रसन्नता होती थी।...यही तो है बाप का प्यार, जो उसे नहीं मिला!

पाँचवाँ खंड

46

''एक पीरियड पहले ही चली गई है।'' स्कूल की टीचर ने बताया था।

अदिति के पूछने पर आगे बताने लगी, ''पढ़ाई में ठीक नहीं है। अब होशियार है या बुद्धू, कहना इसलिए मुश्किल है कि क्लास में अटेंडेंस (उपस्थिति) बहुत कम है। कई-कई दिनों तक स्कूल नहीं आती है। थोड़ा ध्यान दीजिए।''

अदिति के बचपन की सहेली अब आकांक्षा के स्कूल में टीचर थी। उसी से मिलने के बहाने अदिति ने आकांक्षा के बारे में पूछताछ की थी। स्कूल के बाहर सोचते हुए निकली कि क्या हो सकता है? अभी दो दिन पहले ही तो अमित अस्पताल से घर गया है। हाँ, निकिता अस्पताल में एक बार भी नहीं आई थी। सुना था, तबीयत ठीक नहीं। पर अगर ख़राब होती तो आकांक्षा स्कूल आती ही नहीं, फिर उसे स्कूल में कैसे पता चला होगा कि घर में उसकी ज़रूरत है? ऐसा हो सकता है, घर पर काम हो। दो दिन में अस्पताल की बातचीत में इतना तो अदिति समझ चुकी थी कि घर का सारा काम आकांक्षा को देखना पड़ता है। उसे यह भी पता चल चुका था कि निकिता आकांक्षा को प्यार करना तो दूर, पसंद तक नहीं करती। उलटा ऊपर से कुछ न कुछ कहती रहती है। आकांक्षा ने अपनी माँ के बारे में उसे कुछ भी नहीं बताया था। यही तो उसका अपनी माँ के प्रति प्रेम और लगाव था। अमित तो वैसे भी चुप रहता था। हाँ, अनिरुद्ध ने ही थोड़ा-बहुत बताया था। वह भी उसने अपनी बहन के प्रति अदिति आंटी का प्यार देखकर कहा था और फिर वह स्वयं भी आकांक्षा से बेहद जुड़ा हुआ था। अस्पताल में और अधिक अमित से बात करने का मौक़ा नहीं मिल पाया था। उधर, वार्ड में अमित के पेशेंट को भी उसी को देखना पड़ रहा था। समय की कमी थी, आज वक़्त मिला तो स्कूल चली आई थी।

यही कुछ सोचते हुए, स्टेट बैंक के सामने से निकली और फिर रेलवे पुल के

नीचे से निकलकर घर की ओर चल पड़ी थी। वह यह नहीं समझ पाई थी कि आकांक्षा की ओर वह क्यों आकर्षित हुई है। शायद इतने सालों का अमित का साथ और उसकी आकांक्षा के लिए परेशानी या...आकांक्षा की मासूमियत और अदिति का ख़ालीपन, इसके दो प्रमुख कारण हो सकते थे।

सदर की तरफ़ से आने वाले रास्ते के चौराहे को जैसे ही उसने पार किया तो देखा, आगे स्कूटर पर आकांक्षा किसी अजनबी नवयुवक के साथ जा रही थी। अदिति ने कार का हॉर्न बजाया तो आकांक्षा ने पीछे मुड़कर देखा था। देखते ही वह एकदम से घबरा गई थी और आगे बैठे नवयुवक को कुछ कहने लगी थी। अदिति को अटपटा लगा तो उसने भी गाड़ी तेज़ करके नवयुवक को देखने की कोशिश की थी। कोई बीस-बाईस वर्ष की उम्र का नवयुवक, हीरो बनने की कोशिश में हरेक चौराहे पर खड़े नौजवान जैसी शक्ल थी। जिस तरह से नौजवान ने मुड़कर घूरते हुए अदिति को देखा, यह उसे ठीक नहीं लगा था। आकांक्षा ने भी अदिति को देखकर अपने आपको छुपाने की कोशिश की थी। डर उसके चेहरे पर साफ़ झलक रहा था। चोर चोरी करते पकड़ा जाए तो ऐसे ही भाव आते हैं। अदिति कुछ-कुछ समझ गई थी। घर के थोड़ा पहले ही आकांक्षा स्कूटर पर से उतर चुकी थी। अदिति ने कार रोककर आकांक्षा से बात की और यूँ ही बात करते-करते आकांक्षा को अपनी कार में बिठाया और धीरे से अपने घर ले आई थी। बिना कुछ भी पूछे पहले उसने उसे ख़ूब प्यार किया था। आकांक्षा काफ़ी घबराई हुई थी। घर आकर तो रोने भी लगी।

''इसमें रोने की क्या बात है? मैंने तो तुमसे कुछ कहा ही नहीं। तुम मुझे अपना दोस्त ही समझो। मैं तुम्हारे पिताजी या भाई को कुछ भी नहीं बताऊँगी।'' और अदिति ने आकांक्षा को अपनी बाँहों में लेते हुए उसका विश्वास जीतने की कोशिश की थी। इसके अलावा उसने इस संदर्भ में और अधिक बात करना ठीक नहीं समझा।

ज़्यादा बात करने से बच्चे की हिम्मत बढ़ सकती है। ज़्यादा डराने से वह छुपकर ग़लत काम कर सकता है। बातचीत से अदिति ने जान लिया था कि घर जाने में अभी आकांक्षा के पास वक़्त है। अनिरुद्ध का स्कूल भी आकांक्षा के स्कूल के पास ही था। मगर दोनों के लगने और छूटने में आधे घंटे का फ़र्क़ था।

उस दिन अदिति ने ख़ूब दिल से अच्छा नाश्ता बनाया और आकांक्षा के साथ बैठकर खाया था। प्यार से बात करते हुए उसने आगे बात बढ़ाई थी, ''स्कूल से घर तुम कैसे जाती हो?''

''रिक्शे में आंटी।''

''और अनिरुद्ध?''

''आंटी, वह साइकिल पर जाता है।''

''तुम्हारा स्कूल तो दो बजे छूटता है, तुम्हारे घर जाने का रास्ता भी हमारे घर के सामने से ही है। इस वक़्त तो मैं भी घर पर ही रहती हूँ। तुम अगर आते-जाते रुक जाओगी तो हमें बहुत अच्छा लगेगा, क्यों माँ?''

अदिति ने माँ की ओर देखते हुए कहा था।

सुनीता घर पर अकेले बैठे-बैठे वैसे ही बोर हो जाती थी। झट से बोल पड़ी, ''बेटा, दादी से मिलने आ जाया करो। मेरा यहाँ अकेले मन नहीं लगता। थोड़ी देर तेरे संग बैठकर बात कर लूँगी तो दिल लग जाया करेगा। नहीं तो बेटी को डॉक्टर बनाकर मैंने तो लगता है, एक ग़लत काम ही कर डाला। इसके पास तो मेरे लिए वक़्त ही नहीं है।''

सुनीता ने बेटी अदिति की ओर देखते हुए मज़ाक में कहा था।

सुनीता दादी के हँसमुख व्यक्तित्व और अदिति आंटी के हाथ के स्वादिष्ट नाश्ते में आकांक्षा को बड़ा आनंद आया था। अब तक उसका डर भी जा चुका था। बाद में अदिति और आकांक्षा घर के बग़ीचे में टहल ही रहे थे कि सामने से रास्ते में उन्होंने अनिरुद्ध को साइकिल पर जाते हुए देखा। अदिति ने अंदर घर में बुलाकर उसे भी ख़ूब खिलाया-पिलाया था। बाद में दोनों भाई-बहन इकट्ठे ही साइकिल पर घर जाने लगे, तो अदिति बोल पड़ी, ''आकांक्षा, तुम घर आ जाया करो और फिर अनिरुद्ध के साथ ही चले जाया करो, क्यों अनिरुद्ध?''

''जैसा आप ठीक समझें, आंटी।''

अनिरुद्ध की बात से अदिति को सहारा मिला था। अन्यथा अब तक वह आकांक्षा से घर आते रहने का वादा नहीं ले पाई थी।

...और इस तरह से धीरे-धीरे अदिति ने आकांक्षा को स्कूल से वापस जाते वक़्त रोज़ अपने घर बुलवाना शुरू कर दिया था।

आकांक्षा जल्दी ही उससे और उसकी माँ से हिल-मिल गई थी। सुनीता आंटी को तो दादी भी कहने लगी थी। अक्सर अनिरुद्ध भी घर आ जाता था। सुनीता का भी दिल लगने लगा था। अदिति भी अस्पताल से घर समय पर आने लगी थी और फिर रोज़ ही अच्छी-अच्छी खाने की चीज़ें बनाने लगी थी। जब तक वह रसोई में कुछ बनाती, तब तक आकांक्षा और माँ बग़ीचे में बात करते रहते। कई बार तब तक अनिरुद्ध भी आ जाता था फिर चारों बैठकर ख़ूब मज़ा करते।

कई बार तो अदिति स्कूल से ही आकांक्षा को कार में ले आती थी। अदिति के सामने उस नौजवान की आकांक्षा से बात करने की हिम्मत नहीं हो पाती थी। मगर वह अपने चेहरे से अदिति को अपनी नाराज़गी दिखाने में सफल रहा था।

अदिति ने आकांक्षा से इस संदर्भ में अधिक बात नहीं की थी इसलिए आकांक्षा भी अदिति आंटी के सामने उस नौजवान से बात करने में हिचकिचाती थी। अदिति यह जान गई थी कि बात बहुत आगे अभी नहीं बढ़ पाई है। इसे अभी सँभाला जा सकता है। प्यार और विश्वास से आकांक्षा का भी दिल धीरे-धीरे अदिति के पास लगने लगा था।

अदिति को यह समझने में बिलकुल भी देर नहीं लगी थी कि अमित सब कुछ जानता है।

कुछ दिनों बाद अमित के अस्पताल लौटने पर उसने बड़े ग़ुस्से से उससे पूछा था, "कब से चल रहा था यह चक्कर?...तुमने कुछ किया क्यों नहीं?"

"मुझे, कब से का तो नहीं पता, पर कुछ दिन पहले मैंने भी उसे स्कूल से किसी के साथ आते देखा था। पता भी लगवाया था। पास ही किसी बँगले के आउट हाउस में रहता है। लड़का ठीक नहीं है।" अदिति से अब कुछ भी छुपाने के लिए नहीं था उसके पास।

"फिर आगे कुछ किया क्यों नहीं?"

"क्या करता? लड़की का मामला है। बाप होने की वजह से सीधे समझा भी नहीं सकता था। फिर कुछ कर पाता इसके पहले ही अस्पताल पहुँच गया। निकिता को बताना बेकार था, किसी और से बाँट नहीं सकता था,...सोचता हूँ तो दिमाग़ पागल हो जाता है...अंदर ही अंदर घुटन होती है..."

उसकी आँखें झुक चुकी थीं। फिर भी ज़ुबान धीरे-धीरे बोल रही थी, "फिर इसमें आकांक्षा का क्या दोष? घर में माहौल ऐसा हो, बच्चे को प्यार न मिल पाये—वह भी माँ का, तो बाहर तो..."

अमित अस्पताल में ही रो न पड़े, उठकर उसके केबिन से निकल पड़ा था।

अदिति सारी बात समझ चुकी थी। पैसे, खाने-पीने की कमी और ग़रीबी, बच्चों को उतना कष्ट नहीं देती जितनी प्यार की कमी। बच्चा भावनात्मक रूप से कमज़ोर होकर प्यार बाहर ढूँढ़ने लगता है। फिर उसे इसका ज्ञान ही नहीं होता कि क्या अच्छा है और क्या बुरा।

उस स्कूटर वाले नौजवान की ग़रीबी परेशानी नहीं थी। उसका कैरेक्टर और आकांक्षा से संबंध बनाने की नीयत, अमित की परेशानी का कारण थी। अदिति इस बात को जान चुकी थी।

अदिति ने आकांक्षा को धीरे-धीरे अपने प्यार में, अपनी ओर आकर्षित करने की कोशिश की थी। उसकी हर बात में रुचि लेती। उसने रोज़ आकांक्षा को अपने घर लाना शुरू कर दिया था। उसी बहाने अनिरुद्ध भी अक्सर घर आ जाया करता

था। सुनीता भी दोनों बच्चों को प्यार देने में नहीं चूकती थी। अदिति में अंदर ही अंदर आकांक्षा और अनिरुद्ध के प्रति प्यार, लगाव और अपनापन बढ़ रहा था। उसके पास एक नई मंज़िल थी, सुनीता अपनी बेटी में यह सब परिवर्तन देखकर बहुत ख़ुश थी। प्यार की कमी हो तो जहाँ से मिले वहीं से आदमी लेना शुरू कर देता है। दोनों बच्चों के जीवन में प्यार की बहुत ज़्यादा कमी थी। प्यार लेते-देते कब दोनों बच्चों और सुनीता के बीच दादी और पोते का रिश्ता हो गया, उन्हें ख़ुद भी नहीं पता चला। हाँ, अदिति इस नये बंधन की, रिश्ते की, मज़बूत कड़ी थी।

47

अभी कुछ महीने ही बीते थे कि एक दिन अमित को अस्पताल में जाते ही पता चला कि सुनीता आंटी का देहांत हो गया है। वैसे पिछले कुछ दिनों से अदिति अस्पताल भी नहीं आ रही थी। आंटी बीमार थीं। अमित बीच में एक बार उन्हें घर पर देख आया था। उनके चेहरे पर अब भी चमक थी मगर शरीर अंदर से खोखला हो चुका था। और क्यों न हो, अदिति के लिए बहुत चिंता जो करती थीं।

"मेरे बाद अकेली हो जाएगी।" अदिति के सामने ही कह रही थीं, "... कितना कहा कि शादी कर ले। पहले तो हाँ नहीं की। बाद में कहती रही आप कर दो। अब मैं कहाँ से करूँ? मेरे कहाँ संबंध हैं। उलटा मेरे कारण तो लोग और दूर हो जाते हैं।...मेरे कर्मों का फल मेरी बेटी भोग रही है। मैंने भी ऐसा क्या ग़लत किया है, मैं आज तक नहीं समझ पाई। हाँ, इस समाज को उसका हिसाब माँगने का कोई हक़ नहीं।"

रोते-रोते आवेश में आ गई थीं आंटी, "...मैंने लंदन में कहा था, ख़ुद ही ढूँढ़ ले कोई। कहती है—प्यार किया नहीं जाता, हो जाता है, फिर कोई मिलना भी तो चाहिए। मैंने कितना समझाया कि थोड़ी कोशिश कर, ढूँढ़ना पड़ता है। मगर नहीं, बस दिनभर पढ़ाई करना और किसी से कोई मतलब नहीं।...इसकी तो इच्छा नहीं थी, मेरे कारण हिन्दुस्तान आई है। वहाँ इसके प्रोफ़ेसर इसे छोड़ना ही नहीं चाहते थे। पर क्या करूँ, मैं तो यहीं मरना चाहती थी।" पूरी रामायण सुना दी थी उस दिन आंटी ने।

अदिति के घर पर अस्पताल के सभी डॉक्टर और स्टाफ़ इकट्ठा हुए थे। अदिति एकदम चुपचाप और गुमसुम थी। रह-रहकर आँखों से निकलने वाले आँसुओं का उसे ख़ुद पता नहीं था। उसके अंदर के ख़ालीपन और बेचैनी को अमित पढ़ सकता था। अनिरुद्ध और आकांक्षा को स्कूल जाकर बताया तो दोनों स्कूल में ही रोने लगे

थे। कोई भी प्यार उनके लिए ज़्यादा दिनों तक नहीं चल पाता, इस बात का दोनों को अफ़सोस था। स्कूल से दोनों अदिति आंटी के घर आ गये थे। बीते कुछ महीनों में ही दोनों इस घर का हिस्सा बन चुके थे। अपनी दादी की मौत में तो दोनों भाई-बहन रो भी नहीं पाये थे। उस वक़्त आकांक्षा के ऊपर घर सँभालने की ज़िम्मेदारी के साथ-साथ माँ की मानसिक बीमारी के ट्रिगर हो जाने का भय था। अपनी दादी की मौत का ग़म भी माँ के भय से दब गया था। दोनों अंदर ही अंदर गुमसुम और दुःख को पीकर रह गये थे।

यहाँ उन्हें इस घर में कुछ महीनों में ही जो प्यार मिला, वह सपने से बढ़कर था। खुलकर बात कर सकते थे, हँस सकते थे, लड़ सकते थे। अपनी पसंद-नापसंद बता सकते थे। अनिरुद्ध तो अपनी पसंद का खाना भी एक दिन पहले बता जाता था। दूसरे दिन वही बनाया जाता था। सुनीता दादी जहाँ सिर्फ़ प्यार करती थीं, वहीं अदिति आंटी की डाँट में भी प्यार होता था। यही कारण था, जो दोनों बच्चों का अपने घर जाने का मन ही नहीं करता था।

घर पहुँचते ही आकांक्षा और अनिरुद्ध अदिति से गले मिलकर बहुत देर तक रोते रहे। भावनाएँ कैसी भी हों, अच्छी हों या ख़राब, सुख हो या दुःख—सभी के लिए खुले वातावरण की आवश्यकता होती है। ग़म हो या ख़ुशी दोनों को व्यक्त करने के लिए भी स्वतंत्रता चाहिए। भय इनकी इजाज़त नहीं देता। प्रेम इनको बढ़ाता है। दोनों अपने दुःख का भी पहली बार इज़हार कर पा रहे थे। दोनों ने रो-रोकर इतना बुरा हाल कर लिया था कि अंत में अदिति को ही सँभालना पड़ा था। लग रहा था, जैसे माँ अपने दोनों बच्चों को सँभाल रही है।

अनिरुद्ध और आकांक्षा को अदिति के घर छोड़कर कुछ देर के लिए अमित अपने घर आ गया था। उसको घर पर हर बात के लिए बहाना बनाना पड़ता था। तीनों मिलकर अक्सर निकिता से झूठ बोलते थे। वह कौन-सी बात पर कहाँ उखड़ जाए, पता नहीं चलता था। जब तक अमित वापस अदिति के घर पहुँच पाता, अंतिम संस्कार की सारी तैयारियाँ हो चुकी थीं।

सुनीता का कोई रिश्तेदार नहीं था। कुछ लोग दर्जनी मोहल्ले से आ चुके थे। अमित ने बिना किसी के कुछ कहे हुए स्वयं अपने हिस्से की जवाबदारी ले ली थी। आंटी का कर्ज़ था उस पर। वह जानता था कि उन्होंने किस तरह से, क्या-क्या नहीं किया उसके लिए। कई दिनों की भूख में उनकी प्यार से दी गई खाने की चीज़ें उसे आज भी याद थीं। उनकी आँखों में सदैव अपनापन और बातों में प्यार झलकता था। उन तमाम बचपन की यादों और भावनाओं के कर्ज़ को वह उतार नहीं रहा था, न ही उसका मूल्य चुका रहा था। वह तो मात्र वर्षों पुराने संबंधों के बंधन में बँधकर

अपना फ़र्ज़ अदा कर रहा था।

अनिरुद्ध को कुछ दिनों से दादी का जो प्यार मिला था, उसके खोने का ग़म था। फूट-फूट कर रो रहा था। मगर जब पिता ने दादी आंटी को अग्नि देने के लिए कहा तो उनसे लिपटकर ख़ूब रोया था। और फिर आग लगाकर बहुत देर सिर पकड़कर वहीं ज़मीन पर बैठा रहा।

उधर, घर पर आकांक्षा अदिति के साथ ही बैठी रही थी। भावुक ज़्यादा होने पर बहुत देर तक रोती रही। कुछ देर के लिए रुकती फिर अचानक सिसकियाँ लेकर रोने लगती। अदिति हर बार उसे अपनी बाँहों में लेकर सँभालती। इस बीच अदिति की आँखों से भी आँसू चुपचाप बह जाते थे। और वह आकांक्षा को एक हाथ से सँभालते हुए दूसरे हाथों से अपनी आँखों को पोंछती। इस दृश्य को देखते ही हर कोई आँखों से पिघल जाता।

दर्जनी मोहल्ले से अधिकतर लोग आए हुए थे। कमला आज चुप थी। जिस पर सारी उम्र लांछन लगाती रही, वह आज दुनिया से जा चुकी थी। वह बूढ़ी तो हो गई थी मगर कभी कोई ग़म दिल से नहीं लगाया, सदैव दूसरों को ही नाम रखा, इसलिए सेहत भी ठीक थी। गीता उषा के साथ आई हुई थी।

वैसे तो अमित की माँ की मौत में भी सारी इकट्ठी हुई थीं, मगर तब अमित निकिता को ही सँभालता रह गया था। निकिता की बीमारी उस वक़्त अचानक बहुत बढ़ गई थी। दवाइयों का असर भी नहीं था। सारा समय चिल्लाती रहती थी। यही कारण था कि जो आए भी थे, जल्द ही वापस चल दिये थे। अमित किसी से भी मिल नहीं पाया था।

मगर आज वह सभी से अदिति के बचपन का साथी होने की हैसियत से मिल रहा था। सेठजी के लड़के भी आए थे। उनके मन में भी शायद धीरे-धीरे सुनीता और अदिति के लिए नफ़रत ख़त्म हो चुकी थी। अपने पिता की आख़िरी इच्छा भी पूरी करने आए थे।

देर शाम तक सब वापस जाने लगे तो अदिति एकाएक बहुत बड़ी हो गई थी और अंत में एकदम अकेली। उसको ऐसी हालत में देखकर अमित अपने आप को रोक न सका। आकांक्षा को अदिति के पास ही छोड़ दिया था।

जानता था, निकिता चिल्लाएगी। मगर अबकी बार उसने हिम्मत से काम लिया था और घर आकर निकिता से स्पष्ट बताने की कोशिश की थी, ''सुनीता आंटी का देहांत हो गया है। मैं आकांक्षा को वहीं छोड़ आया हूँ।''

पूरी रात निकिता ने कुछ नहीं कहा था। लो डिप्रेशन का फेज़ था। सुबह उठने के साथ ही कहने लगी, ''उसको कह देना, अब घर नहीं आएगी। मेरे बारे में सब

कुछ अदिति को बताया होगा उसने। और अदिति ने मेरे कॉलेज के बारे में उस लड़की को बताया होगा। और फिर दोनों ने मिलकर मेरी बुराई की होगी। खबरदार जो घर आई! जान ले लूँगी।''

आकांक्षा अदिति के घर में पूरे पंद्रह दिन तक रही थी। इन पंद्रह दिनों में रिश्ते मज़बूत बंधन का रूप ले चुके थे। घर पर हवन, शुद्धीकरण, लोगों का आना-जाना लगा रहा। आकांक्षा ने बेटी की तरह बख़ूबी सब कुछ सँभाला था। बीच-बीच में अनिरुद्ध भी आ जाया करता था। पंद्रह दिन बाद घर वापस जाने की बारी आई तो आकांक्षा उदास थी। माँ की याद तो आती, घर पर खाने का कौन ध्यान रखता होगा, सोच-सोचकर चिंता भी करती मगर फिर भी वापस जाने का मन न था। अदिति ने ही जाने के लिए कहा था। वह इस बात के लिए स्वार्थी नहीं बनना चाहती थी और फिर दिल पर पत्थर रखकर उसने आकांक्षा को विदा किया था।

सहमते हुए आकांक्षा घर पहुँची तो मुँह छुपाते हुए अपने कमरे में घुसकर दुबक गई थी। और फिर तुरंत रसोई में पहुँचकर बर्तनों से भिड़ गई थी।

निकिता के कान में किचन से बर्तनों की आवाज़ आई तो वह लपककर वहाँ पहुँची थी। आकांक्षा को देखा तो उसने बहुत हल्ला मचाया था। बहुत देर तक नाटक करने के बाद ही कुछ शांत हो पाई थी। आकांक्षा कई रात रोती रही थी। अमित ने किसी तरह बात सँभाली थी।

उधर, अदिति का मन पूरी तरह से शहर से उचट गया था। उसके पास अब यहाँ पर रहने के लिए कुछ भी नहीं था। कुछ दिनों बाद अस्पताल में भी अनमने ढंग से ही आई थी। अमित ने महसूस किया था कि अदिति को बच्चों का साथ अच्छा लगता है। तभी तो वह बच्चों के बारे में बार-बार पूछती रहती थी।

48

''मुझे तुमसे ज़रूरी बात करनी है।'' अदिति सुबह-सुबह टेलीफ़ोन पर थी। अमित हॉस्पिटल पहुँचा ही था।

''हाँ-हाँ, बोलो।''

''क्या तुम मेरे कमरे में इसी वक़्त आ सकते हो?'' अदिति जल्दी में लग रही थी।

कुछ सेकंड रुककर अमित ने कहा था, ''ठीक है, आता हूँ।''

अमित किसी अनिष्ट की आशंका से ग्रस्त होकर अदिति के कमरे में गया था।

अदिति शांत मुद्रा में आँखें बंद करके चुपचाप बैठी हुई थी। बाहर मरीज़ों की

लंबी लाइन लगी हुई थी। उसने वार्ड ब्वॉय को थोड़ी देर के लिए किसी को भी अंदर भेजने के लिए मना कर रखा था।

''मुझे तुमसे कुछ चाहिए। क्या दे पाओगे?'' अदिति ने अमित के बैठते ही पूछा था।

अमित में आत्मविश्वास की थोड़ी कमी पहले से ही थी। ऊपर से समय की मार ने उसे वैसे ही ख़त्म कर दिया था। सोचने लगा कि उसके पास ऐसा क्या है जो वह अदिति को दे सकता है, पर अपने से अधिक अदिति पर विश्वास था।

थोड़ी देर रुककर बोल गया, ''क्यों नहीं। मगर क्या?''

''मुझे तुम्हारी बेटी चाहिए।'' अदिति ने आँखें खोलीं और सीधे अमित की आँखों में झाँकते हुए कहा था।

अमित ने देखा, अदिति के चेहरे पर आशाओं, अपेक्षाओं के बादल उमड़ रहे थे। आँखों में अकेलापन दर्द से लिपटा हुआ था।

''वह तो मैं पहले ही तुम्हें सौंप चुका हूँ। मगर आज इस तरह से...मैं कुछ समझा नहीं?'' अमित ने लंबी साँस लेते हुए कहा था। उसके चेहरे पर चिंताओं ने तो पहले से ही मज़बूत घर बना रखा था।

''मेरा मन अब यहाँ बिलकुल भी रहने का नहीं है। मेरा यहाँ कोई सगा-संबंधी भी नहीं है। कोई खास दोस्त भी नहीं हैं, जबकि मेरे जानने वाले बहुत से दोस्त और प्रोफ़ेसर लंदन में हैं। मुझे वहाँ जॉब भी मिल जाएगी। कुछ और पढ़ना-लिखना भी चाहती हूँ। जहाँ तक रही आकांक्षा की बात, मैंने उससे बात कर ली है। मगर तुम्हारी इजाज़त के बिना वह मेरे साथ नहीं जाएगी। तुम्हारे घर के हालात और उस लड़के की रह-रहकर बदतमीज़ी को देखते हुए मुझे लगता है, यही ठीक भी रहेगा। वहाँ लंदन में, मैं उसका एडमीशन अंडर ग्रेजुएट में कहीं न कहीं करवा दूँगी। यह मेरी जवाबदारी है। लेकिन पहले तुम्हारी 'हाँ' होनी चाहिए।'' अदिति एक साँस में बोल गई थी। कुछ देर रुकने के बाद फिर कहने लगी, ''...फिर मेरे जाने का एक प्रमुख कारण और भी है। यहाँ का समाज मुझे जीने नहीं देगा। अकेले औरत का जीवन यहाँ बहुत कठिन है। मुश्किलें तो बाहर भी हैं, मगर यहाँ से कम। हमारे विचार और दिमाग़ दोनों में खुलापन नहीं है। तुम सोचते होंगे...और शायद तुमने पूछा भी है कि मैंने शादी क्यों नहीं की। असल में बात यह है कि अगर मैं किसी से लव मैरिज कर लेती तो किसी को कोई आपत्ति नहीं होती मगर प्यार का जब समय था, मैं पढ़ती रही। जब अरैंज मैरिज का टाइम आया तो लोगों के कुछ सवालों का हमारे पास जवाब नहीं था और मैं देना भी नहीं चाहती थी। अब अकेले रहने पर कई सवाल उठने लगेंगे। मैं इनसे डरती नहीं मगर बेवजह उलझना भी नहीं

चाहती। और फिर जब मेरे पास एक बेहतर विकल्प है तो मैं क्यों न उसका उपयोग करूँ? हमारे समाज ने सवाल तो अक्सर खड़े किए मगर जवाब नहीं दिया।...ख़ैर, जवाब समय की धारा ख़ुद निकालेगी। जहाँ तक रही बात आकांक्षा की शादी की, तो तुम यहाँ पर कोशिश करते रहना। तब तक यह तुम्हारी अमानत के रूप में मेरे पास सुरक्षित रहेगी।'' अदिति ने धीरे-धीरे मगर पूरे विश्वास के साथ बात चबा-चबाकर कही थी।

अमित के पास कहने के लिए कुछ नहीं था। बेटी को खोने का ग़म था। रोकने का पूरा अधिकार था उसे। मगर किस मुँह से और किसके लिए रोकता। वह तो कई-कई दिनों तक उससे बात भी नहीं कर पाता था। निकिता को कब उससे परेशानी हो जाए, पता नहीं रहता था। वैसे भी सुनीता आंटी के देहांत के बाद से आकांक्षा का घर में रहना निकिता ने दूभर कर दिया था। उसे रोज़ रूलाती थी।

''ठीक है, फिर भी एक बार आकांक्षा से बात कर लूँ।'' अमित ने उठते हुए बिना नज़र मिलाते हुए कहा था।

दोपहर में घर जाकर उसने आकांक्षा से जब पूछा तो उसने निगाहें नीचे करते हुए, बड़े ठंडे मन से कहा था, ''पापा, जैसा आप ठीक समझें।''

अमित समझ चुका था। बेटी को बचपन से जानता था। उसे इस तरह से जाने का कोई शौक नहीं होगा। परंतु इसी में सभी की भलाई है। अन्यथा वह कभी भी अपने माता-पिता को छोड़ने के लिए तैयार नहीं होती। अमित को भी बात ठीक लगी थी। अपनी ज़िम्मेदारी से भागना नहीं चाहता था। मगर पत्नी की तबीयत ख़राब होने पर न तो उसे ठीक से देख पाता, न ही बच्चों को, ऊपर से स्वयं मानसिक रूप से परेशान रहता था। फिर अदिति के रूप में आकांक्षा को माँ के जैसा प्यार मिल गया था। इससे अधिक क्या चाहिए? दिल पर पत्थर रखकर अमित ने अदिति को हाँ कह दी थी।

अदिति ने आकांक्षा के बीए प्रथम वर्ष की परीक्षा होने तक सभी इंतज़ाम कर लिये थे। आकांक्षा का टूरिस्ट वीज़ा ही लग पाया था। वह वहाँ जाकर आगे की व्यवस्था कर लेगी। बहुत जान-पहचान है। इतने साल के संबंधों की आज उसे ज़रूरत थी। उसे विश्वास था। फिर वह एक नये बंधन में बँधने जा रही थी, एक जवाबदारी के साथ। उसे अपनी नई ज़िम्मेदारी का एहसास था। सारा सामान पैक करके दर्जनी मोहल्ले में रख दिया था। कुछ सामान ज़रूरतमदों में बाँट दिया था। आकांक्षा के लिए उसने नये कपड़े सिलवा दिये थे। वहाँ नई जगह एकदम से कहाँ भागेगी।

डॉक्टर एल्बर्ट वरिष्ठ प्रोफ़ेसर थे, लंदन में। उन्होंने सारी व्यवस्था कर ली थी।

अदिति के काम से वह बड़े ख़ुश थे।

अमित के पास निकिता को समझाने के लिए कोई और चारा नहीं था। उसकी आवश्यकता भी नहीं थी। बस, इतना ही कह पाया था, "आकांक्षा को बाहर भेज रहा हूँ। हमेशा के लिए। अब तुम्हें तंग नहीं करेगी। और फिर तुम्हें मार भी नहीं पाएगी।"

कुछ देर गुमसुम रहने के बाद लगा कि उसके मन में माँ की भावनाओं का दर्द उठा है मगर मस्तिष्क के चलायमान और अव्यवस्थता ने उसकी भावनाओं को जल्द ही बहका दिया था और वह ख़ुश हो गई थी।

उस रात बच्चों के कमरे में अमित गया तो दोनों भाई-बहन को बिछुड़ने का ग़म था। दोनों भावुक हो रहे थे। अनिरुद्ध उससे लड़ रहा था।

आकांक्षा उसकी हर तरह की लड़ाई को चुपचाप प्यार में ही लेती थी। बहन थी, अनिरुद्ध के प्यार करने का तरीक़ा जानती थी। जब अनिरुद्ध लड़ चुका तो कहने लगी, "तू पापा का ध्यान रखना,...और पापा, आप ख़ुद भी समय पर दवाई लेना...और तुम दोनों मिलकर माँ का ख़याल रखना।...अनि, तू माँ से बिलकुल भी नहीं लड़ेगा। खाना ख़ुद अपने हाथों से लिया करना। पापा को परेशान मत करना।...वैसे मैंने लक्ष्मी को खाना बनाने के लिए बोल दिया है।" आकांक्षा धीरे-धीरे बोल रही थी। उसकी अदाओं में बड़प्पन का पुट आ गया था।

अमित उसे बहुत देर तक देखता रहा था। सब कुछ सुनने के बाद ही कह पाया था, "तू ख़ुश तो है बेटा?"

"क्यों नहीं! अब मेरे पास पापा, माँ और भाई के अलावा माँ जैसा प्यार देने वाली अदिति आंटी भी हैं। बिलकुल माँ!...हाँ, उन्हीं के समान लगती हैं। उन्हीं के साथ तो जा रही हूँ। फिर कोई हमेशा के लिए तो जा नहीं रही। पढ़ने जा रही हूँ। आप मेरी चिंता मत कीजिएगा। फिर माँ जैसी, हाँ, माँसी आंटी साथ में हैं तो।" आँखों में आँसू छुपाते हुए आकांक्षा बोल रही थी।

मासी अदिति के लिए नया सम्बोधन था, जिसका अर्थ आकांक्षा महसूस करती थी और अमित अब समझ सकता था।

अदिति बिना अमित से जुड़े, उसके बच्चे की माँ के रूप में नये बंधन में बँध चुकी थी। अदिति और अमित के बीच नये संबंध की परिभाषा बन चुकी थी। उन दोनों के बीच वर्षों पुराने बंधन रहित संबंध में अब एक नई और मज़बूत कड़ी थी आकांक्षा की। कोई भी संबंध बिना बंधन के संभव नहीं। बंधनों से ही संबंधों की परिभाषा शुरू होती है। मामा हो या नाना, चाचा हो या बुआ—सभी संबंधों में बंधनों की मज़बूती है और इन्हीं भावनाओं से हमारे परिवार और समाज की नींव पड़ी है।

अगर बंधन नहीं तो संबंध नहीं और फिर परिवार और समाज नहीं।

सुबह स्टेशन जाने से पहले आकांक्षा अपने पापा से लिपटकर रोई थी। माँ सो रही थी। सोते-सोते पैरों को छूकर उसने आशीर्वाद लिया था। अनिरुद्ध स्टेशन तक गया था। घर वापस आने पर हर कोने में आकांक्षा उसे दिखाई दे रही थी, जैसे वह मासूम नज़रों से उसे देख रही हो! अनिरुद्ध बिना कुछ कहे बिस्तर पर जाकर ख़ूब रोया था।

उधर, अमित पर क्या बीत रही थी, यह तो सिर्फ़ उसका दिल ही जानता था। वह तो रो भी नहीं सकता था।

अदिति आकांक्षा को लेकर लंदन रवाना हो चुकी थी। निकिता ने देर सुबह उठते ही तहक़ीक़ात की थी। शुरू-शुरू में उसके चेहरे पर यह जानकर ख़ुशी आई थी कि आकांक्षा जा चुकी है। पर थोड़ी देर में ही पत्थर-सी गुमसुम हो गई थी। डिप्रेशन के दौर में अक्सर ऐसा होता था। और फिर कई दिनों तक जड़वत् ही रही। उसके दिमाग़ में क्या अव्यवस्थित विचार घूम रहे होंगे, अंदाज लगाना मुश्किल था। परंतु हाँ, उसने फिर कई दिनों तक आकांक्षा का नाम भी नहीं लिया था।

49

अनिरुद्ध को आकांक्षा की याद सबसे ज़्यादा सताती थी। घर उसे अब काटने को दौड़ता था। वह उसकी बहन ही नहीं, अच्छी दोस्त भी थी। उसके प्रति माँ के व्यवहार से वह बहुत दुखी होता था। दिल के किसी कोने में अब उसे ख़ुशी भी थी। कम से कम नये वातावरण में ख़ुश तो रहेगी। फिर अदिति मासी के साथ तो उसे भी बड़ा आनंद आता था। जाते ही आकांक्षा ने चिट्ठी लिखी थी। ख़ूब बड़ाई की थी अदिति मासी की। परंतु अंत की लाइन से वह पूर्णतः सहमत नहीं था...'मैं ख़ुश हूँ, मेरे बारे में चिंता मत करना।'

'...तुम्हारी बहुत याद आती है।' इन शब्दों में बहुत दर्द था। उसे भी हर बात पर आकांक्षा की बातें याद आती थीं। अंग्रेजों के ज़माने के इतने बड़े-बड़े रेलवे के घर उसे भूत बँगले लगते थे। रात को बड़े-से बेडरूम में ऊँची-ऊँची छत को निहारते हुए पागल हो जाता था। माँ अब अपना अतिरिक्त प्यार दिखाने की कोशिश करती थी मगर उनके हाव-भाव में स्वाभाविकता न होने से वह अटपटा ही लगता। उसे उलटा माँ का अधिक ध्यान रखना पड़ता था। हाँ, उन पर अब उसे क्रोध नहीं आता था। फिर वह आकांक्षा को गाली भी नहीं देती थीं। वैसे उनकी बीमारी वह आज तक नहीं समझ पाया था। मगर उसे भगवान से बहुत शिकायत थी।

बचपन से लेकर आज तक हर दोस्त को अपने-अपने माँ-बाप के साथ मस्ती करते देखता तो परेशान हो जाता था। लोगों से माँ के प्यार, लाड़-दुलार के बारे में सुनता तो मन मसोसकर रह जाता। लोगों के घर पर त्योहार की रौनक लगी रहती तो उसके घर में अक्सर मातम ही छाया रहता था। कई दीवाली की रात में भी वह माँ के पागलपन से दुखी होकर, सड़कों पर बिना खाए-पिए निकल जाया करता था। घर पर रोना चिल्लाना देख-देख कर कई बार परेशान हो जाता था।

एक बार तो एक दोस्त के रास्ते में मिल जाने पर उसे बहाना बनाने में भी दिक़्क़त हुई थी। बस, इतना ही कह पाया था, "...शहर की रौनक देखने निकला हूँ।"

जब तक दादी ज़िंदा थी, कुछ न कुछ, थोड़ी-बहुत मस्ती हो जाती थी। घर में कम से कम अच्छी-अच्छी मिठाइयाँ बन जाती थीं। छुप-छुपकर चोरी से खाने में मज़ा आता था। थोड़ी-सी ख़ुशी में ही कुछ पल जी लेता था। कई बार माँ थोड़ा ठीक होती तो पटाखे भी आ जाते थे। मगर डर और सहमकर फोड़ना पड़ता। कब माँ का मिज़ाज ख़राब हो जाए, किस बात से हो जाए, पता ही नहीं चलता था। त्योहार में आस-पड़ोस के लोग कम ही आते थे। माँ निकलती ही नहीं थी, कमरे से। उसे इस बात का सदैव ग़ुस्सा रहता कि अगर माँ की तबीयत ख़राब है तो उनको सोने दो, एक माँ के कारण सारा घर क्यों बेकार हो जाता है। इसी बात से उसे अपने पिता पर भी नाराज़गी रहती थी। आज तक घर में माँ की प्रमुखता का कारण समझ नहीं पाया था। घर माँ के ही इर्द-गिर्द क्यों घूमता है? क्या माँ ही घर की धुरी है? इस सवाल और जवाब से वह दुखी रहता था।

दादी जब पापा के बचपन की बातें सुनाती थीं तो उसे अच्छा लगता था। आकांक्षा दीदी और वह दादी के दोनों ओर चिपटकर सोते थे। दादी के मरने के बाद घर सूना लगता था तो दीदी के जाने के बाद तो कमरे की दीवारें काटने को दौड़ने लगी थीं। रात-रात भर लेटे-लेटे उसे पुरानी बातें याद आतीं। दीदी के साथ रहने पर उसे कभी भी अकेलापन नहीं लगता था। कुछ न कुछ बातें करके सोते थे। बचपन में दादी के साथ अक्सर दर्जनी मोहल्ले भी जाता था। माँ की नाराज़गी और भय हमेशा बना रहता था। वह इस डर में जीते-जीते कभी-कभी परेशान हो जाता था। इसी डर में जीवन बोझिल था। पता नहीं किस बात से माँ का पागलपन बढ़ जाए, डर बना रहता। मगर इतना डरने के बाद भी माँ तो ठीक रहती ही नहीं थी। उससे, उसे और ज़्यादा तकलीफ़ होती थी। मन करता, घर से भाग जाए। पहले दादी के प्यार से, फिर दीदी के साथ से वह आज तक टिका हुआ था।

उसे याद आया कि वह अक्सर दीदी को अक्की और आकांक्षा उसको अनि

पुकारती थी। उसने अँधेरे में आज फिर से दीदी के पलँग की ओर देखा था। वहाँ कोई नहीं था। बिस्तर पर सब कुछ वैसा ही व्यवस्थित था मगर चादर पर सिलवटें नहीं थीं। दीदी की टेबल पर किताबें सजी थीं। मगर कोई भी खुली नहीं थी। उसे चिट्ठी से पता चला था कि दीदी इतिहास और अंग्रेज़ी में ग्रैजुएशन कर रही हैं।

एक रात उसके अकेलेपन में बेचैनी भी थी। अचानक उसे लगने लगा कि यह कमरा उसे निगल जाएगा। घबराहट इतनी बढ़ चुकी थी कि ठंड के मौसम में माथे पर पसीना टपकने लगा था। पिताजी तो माँ के पास होंगे। उन्हें वह जगा भी नहीं सकता था। बहुत कोशिश की मगर डर जा ही नहीं रहा था। बहुत समझाया मन को...इतनी बड़ी उम्र का हो गया है, अब डरेगा तो कैसा लगेगा! परंतु अकेलापन कब बेचैनी से डर में बदल गया, पता ही नहीं चला। घबराहट बर्दाश्त से बाहर हो गई तो वह हड़बड़ाकर उठ बैठा। तभी रात के काले साये उसे सताने लगे थे। एक परछाईं एकदम नज़दीक आने लगी तो उसने उठकर झट लाइट जला दी थी। चोर निगाहों से चारों ओर देखा, वहाँ कोई न था मगर लगा कि साये शरीर के अंदर प्रवेश कर गए थे। अपनी ही परछाईं से कहीं दूर भाग जाने का मन किया था। और उसने एक लंबी साँस ली थी। रसोई तक अँधेरे में जाने की हिम्मत नहीं हो पा रही थी जबकि प्यास तेज़ लग रही थी। उधर, चारों दीवारें उसे मारने की तैयारी में जुट चुकी थीं। तभी सामने दीवार पर लटकी माँ दुर्गा की फ़ोटो ने उसका ध्यान आकर्षित किया था। दादी ने बचपन में बताया था—जब भी डर लगे, दुर्गा माँ को याद कर लो। वह तुरंत दुर्गा माँ की फ़ोटो के सामने जाकर, हाथ जोड़कर, आँखें बंद करके खड़ा हो गया था। कब वह डर-डर में माँ से प्रार्थना करने लगा, उसे पता ही नहीं चला। धीरे-धीरे उसके आत्मविश्वास ने फिर से उसे सहारा दिया था। थोड़ी देर बाद वह बड़ी मुश्किल से सो पाया था।

सुबह उठा तो प्रण कर चुका था कि वह भी इस घर को छोड़ देगा, दीदी के पास चला जाएगा। यहाँ नहीं रहेगा। उसका मन उचट चुका था। अब नहीं रुकेगा। माँ और पापा को जैसे रहना है, रहें। क्या उसकी कोई ज़िंदगी नहीं है?...और मन एक नई ख़ुशी की तलाश में भटकने लग था।

अनिरुद्ध ने कड़ी मेहनत की थी। अदिति मासी का लंदन से पूरा सहयोग मिला था। बचपन से ही पढ़ाई में बढ़िया था। मगर घर के हालात के कारण मेहनत नहीं कर पाता था। अब उसके पास मंज़िल थी। ख़ूब लगन से पढ़ाई की। अमित भी अंदर ही अंदर ख़ुश था। अनिरुद्ध की मेहनत ने रंग दिखाया और मासी की मदद से उसका लंदन के मेडिकल कॉलेज में दाखिला हो गया था।

अनिरुद्ध की ज़िद और जुनून में अमित कुछ भी नहीं कह पाया था। निकिता को ज़रूर दुःख हुआ तो अमित ने समझाया था, ''बेटा है, पढ़ेगा नहीं तो क्या करेगा? अच्छा है, आगे पढ़े-बढ़े, इसी में माँ-बाप की ख़ुशी है।''

अमित के अंदर के दुःख को अनिरुद्ध नहीं जान पाया था, मगर बेटे के दुःख का बाप को पता था। वैसे भी वह कुछ अधिक कर भी नहीं पाता था। अच्छा है, दूर सही, ख़ुश तो रहेगा। यही सोचकर बाप ने संतोष कर लिया था। और फिर मस्तिष्क ने मन को समझाया था—भलाई हो तो प्यार में बाँधने से अच्छा है, त्याग में दूर कर देना...ख़ुशी जिसमें भी मिले, वही उत्तम है।

50

अनिरुद्ध घर से निकल चुका था। निकिता का दिमाग़ चाहे जितना भी रोगी हो, मगर मन ही मन बेटे से प्यार था। इस बात को तो वह कम से कम समझ ही गई थी कि अब अनिरुद्ध घर में उस तरह से नहीं रह पाएगा, जैसे अब तक रहता था। उसका बेटा अब एक नये जीवन की तलाश में, एक नई मंज़िल की ओर, नये रास्ते पर निकल चुका था। वह अब बड़ा हो चुका है।

फरवरी का महीना, सर्दी का मौसम, अपने आख़िरी पड़ाव पर था। फिर भी सुबह की धूप अच्छी लगती थी। निकिता बग़ीचे में आराम चेयर पर अपनी आँखें बंद करके बैठी हुई थी। धूप में आगे के सफ़ेद बाल आज कुछ ज़्यादा ही चमक रहे थे, और दर्शाने की कोशिश भी कर रहे थे कि निकिता जीवन के किस मोड़ पर पहुँच चुकी है।

अमित अनिरुद्ध को छोड़ने स्टेशन गया हुआ था। जबलपुर से दिल्ली ट्रेन फिर वहाँ से लंदन के लिए हवाई जहाज़।

घर पर निकिता अकेली थी। घर पर नई व्यवस्था का आगमन हो चुका था। जिस संबंध के बंधन में निकिता आज तक थोड़ी बहुत जुड़ी हुई थी, वह आज मुक्त होते दिख रहे थे। अजीब समाज और प्रकृति का नियम है। आज वह बंधन-मुक्त नहीं, बंधनरहित थी। उसकी कोई मंज़िल नहीं थी। उसके पास तो सिर्फ़ अब एक इंतज़ार था। कब उसकी आँख लगी, उसे होश ही नहीं था। हवा की ठंडक धूप में मिलकर शरीर को एक सुखद अनुभूति दे रही थी। जैसे कि मानो सब कुछ समझ रही हो। उसने निकिता को छूने की भी कोशिश की थी।

गाड़ी की आवाज़ से निकिता की नींद खुली थी। अमित कार बंद कर बाहर निकला तो निकिता को बग़ीचे में बैठा देखकर उसे आश्चर्य हुआ था। निकिता अब

भी आँख बंद किए हुए बैठी थी। वह उठकर अमित को देखती, इसके पहले ही अमित ने पास पहुँचकर धीरे से उसके सिर को प्यार भरा स्पर्श दिया था। इस वक़्त निकिता का दिमाग़ दिशाहीन था। उसके पास खोने और उलझने के लिए अब कुछ भी नहीं था। अव्यवस्थित और नकारात्मक दिमाग़ इस वक़्त शांत था। उस स्पर्श में उसे आज डर की अनुभूति नहीं हुई। उसने आँखें खोलीं तो देखा, अमित अब तक उसकी तरफ़ देख रहा था। निकिता की आँखों में प्यार और भावनाओं की तृष्णा थी। अनिरुद्ध को जितनी निकिता याद कर रही थी उतना ही अमित भी उसकी कमी को महसूस कर रहा था। अमित की आँखों ने अनिरुद्ध की दूरी और कमी को दर्शाया था और उसके हाथ निकिता के सिर पर प्यार से पड़ रहे थे।

अमित निकिता को इस भाव में देखकर यक़ीन नहीं कर पा रहा था। हाँ, उसे यह ज़रूर महसूस हो गया था कि आज वह भावविहीन शून्य मगर सकारात्मक दिशा में है। उसे आज उसकी शून्यता पर प्यार होने लगा था। आज पहली बार वह एक नये रूप में प्रविष्ट कर रही थी।

"क्या आप चाय लेंगे?" निकिता ने उठते हुए पहली बार बहुत मासूमियत से अमित की आँखों से आँखें चुराते हुए पूछा था।

अमित इन प्यार-भरे शब्दों को सुनने का वर्षों से इंतज़ार कर रहा था। इससे पहले कि वह कुछ कह पाता, उसकी आँखों ने बहुत कुछ कहने की कोशिश की थी। निकिता कुर्सी से उठकर रसोई की ओर चल पड़ी थी। अमित इस दृश्य को देखकर हैरान था, मगर अंदर से बहुत ख़ुश। उसका नया जीवन आज से शुरू हो चुका था।

उधर, निकिता अंदर पहुँचकर रसोई की जगह अपने शयनकक्ष में चली गई थी। अकेलेपन के साये उसे फिर से घेर चुके थे वह फिर अपनी दुनिया में लीन हो चुकी थी।

औद्योगीकरण और व्यावसायीकरण के कारण वैसे ही परिवार का एकल होना स्वाभाविक हो गया है। उसी की समाज को देन है कि पति-पत्नी जहाँ से शुरू करते हैं वहीं पहुँच जाते हैं। बच्चे तो बीच में अतिथि के रूप में कुछ वर्षों के लिए आते हैं। अधिक से अधिक पंद्रह से बीस वर्ष। ध्यान से देखें तो आदमी अकेला आता है, बाद में भी अकेला रह जाता है। अन्यथा आधुनिक युग में वैसे भी बस, ट्रेन, ऑफ़िस हर जगह अकेला ही होता है। पति-पत्नी दोनों आख़िरी दिन तक जीवित रहें, ज़रूरी नहीं। कौन पहले चला जाए, पता नहीं। फिर सदैव साथ-साथ रहें, वह भी तो ज़रूरी नहीं।

दोनों बच्चों के जाने के बाद उस रात अमित उनके कमरे में जाकर घंटों अकेले

बैठा रहा था। दोनों बच्चों के बिस्तर पर अँधेरे में कुछ ढूँढ़ने की कोशिश करने लगा। एहसास तो हुआ पर कोई स्पर्श नहीं था। यादें तो थीं मगर कमरे में कोई हलचल नहीं थी। अपने फ़ैसले पर उसे ख़ुशी थी तो बच्चों से दूर होने का ग़म भी था। अंदर ही अंदर घबराहट हुई कि पता नहीं अब उन्हें देख पाएगा भी या नहीं। ये रिश्तों के बंधन भी अजीब हैं, साथ रहते हैं तो दुःख देखे नहीं जाते, दूर होते हैं तो दुःख देने लगते हैं। कष्ट दोनों परिस्थितियों में ही था। क्या वे उसके बिना रह लेंगे ? क्या वह रह पाएगा ? तकलीफ़ तो होती है पर रहना पड़ता है। सभी को एक दिन जाना है। हम साथ आए भी तो नहीं थे।

अमित ने अपनी धुँधली यादों को साफ़ करने की बहुत कोशिश की—कब दोनों पैदा हुए, कब बड़े हुए, कुछ याद नहीं, और अब दूर भी हो गये। चेहरे याद आते, मस्तिष्कपटल पर उभरते, मगर आँखों के आँसू उन्हें धुँधला कर रहे थे। उसे आज इस बात का अत्यधिक ग़म था कि वह बच्चों का बचपन देख नहीं पाया, उनके साथ जी नहीं पाया, उनका बचपना महसूस नहीं कर पाया। जीवन के इस आनंद से, पिता होने के एहसास से वंचित ही रहा।

उसके लिए इस उम्र में एक नये जीवन की शुरुआत थी। शायद उसने ठीक ही फ़ैसला लिया है। यहाँ बच्चे न तो जी पा रहे थे, न ही वह उन्हें कोई ख़ुशी दे पा रहा था। दूर होंगे पर अपना जीवन तो जी लेंगे। फिर इधर वह निकिता को भी पूरी तरह नहीं देख पाता था। वह ठीक से समय पर दवाई नहीं लेती तो तकलीफ़ बढ़ जाती थी। किसी के साथ भी न्याय नहीं कर पा रहा था। उसने अब निकिता पर पूरा ध्यान केन्द्रित कर दिया था। समय पर दवाई, समय पर नाश्ता, खाना, नहलाना। बच्चों के जैसी देखभाल करता। अस्पताल ड्यूटी पर जाने से पहले सब कुछ करके जाता था।

लक्ष्मी बाई थोड़ी मदद कर दिया करती थी। माँ के ज़माने से थी। सब समझती थी। दयालु स्त्री हो तो कुछ भी कहने की आवश्यकता नहीं होती। अमित की अनुपस्थिति में दूर से ही मगर निकिता का पूरा ध्यान रखती थी। वैसे अक्सर बँगले के पीछे आउट हाउस में ही रहती अपने बच्चों के साथ। हाँ, बीच-बीच में अमित हॉस्पिटल से टेलीफ़ोन पर हालचाल ज़रूर पूछ लेता था।

अमित ने उस हार्ट अटैक के बाद धीरे-धीरे सिगरेट छोड़ दी थी। अदिति और फिर आकांक्षा ने बोल-बोलकर विदेश जाने से पहले ही पूरी तरह छुड़वा दी थी। बाहर से भी अक्सर लिखते रहते थे। अमित पर उनकी प्यार-भरी चेतावनी का पूरा असर था। मगर शराब, थोड़ी कम मात्रा में ही सही, कभी-कभी बहुत मानसिक परेशानी में ले लेता था। क्या करता, जीवन में कुछ तो चाहिए...!

51

ख़ुद डॉक्टर होने की वजह से अमित मानसिक बीमारी के बारे में कुछ-कुछ जानता था। मेडिकल कॉलेज से तमाम किताबें और जॅरनल भी मँगवा कर पढ़े थे। धीरे-धीरे उसे काफ़ी ज्ञान हो गया था। उसे यह तो पता चल ही गया था कि यह आज-कल बड़ी आम बीमारी हो गई है। हर दूसरे, नहीं तो चौथे घर में ज़रूर पाई जाती है। बस, उसकी तीव्रता में फ़र्क़ हो सकता है। कारण भी इस बीमारी के बहुत सारे हैं। जहाँ एक ओर आधुनिक जीवन-पद्धति प्रमुख कारण है, वहीं फ़ैमिली हिस्ट्री के कारण भी यह हो सकती है। ज़रूरी नहीं कि मानसिक रूप से बीमार माता-पिता की संतान भी बीमार हो या बीमार व्यक्ति के माता-पिता भी मानसिक रूप से बीमार ही हों। मगर संभावना ज़रूर बढ़ जाती है। इस तरह के परिवार में मानसिक रोगी का होना 10 प्रतिशत तक संभव होता है। और फिर यह बीमारी कई रूपों में हो सकती है—स्ट्रेस डिसऑडर, पैनिक डिसऑडर एवं एंग्जाइटी डिसऑडर। वहीं इन सभी में सामान्यत: थॉट डिसऑडर ज़रूर होता है। कल्पना, सोच, बुद्धि का अस्थिर और अव्यवस्थित होना—किस वजह से निकिता को यह बीमारी हुई, कहना मुश्किल था, मगर थॉट डिसऑडर अर्थात् विचार-विकृति जरूर थी।

इस बीमारी की सबसे बड़ी परेशानी जो अमित ज़्यादा बेहतर रूप में समझता था...कि एक तो मरीज़ अपनी अंतरात्मा की आवाज़ पर विश्वास करते हुए किसी दूसरी दुनिया में ही रहता है, वह इतना अंतर्मुखी हो जाता है कि डॉक्टर के पास ही नहीं जाना चाहता। दूसरा, समाज में हँसी का पात्र होने के कारण संबंधित रिश्तेदार इसे छुपाते हैं और अस्पताल ले जाने से कतराते हैं। व्यवस्थित और अच्छे अस्पतालों की कमी के साथ-साथ व्यावसायिकता में यह बीमारी बिलकुल भी ठीक नहीं हो सकती। लोग रोगी को घर पर रखते तो ज़रूर हैं मगर लाज, शर्म या व्यस्तता के कारण इलाज नहीं करवाते। फिर इलाज लंबा और मुश्किल भी है। अमित यह भी जानता था कि उसका इलाज पूर्ण रूप से संभव नहीं, मगर इन्हें बेहतर जीने लायक़ बनाया जा सकता है। परंतु उसके लिए पूर्ण रूप से सबका सहयोग एवं समय चाहिए। वह भी तो...घर पर विभिन्न परेशानियों के कारण पहले न तो निकिता को पूरा समय दे पाता था, न ही बच्चों को। जहाँ आकांक्षा और मालती से निकिता दूर रहती थी, वहीं अनिरुद्ध अपनी माँ से दूर रहने के चक्कर में लड़ता रहता था। घर का वातावरण बनने की जगह बिगड़ता ही जा रहा था। मगर अब शायद कुछ कर पाएगा। अमित को पता चला था कि बेहतर दवाइयाँ भी आ चुकी हैं। शायद वह इस बारे में अब चर्चा कर पायेगा और निकिता को डॉक्टरों के पास चलने के लिए मना पाएगा।

अमित ने महसूस किया था कि...अक्सर आस-पड़ोस में रहने वालों के व्यवहार या आचरण से भी डरकर मरीज़ अंदर घर में बंद हो जाता है। बीमारी की प्रारंभिक अवस्था से ही उसे सदैव डर बना रहता है और वह लोगों का सामना नहीं कर पाता। सत्य से दूर रहता है और अपनी नकारात्मक सोच की दुनिया में बढ़ता जाता है। निकिता के लिए अनिरुद्ध को छोड़कर सुप्रिया, मालती, आकांक्षा यहाँ तक कि अमित भी दुश्मन ही नज़र आता था। और वह इस सोच की ओर बढ़ती चली गई थी। अमित इस बात को समझता था तभी तो निकिता द्वारा बोले गये शब्दों से वह थोड़े समय के लिए ही आहत होता था, फिर ठीक हो जाता था। उसे आज भी निकिता से प्यार था। उसे इस बीमारी के लक्षणों के बारे में मालूम था। इनकी दुनिया ही अलग और निराली होती है।...जहाँ एक ओर पॉजीटिव सिमटम और नेगेटिव सिमटम होते हैं वही डिसऑर्गेनाइज़्ड सिमटम और डिसटार्टेड थॉट भी आते रहते हैं। पॉज़ीटिव सिमटम में इलुशन एवं डिलुशन दोनों ही विद्यमान होते हैं। अमित ने विस्तारपूर्वक विश्लेषण किया तो पाया कि जहाँ निकिता को इलूशन था कि कुछ लोग उसे मारने वाले हैं, ख़ासकर अमित से जुड़े लोग, वहीं डिलुशन था कि आकांक्षा उसकी बेटी नहीं है, और वह सबके साथ मिलकर उसे मारेगी। निकिता को और भी बहुत से भ्रम और मिथ्या थी। निगेटिव थॉट में उसे किसी से भी मिलना अच्छा नहीं लगता था। डिसऑर्गेनाइज्ड एवं डिसटार्टेड थॉट में एक बात को बहुत देर तक सही दिशा में नहीं सोच पाती थी और उनका लॉजिकल अंत नहीं कर पाती थी। बार-बार उसका अमित से हाथ धुलवाना, जिसका इतने वर्षों में कभी अंत नहीं हो पाया था। सदैव लोगों से सामान बाएँ हाथ से ही लेना उसके आत्मविश्वास की कमी को दिखाता था। जब नकारात्मक सोच बढ़ जाती तो माँ के ज़िंदा रहने पर उनसे भी कई बार हाथ धुला-धुलाकर संतुष्ट नहीं हो पाती और दूसरी ओर नाराज़गी में आकांक्षा को गाली भी देती और हाथ भी धुलवाती। आकांक्षा घंटों या तो कई बार बाएँ हाथ से चाय देती या दसियों बार हाथ धोती रहती और फिर घंटों रोती। अनिरुद्ध के चिल्लाकर डाँट देने से निकिता सदैव उससे भयभीत रहती और उसका सामना कम करती थी। अमित तो उसका रोज़ शिकार होता था।

वर्षों से अमित ने निकिता में भावशून्यता भी देखी थी। सुप्रिया और माँ के देहांत पर भी वह नहीं रोई थी। हाँ, कई दिनों तक पथराई हुई आँखों से गुमसुम होकर अगर बैठ गई तो फिर उठती ही नहीं थी। फिर अपना शरीर और कमरा सब गंदा रखती थी। बदबूदार चद्दरों को भी कई दिनों तक नहीं बदलती थी। अमित को उन गंदी चद्दरों पर ही सोना पड़ता। धीरे-धीरे बदबू में सोने की उसको आदत पड़ गई थी।

निकिता पर दवाइयों का साइड इफेक्ट भी था। शरीर काफ़ी फूल चुका था।

एंटी साइकोटिक दवाइयाँ हैलोपरिडॉल, क्लोरपोरमजीत एवं ट्राइफ्लपैराजीन की डोज़ में एडजस्टमेंट न होने की वजह से निथरोलेप्टिक मेलिनेट सिण्डोरम, एनएमएस नाम का साइड इफेक्ट भी हो चुका था। सारे शरीर की मांसपेशियाँ जकड़कर शरीर को कमज़ोर और दर्द से भर देती थीं। मुँह सूखना और पेट में दर्द व शौच न होने की शिकायत अत्यधिक बढ़ गई थी। खड़े होते ही शरीर काँपने और ब्लड प्रेशर में गिरावट आ जाती थी। इसके कारण अत्यधिक डिप्रेशन हो जाता और दूसरे सिस्टम भी बिगड़ जाते। इस वजह से फिर एंटी डिप्रेशन मेडिकेशन करना पड़ता। अधिक जानकारी न होने से दवाइयों का उलटा असर पड़ने लगा था। अमित को शीघ्र ही डॉक्टर से परामर्श करना था। उसने सुन रखा था कि क्लोजापाइन नई एंटी साइकोटिक ड्रग मार्केट में उपलब्ध है।

इस तरह के मानसिक रोगियों को सँभालने के बेहतर तरीक़े भी हैं जिसे वह अब तक पूरी तरह से प्रक्रिया में नहीं ला पाया था।

और उसी की शुरुआत करते हुए, विश्वास जीतने के लिए एक दिन बात-बात में अमित ने निकिता से कहा था, ''देखो, मैंने सबको यहाँ से भेज दिया है। अब कोई भी घर पर नहीं है। सुप्रिया गई। माँ गई। और अब आकांक्षा भी चली गई। अब तुम्हें कोई भी नहीं मारेगा। और हाँ, देखो, मैंने अच्छे से हाथ भी धो लिया है।''

निकिता इस तरह की बातों से अक्सर बहुत ख़ुश हो जाती थी। जो हुक्म चलाती, अमित वही करता रहता। कई बार घंटों तक निकिता उसका हाथ धुलाती और वह खड़ा होकर उसे प्यार से सँभालते हुए हाथ धोता रहता। वह नहीं थकती मगर अमित थक जाता था। मगर उसने उसका विश्वास धीरे-धीरे प्राप्त कर लिया था। वह करता वही, जो वह कहती मगर धीरे से उसे वास्तविकता से भी परिचय करवाता। वह घंटों तक उसके साथ, प्यार में, बच्चों की तरह खेलती। कुछ महीनों के बाद निकिता बच्चों के जैसे उसके साथ चिपककर सोने भी लगी थी। एंटी साइकॉटिक मेडीसिन के प्रभाव से सेडेशन भी रहता था। निकिता तो जल्द ही सो जाती पर अमित उसे अपनी बाँहों से अलग नहीं करता। उसके शरीर को स्पर्श का एहसास देता रहता। अपने संपूर्ण जीवन में एक ही नारी के शरीर को उसने अब तक छुआ था। उस आनंद के आकर्षण से वह आज भी बँधा था। हाँ, यह बंधन अब शारीरिक कम, मानसिक ज़्यादा होता जा रहा था।

हर हफ़्ते एक बार ज़रूर दोनों बच्चों को चिट्ठी लिखता। जो लिखता, उसको मौक़ा देखकर धीरे से निकिता को ज़रूर सुनाता। बच्चों की चिट्ठी को भी पढ़कर सुनाता। हाँ, आकांक्षा और अदिति की चिट्ठी को मौक़ा देखकर ही पढ़ता था। कई बार आकांक्षा के पत्र को पढ़ता पर आख़िरी में कहता, ''देखो, कितनी झूठी है! सब

ग़लत लिखती है। वह तो तुम्हें शायद मारना चाहती थी।''

कभी निकिता ख़ुश हो जाती तो कभी इस बात पर चुप। मगर धीरे-धीरे उसकी बातें सुनने ज़रूर लगी थी।

कभी-कभी वह ठीक होती तो सुबह गेट पर उसकी विदाई करती और फिर दोपहर में उसका इंतज़ार। अगर कभी घर की सफ़ाई करती तो घंटों सफ़ाई ही करती रहती। कभी दिनभर रसोई में लक्ष्मी से बात करती और कुछ-कुछ बनाती ही रहती। कभी अच्छा और कभी बुरा। फिर अमित को सब खाना ज़रूर पड़ता था। बातें करती तो घंटों बातें करती, बच्चों की चिंता करती तो उदास होकर सो जाती। मगर हर दौर में विचार कहीं न कहीं अव्यवस्थित ज़रूर हो जाते थे। परंतु उनका समय, काल और क्रम कम होता जा रहा था। कभी-कभी बग़ीचे में बैठे रहती और लक्ष्मी पीछे से आवाज़ देती रह जाती। शून्य में आसमान की ओर ताकती रहती। पक्षियों से अक्सर बातें करती रहती। अब बहुत ही कम होता था जब वह अमित के क़ाबू से बाहर होती। हाँ, वह घर के बाहर के गेट पर ज़रूर ताला लगाकर जाता कि कहीं वह बग़ीचे से बाहर न निकल जाए।

मन को लगाने के लिए अस्पताल में हर रोगी के साथ अमित भावनात्मक रूप से जुड़कर, ख़ूब सेवा करता। कई बार रात को भी बिना ड्यूटी के वार्ड में चक्कर लगा आता था। उससे उसे ख़ुशी मिलती और उसका दिल भी बहल जाता था। मगर हर कार्य वह निकिता को समय देने के बाद ही करता था। घर का सामान लाना हो तो अक्सर निकिता को भी साथ ले जाता। कई बार बड़ी हास्यास्पद स्थिति हो जाती पर अमित कुछ न कहता। एक बार उसने किराने की दुकान से दो किलो नमक और सौ ग्राम शक्कर ऑर्डर कर दिया था।

अमित ने पूछा तो धीरे से बोल पड़ी, ''मुझे घर चलाना है, तुम्हें क्या पता!''

अमित ख़ुशी-ख़ुशी सामान ले आया था। बाद में भी कई दिनों तक शक्कर कम ही आती रही। हाँ, अमित बाद में धीरे से अतिरिक्त शक्कर ले आया था। लोगों के सामने हँसी का पात्र बनने के बावजूद अमित ने हिम्मत नहीं हारी थी। मकसद था निकिता को व्यस्त रखना। उसके अंदर आत्मविश्वास पैदा करना।

दर्जनी मोहल्ले के लोग भी अस्पताल आते रहते थे। मोहल्ले की ख़बर मिलती रहती थी। अमित का दिल बहुत करता जाने का, महीनों, वर्षों हो जाते, मगर जा नहीं पाता था। अस्पताल और निकिता से फ़ुर्सत ही नहीं मिलती थी। फिर घर भी देखना पड़ता था। मोहल्ले के लोग अपनी बीमारी का इलाज कराने उसी के पास अस्पताल आ जाते थे। बच्चे और बहू के बारे में अक्सर पूछ जाते। बड़े सैनी और गुप्ता जी गुज़र गये थे। अलका आंटी की माँ भी चल बसी थी। गुरुजी के देहांत

से उसे बड़ा सदमा लगा था। थोड़ी देर के लिए क्रिया में गया था उनके घर। ललन बूढ़ा हो गया था मगर दूध बेचना नहीं छोड़ा था। हाँ, अब आता मोटरसाइकिल पर था। रोज़ हालचाल धीरे से पूछ ही लेता था। बचपन से अमित को देख रहा था, उसे उससे मुहब्बत थी। लक्ष्मी से कई बार बहू की बीमारी पर अपनी चिंता ज़रूर ज़ाहिर कर देता था। अक्सर कुछ देर के लिए बँगले की सीढ़ियों पर बैठ भी जाता था, फिर अमित से बात किए बिना या देखे बिना नहीं जाता।

अमित जबलपुर के प्रसिद्ध साइकॉइट्रिस्ट डॉक्टर पटेल और डॉक्टर चौधरी से बातचीत करता रहता और नियमित चर्चा करके निकिता के लिए दवाई ज़रूर समय से लेता रहता। भुसावल रेलवे अस्पताल के डॉक्टर आनंद से भी लगातार संपर्क में था। उन्हीं के कहने पर उसने हिमाचल प्रदेश के प्रसिद्ध साइकॉइट्रिस्ट डॉक्टर सिंह से भी मिलकर परामर्श लेने का कार्यक्रम बनाया था। मन में ख़यालात आते ही कि इसी बहाने वह हिमाचल देख लेगा...विशेषकर शिमला भी। और उसने जल्द ही वहाँ जाने का प्रोग्राम बना लिया था... ?

घर से निकले तो निकिता को शिमला घूमने जाने का बहाना ही बताया था। रेलवे में अधिकारियों, कर्मचारियों को मुफ़्त रेल पास की व्यवस्था तो होती ही है। सुंदर स्थानों पर गेस्ट हाउस भी बने होते हैं। सो ठहरने का सारा इंतज़ाम पहले ही कर लिया था। शिमला के अलावा धर्मपुर के पास के गेस्ट हाउस में भी कमरा बुक करवा लिया था। वैसे तो कालका से शिमला जाने के लिए छोटी लाइन की ट्रेन थी। मगर फिर डॉक्टर सिंह का अस्पताल रास्ते में धर्मपुर में था। सो कालका स्टेशन पर उतरकर उसने धर्मपुर के लिए टैक्सी कर ली थी। डॉक्टर सिंह के मशहूर मेंटल अस्पताल से कई लोगों को बहुत फ़ायदा हुआ है, ऐसा उसने सुन रखा था।...और उसके दिल में भी नई आशाओं ने सिर उठाया था।

कालका से चलने पर परवाणु कस्बे के बाद अचानक दिखे पहाड़ों की ऊँचाइयों से निकिता बच्चों के समान ख़ुश हुई थी। अमित भी हिमाचल की सुंदरता में डूब रहा था। सर्पीले रास्ते पर चढ़ना शुरू करते ही थोड़ी देर में ही निकिता ने गाड़ी रुकवाई और सड़क के किनारे जाकर खड़ी हो गई थी। नीचे खाई और सामने पहाड़ की ऊँचाइयों को बहुत देर तक वह ताकती रही थी। मनोरोगी में आत्महत्या करने की प्रवृत्ति अधिक होती है। निकिता बात-बात पर ऐसा कहती भी थी। यही सोचकर ध्यान रखने के लिए अमित साथ-साथ ही खड़ा हुआ था। हवाओं में ठंडक थी। तेज़ बहती हवाओं ने अमित के बालों को पूरी तरह अस्तव्यस्त कर रखा था। निकिता के दोनों ओर लटक रही लटाओं से भी वह अठखेलियाँ खेल रही थीं। अमित अपने बालों को हाथों से बार-बार सँभालता मगर निकिता इन सबसे बेख़बर

थी। पलकें स्थिर मगर आँखें चलायमान थीं।

अचानक बहुत देर के बाद निकिता ने सोचते हुए कहा था, ''क्या पहाड़ियों से धक्का देकर मारने लाये हो?''

एक मिनट के लिए तो वह समझ न सका फिर हँसते हुए प्यार से कहने लगा था, ''...नहीं रे पगली, हम तो हनीमून मनाने आए हैं।''

''अच्छा! यह तो तुमने मुझे बताया ही नहीं...'' बोलते-बोलते एकदम से ख़ुश होकर निकिता ने उसका सड़क पर ही चुंबन ले लिया था, और फिर शरमाते हुए आगे कहने लगी, ''...मीठा है, हनीमून में ऐसा ही करते हैं।''

अमित ने भी कमर से उसे पकड़कर अपने नज़दीक किया और प्रेम से उसकी आँखों में झाँका था। दुनिया क्या कहेगी, इस बात की चिंता अब उसे नहीं थी। हाँ, उन्हें इस उम्र में ऐसी हालत में देखकर सड़क पर जाती हुई गाड़ियों में बैठे नये हनीमून के जोड़ों ने आपस में बहुत-सी बातें ज़रूर की थीं। शायद, दूर से अपने भविष्य को देखकर वे रोमांचित हो उठे थे। उधर, टैक्सी का ड्राइवर भी यह दृश्य देखकर मुस्कुरा दिया था।

52

निकिता धर्मपुर के गेस्ट हाउस में पहुँचते ही थककर सो चुकी थी। अमित ने बिना समय गँवाए डॉक्टर से मिलना ज़रूरी समझा था। पास ही उनका विशाल अस्पताल था।

डॉक्टर सिंह बड़े सुलझे और अनुभवी लग रहे थे। मिलने पर विस्तार से समझाने लगे, ''देखो अमित, तुम ख़ुद ही डॉक्टर हो, सब कुछ जानते हो, इंटरनेट पर इसकी जानकारियाँ भी लेते रहते होगे। रिसर्च तो बहुत हो रही है लेकिन अधिकतर लोगों का ऐसा मत है कि अभी तक इसका इलाज पूरी तरह से संभव नहीं है। नो क्योर। मगर हाँ, हम पर्याप्त रूप में इसके सिमटम को कंट्रोल कर देते हैं। मरीज़ को सिमटम फ्री बना देते हैं। जो भी ग़लत सिमटम अधिकता में दिखाई देते हैं, वे चैक हो जाते हैं। मरीज़ समाज में रहने लायक़ बना दिया जाता है। बेहतर दवाइयाँ आ चुकी हैं। उनसे निकिता और बेहतर हो जाएगी। साथ ही इसके साइड इफेक्ट भी कम हैं। मेरे हिसाब से पाँच में से एक मरीज़ तक़रीबन पूर्णत: ठीक भी हो जाता है। मगर सामान्य कितना हो पाता है, यह इस बात पर निर्भर करता है कि मरीज़ की अवस्था, तीव्रता कितनी है, वह दवाइयाँ लगातार ले रहा है या नहीं। घर, वातावरण, रोगी की उम्र, अन्य बीमारियाँ वगैरह-वगैरह बहुत से ऐसे पैमाने हैं जिन

पर रखकर ही उसके ठीक होने की संभावना निर्भर करती है।''

अमित जानता था। पढ़ा-लिखा था पर आस तो उसकी भी एक साधारण इनसान जैसी ही थी। सुनकर थोड़ा धक्का लगा था। निकिता और बेहतर हो जाए, यह भी क्या कम है? डॉक्टर सिंह ने जब बताया था कि पाँच मरीज़ों में से एक पूर्णतः सिमटम फ्री हो जाता है, बाक़ी में सुधरने का प्रतिशत भिन्न-भिन्न होता है, तो फिर निकिता उन पाँच में से एक रोगी क्यों नहीं हो सकती है? और फिर डॉक्टर के बताए सारे कारणों के पैमाने पर रखकर वह सोचने लगा था...।

मरीज़ की अवस्था, कितना पुराना रोग है, घर के हालात, इलाज का तरीक़ा, मरीज़ की देखभाल—यह सब तो वह देख सकता है...मगर भगवान? सबसे ऊपर तो वही है जिसे उसने आज तक अपने साथ महसूस नहीं किया था। तो फिर...?

अमित अपने ही विचारों में उलझ रहा था। बाहर अस्पताल में बहुत भीड़ थी। नज़र पड़ी तो देखकर जान-बूझकर पूछने लगा था, ''इतने मरीज़?''

''तुम यह मत सोचना अमित कि तुम अकेले हो। हर तीसरे घर में परेशानी है। ये भीड़ तो कुछ भी नहीं। सिर्फ़ 5 प्रतिशत लोग ही हम तक पहुँच पाते हैं। हाँ, लेकिन जो पहुँच जाते हैं, हम उन्हें कुछ-कुछ जीने लायक़ ज़रूर बना देते हैं। आजकल सिंगल फ़ैमिली में, व्यावसायिकता के कारण, कुछ मानव एवं समाज की सोच में फ़र्क़ के कारण घरों में मानसिक बीमारों की संख्या बढ़ती जा रही है। पहले माँ और बीवी भावनात्मक रूप से मज़बूत होती थीं और परिवार को सहारा देती थीं। घर आकर आदमी सुकून पाता था। अब घरों में झगड़े, ऑफिस में हाय-तौबा, सबको जल्दी है, पता नहीं किस बात की! मानसिक तनाव बहुत ज़्यादा है। घर-घर परेशानी है। अक्सर लोग यह भी नहीं जान पाते कि अमुक को अमुक बीमारी है। बीमार आदमी या औरत परेशान होकर घूमते रहते हैं, चिल्लाते रहते हैं, झगड़ा करते रहते हैं या फिर चुपचाप गुमसुम होकर समाज से कट जाते हैं। किसी भी तरह आनंद और जीवन का सुख नहीं ले पाते। आम लोग बस यूँ ही 'उसका नेचर ख़राब है' समझकर पीछा छुड़ा लेते हैं। उसको इरैटिक और ग़ुस्सैल करार देते हैं या आम बोलचाल में डिप्रेशन मान लेते हैं। जब बात हद से गुज़र जाती है तभी कुछ डॉक्टर के पास लाये जाते हैं। तुम क़िस्मत वाले हो कि तुम्हें पता है कि तुम्हारी बीवी को मानसिक बीमारी है और तुम उसे सहर्ष स्वीकार करके इलाज करवा रहे हो। यहाँ तो इस तरह के भी हैं जिन्हें यह भी नहीं पता कि उनका अमुक संबंधी बीमार है और वह उसके साथ अनजाने में ही लगातार दुःख झेल रहे हैं।''

डॉक्टर साहब दार्शनिक अंदाज़ में नये समाज की नई बीमारी के बारे में विस्तार

से चर्चा कर रहे थे, ''नये समाज ने यह नई बीमारी मुफ्त में दी है। कारण तो और भी बहुत हैं परंतु अकेलापन इसका प्रमुख कारण बनता जा रहा है। विदेशों में तो इनकी संख्या बहुत तीव्र गति से बढ़ रही है, हमारे यहाँ पर कम है ऐसा भी नहीं।...आदमी चला तो था ख़ुशी की तलाश में मगर बदले में बहुत ज़ख़्म ले गया।''

डॉक्टर अपने अंदाज में बयान कर ही रहे थे कि बीच में ही सिस्टर ने आकर बताया था, ''कोई पुराने मरीज़ के सिर पर चोट है। अंदर आने के लिए ज़िद कर रही है।''

''भेज दो।''

उस मरीज़ के अंदर आते ही जैसे कि तूफ़ान आ गया था। मनोरोगी औरत के सिर से खून बह रहा था। वह आते ही चिल्लाने लगी थी, ''इस हरामज़ादे के साथ नहीं रहना। मारता है साला। देख डॉक्टर, तू भी देख, खून निकल रहा है।''

पास ही खड़ा अधेड़ आदमी चुपचाप साथ-साथ ही अंदर आया था। उसके पीछे एक नौजवान लड़का अपनी औरत के साथ शांत खड़ा दुखी हो रहा था।

''तू चिंता मत कर। हम सब देखते हैं। तुम चलो अपने कमरे में, मैं आता हूँ।''

सिस्टर को ट्रंकलाइजर मिश्रित इंजेक्शन देने का बोलकर डॉक्टर ने मरीज़ को बाहर भेज दिया था।

उसके जाते ही अधेड़ आदमी ने हाथ जोड़ लिये थे। कहने लगा, ''क्या बताऊँ, तूफ़ान खड़ा कर दिया था। बेटे के साथ मिलकर जब इसे यहाँ लाने लगा तो बहू पर झपट पड़ी। ज़ोर से मारना पड़ा, नहीं तो जान ले लेती।''

अधेड़ आदमी के चेहरे से दर्द टपक रहा था। साथ खड़ी बहू और बेटे भी दुखी थे। डॉक्टर ने सिस्टर को इलेक्ट्रिक शॉक की तैयारी का कहकर उन्हें अभी फ़िलहाल मरीज़ से दूर रहने के लिए कहा था।

''देखा, कैसे-कैसे केस हैं! यह आदमी अपनी औरत से अब भी बेहद प्यार करता है। औरत भी जब ठीक होती है तो ख़ूब प्यार देती है। मगर जब उखड़ती है तो आदमी को ही एक नंबर का दुश्मन मानती है। फिर भी यह आदमी 25 सालों से उसकी सेवा कर रहा है। साथ में मार भी खाता है।''

''डॉक्टर साहब, यह इलेक्ट्रिक शॉक?''

''मेरे हिसाब से ठीक भी है और ज़रूरी भी। आम लोगों को छोड़ो, पढ़े-लिखों में भी ग़लत धारणा है। यहाँ तक कि कुछ डॉक्टर भी इससे सहमत नहीं हैं। मेरी राय में हिन्दुस्तान जैसे देश में जहाँ सुविधाएँ बहुत अधिक नहीं हैं, यह एक कारगर तरीक़ा है। फिर मेरा अपना मत और अनुभव है। इससे बहुत अधिक फ़ायदा होता

है और राहत पहुँचती है। जहाँ तक रही नुक़सान या कोई हादसे की बात तो दुनिया में कोई भी चीज़ परफेक्ट नहीं है। मैंने अपने जीवन के इतने लंबे अनुभव में कभी भी इससे स्थायी, परमानेन्ट मेमोरी लॉस होते नहीं देखा है। हाँ, टेम्परेरी याददाश्त पर थोड़ा-बहुत आंशिक असर ज़रूर पड़ जाता है। फिर कुछ मरीज़ों के साथ इलेक्ट्रिक शॉक ज़रूरी भी हो जाता है,'' कहते हुए डॉक्टर मरीज़ को देखने चले गये थे।

अमित बाहर आकर मरीज़ों की भीड़ में गुम हो गया था। वह आदमी अब भी दूर वहीं खड़ा हुआ था, जहाँ उसकी पत्नी को इलेक्ट्रिक शॉक के लिए ले जाया गया था। अमित को उससे बात करने की इच्छा हुई तो उसके पास पहुँचकर अपना परिचय देने लगा। अपने और निकिता के बारे में संक्षिप्त में बताकर उसका विश्वास जीतकर बात आगे बढ़ाने की कोशिश की थी।

पहाड़ी आदमी बस इतना ही कह पाया था, ''जब से इसकी डोली मेरे घर पर उतरी है साहब, मेरी तो अर्थी उठ चुकी है।''

''फिर भी इतना लंबा साथ और बच्चे?'' अमित ने कौतूहलवश पूछा था।

''जब कुछ ठीक होती है, कुछ देर के लिए तो जो प्यार देती है, उसी में ये पैदा हो गये। अच्छे वक़्त में वैसे ख़ूब प्यार देती है। फिर मैंने अपना सारा जीवन इसी के नाम कर दिया है। मैं तो जीते-जी मर चुका हूँ साहब, मगर इसे तो जीते-जी नहीं मार सकता। कहाँ छोड़ूँ?...आख़िरकार बीवी है मेरी।''

संबंधों की परिभाषा, बंधन की मज़बूती और त्याग का चरमोत्कर्ष देखकर अमित को अत्यंत ख़ुशी हुई थी। नये उत्साह से वह गेस्ट हाउस की ओर गया था। रास्तेभर सोचता रहा—निकिता ने तो उसे बहुत कुछ दिया है। दो बच्चे और प्यार के ढेर सारे पल। उस आदमी ने उसे फिर से जीवन की राह दिखाई थी।

गेस्ट हाउस पहुँचा तो देखा, निकिता काले रंग का स्लीवलैस गाउन पहनकर उसका इंतज़ार कर रही थी। काले रंग के गाउन में उसका गोरा रंग और अधिक खिल रहा था, स्लीवलैस होने से बाँहों की मांसलता निकल रही थी। डीप नेक में से वक्षस्थल का उभार झलक रहा था।

चेहरे पर यात्रा की थकावट और आँखों में हमेशा की तरह दवाई का नशा तो था। मगर बाल आज उसने खोल रखे थे, जिसमें से सफ़ेद बाल निकलकर उसकी ख़ूबसूरती को नया आयाम प्रदान कर रहे थे।

अमित के अंदर आते ही निकिता दरवाज़ा बंद करके उससे लिपट गई थी। आँखों में आँखें डालकर धीरे से कहने लगी, ''हनीमून है...''

फिर आँखें झुकाकर बुदबुदाने लगी, ''...प्यार करो न।''

यह सब देखकर अमित के मन में भी प्यार के बीज अंकुरित होने लगे थे। उसने वर्षों बाद उसके शरीर से कपड़े उतारे थे और फिर उसे अपने आगोश में लेकर उसके मासूम चेहरे को प्यार से चूमा था। वैसे तो शरीर साथ नहीं दे रहा था पर मस्तिष्क में प्रेम का कीड़ा मचलने लगा था। घंटों तक वह उसके शरीर से खेलता रहा और निकिता शरमाती हुई उसे कुछ और करने के लिए प्रेरित करती रही। पूरी रात प्यार में इस तरह कब गुज़र गई, पता ही नहीं चला। सुबह नये-नये जीवनसाथी की तरह दोनों बहुत देर से उठे थे। निकिता की आँखों में चमक थी और अमित के चेहरे पर जीवन की रेखाएँ।

दिनभर पास ही कसौली में घूमते रहे। दूसरे दिन शिमला के लिए रवाना होना था, इसके पहले ही अमित निकिता के साथ डॉक्टर सिंह के घर पर शाम को गया था। डॉक्टर ने बहुत देर बातचीत करने के बाद विस्तार से नई दवाइयाँ लिखकर दी थीं। दवाइयों में रेसपैरिडॉन, आनेन्जापिन एवं क्वाइटापिन के बारे में अमित ने सुन तो रखा था मगर जबलपुर में डॉक्टर से परामर्श नहीं कर पाया था। डॉक्टर सिंह ने पूरे दो-तीन महीने का कोर्स विस्तृत जानकारी के साथ दिया था। कहने लगे—इसके साइड इफ़ेक्ट न के बराबर हैं। उधर, निकिता बग़ीचे के किनारे से दूर-दूर तक फैली घाटी को निहार रही थी।

''यू आर लक्की, शी इज़ ब्यूटीफुल।...तुम क़िस्मत वाले हो, वह बेहद ख़ूबसूरत है...' डॉक्टर के मुँह से इन्हीं आशावादी बातों को सुनकर अमित शिमला के लिए रवाना हुआ था। डॉक्टर की जीवन के प्रति सकारात्मक सोच, जो जैसा है, उसे स्वीकार करते हुए उसी में अच्छाई ढूँढ़ने की प्रवृत्ति से वह बहुत प्रभावित हुआ था।

दोपहर शिमला पहुँचे तो मौसम ख़ुशनुमा था। शाम होते ही हवा में ठंडक आ चुकी थी। माल रोड शिमला के बारे में अमित ने सुन रखा था। निकिता से घूमने चलने के लिए पूछा तो वह बहुत ख़ुश हुई थी। उस दिन निकिता पूरी तरह से तैयार होने की कोशिश में थी।

वैसे तो वह हरेक रंग की साड़ी में बेहद आकर्षक लगती मगर आज उसने हलके नीले आसमानी रंग की साड़ी निकाली थी। पहनने की कोशिश करने लगी तो बहुत देर तक परेशान हुई थी और फिर बड़ी मुश्किल से ही पहन पाई। साड़ी के फॉल और पल्ले को सैकड़ों बार ठीक किया था। साड़ी पहनने के बाद चेहरे पर मेकअप करते-करते कभी फेस पैक ज़्यादा लगाती तो कभी धोकर मुँह फिर से साफ़ कर लेती। आँखों में काजल लगाने की कोशिश में, वह कई बार फैल जाता। हाथ जो काँप रहे थे। फिर मॉइस्चराइज़र में पाउडर मिलाती और फिर चेहरे पर

लगाकर इस कालेपन को छुपाने की कोशिश करती।

घंटेभर अमित उसे यूँ ही सजता देखता रहा था। किसी तरह अंत में थककर वह चलने के लिए तैयार हो पाई थी। दरवाज़ा बंद किया और निकलने लगे तो फिर दरवाज़ा खुलवाकर चेहरे को ग़ौर से देखा और फिर लिपस्टिक लगाने लगी थी। इतना चेहरे पर मेकअप और काजल फैल जाने से उसकी सुंदरता एक नाटक कंपनी की हीरोइन से ज़्यादा कुछ नहीं हो पाई थी। बिना मेकअप में वह आज भी बेहद सुंदर और आकर्षक लगती थी। अमित ने उसे बहुत देर तक निहारा फिर प्यार से माथे पर एक चुंबन लिया था। निकिता बड़े आत्मविश्वास से उसके साथ निकल पड़ी थी।

माल रोड पर थोड़ी ठंड लगी तो उसने शॉल लेकर अपने आप को ठंड से बचाया था और अमित के साथ थोड़ा सटकर चलने लगी थी। माल रोड की जवान रात में कई जोड़े हाथों में हाथ डाले, जीवन की नई कल्पना की ओर उड़ने के लिए तत्पर, चहलकदमी करते दिख रहे थे। धीरे से निकिता ने भी उसका हाथ पकड़ा तो उसने उसका पूरा साथ दिया था। निकिता अब उसके एकदम नज़दीक थी। उनके शरीर आपस में बार-बार टकरा जाते, जो दोनों को एक आनंद की अनुभूति दे देते थे। निकिता के वक्षस्थल की ऊँचाइयाँ अमित को छूकर उसे प्रेरित कर रही थीं।

''मैं तुम्हें हनीमून गिफ़्ट देना चाहता हूँ। वैसे तो सरप्राइज़ देना चाहता था, मगर चलो, अब तुम अपनी इच्छा से ही ले लो।...क्या लेना चाहोगी?''

''मुझे अच्छी-सी साड़ी लेनी है।'' निकिता ने कानों में पास आकर धीरे से प्यार में कहा था, हाथ उसने मज़बूती से पकड़ रखे थे।

''हाँ, हाँ, क्यों नहीं।''

कपड़ों की दुकान पर कई नवविवाहित जोड़े साड़ियाँ व सूट ले रहे थे। उन्हें बड़े ग़ौर से देख-देखकर निकिता ख़ुश हो रही थी। पास ही खड़ी नवयुवती की बातें सुनकर वह भी एकदम से बोल पड़ी, ''मुझे भी अपनी सास के लिए साड़ी लेनी है।...क्यों अमित?...अच्छी-सी दिखाइएगा। हाँ, मेरी ननद के लिए भी एक सूट दीजिएगा।...बढ़िया होना चाहिए।''

अमित चकराया था, पर जल्द ही सँभलते हुए कहने लगा, ''हाँ, हाँ।''

उसने साड़ी लेते-लेते उसके कान में धीरे से कहा था, ''मम्मी की साड़ी ज़्यादा महँगी नहीं लेंगे, बूढ़ी हैं और फिर छोटे शहर में कहाँ पहनेंगी। सुप्रिया तो वैसे भी गंदा करती रहती है। क्या ज़रूरत है महँगे की?...वैसे, पैसे हैं न?''

अमित सुनकर मुस्कुराया था। निकिता के साथ कपड़े खरीदने में उसकी मदद करता रहा।

निकिता ने अपने लिये महँगी-सी और माँ के लिए साधारण-सी साड़ी मगर सुप्रिया के लिए अच्छा-सा सूट लिया था।

पैसे देकर वह बाहर आया तो निकिता के भाव में अचानक शून्यता थी। रिज पर रात ग्यारह बजे तक बैठी रही, दूर पहाड़ों पर सितारों-सी चमक रही जगमग लाइटों को देखती रही और कुछ सोचती रही। कई बार अमित ने चलने के लिए कहा था मगर उसने सुना ही नहीं। अमित का ठंड से बुरा हाल हो रहा था। हाथ कांपने लगे थे। मगर निकिता को न तो ठंड लग रही थी न ही कुछ और ख़याल था। बहुत देर बाद उठते हुए धीरे से कहने लगी, ''मगर इस ड्रेस को हम उन्हें देंगे कैसे?''

''तुम चिंता मत करो, कुछ न कुछ इंतज़ाम हो जाएगा।'' अमित ने धीरे से उसके कंधों पर हाथ रखकर कहा था और फिर हाथ पकड़कर जबरदस्ती गेस्ट हाउस लाया था।

निकिता बुरी तरह सहमी हुई थी, डर उस पर फिर से हावी हो रहा था। पूरी रात उससे लिपटकर सोने की कोशिश करती रही थी।

सुबह होते-होते उसे हलका-सा बुखार हो चुका था। खामोश गुमसुम-सी दो दिन कमरे में ही रही। शरीर और बिस्तर दोनों गंदा कर रही थी। बहुत कोशिश करने पर भी ठीक नहीं हुई तो अमित दो दिन बाद ही जबलपुर लौट आया था।

रास्तेभर बहुत दिनों बाद आकांक्षा को निकिता ने याद किया था। मगर नशे की अवस्था में भी रह-रहकर उसे भला-बुरा कहती और फिर बुदबुदाती चली जाती।

53

समय कहाँ, कैसे बीतता चला गया, पता ही नहीं चला। धीरे-धीरे अमित अंदर ही अंदर कमज़ोर होता जा रहा था। वह यह जान चुका था कि निकिता पूरी तरह से ठीक नहीं हो सकती, परंतु उसके बाद उसका क्या होगा? वह यह सोच-सोचकर परेशान हो जाता था।

एक दिन अचानक दिल्ली ससुराल से उसे फ़ोन आया था। प्रणिता के बारे में सुना तो बेहद दुःख हुआ था। प्रणिता निकिता की जुड़वाँ बहन थी। उसके जैसे ही बहुत सुंदर और आकर्षक, मगर निकिता के मुकाबले कम बोलती थी और सदैव मुस्कुराती रहती थी। अमित को उस घर से थोड़ा-बहुत प्यार और अपनापन अगर कहीं से मिला तो वो प्रणिता से ही था। वह हर बार अमित से बड़ी आत्मीयता से मिली थी। उसके चेहरे पर कभी भी अमित के लिए उलाहना या तिरस्कार के भाव

नहीं आए थे। अच्छे-बड़े बिज़नेस घर में शादी हुई थी। लड़का भी स्मार्ट था। शादी में अमित अपने सारे उसूल और बेइज़्ज़ती को भुलाकर निकिता के कहने पर दिल्ली गया था। मगर शादी के बाद जल्दी लौट आया था। शादी की रात भी उसे हर बात पर हीन भावना से ग्रसित कराया गया था। वह सिर्फ़ निकिता की ख़ुशी और अपने फ़र्ज़ के लिए खड़ा रहा था जबकि उस रात भी उसका अस्तित्व नहीं के बराबर था। इस तिरस्कृत भावना का कोई कारण उसे आज तक समझ नहीं आया था। निकिता का मन रखने के लिए उसे भी सभी से मिलवाया गया था। उसके साथ ऐसा क्यों किया जाता है, इसका कोई भी जवाब वह नहीं ढूँढ़ पाया था। मगर फिर भी उसने अपने ससुराल से कभी किसी तरह की अपेक्षा नहीं की थी। हाँ, ऐसा लगता था कि निकिता के माँ-बाप को निकिता के लिए किसी बड़े घर की तलाश थी। पैसा उनके जीवन में शायद महत्वपूर्ण था।

...उस दिन मिसेज सूद, उसकी सास, ख़ुद लाइन पर थीं। बहुत देर रोने के बाद उन्होंने बताया कि प्रणिता को उसके पति ने तलाक दे दिया है, और प्रणिता की हालत ख़राब है।

''मगर वह तो अपने घर का पूरा ख़याल रखती थी, और फिर दोनों ख़ुश थे?'' वह पूछ बैठा था।

''हाँ, बेटा, मगर कुछ दिनों से डिप्रेशन में अधिक रहती थी। दामाद कहता है, मैंने अपनी ज़िंदगी पागल के साथ नहीं गुज़ारनी है। हमने बहुत समझाने की कोशिश की, मगर वह समझता ही नहीं। ससुराल वाले रखने को तैयार नहीं हैं। बच्चे भी अपने पास रख लिये हैं।''

''बताइए, मैं क्या कर सकता हूँ?''

''कुछ दिनों के लिए प्रणिता को अपने पास बुला लो। उसके पापा की तबीयत बहुत ख़राब है। सात दिनों से कुछ नहीं खाया। पानी भी नहीं पिया है। अस्पताल में एडमिट कराना पड़ा। मेरा बेटा घर में अपनी बहन को साथ रखने को तैयार नहीं। बहू कहती है, हम ही घर छोड़ देंगे।''

''क्यों पिताजी को क्या हुआ?'' अमित एकदम से घबरा गया था।

''अब तुमसे क्या छुपाना बेटा! इनको बहुत पहले से डिप्रेशन की परेशानी थी। मैं इन्हें कभी भी कोई तनाव नहीं होने देती थी। पूरा इलाज करवाया था। दवाई लेते रहते थे।...वैसे तो ठीक ही रहते थे। बस, थोड़ा-थोड़ा कभी ग़ुस्सा ज़रूर आ जाता था और बात-बात पर लड़ने लगते थे। तुम तो जानते ही हो, बाइपोलर डिसऑडर में अक्सर ऐसा होता है। प्रणिता को ऐसी हालत में देखकर उनकी तबीयत एकदम से ख़राब हो गई है और वह सॉइकोटिक स्टेट में पहुँच गये

हैं और...'' मिसेज सूद टेलीफ़ोन पर ज़ोर-ज़ोर से रोने लगी थीं।

अमित एकदम से सन्न हो गया था। जीवन की रीत भी अजीब है। समाज की तो ख़ैर क्या कहना! कोई भी किसी को समझ ही नहीं पाता। उसकी निगाह में तो प्रणिता और उसका पति, परिवार सहित अत्यंत ख़ुश दिखाई देते थे। निकिता भी उसकी और उसके घर वाले की बड़ाई करते नहीं थकती थी। ससुराल में दूसरे दामाद की बहुत इज़्ज़त और पूछ थी। अमित को तो एकदम घटिया और बेकार चीज़ समझा जाता था। मगर सिक्का खोटा है या असली, दुकान पर चलने से ही समझ में आता है। दुनिया में लोग चालाकी तो बहुत करते हैं मगर दुःख किस रास्ते आ जाए, पता नहीं चलता। उसे याद आ रहा था—जब वह ससुराल, निकिता के इलाज के लिए उसका संपूर्ण विवरण और जानकारी हासिल करने वर्षों पहले गया था तब वहाँ से सहयोग की अपेक्षा थी, मगर सास-ससुर ने उससे गालियों से बात की थी। कहने लगे, 'कोर्ट से डायवोर्स लेना चाहता है? प्रूफ इकट्ठा कर रहा है?'...उस दिन के बाद से वह फिर कभी नहीं गया था। प्रण तो पहले भी किया था कि ससुराल नहीं जाएगा परंतु डॉक्टर के परामर्श पर ही उस बार गया था। मगर आज उनकी हालत सुनकर उसे एकदम से प्यार आने लगा था। भोला जो था।

और फिर भावनाओं में बहकर आख़िर में कह उठा, ''मैं निकिता से एक बार बात कर लूँ। उसकी तबीयत भी ठीक नहीं रहती है। फिर भी आप चिंता न करें, सब ठीक हो जाएगा।''

घर पर आकर उसने मौक़ा देखकर बात की थी, पहले तो वह उसकी बात चुपचाप सुनती रही मगर जैसे ही उसने निकिता से कहा, ''हम प्रणिता को यहाँ बुला लेते हैं। कुछ दिनों की ही तो बात है। मुसीबत में अपनों का साथ देना चाहिए।''

सुनते ही वह उखड़ गई थी, ''बिलकुल नहीं, मैं मना कर देती हूँ। क्या हमने किसी का ठेका लिया हुआ है? खबरदार बात की तो! सारे चालाकी कर रहे हैं। वह तो मम्मी-पापा की बात बिलकुल भी नहीं सुनती थी। कहती रहती थी कि हमारे घर के मामले में दखलअंदाजी नहीं करना। देखो, मैंने अपनी मम्मी की बात हमेशा मानी तो कितनी ख़ुश हूँ! माँ बचपन से ही कहती थी—सारे सास-ससुर ख़राब होते हैं। मुझे याद है, इसीलिए तो मैंने सारों को मार दिया। और देखो, मुझे कोई नहीं मार पाया। प्रणिता तो नहीं मानती थी, तो देखा, उसके ससुराल वाले कितने ख़राब निकले! अब जैसा किया, वैसा भुगतना पड़ेगा। मरने दो उसको। मेरे घर में कोई और रहे, मुझे पसंद नहीं। फिर तुम्हारा क्या विश्वास, उसके साथ ही मिलकर मुझको मार दो!''

निकिता का पारा चढ़ रहा था। लगातार बुदबुदा रही थी। अमित को सुनकर अजीब-सा लगा। कैसी दुनिया है इनकी! इन्हें यह भी नहीं पता—क्या सच है, क्या झूठ, क्या कहना है और क्या नहीं कहना। कितने भोले हैं! इनकी दुनिया ही अलग है। अगर हम इनके साथ खिलवाड़ न करें, तो ही बेहतर है। सासू माँ निकिता को जाने-अनजाने में भी ऐसी शिक्षा नहीं देती तो शायद बेहतर होता। अजीब दुनिया है जहाँ प्यार देने वाले हैं तो लेने वालों की कमी है, जहाँ लेने वाले खड़े हैं, वहाँ देने वाला कोई नहीं।

डॉक्टर की बात सच निकली थी। जुड़वाँ बच्चों में एक को मानसिक रोग होने पर दूसरे में होने की संभावना बहुत बढ़ जाती है। प्रणिता भी निकिता की तरह मानसिक रोग से पीड़ित हो चुकी थी। बस, फ़र्क़ इतना था कि उसकी बीमारी देर से प्रारंभ हुई थी, और अभी उसमें तीव्रता नहीं थी।

अमित को अब तक समझ में आ गया था कि निकिता डिसऑडर में सोचती कुछ और है और बात कुछ और निकल जाती है। पर एक बात साफ़ हो गई थी कि वह उसे किसी और के साथ शेयर नहीं कर सकती, उसे किसी और के साथ बाँट नहीं सकती। एक नये भय से उसने अपने ही घर फिर शायद कभी बात नहीं की थी। अमित मजबूर था। ससुराल अब अक्सर बात कर लेता था, सांत्वना भी दे देता था, मगर वह परिवार भी अब अपने हिस्से की क़िस्मत की मार को झेल रहा था। सुख-दुःख पर किसी का ज़ोर नहीं।

54

बच्चों के कहने पर अमित ने घर पर ही कंप्यूटर लगवा लिया था। इंटरनेट कनेक्शन लेने से उसे ई-मेल की सुविधा हो गई थी।

अब रोज़ सुबह-शाम इंटरनेट पर बच्चों की ख़बर मिल जाती थी। कई बार निकिता के सामने भी ज़ोर-ज़ोर से बोलकर इंटरनेट खोलता था। निकिता भी धीरे-धीरे सुनते-सुनते आदी हो चुकी थी—अमित निकिता याहू मेल डॉट कॉम। जब भी अमित कंप्यूटर पर बैठता, निकिता पीछे से कहने लगती, 'टाइप करो पासवर्ड, ए के आई ए एन आई लव।' अमित तो 'अकि अनि लव' का मतलब जानता था, मगर निकिता कभी समझ नहीं पाई थी। अन्यथा वह कभी पासवर्ड ज़ोर-ज़ोर से नहीं बोलती। अमित को बच्चों के बारे में जानकारी मिलने लगी थी। अदिति भी अलग से सारा विवरण भेजती रहती थी। बच्चों का उसे बेहद ख़याल था। फिर भी असली पिता को वह सब कुछ बताना अपना फ़र्ज़ समझती थी।

आकांक्षा ने ऑक्सफोर्ड विश्वविद्यालय के एक कॉलेज से हिस्ट्री और अंग्रेज़ी में तीन साल का ग्रैजुएशन कर लिया था। मॉडर्न हिस्ट्री में आगे पढ़ने का मन बना रही थी। उसे इतिहास पढ़ने में बड़ा आनंद आता था। भूतकाल के रोचक तथ्य उसकी जिज्ञासा को बढ़ाते थे। उसने अपने पिता को एक बार लिखा था—मानव ने इतिहास से कभी भी सबक नहीं लिया, न ही कुछ सीखा और इसीलिए इतिहास बनाता चला गया। इतिहास में सत्य से दूरी उसे हमेशा तंग करती थी। जीतने वालों ने इतिहास सदैव अपने दृष्टिकोण से लिखा था। उसे आज तक इस बात का जवाब नहीं मिला था कि मानव झूठ किससे बोलता है!...अपने आप से...मगर क्यों?...हर भाषा का इतिहास और इतिहास का भाषा पर प्रभाव, उसे पढ़ना अच्छा लगता था। भाषा के श्रृंगार और व्याकरण के अनुशासन से वह बहुत प्रभावित थी। हर भाषा के विकास की अपनी कहानी थी। भाषा जहाँ दूसरी भाषा से लेती है तो दूसरे को देती भी है, भाषा के सहअस्तित्व का प्रायोजन उसे सोचने के लिए मजबूर कर देता था। मानव ने इससे सबक क्यों नहीं लिया? वह तो उलटा अपनी भाषा के वर्चस्व के लिए सदैव लड़ता रहा और लड़ रहा है।

उसने आगे अपनी दिलचस्पी हिस्ट्री के रिसर्च में दिखाई थी। इंग्लैंड में इसका काफ़ी प्रचलन है और उपयुक्त वातावरण भी। आकांक्षा ग्रैजुएट हो चुकी थी। उसने पिताजी से राय माँगी तो अमित ने जवाब देने की जगह बच्चों से मिलने की इच्छा ज़ाहिर की थी। उसका मन नहीं मान रहा था। बच्चों को देखे हुए वर्षों बीत गये थे। निकिता भी अनिरुद्ध को याद कर घंटों रोती थी। अमित ने उन्हें ज़िद करके बुलाया था। अनिरुद्ध और आकांक्षा दोनों आए थे, अदिति साथ थी। अनिरुद्ध तो घर पर रुका था पर आकांक्षा और अदिति होटल में रुके थे।

बेटी को पिता ने देखा था, माँ के समान सुंदर, पहले से ज़्यादा आकर्षक हो गई थी। मगर अमित की झलक चेहरे पर स्पष्ट आती थी। पर थी अब भी मासूम। तभी तो कहने लगी, ''मासी, पापा अपना ख़याल बिलकुल भी नहीं रखते हैं।... देखो न कितने कमज़ोर हो गये हैं!''

ख़ूब देर तक डाँटती रही थी। शब्दों में क्रोध तो था मगर आवाज़ में अपनापन झलक रहा था। और फिर आँखें प्रेम प्रदर्शन के लिए आतुर थीं। अनिरुद्ध और अदिति चुपचाप सुनते रहे थे।

बाद में अदिति ने भी अमित से अकेले में कहा था, ''तुम सही में कमज़ोर हो गए हो।...अपना ख़याल क्यों नहीं रखते?''

''अब मुझे कोई चिंता नहीं है। तुम हो तो बच्चों की देखभाल करने के लिए।''

अमित ने मुस्कुराकर कहा था, और फिर थोड़ी देर मौन रहने के बाद कहने लगा, ''आकांक्षा बड़ी हो गई है, उसकी शादी के लिए बात करनी है। बस, एकमात्र यही मेरी आख़िरी इच्छा रह गई है।'' आवाज़ में गंभीरता थी।

अमित के चेहरे के हावभाव को देख अदिति भी सोचने के लिए मजबूर हुई थी। माहौल में शांति के बीच में भारीपन तैरने लगा था। और फिर कुछ देर ठहरकर अदिति ने धीरे से कहा था, ''ठीक है, मैं उससे बात करूँगी। तुम भी चाहो तो लड़का ढूँढ़ना शुरू कर सकते हो।''

''और अनिरुद्ध कैसा है?''

''अब तो काफ़ी ठीक है, नहीं तो...'' अदिति ने अचानक बात का रुख़ बदलने की कोशिश की थी।

''...नहीं तो क्या?'' अचानक अमित के चेहरे पर चिंताओं की लकीरें और अधिक गहरी हुई थीं।

''नहीं, कुछ नहीं। असल में पढ़ता ज़्यादा है। सेहत का ध्यान नहीं रखता। ख़ैर, अब ठीक है।'' अदिति ने बातों को साफ़ ढंग में चतुराई से मोड़ दिया था। उसे अपनी ज़िम्मेवारी का एहसास था।

पंद्रह दिन कहाँ गुज़र गये, पता ही नहीं चला। एक बार आकांक्षा ने देर रात माँ को सोते हुए दूर से देख लिया था। मिलने की इच्छा को बड़ी मुश्किल से रोका था। जाने से पहले आकांक्षा अमित से लिपटकर ख़ूब रोई थी। ज़िद करने लगी लंदन आने के लिए। आख़िरी तक कहती रही, ''माँ को भी साथ लाना।''

''ज़रूर आएँगे।''

दूसरी तरफ़ अनिरुद्ध एकदम शांत और गंभीर हो गया था। इस बार उसने माँ से लड़ाई भी नहीं की थी। अबकी बार उसकी आँखों में माँ के लिए प्यार और पिता के लिए इज़्ज़त दिखाई दी थी।

अमित बेहद ख़ुश था। अदिति का धन्यवाद कैसे करे, समझ ही नहीं पाया। हाँ, किसी की आँखों ने कहा था तो किसी की आँखों ने समझा था।

बच्चों के जाने के बाद, कुछ दिनों तक अमित और निकिता उदास ही रहे। मन बहलाने के लिए अमित निकिता के साथ दक्षिण भारत घूमने निकल पड़ा था। समुद्र की ऊँची-ऊँची लहरों और विशालता में दोनों घंटों बैठे रहते थे। निकिता अब एकदम शांत रहने लगी थी। दवाई का असर था। पहले वाला ग़ुस्सा और तेज़ी के सिमटम धीरे-धीरे ख़त्म हो रहे थे। नई दवाइयों से साइड इफ़ेक्ट भी कम था। मगर जो शरीर ख़राब हो चुका था, वह और अधिक उम्र के साथ-साथ टूटता जा रहा था।

उधर, अमित पचास में ही बूढ़ा लगने लगा था। अब एक ही इंतज़ार था—आकांक्षा की शादी का। आँखों में पिता की चिंता साफ़ झलकती थी।

55

कई जगह अमित ने आकांक्षा की शादी की बात की थी। इंटरनेट पर भी ढूँढ़ता रहता था। कई जगह बात चली तो थी मगर बन नहीं पाई थी। कहीं लड़का पसंद नहीं आता तो कहीं लड़के का ख़ानदान। कहीं अगर सब अच्छा होता तो लड़के वालों को कुछ बात पसंद नहीं आती। कोई रिश्तेदार-संबंधी था नहीं। आज के युग में अरेंज मैरिज कितनी मुश्किल है—चाहे लड़के की हो या लड़की की। वर्तमान समाज में न तो हम पूरे आधुनिक हो पाये और न ही पूरे प्राचीन सभ्यता से जुड़े रहे। फिर माँ-बाप को भी पसंद हो और लड़का-लड़की भी आपस में एक-दूसरे को पसंद करें, ऐसा हो पाना थोड़ा मुश्किल है। फिर लड़की का मामला था। अमित ज़माने के चाल-चलन से चिंतित रहता था। लड़की उसकी भोली है। कई जगह बात बनने की हालत में पहुँची तो निकिता की बीमारी ने लोगों को पीछे कर दिया था। अमित बहुत परेशान रहने लगा था। बहुत नाराज़गी थी उसे समाज से। समाज ने परेशानियाँ तो पैदा कर दीं मगर उसके हल नहीं ढूँढ़े। शायद अदिति ठीक ही कहती थी। आख़िर बीमार माँ-बाप के बच्चे कहाँ जाएँगे? वैसे तो समाज बड़ा विकसित होने का दावा करता है मगर उसकी सोच ने विकास नहीं किया।

एक परिवार को आकांक्षा की फ़ोटो पसंद आई थी। लड़का बहुराष्ट्रीय कंपनी में था। इंग्लैंड बेस्ड कंपनी थी। अमित ख़ुश था। निकिता के बारे में पहले ही उसने थोड़ा बता दिया था। लड़के वालों ने अपने सोच की विशालता का प्रदर्शन किया था, और शादी के लिए हामी भर दी थी।

एक बार लड़के की माँ ने अचानक घर फ़ोन किया तो अमित घर पर नहीं था। फ़ोन निकिता ने ही उठाया था। अपनी तरफ़ से ही बोलना शुरू किया तो फिर रुकी नहीं, "...आकांक्षा मेरी लड़की नहीं है।...अगर यक़ीन न हो तो हमारे कॉलेज में जाकर पूछ लो..."

लड़के की माँ ने बात को सँभालते हुए टेलीफ़ोन बंद करने की बहुत कोशिश की मगर निकिता आत्मविश्वास से निरंतर बोलती रही। एक ही झूठ को कई बार कहा जाए तो सामने वाला भी सोचने पर मजबूर हो जाता है। और कुछ नहीं तो शक की गुंजाइश से इनकार नहीं किया जा सकता। लड़के के घर वालों ने 'ना' का अंतिम निर्णय ले लिया था।

जब तक बात अमित को पता चलती स्थिति बिगड़ चुकी थी। उसने लड़के और उसके माँ-बाप को बहुत समझाने की कोशिश की, निकिता की बीमारी का हवाला दिया, मगर वे नहीं माने।

लड़के के पिता ने यह बोलकर पूर्णविराम लगा दिया था, ''मक्खी देखकर दूध नहीं पिया जा सकता। जहाँ लड़की की माँ ही ऐसे विचार रखती हो तो फिर क्या पूछना!''

अमित अपना सिर पीटकर रह गया था। और बाद में, पहली बार निकिता से ख़ूब लड़ा था, ''...तुम्हारी लड़की नहीं है, मान लिया, मगर मेरी तो है। ख़बरदार जो आइंदा कुछ भी कहा तो!''

निकिता चुपचाप बच्चों के जैसे सुनती रही थी। मगर आँखें कहीं न कहीं ख़ुश होने का इज़हार करने से नहीं चूक रही थीं। तुनक कर बहुत देर बाद बुदबुदाती रही, ''...तुम्हारे जैसी दिखती है,...तुम्हारी ही तो लड़की है,...मेरी कहाँ है?''

सुनते ही अमित सिर पकड़कर बैठ गया था। क्या जीवन के इस क्षेत्र में भी वह हार जाएगा? जवाब नहीं था उसके पास। अमित ने सारी बात अदिति को मेल में भेजी थी। अदिति ने चिंता करने के लिए मना किया था।

अदिति ने हिन्दुस्तान से आने के कुछ दिनों बाद आकांक्षा से शादी के संदर्भ में बात की थी। किसी पुरुष मित्र के होने की संभावना के बारे में भी पूछताछ की थी। '...अगर कोई हो तो बता दे...'

मासी की तरफ़ से खुला निमंत्रण था। मगर आकांक्षा ने ऐसी किसी भी बात से साफ़-साफ़ इनकार किया था। यहाँ तक कि सबसे नज़दीकी मित्र मैथ्यू के लिए भी उसने ऐसे किसी बात के लिए मना किया था।

मैथ्यू ब्रिटिश छात्र था, आकांक्षा का सबसे अच्छा दोस्त। जितना सुना और देखा, उसके हिसाब से समझदार और परिपक्व पढ़ने में होशियार, संवेदनशील।

अदिति के कई बार कुरेदने पर भी आकांक्षा ने प्यार जैसी किसी भी बात से साफ़ मना किया था। अदिति ने थोड़ा ज़ोर देकर पूछा तो कुछ पल के लिए आकांक्षा झुँझलाई थी और फिर बड़ी विरक्तिपूर्ण भाव से शादी के लिए इनकार करने लगी।

सुनकर अदिति ने उस रात उसे बहुत प्यार से समझाया था, ''स्त्री-पुरुष का संबंध...जिसका सामाजिक नाम है—शादी...जीवन और प्रकृति का सत्य है। इसके बिना जीवन ही अधूरा है। समाज और परिवार की बुनियाद इसी बंधन की डोर पर टिकी है। स्वतंत्रता में उमंग हो सकती है पर जीवन का रस, आनंद बंधन में ही है। बिना बंधन और त्याग के प्यार, प्यार नहीं, वासना होती है...''

अदिति की बात आकांक्षा ने चुपचाप सुनी थी, "...पढ़ाई-लिखाई ज़रूरी है, नौकरी, करिअर सब ठीक है मगर किसी कीमत पर नहीं। अगर जीवन में ख़ुशी और आनंद ही नहीं तो यह सब बेकार है। आख़िरकार आप कब तक अपने लिए जियोगे? एक दिन थक जाओगे। किसी और के लिए जीने का आनंद ही कुछ और है। यह औरत आज समझ नहीं पा रही है। आदमी की बराबरी करते-करते आदमी तो बन नहीं जाएगी, रहेगी तो औरत ही। अगर यही सत्य है तो फिर औरत बनकर ही क्यों नहीं जिया जाए? फिर आदमी तो कभी औरत की बराबरी नहीं करता। औरत की संपूर्णता माँ बनने में है। माँ शब्द की उत्पत्ति ही पीड़ा से हुई है। पीड़ा को सहना सिर्फ़ औरत के बस में है। औरत परिवार और समाज की धुरी है, केन्द्र है। फिर वह धुरी छोड़कर ख़ुद घूमने निकल जाए, यह सरासर बेवकूफ़ी होगी। हाँ, इस धुरी को मज़बूत और स्थायी होना चाहिए। नहीं तो परिवार का संतुलन और समाज में सामंजस्य ख़त्म हो जाएगा। वैसे भी उसकी महानता और प्राकृतिक व्यवहार प्यार देने में है, लेने में नहीं। देने वाला सदैव ऊपर होता है। हाँ, अगर उसके प्यार को कोई तिरस्कृत करे तो फिर उसका जवाब देना उसे आना चाहिए। पढ़ना-लिखना इसलिए ज़रूरी है। जीवन के छोटे-छोटे सिद्धांत हैं, प्रकृति के अपने नियम हैं। उसके बाहर जाना बुद्धिमानी नहीं। आदमी प्यार का भूखा होता है और औरत का काम है उस प्यास को बुझाना। औरत प्यार दे तो क्या मज़ाल कि आदमी उसके बंधन को तोड़ दे! अब देखो, तुमने अपने प्यार के बंधन में सबको बाँध रखा है। तुम एक अच्छी बेटी और बहन तो बन गईं, क्या माँ बनने का सुख नहीं देखना चाहोगी?...फिर तुम मुझे देखो, अगर तुम दोनों बच्चे नहीं होते तो मेरे जीवन में क्या था?"

आकांक्षा ने आँखें नीची कर ली थीं।

"मैंने जीवन में सब कुछ पाया मगर पत्नी और माँ नहीं बन पाई। जब तक सोच और समझ पाती तब तक उम्र निकल गई थी।"

"और मैं मासी?"

"तू तो मेरी प्यारी बेटी है।"

"फिर आप भी तो मेरी माँ ही हो।" आकांक्षा यह कहकर अदिति से लिपट गई थी, "मैं आपको छोड़कर कभी नहीं जाऊँगी।"

"नहीं, बेटी, अपने घर पर ख़ुश रहे, सभी माँ-बाप यही चाहते हैं। जब चाहो, मिल सकती हो, इस बात की छूट भी है और तुम्हारा हक़ भी।"

और अंत में आकांक्षा ने अदिति मासी की बातों को स्वीकार कर लिया था।

56

अनिरुद्ध को रात में अक्सर डर लगने लगा था। हॉस्टल की सीढ़ियों पर उसे लगता कि कोई उसका पीछा कर रहा है। ट्यूब रेल में, बस में, अक्सर उसे लगता कि कोई उसे अपने साये में समेटना चाहता है। रास्ते में पुलिस वाला मिलता तो लगता कि उससे कोई ग़लत काम हो गया है और अब पुलिस वाला उसको पकड़ लेगा। हर बात में भय सताने लगा था। वहम और शक दिल में घर कर गए थे। आत्मविश्वास की कमी हो रही थी। नकारात्मक सोच हावी होने लगी थी। एक रात हॉस्टल के कमरे में अचानक परेशान क्या हुआ कि डर के मारे रातभर सो न सका। घड़ी की आवाज़ भी शांति में उसको अशांत कर रही थी। कभी बिस्तर पर लेटता, कभी ज़मीन पर मुँह छुपाकर दीवार के सहारे बैठ जाता। बाथरूम तक जाने की हिम्मत नहीं जुटा पा रहा था। चेहरे पर पसीने की धारा गालों को चीरती हुई कँपकँपाते होंठों तक पहुँच जाती। अंत में हारकर बेचैनी में उसने सुबह-सुबह पाँच बजे मासी को फ़ोन कर दिया था।

आकांक्षा ने फ़ोन उठाया तो अनिरुद्ध घबराते हुए बोल रहा था, ''मासी से बात करनी है।''

''क्यों? पहले मुझसे बात नहीं करेगा।''

''आ-हाँ-हाँ!!'' अनिरुद्ध डरा हुआ लग रहा था।

''क्या हुआ?'' आकांक्षा सुनकर एकदम से परेशान हो गई थी।

आवाज़ सुनकर अदिति भी उठ गई थी। फ़ोन झट से अपने हाथ में लेकर कहने लगी, ''क्या बात है बेटा?''

''मासी, डर लग रहा है, जल्दी आ जाओ।'' अनिरुद्ध घबराया हुआ था।

''मगर हुआ क्या?'' अदिति भी घबरा गई थी।

अनिरुद्ध रोने लगा था। थोड़ी देर बाद बस इतना कह पाया, ''मुझे रात को डर लगने लगा है...मुझे कुछ हो जाएगा।''

''मैं अभी तेरे पास आती हूँ बेटा, तू चिंता मत करना।''

अदिति ने बिना वक़्त गँवाए, कपड़े बदले थे और आकांक्षा को बाद में ट्यूब रेल से आने का बोलकर, कार से ही लंदन रवाना हो गई थी। अक्सर वह ट्रेन या बस से ही लंदन जाया करती थी। ट्रेन से सीधे पेडिंग्टन के एक घंटे और बर्मिंघम के एक घंटे पंद्रह मिनट लगते थे। ट्रेन सर्विस बढ़िया थी फिर रास्ते में ट्रैफिक जाम का भी चक्कर नहीं होता था। बस भी बहुत चलती थी मगर समय थोड़ा ज़्यादा लग जाता था। बर्मिंघम के 1 घंटा 45 मिनट तक लग जाते थे। बस और ट्रेन का टाइम

पूछने में वह समय नहीं ख़राब करना चाहती थी। उसके लिए एक-एक मिनट क़ीमती था। ऑक्सफ़ोर्ड सिटी सेंटर क्रॉस करने पर एम-40 मोटरवे पर आते ही उसे खुली सड़क मिल गई थी। लंदन कार से वह कम ही जाती थी। मगर रास्ते का उसे ज्ञान था। उसने सोच रखा था कि लंदन पहुँचकर एम-25 रोड पर वह मुड़ जाएगी।

एम-40 मोटरवे पर सुबह ट्रैफिक कम था। खुले रास्ते में दिमाग़ एक बार फिर क्रियाशील हुआ था और वह सोचने लगी थी—कहीं निकिता वाली बीमारी अनिरुद्ध को भी तो नहीं? इस सवाल के आते ही एक्सीलेरेटर पर पैर का दबाव अचानक बढ़ गया था। गाड़ी की गति अनियंत्रित हो पाती, उसने अपने विचारों पर एक ज़ोरदार 'नहीं' कहकर रोक लगाई थी और फिर संयमित होकर सोचने लगी कि वह ऐसा नहीं होने देगी। इसके बावजूद आज उसने कई जगह स्पीड की सीमा को क्रॉस किया था। यही कारण था जो आज वह साधारणतः लगने वाले समय से पहले ही पहुँच गई थी।

हॉस्टल पहुँचते ही उसने दौड़ते हुए सीढ़ियों को लाँघा था और बड़ी तेज़ी से अनिरुद्ध के कमरे में पहुँचकर उसे सीने से लगाया। बहुत देर तक वह उसे प्यार करती रही थी। कभी माथे को प्यार से चूमती, नहीं तो सिर पर हाथ तो लगातार सहलाने की मुद्रा में चल रहे थे। अनिरुद्ध जब कुछ ठीक-सा महसूस करने लगा तो उसे अपने पास बैठाकर उससे बात करने लगी थी। बहुत देर बाद ही वह जान पाई थी कि बचपन में भी परीक्षा में उसे सदैव अविश्वास रहता था कि उसने अपना रोल नंबर ठीक से लिखा है या नहीं।

अदिति डॉक्टर थी। अमित की परेशानियों को देखते हुए मानसिक बीमारी के बारे में पढ़ती रहती थी। अनिरुद्ध की सारी बातें सुनने के बाद उसे यह सुनिश्चित करने में ज़रा भी वक़्त नहीं लगा कि यह साइकॉइट्रिक मेंटल डिसऑडर का आरंभ है और वह एकदम से चिंता में आ गई थी। मगर उसने कुछ भी ज़ाहिर नहीं होने दिया था। पीछे से आकांक्षा जब तक पहुँचती, उसने कमरे को व्यवस्थित किया था और फिर यूँ बर्ताव करने लगी कि जैसे कुछ हुआ ही नहीं।

अदिति ने सर्वप्रथम अपने को सँभाला था और फिर धीरे-धीरे आकांक्षा को विश्वास में लेकर उससे चर्चा की थी। वह जानती थी कि आकांक्षा इस सदमे को बर्दाश्त नहीं कर पाएगी। मगर आशा के विपरीत आकांक्षा ने कुछ मिनट में ही अपने आप को सँभालकर अनिरुद्ध को इस बीमारी से किसी भी तरह निकालने की इच्छा ज़ाहिर की थी।

अदिति ने कुछ दिनों में ही डॉक्टर से विस्तारपूर्वक परामर्श लिया था, और फिर दोनों ऑक्सफोर्ड से लंदन ही शिफ्ट हो गये थे। अनिरुद्ध हॉस्टल से घर बुलवा लिया

गया था। बिना उसके साथ ज़्यादा बातचीत किए उसे सदैव काम में उलझाए रखा जाता था। दिनभर उसे सकारात्मक वातावरण दिया जाता और आत्मविश्वास को बढ़ाने की कोशिश की जाती। साथ ही हक़ीक़त का सामना करने की हिम्मत भी दी जाती थी। अदिति उसे एक पल के लिए भी अकेला नहीं छोड़ती। उसकी पसंद और नापसंद का पूरा ध्यान रखा जाता। रोज़ सुबह–शाम लंबी दौड़, छुट्टियों में या तो लाँग ड्राइव या कोई न कोई खेल या पिक्चर। घर में हमेशा उत्सव का माहौल रखा जाने लगा था। अदिति किसी ग़लत बात पर अनिरुद्ध को डाँट भी लगा देती थी मगर फिर उतना ही प्यार भी किया जाता। नकारात्मक सोच को पनपने नहीं देना था।

आकांक्षा तो अपने भाई को अकेलापन महसूस ही नहीं होने देती थी। अदिति शाम को अनिरुद्ध के कॉलेज से आने के बाद उससे अक्सर घंटों बात करती। सदैव उसके साथ दोस्त के रूप में ही पेश आती। अदिति ने शुरू–शुरू में नौकरी से कुछ दिनों के लिए छुट्टी ले ली थी। आकांक्षा लंदन से ही आना–जाना करती थी।

अनिरुद्ध को आकांक्षा और अदिति का साथ आनंददायक एवं रोचक लगने लगा था। सदैव उत्साह में कुछ करने के लिए तैयार, वह डर अब उसके मन में पनप नहीं पा रहा था। उसके आत्मविश्वास ने नकारात्मक सोच को दबाते हुए उस पर विजय प्राप्त कर ली थी। वह धीरे–धीरे सत्य को पहचानने लगा था और जीवन की हक़ीक़त का सामना करने के लिए तैयार था।

अदिति ने इस बात का ज़िक्र आकांक्षा के अलावा किसी से भी नहीं किया था। यहाँ तक कि अमित और ख़ुद अनिरुद्ध से भी नहीं। इसीलिए हिन्दुस्तान जाने पर अमित के पूछने पर वह चुप होकर अनिरुद्ध के लिए कुछ विशेष नहीं बोल पाई थी।

अनि के साथ सदैव बातचीत करते हुए बहुत नज़दीक से हमेशा उस पर नज़र रखी जाती। जब अनिरुद्ध कॉलेज जाता तब अदिति लंदन के साइकेट्रिक इंस्टिच्यूट में जाकर वरिष्ठ डॉक्टरों से परामर्श लेती थी। कई तरीक़े के सॉइकोथेरेपी की विस्तृत जानकारी इकट्ठी कर ली थी। टॉकिंग थेरेपी, बिहेवियर थेरेपी के साथ–साथ सॉइको डायनामिक थेरेपी को उसने अमल में लाना शुरू कर दिया था। योग विद्या एवं योगासन की भी बारीकियों को समझकर सुबह–सुबह मेडिटेशन करने के लिए अनिरुद्ध को प्रेरित किया जाता। अक्सर तीनों योगासन भी साथ–साथ करते थे। अदिति के दिल में विचार आता कि अगर वह डॉक्टर होते हुए भी अपने बेटे को ठीक नहीं कर पाई तो सब व्यर्थ है। ईश्वर पर उसे बहुत अधिक विश्वास नहीं था। मगर इस दौरान उसने उसका लाख–लाख शुक्रिया सैकड़ों बार किया था कि शुरुआती दौर में ही उसे अनिरुद्ध की बीमारी का ज्ञान हो गया और बीमारी बढ़ने से बच गई।

और अंत में उसकी मेहनत रंग लाई थी। अनिरुद्ध थोड़े दिनों में ही पूर्ण रूप से स्वस्थ हो गया था।

अनिरुद्ध को अपनी मासी और बहन पर गर्व और उनसे बेहद प्यार था। वह स्वयं भी अब तक स्वीकार कर चुका था कि वह एक बेहद संकीर्ण और अँधेरे रास्ते में जाने से बच गया था। मगर उस रास्ते के मोड़ को उसने देखा ज़रूर था। उसकी आँखों में उस बात की चिंता ज़रूर उभरती मगर मस्तिष्क एवं इच्छाशक्ति ने उस पर काबू पा लिया था। मासी के कहने पर मेडिटेशन उसकी रोज़ की दिनचर्या में शामिल हो चुका था। योग करने से उसके शरीर का स्वास्थ्य उत्तम रहता था। जीवन को सदैव आनंद और सकारात्मक दृष्टिकोण से देखने की सोच उसने मासी से सीखी थी। जीवन की सत्यता को स्वीकार किया था, हारने का ग़म नहीं और दूसरे की सफलता से ईर्ष्या नहीं। जीवन जीने के लिए है, काटने के लिए नहीं। जैसा भी मिले, उसे स्वीकार करना है। इन सब दौर के गुज़र जाने के बाद उसे अपनी माँ की बीमारी एवं रोग का एहसास हो गया था। अब उसे अपनी माँ पर दया एवं पिता पर प्यार और गर्व था।

अदिति अनिरुद्ध के कॉलेज के कई वरिष्ठ प्रोफ़ेसर को जानती थी। उनसे भी सदैव अनिरुद्ध के लिए चर्चा करती रहती थी। बाद में उसने उसी कॉलेज के हॉस्पिटल में जॉब भी ज्वाइन कर ली थी। उधर, घर पर भी अनिरुद्ध को अकेले कम ही छोड़ा जाता।

एक दिन हिन्दुस्तान से आने के बाद अनिरुद्ध ने स्वयं अदिति से बात करके कहा था, ''मैं साइकॉलॉजी एवं सॉइकॉइट्रिस्ट विभाग में साइकोथेरेपी में आगे स्पेशिलिस्ट कोर्स करना चाहता हूँ। मुझे ख़ुशी होगी कि मैं इस क्षेत्र में कुछ कर पाऊँ। मुझे अपने स्वयं के अनुभव से फ़ायदा होगा। मैं रोगी को बेहतर तरीक़े से समझ सकूँगा और उनके रोग का शायद इस तरह से बेहतर निदान कर पाऊँ।''

अदिति को सुनकर बेहद ख़ुशी हुई थी। अनिरुद्ध के आत्मविश्वास को वह बढ़ाना चाहती थी। इसमें उसे कोई भी बुराई नहीं दिखाई दी थी। अँधेरे में रहा हुआ अँधेरे को अच्छी तरह से समझ सकता है और उसे आसानी से दूर भी कर सकता है, और अनिरुद्ध उजाले में आ चुका था।

57

''तुम लोग तो दिल्ली में रहकर भी मिलते ही नहीं। मैंने सोचा, आज इसी बहाने से मैं ही मिल आता हूँ। मैं अपने कॉलेज के गोल्डन जुबली फंक्शन के लिए चंदा

इकट्ठा कर रहा हूँ।...और कैसी कट रही है?''

विक्रम श्याम और राधिका से मिलने उनके घर गया हुआ था। राधिका का मिलने का बिलकुल मन नहीं था, श्याम भी ठंडे मन से मिल रहा था। घर आए मेहमान को ज़बरदस्ती भगाया भी नहीं जा सकता। श्याम और राधिका दिल्ली में रहते हुए विक्रम के बारे में सब जानते तो थे, सुनते भी रहते थे, मगर उससे मिलने की कोशिश करना तो दूर, उसके लिए अनजान ही बने रहते थे।

श्याम ने बड़े साधारण रूप में बस इतना ही जवाब दिया था, ''बस यार, टाइम ही नहीं मिलता। तुम सुनाओ, तुम्हारी कैसी कट रही है?''

''बहुत बढ़िया, कोई टेंशन नहीं है। ज़िंदगी में मस्ती ही मस्ती है।''

राधिका ने बेमन से चाय और नाश्ता परोसा था।

''और बैच में किस-किससे बात होती है?'' विक्रम बात आगे बढ़ाने की कोशिश में था।

श्याम इस सवाल का मतलब समझता था। विक्रम का इशारा अमित और निकिता से था।

''बस, होती रहती है कई लोगों से।'' रूखा-सा जवाब दिया था श्याम ने।

''और कितने बच्चे हैं?''

राधिका ने यूँ ही पूछ लिया तो विक्रम हँसकर जवाब देने लगा, ''मैं बँधकर नहीं रह सकता, जीवन जीना चाहता हूँ। अभी पूरी तरह से सैटल नहीं हुआ हूँ। जीवन का आनंद और मस्ती ले रहा हूँ। बच्चे के बारे में तो सोचा ही नहीं।''

श्याम जानता था कि विक्रम की तीन शादियाँ अब तक असफल हो चुकी हैं। एक को विक्रम ने छोड़ा था तो दो उसे छोड़ चुकी थीं।

''विक्रम, तुम्हें सब कुछ मिला होगा, लेकिन प्यार नहीं। और वह तुम्हें मिल भी नहीं सकता। प्यार के लिए बंधन ज़रूरी है, जिसमें तुम बँधना नहीं चाहते।'' कहकर राधिका तेज़ी से अंदर कमरे में चली गई थी।

फिर विक्रम आगे कोई बात नहीं कर पाया था। जल्द ही उसने श्याम से विदा ली थी।

जबलपुर मेडिकल कॉलेज में 2004-05 गोल्डन जुबली वर्ष था। इतिहास के पन्नों को खँगालें तो पता चलेगा कि 1955 में कॉलेज की नींव पड़ी थी।

उधर, अमित भी स्वर्ण जयंती के विभिन्न कार्यक्रम की तैयारी के सिलसिले में कॉलेज पुन: आने-जाने लगा था। बहुत अधिक सक्रियता से उसका योगदान तो नहीं रह पाता था, मगर बहुत-सी नई बातों की जानकारी से उसकी दिलचस्पी बढ़ी थी। कॉलेज की पुरानी और नई-नई बातें जानकर उसे बेहद आश्चर्य और ख़ुशी

होती थी। कुछ-कुछ बातें उसे बड़ी रोचक भी लगती थीं।

घर आकर वह निकिता को भी अक्सर बताया करता था। निकिता के मन में भी कौतूहलता रहती थी। राधिका, श्याम और राजेश सभी ने सपरिवार आने का कार्यक्रम बनाया था। परंतु अदिति बच्चों के कारण लंदन से आने में असमर्थ थी।

अमित को यह जानकर बेहद आश्चर्य हुआ था कि शुरू-शुरू में सिर्फ़ पच्चीस छात्रों से यह कॉलेज शासकीय विज्ञान महाविद्यालय (साइंस कॉलेज) पचपेड़ी जबलपुर में शुरू हुआ था। क्लीनिकल की पढ़ाई सेठ गोविंद दास अस्पताल में होती थी, जो कि पहले विक्टोरिया हॉस्पिटल के नाम से मशहूर था। इतनी जानकारी तो उसे कॉलेज में पढ़ने के दौरान भी नहीं थी। यह जानकर तो उसे बड़ा गर्व हुआ था कि उसके कॉलेज के भवन की नींव का पत्थर प्रधानमंत्री जवाहरलाल नेहरू के हाथों 1959 में रखा गया था। कॉलेज की इमारत आगे पाँच वर्षों में बनकर तैयार हो पाई थी। इन पचास वर्षों में कॉलेज ने बहुत तरक्की की थी। और आज 750 अंडर ग्रैजुएट और 150 ग्रैजुएट छात्रों को सत्रह विभिन्न विभागों में प्रतिवर्ष डिग्रियाँ मिलती थीं। बीच के वर्षों से पैरामेडिकल के क्षेत्र में भी दो डिग्री, दो सर्टिफिकेट के कोर्स एवं छह डिप्लोमा के कोर्स प्रारंभ कर दिये गये थे।...निकिता इन सब बातों को ग़ौर से सुनती थी।

हर तरफ़ कॉलेज में ज़ोर-शोर से तैयारियाँ चल रही थीं। उसके ज़माने का मेडिकल कॉलेज जबलपुर अब 1997 से नेताजी सुभाष चंद्र बोस मेडिकल कॉलेज के नाम से जाना जाने लगा था। उसके समय के कुछ प्रोफ़ेसर आज भी थे तो कुछ रिटायर होने के बाद भी परामर्शदाता के रूप में कॉलेज से जुड़े थे। सभी पुराने डॉक्टर उससे मिलकर अत्यंत ख़ुश हुए थे। पुराने दोस्तों से भी मुलाक़ातें और टेलीफ़ोन पर बातचीत हो रही थी। विदेशों में बसे डॉक्टरों से इंटरनेट पर चर्चा हो जाती थी।

अमित को कॉलेज के दिन याद आने लगे थे। श्याम के साथ शुरू-शुरू में हॉस्टल में कई बार रुका था। पहले वर्ष में रैगिंग भी इन्हीं हॉस्टलों में हुई थी। तक्षशिला, रॉयल और प्रिंस हॉस्टल में घूम-घूमकर उसने अपनी यादों को ताज़ा किया था। हॉस्टल की इमारत की हालत खस्ता हो चुकी थी। उनके रंग-रोगन एवं मरम्मत कराने की वृहद योजना बनी थी, जिसे एक वर्ष में पूरा होना था। गर्ल्स हॉस्टल जाते ही उसकी यादों ने उसे सपनों के महल में पहुँचा दिया था। वक़्त सब कुछ बदल देता है। निकिता का ख़ूबसूरत चेहरा, चंचल आँखें उसके सामने से गुज़र रही थीं।

स्वतंत्र (आटोनॉमस) संस्था बनने के बाद कॉलेज में और भी परिवर्तन आए

थे। नई–नई मशीनों का जाल, नये लैब, नये विभाग बनाये गये थे। नया आईसीयू, सेंट्रल मॉनिटरिंग सिस्टम के साथ कुछ वर्षों पहले ही बनाया गया था। जो अति आधुनिक था। सभी आठों बड़े ऑपरेशन रूम का नवीनीकरण हुआ था और अब डीन ऑफिस को बेहतर किया जा रहा था। रंग–रोगन का काम ज़ोर–शोर से था।

प्रमुख कमेटी की मुख्य मीटिंग के लिए अमित को कॉलेज जाना था। उस दिन निकिता को भी साथ ले गया था। पहले से काफ़ी बेहतर हो गई थी। शांत चेहरे के पीछे अब शांत दिमाग़ भी था। लगता था, जीवन के सत्य से थोड़ा–थोड़ा जुड़ गई थी। जाते समय, रास्तेभर नवदुर्गा की सजावट को देखती रही। पहुँचकर कॉलेज के सामने घंटों खड़ी रही थी। फिर हॉस्टल के पास घूमती रही।

वापस लौटने पर उसके चेहरे पर ख़ामोशी थी। वापसी में कार में बैठे–बैठे उसने बिना अमित को देखे धीरे से कहा था, ''यह जीवन तो बेकार गया। शायद मेरी ही ग़लती थी।''

चेहरे की ख़ामोशी उदासी में बदल रही थी। जीवन में अपनी ग़लतियों को स्वीकार करने में ही जीवन की सत्यता है। अमित को लगा कि निकिता का यह कहना इस बात का सूचक हो सकता है कि वह अब काफ़ी हद तक ठीक हो चुकी है।

रात हो चुकी थी। घर पहुँचने से पहले उसी उदासी को चीरते हुए निकिता ने फिर धीरे से कहा था, ''विक्रम सभी से सही कहता था, सब मुझ पर ठीक ही हँसते थे।''

अमित को लगा कि जैसे उसने कुछ सुना ही नहीं था। जो सुना, वह सत्य नहीं। और उसने अनसुना करने की कोशिश की थी। वह निकिता की बातों से आहत तो होता था मगर सहन कर जाता था।

घर पहुँचते ही निकिता ने बिना कपड़े बदले बिस्तर पर लेटते हुए उसे ख़ामोशी से पहले घूरा था, फिर शून्य में देखते हुए कहने लगी, ''...तुम्हीं ने मेरे बच्चे को मारा था।...मुझे पाने के लिए विक्रम को दूर किया।...अगर तुम नहीं आते तो विक्रम नहीं जाता।...तुम आए ही क्यों?''

नाइट सूट पहनकर अमित बिस्तर पर लेट चुका था। उसके पास इस बात का कोई जवाब नहीं था। इस तरह के विचार निकिता के दिलोदिमाग़ पर कहाँ से, कैसे और क्यों आये? कब से आ रहे हैं? इसका अंदाज़ वह कुछ–कुछ लगाने की कोशिश कर रहा था। क्या वह इसलिए मेरा हाथ धुलवाती थी? हो सकता है, प्यार न करती हो, मगर क्या उसे सहारे के रूप में भी नहीं देखती थी? चलो, यह भी मान लेते हैं तो क्या फिर वह उसे, उसके होने वाले बच्चे का... क़ातिल समझती है?

आख़िरी शब्दों ने दिलोदिमाग़ को बुरी तरह ज़ख़्मी कर दिया था। सदमे में वह भूल गया कि निकिता मानसिक रूप से बीमार है और उसके विचारों में विकृति है। वह आज पूर्ण रूप से हार चुका था। दूसरी तरफ़ मुँह करके बिस्तर पर पहली बार लेटा था। सामने एक दीवार थी, जिसके आगे कुछ नहीं था। कब उसकी आँखें बंद हुईं, पता ही नहीं चला।

58

लंदन के हेथ्रो अंतर्राष्ट्रीय हवाई अड्डे पर अदिति आकांक्षा और अनिरुद्ध के साथ बैठी बोर्डिंग एनाउंसमेंट का इंतज़ार कर रही थी। मैथ्यू भी साथ था। चारों हिन्दुस्तान जाएँगे, यह तो सुनिश्चित था। सभी प्रोग्राम बना भी रहे थे। मगर इस तरह जल्द ही जाना पड़ेगा, किसी ने भी नहीं सोचा था। वैसे भी इनसान का सोचा हुआ ज़रूरी नहीं कि हो ही जाए। मगर हर बार उसी के साथ क्यों... ? न जाने कितनी बार इस हवाई अड्डे पर इंतज़ार किया है...हर बार अलग-अलग अवस्था में...अचानक उसकी निगाह भीड़ को चीरने लगी थी। लगा था, सभी ख़ामोश हैं। चारों ओर मौत का सन्नाटा पसर रहा था। नहीं, यह मेरी सोच है और उसकी नज़र बगल में आकांक्षा तक पहुँची थी। आकांक्षा की आँखों से साफ़ लग रहा था कि वह पिछले कई दिनों से सिर्फ़ रोती रही है। उसकी आँखों में आँसू ख़त्म हो चुके थे। अदिति मासी के कंधे पर सिर रखकर बैठी हुई थी। चेहरे पर दर्द और मस्तिष्क थका हुआ था। कोई इतना दूर भी जा सकता है कि फिर कभी न मिले...उसे यक़ीन नहीं हो पा रहा था। जब वह हिन्दुस्तान छोड़कर इंग्लैंड आई थी तभी लग रहा था, कितनी दूर है ! कैसे मिलेगी मम्मी-पापा से...मगर अब... ? और रह-रह कर रोना आता... । बस। मैथ्यू बगल से आकांक्षा को बार-बार देख लेता और सिर पर हाथ फेरता रहता था। अपनों को दुखी देखकर वह भी दुःखी था। अनिरुद्ध अव्यवस्थित हो रहा था। कई दिनों की दाढ़ी चेहरे पर कटी हुई फ़सल के समान उग आई थी। उसे बेटे होने का फ़र्ज़ अदा करना था। भाई बनकर बहन को सँभालते-सँभालते ख़ुद टूट चुका था।

अदिति ने एक बार फिर घड़ी की ओर देखा। उसे अपनी जवाबदारी का एहसास था। जल्द हिन्दुस्तान पहुँचना चाहती थी। वैसे ही लेट जा पा रही थी। एक तो टिकट वीज़ा का चक्कर था। ऊपर से पापा का समाचार सुनते ही आकांक्षा की तबीयत ज़्यादा ख़राब हो गई थी। वह मेंटल शॉक में आ चुकी थी। कुछ दिन अस्पताल में भर्ती कराना पड़ा था। मैथ्यू उन दिनों सारा दिन अस्पताल में ही रहा

था। अदिति यह देखकर ख़ुश और बेफ़िक्र हो गई थी। आकांक्षा की पसंद ठीक है, बहुत प्यार करता है। जीवनसाथी कोई भी हो, अगर प्यार करने वाला है तो दूसरी चीज़ें उतनी महत्वपूर्ण नहीं रह जातीं—और फिर चाहे अपने धर्म का हो या विदेशी। मैथ्यू पहली बार जब उससे मिलने आया था तो उसे मासी शब्द से बहुत परेशानी हुई थी। आकांक्षा ने उसे आंटी कहने से मना किया था। वह इन संबंधों के बंधन को समझ ही नहीं पाया था। मासी इज़ नॉट मदर, बट लाइक मदर...मासी माँ तो नहीं होती—हाँ, माँ जैसी होती है। जो चीज़ ख़्वाब में न सोची हो, उसे समझ पाना बहुत मुश्किल था। और वह आकांक्षा को अक्सर छेड़ते हुए मज़ाक में कहता था, "...ज़रूर तुम्हारे पिताजी की सेकंड वाइफ होंगी।"

एक बार तो आकांक्षा ने डाँटकर कहा था, "नो।"

आकांक्षा घर आकर सब बताती थी। अदिति सुनकर हँसी थी। जब पहली बार मैथ्यू घर आया तो उसके मन में बहुत डर था। आकांक्षा ने कह रखा था, मासी का फ़ैसला ही अंतिम होगा। मगर आते ही अदिति मासी के प्यार में वह मिनटों में ही घुल-मिल गया था। मासी के प्यार को उसने पहली बार देखा और महसूस किया था। बिना नाम का संबंध और बिना बात के बंधन को देखकर आश्चर्यचकित हो रहा था। कुछ मिनटों में ही प्यार और अपनेपन का जो रसास्वादन उसने किया, पीकर झूम उठा था। मैथ्यू ने भी अदिति के जाते-जाते चरण-स्पर्श करके उसका दिल जीत लिया था। शादी के पहले अदिति ने थोड़ी रोक लगा रखी थी। समझाया था, शादी के बाद नवीनता होनी चाहिए। दोनों समझदार थे। शादी तक इंतज़ार कर सकते थे। अदिति चाहती थी कि वह दोनों को अमित से एक बार ज़रूर मिलवा दे। मगर अब एक ई-मेल के बाद से ही सब कुछ बदल चुका था। हिन्दुस्तान फ़ोन करके सुनिश्चित होने पर बच्चों की दुनिया ही ख़त्म हो चुकी थी।

59

नवरात्र शुरू हो चुके थे। सुबह बहुत देर तक अमित नहीं उठा था। ललन दूध देने आया तो पहली बार निकिता बहू को बर्तन हाथ में लिये दरवाज़ा खोलते देख आश्चर्यचकित हुआ था।

"ललन जी, आपके साहब नहीं उठ रहे, थोड़ा देखेंगे, क्या बात है?

ललन तो समझ ही नहीं पाया था। बहू की आवाज़ एकदम शांत और सीधी थी। चेहरे पर हलकी-सी सूजन थी। बाल बिखरे हुए थे। किसी अनिष्ट की आशंका से रोने की हालत में पहुँच गया था। अंदर जाने से कतराने लगा तो ज़ोर

से लक्ष्मी को आवाज़ लगाई थी। निकिता पास ही खड़ी-खड़ी सब कुछ सिर्फ़ देख रही थी। लक्ष्मी दौड़ी-दौड़ी आई फिर दोनों साथ ही अंदर जाकर देखने लगे थे। अमित बिस्तर पर लेटा हुआ था और आँखें खुली हुई थीं। यूँ लग रहा था कि जैसे शायद किसी का इंतज़ार हो। शरीर हिलाया तो उसमें कोई जान नहीं थी। ललन ज़ोर से फफक कर रो पड़ा था। लक्ष्मी की आँखों में भी तेज़ धार थी।

निकिता घर के दरवाज़े पर पत्थर बनी खड़ी हुई थी और फिर हक़ीक़त से अनजान मासूमियत से बोल पड़ी, "मैंने देखा था। डॉक्टर साहब की नब्ज़ नहीं चल रही थी।" आज उसकी आँखों में शून्यता की जगह उदासी थी और वे आँखें नींद में डूब रही थीं।

ललन ने दौड़कर सबको इकट्ठा कर लिया था। दोपहर तक सभी आ चुके थे।

निकिता को थोड़ी देर के लिए नींद में सुलाने की कोशिश की गई थी मगर वह हर बार उठकर सिर्फ़ यही पूछने लगती, "क्या हुआ?"

दर्जनी मोहल्ले के लोग भी आ चुके थे। लंदन से भी फ़ोन पूछताछ के लिए आया था। पता चला कि बच्चों को हिन्दुस्तान से एक बिना अर्थ का अटपटा ई-मेल गया था। पढ़कर अदिति को भी अजीब लगा तो उसी ने फ़ोन किया था। तभी वह अमित के देहांत के बारे में जान पाई थी। तब तक अमित का दाह-संस्कार कर दिया गया था। इतनी दूर से इतनी जल्दी बच्चों के आने की संभावना नहीं थी।

उधर, देर शाम निकिता की नींद खुली तो पूछने लगी, "डॉक्टर साहब कहाँ है? मैंने उनके बच्चों को मेल कर दिया था।...क्या वे लोग आए नहीं?"

निकिता को बहुत समझाने की कोशिश की गई थी मगर मानने का नाम ही नहीं लेती थी। कहती थी...'अमित से कुछ काम है। उससे मिलना है।'

घर का सारा ज़िम्मा दर्जनी मोहल्ले के सुपुर्द था। बच्चों के लंदन से आने में अभी वक़्त था। 'तेरहवीं तक ज़रूर पहुँचेंगे...' ऐसा अदिति ने फ़ोन पर कहा था, '...आकांक्षा सुनते ही बेहोशी की हालत में अस्पताल पहुँच चुकी है। जल्दी ठीक हुई तो पहले भी आ सकते हैं।'

मोहल्ले का दशहरा फीका हो गया था। दर्जनी मोहल्ले का एक घर जो वर्षों से बंद रहता था, आज पूरी तरह उजड़ चुका था। किसी के दुःख का ऐसा अंत होगा, किसी ने सोचा न था। सभी अंदर से दुःखी थे। शाम की आरती में अब वह जोश व उत्साह नहीं होता। सबकी निगाहें माता से एक ही सवाल पूछती, "ये तेरा कैसा इंसाफ... ?"

एक दिन निकिता ललन से ज़िद करके दर्जनी मोहल्ले में आ गई थी। कहने लगी, "अमित यहाँ ज़रूर होंगे।" और फिर हर घर में जाकर पूछती। दरवाज़ा

खटखटाती और फिर अपने बाल खुजाती, फिर धीरे से पूछती, "अमित है क्या... ?" अपने घर के सामने भी बहुत देर तक खटखटाती रही थी।

एक नवयुवक ने ही उससे कहा था, "अब यहाँ कोई नहीं रहता..." और फिर उसे आगे के घर की ओर ले गया था।

निकिता ने पीछे मुड़कर कई बार उस दरवाज़े की ओर देखा—कुछ याद आता, मगर फिर दिमाग़ भ्रमित हो जाता। शाम तक यही सिलसिला चलता रहा, और फिर अमित के नहीं मिलने पर मंडप में बच्चों से पूछने लगी, "अमित अंकल को देखा, बेटा?"

एक बच्चा भोलेपन से कह गया था, "वो तो माता के पास जा चुके हैं।"

सुनकर घंटों तक निकिता वहीं दुर्गा के मंडप में बैठी रही थी और अमित का इंतज़ार करती रही।

मोहल्ले की कई औरतें उसकी हालत देख फफककर रो पड़तीं तो बुजुर्गों ने सोचा था—चलो, माँ के दरबार में बैठी रहेगी।

उधर, अदिति को सुबह-सुबह घर पहुँचने की जल्दी थी। आज अमित की तेरहवीं थी। दिल्ली हवाई अड्डे पर उतरकर वहाँ से जबलपुर ट्रेन में आ रही थी। क्या करती, जबलपुर के लिए हवाई-यात्रा की व्यवस्था न थी। रास्ते में ट्रेन थोड़ी लेट होने लगी तो अदिति को चिंता हुई थी। बच्चों को किसी भी तरह कम से कम अपने पिता की तेरहवीं पर ज़रूर पहुँचाना चाहती थी।

अनिरुद्ध माँ के लिए चिंतित था तो आकांक्षा को अब तक ठीक से होश नहीं आया था। माँ से मिलकर ख़ूब रोएगी—बस, यही दिल में बार-बार आ रहा था।

एक घंटा लेट ही सही, ट्रेन ने सुबह के सात बजे जबलपुर स्टेशन में प्रवेश किया था। वहाँ उतरते ही अदिति ने बिना समय गँवाए ऑटो किया और वे चारों घर की ओर रवाना हुए थे। रेलवे बँगला पास ही था। मगर आज दूर लग रहा था। वहाँ पहुँचते ही उन्होंने देखा कि घर के बाहर बहुत भीड़ लगी थी।

अनिरुद्ध ऑटो से कूदकर भीड़ में घुसने लगा तो पीछे-पीछे अदिति भी थी। पास जाकर देखा तो दोनों सन्न रह गये थे। अनिरुद्ध ने आकांक्षा को ज़ोर से आवाज़ लगाई थी। आकांक्षा बदहवास हालत में वहाँ तक पहुँची तो मैथ्यू भी साथ था। आकांक्षा ने वहाँ पहुँचकर जो कुछ भी देखा तो तुरंत मूर्च्छित होने लगी थी। माँ रोड पर खून से लथपथ हालत में पड़ी हुई थी। उसका रोड पर एक्सीडेंट हुआ था। पुलिस पहले ही पहुँच चुकी थी। उन्हें निकिता के हाथ में एक चिट्ठी मिली थी जिस

पर लिखा था, 'अनिरुद्ध, मैं तुम्हारे पापा को ढूँढ़ने जा रही हूँ। आकांक्षा को मत बताना। उनका हाथ बहुत गंदा था। उसे मुझे धुलवाना है। अगर तुम्हें मिले तो मुझे बताना।'

आकांक्षा ने पहली बार अपने आप को पूरी मज़बूती से सँभाला था, और नीचे सड़क पर बैठते हुए माँ के चेहरे को पहली बार पकड़कर चूमा था। उसके हाथों और चेहरे पर माँ का खून लग गया था, जिसे आँखों से निकल रहे आसुँओं ने धोने की कोशिश की थी।

मैथ्यू माँ के अंतिम दर्शन कर पाया था। उसने आँखें बंद कर ईश्वर से प्रार्थना की थी। और वह एक नये मज़बूत बंधन में बँध रहा था। पीछे खड़ी अदिति के हाथ अनायास ही आकांक्षा और अनिरुद्ध के सिर पर थे, और वह अपने आँसुओं को एक बार फिर रोकने में सफल हुई थी।

देर शाम अनिरुद्ध ने उसी जगह माँ को अग्नि दी थी, जहाँ पर तेरह दिन पहले उसके पिता का दाह-संस्कार किया गया था। आग की लपटों को तेज़ी से निकलता देख आज वह सोच रहा था—पापा माँ के बंधन से मुक्त नहीं हो सकते और शायद माँ भी...।

●●●